COLECÇÃO CULTURA DE MACAU

澳门文化丛书

澳门学校课程与教育变革

19世纪以来文化传承的视角

SCHOOL CURRICULUM AND EDUCATIONAL
REFORM IN MACAO:
FROM THE PERSPECTIVE OF CULTURAL
INHERITANCE SINCE THE 19th CENTURY

郭晓明　王　敏／著

社会科学文献出版社
SOCIAL SCIENCES ACADEMIC PRESS(CHINA)

澳門特別行政區政府文化局
INSTITUTO CULTURAL do Governo da R.A.E. de Macau

出版说明

国学大师季羡林曾说："在中国5000多年的历史上，文化交流有过几次高潮，最后一次也是最重要的一次是西方文化的传入，这一次传入的起点在时间上是明末清初，在地域上就是澳门。"

澳门是我国南方一个弹丸之地，因历史的风云际会，成为明清时期"西学东渐"与"东学西传"的桥头堡，并在中西文化碰撞与交融的互动下，形成独树一帜的文化特色。

成立伊始，澳门文化局就全力支持与澳门或中外文化交流相关的学术研究，设立学术奖励金制度，广邀中外学者参与，在400多年积淀下来的历史滩岸边，披沙拣金，论述澳门文化的底蕴与意义，凸显澳门在中外文化交流中所发挥的积极作用。

自2012年起，澳门文化局精选学术研究奖学金的研究成果，特别策划并资助出版"澳门文化丛书"，与社会科学文献出版社共同推介研究澳门与中外文化交流方面的学术成就，以促进学术界对澳门研究的关注。

期望"澳门文化丛书"的出版，能积跬步而至千里，描绘出澳门文化的无限风光。

澳门特区政府文化局

谨识

社会科学文献出版社

序

郭晓明、王敏二位教授的新著《澳门学校课程与教育变革——19世纪以来文化传承的视角》即将付梓，我在阅读打印稿的时候，确乎感受到了它的分量。作者打开澳门教育的"谱牒"，以"课程变革"为切入点，从早期"三轨并行"的课程传统，到"20世纪课程与文化的变迁"，直至新时期的课程建设，对其历史真实和文化蕴含做出审慎梳理，并进行寻根究底的考问，这使此项研究课题具有澳门教育课程史的意义和巨大的言说空间。由此生发开去，作者在认真审视众多理论思考和实践成果的基础上，从容不迫地展现了自己观察、考究的格局和视野，并以清醒的理论和敏锐深入的辨析，将课程研究的方法从单一式的孤立研究转为与"文化传承"相结合的探索，使本书较诸同类著述更突出教育育人的传承性，使学校课程的演进与文化传承相协调，成为一个不断发展和提高的历史过程。

作者对"课程史"的考论，其着力点乃在课程的变革过程，及其与历史语境的复杂而曲折的交集，正如本书"前言"所说，本书"力图利用新的文献厘清16世纪以来澳门中小学课程变革与文化传承的双向互动关系"。这番话道出了作者追求的一个学术境界。如此，作者远离了那种过度地从理论到理论的推演，更拒绝了以一己之见遮蔽历史真实的做法，其研究始终保持认真、严谨的求索精神，尽最大可能寻求历史资源和前人学术成果的支撑。为此，作者不仅细读了大量文献，其中包括对一些冷僻的、较少为人注意的著述的发掘，考察了许多课程设置方案，其中包括对一些不乏争议的个案的追溯；而且以一种包容和尊重的方式研究"范式"的转变，在时间或空间上都更具系统性和深刻性。

读此书时，有一种历史感会随着披阅而渐趋厚重。书中用许多篇幅，追踪、辨析一个多世纪以来澳门中小学课程的各种实践模式，梳理、归纳其消长起伏变化，但不是全景式地扫描澳门课程史的详细"地貌"，而是集中展现与课程相关的重要"景观"，着力考察学校课程建设中那些曾经代表某些倾向或趋势，形成较大影响的史实，诸如 19 世纪中晚期澳门"三轨并行"课程传统的形成、20世纪澳门回归前学校课程经历的历史巨变，以及回归后学校课程从制度到内容的新发展等，都是书中作为教育史或文化史来深入探讨的议题，具有独特的澳门历史文化内涵。这里，作者既注意到学校课程在不同时代背景下的特殊性和差异性，又注重进行比较、鉴识，做出权衡、评骘，力求在所引史料之间和史实之间，形成学术立场、观点的碰撞，产生一种对话和互动的张力，这就让"数据"的作用超越了"参考"的意义，而呈现出澳门学校课程演进的具体面貌和趋势。

作者从容论诘，以一种开放的视野观照历史，其指归不是介绍澳门课程发展概况，而是比较长短，发现特色，提出问题，明确方向，呼唤建构现代新型课程，传承中华文化的自觉和自信，由此体现的"问题意识"充盈于字里行间。本书分为上、下两编共九章，每个章节以一个相对独立的重要问题为中心展开论述，牵涉宽广，挖掘深入，诸如课程传统、教育制度、传统文化与多元文化、学生核心素养、中文教育、历史课程及教科书制度等，这些澳门学校课程经常涉及的、对于教育教学具有共通性和关键性意义的，都被作者拎出来归结为蕴含学理色彩和学术价值的问题加以重新审视和阐释。这种以问题为中心的"透视"，不但是多角度的，而且是多层级的，它突破了过去同类研究的单纯历史线索和逻辑结构的束缚，以课程创新的灵感之光照亮整体思路和写作框架，将其探究式论证一步步引向纵深。

课程问题是一个老话题，许多人研究过，也有不少学术成果。作者以此为基础，做了一番"研究之研究"，将课程作为学生健康成长、全面发展的途径和内涵来辨析、论证，由课程"工具论"跃升至高阶的"本体论"，使研究有了新意和深度。令人瞩目的是，作者通过对百年历史沧桑的阐发、考辨和验证，将传统文化伦理道德的传承与澳门中小学课程建设实践结合起来，以广泛的事实、细致的体察，把握关键，揭示问题要害，彰显出中华文化作为人格养成和道德建构的资源和基础以及作为青少年德、智、体、美、劳全面发展的"根"与"魂"的重要性和无可替代性。基于这种体认，作者将促进青少年对中华文化的认同，从而将养成对"中华身份"的认同视为"澳门教育的根本任务之一"，亦为一种"'一国两制'的创造性实践"。为此，作者还特别从"澳门教育的角度"出发，于博大精深的传统文化中，归纳出"语言文字""文化典籍""文学艺术""哲学宗教""伦理道德""科技工艺"等适合中小学生的"最重要内容"，并就其传承从"认识主要成就""鉴识类型特征""了解孕育发展过程"三个方面，阐述了"澳门的中国传统文化教育"展开的方略，这又为传统文化融入澳门学校课程，提供了可具体施行的、具有可操作性的参考。

言不尽意。读着这本书，我竟不知不觉地追随作者的笔触走过了一段精神历程。作为一个教书匠，我在为书中高扬的人文精神和科学精神所感动之后，确信此书堪称"一家之言"，是一个在相关领域有一定开创性的成果，其建构性理论思路和对实践的积极探索，及其体现的教育工作者的担当意识，将启示我们：教育改革应以不断创新的理论和方法，标举新的思想和观念，去开拓那些未曾深入的或被熟视无睹的"空白地带"。

是为序。

李观鼎

2020 年 9 月 28 日于澳门

目　录

下编 澳门学校课程改革的实践与文化使命

前　言

一

　　处于华南沿海的澳门，几百年来始终以华人为主，中华文化是澳门文化的底色；与邻近地区不同的是，16 世纪中叶以后欧洲商旅、传教士的到来，给澳门注入了西方文化的血液，澳门作为西方文化进入中国乃至东方的门户和枢纽，中西文化"双源"在此长期共同作用，造就了"多元并存，各美其美"的独特文化景观。然而，在"不同而和、和而不同"之中，中西文化、中葡文化并未真正融合，不同文化虽"齐头并进"，但缺少深层次的对话。澳门虽常常被描绘成"文化的博物馆"，但"共存"远多于交汇和对话。正如有学者所说，在澳门的历史上，"存在明显的双轨——华人社会一条线，葡人社会另一条线"，虽偶有相遇，但由于政治和文化背景的显著差异，"双轨基本上保持平行"。① 历史学者早就指出了这一现象，文化学者也做出了某些解释。但多年来，很少有人将教育与澳门文化的特点及其形成机制联系起来。

　　就教育与文化的关系而言，学校既是已有文化的接受者和继承者，

---

　　① 　吴志良：《澳门历史双轨单行——兼评施白蒂〈澳门编年史〉》，载吴志良《东西交汇看澳门》，（澳门）澳门基金会，1996，第 66 页。

也是新文化的引入者、促成者和创造者。在澳门的文化发展过程中，我们可以看到不同历史时期各类学校的影子，同时学校教育的演变也是澳门文化变迁的反映之一，二者是一种互为包含和相互推动的关系。

本书从文化传承的角度阐释澳门教育发展的历程，解释几百年来澳门教育对文化的影响，同时揭示澳门教育未来发展的文化使命。而在教育与文化之间，最核心的连接点是学校的课程。课程既是文化的产物，又是教育的对象——学生精神成长的养分，一"手"牵两头，它就成为我们关注的焦点。本书以澳门学校课程作为研究的核心，力图利用新的文献厘清 16 世纪以来澳门中小学课程变革与文化传承的双向互动关系，并立足于回归后教育和社会的发展，阐明澳门未来的学校课程应如何更有效地担当起文化传承的使命。

二

20 世纪 90 年代以来，澳门的教育史研究取得了一些积极进展和珍贵成果，如澳门回归前后刘羡冰的《澳门教育史》和冯增俊主编的《澳门教育概论》整体介绍了澳门教育的发展历程，贝磊和古鼎仪主编的《香港与澳门的教育与社会——从比较角度看延续与变化》结合社会的特点对香港和澳门的教育做了深入的比较，李向玉的《汉学家的摇篮：澳门圣保禄学院研究》、戚印平的《澳门圣保禄学院研究：兼谈耶稣会在东方的教育机构》、张伟保的《中国第一所新式学堂——马礼逊学堂》、叶农的《欧风遗踪——澳门圣若瑟修院与教堂》、吕志鹏和陈丽莲编撰的《圣若瑟修院藏珍馆》，对澳门历史上几所重要的学校进行了研究，提供了研究线索；夏泉的《明清基督教教会教育与粤港澳社会》、钟志坚和林发钦主编的《百年岁月——二十世纪天主教澳门华人信友团体的传承和发展》，对澳门教会学校的发展进行了探讨；文德泉（Manuel Teixeira）的葡文著作《澳门教育》（*A Educação em Macau*）、林家骏的《澳门教区历史掌故文摘》、潘日明的《殊途同归——澳门的文化交融》，则提供了澳门早期教育发展的线索。① 但上述研究多是叙述教育发展的宏观进程，较少集中和深入探讨学校的课程，更没有呈现澳门学校课程衍变的全貌。因此，有必要引入历史的视角，对澳门学校课程做整体性的研究。

在 16 世纪中叶至清末这 300 余年的时间里，葡人与华人各自因应其文化及现实生活的需要，先后在澳门兴办了各式学校。要厘清澳门早期各类中小学的课程设置和课程变革是一个极大的挑战，因为历史上澳门几乎每所学校的课程设置和教材都与其他学校有所不同，这给从整体上分析澳门课程变革与文化发展的关系带来极大的困难。解决这一困难的关键是要找到一种解释 400 多年来澳门学校课程发展的合理框架。我们希望提出的一个重要见解是，在 19 世纪中晚期澳门学校最终形成可称为"三轨并行"的课程传统。

澳门最早的知名教育机构——圣保禄学院创办于 16 世纪，以圣保禄学院、圣若瑟修院和马礼逊学堂为代表的天主教和基督教学校的课程，是澳门课程传统中最早、最有影响的一脉，它重视宗教、拉丁文、葡文、中文和英文教育，同时引入科学、体育和艺术课程，对澳门文化的构成及其衍变带来重要影响；19 世纪末华人的蒙学教育及其课程，

---

① 刘羡冰：《澳门教育史》，人民教育出版社，1999；冯增俊主编《澳门教育概论》，广东教育出版社，1999；贝磊、古鼎仪主编《香港与澳门的教育与社会——从比较角度看延续与变化》第 2 版，单文经校阅，（台北）师大文苑，2005；李向玉：《汉学家的摇篮：澳门圣保禄学院研究》，中华书局，2006；戚印平：《澳门圣保禄学院研究：兼谈耶稣会在东方的教育机构》，社会科学文献出版社，2013；张伟保：《中国第一所新式学堂——马礼逊学堂》，中国社会科学出版社，2012；叶农：《欧风遗踪——澳门圣若瑟修院与教堂》，（澳门）澳门特区政府文化局，2020；吕志鹏、陈丽莲《圣若瑟修院藏珍馆》，（澳门）澳门特区政府文化局，2016；夏泉：《明清基督教教会教育与粤港澳研究》，广东人民出版社，2007；钟志坚、林发钦主编《百年岁月——二十世纪天主教澳门华人信友团体的传承和发展》，（澳门）澳门理工学院，2016；Manuel Teixeira, *A Educação em Macau*（Macau: Direcção dos Serviços de Educação e Cultura, 1982）林家骏：《澳门教区历史掌故文摘》，（澳门）澳门主教公署"澳门天主教教务行政处"，1982；潘日明：《殊途同归——澳门的文化交融》，苏勤译，（澳门）澳门文化司署，1992。

尤其以陈子褒蒙学书塾为代表,推动了以蒙学教育为代表的传统儒家教育向现代教育的转型;而葡文学校及官立学校在19世纪末形成以重视葡语和葡萄牙文化为特点的课程传统。此三种课程在澳门开办的时间先后有别,影响大小不一,但在19世纪中晚期它们在澳门已具有一定规模,形成了澳门"三轨并行"的课程传统,三者交相辉映,不仅共同构成澳门文化的不同面向,也成为澳门文化发展衍化的内在动力。[①]

澳门近代"三轨并行"的课程格局是逐步形成的。19世纪以前,澳门的教会教育仅限于天主教,学校在文化上具有浓厚的天主教情结和拉丁文化色彩,并深受葡萄牙文化的影响。在16世纪开埠后的大约250年时间里,澳门的学校课程基本上只有天主教这一"轨"。进入19世纪后,基督教新教的加入是一个重要的文化事件,新教带来了英语及以其为载体的文化,马礼逊学校明显更加世俗化,增加了科学课程。后来,包括圣若瑟修院在内的天主教学校也开始重视英文,20世纪后新开设的一批天主教学校整体承接了新教学校的课程传统,这令教会学校的课程传统有了很大的转变。

19世纪澳门教育的另一个重要改变,是澳门官立学校和葡文教育的兴起。这个过程发轫于20~30年代,70年代进一步加强,80~90年代官立学校从幼儿教育到中学教育,形成了初步的体系。在教会学校几度衰落并转而拥抱英文之后,官立学校和葡文教育当然要拥抱葡语文化,当时的官立学校和葡文教育成为葡语文化和葡人利益的捍卫者。

澳门近代的华人教育在19世纪70年代伴随着华商势力的壮大而兴起,90年代形成一定的规模。华人教育以中国传统教育为基础,虽然也开设了英文课,加强了科学课程,但在文化上是以中华文化认同为根本目标的。所以,澳门"三轨并行"的课程格局是到19世纪末才最后形成的。

进入20世纪,澳门学校课程经历了历史巨变。民国肇始至抗战前

---

① 郭晓明:《明清时期澳门三轨并行课程传统的形成及其文化影响》,(澳门)《文化杂志》(中文版)总第109期,2020。

后，内地一大批学校不断南迁来澳，带来了民国时期的新教育、新课程，包括新型的中文教育和国语，科学、音乐、体育课程的普及，以及公民教育的强化，均给澳门文化带来新动力。抗战时期，学校课程担负着特殊的使命，华人学校加强了军体教育和地理课程，澳葡政府则以提供津贴为引导，艰难地试图推行葡文教育，甚至日本人也试图在澳门创办日文学校。但抗战的胜利，终结了日本人的尝试。

　　1949 年中华人民共和国成立后，澳门一大批社团学校开始引入内地新的教育理念，学习内地的课程和新教材。20 世纪 50 年代，澳门中小学课程的文化取向和澳门的文化版图都发生了重要的改变。到 20 世纪 80 年代末至回归前的过渡期，澳葡政府的文化政策发生了重要改变，希望借此在澳门留下葡萄牙文化的影响。恰是在这一时期，澳门有史以来第一批课程法规颁布实施，政府推出了一整套课程框架和课程大纲，二者之间需求上的契合是不言自明的。

　　20 世纪 90 年代澳门迅速推进课程改革，虽然在法规层面建立起一套统一的规范，但因过分强调私立学校的教学自主性，学校实际运作的课程仍难保证所有学校达到基本一致的教育水准。1999 年澳门回归祖国，在"一国两制"的新时代，伴随着新的社会治理体系的建立、15 年免费教育的实施以及教师队伍的壮大及专业水平的提升，澳门学校课程的发展迎来了新的契机。经过 20 余年的努力，澳门不仅改革了课程的领导体制，制定了各教育阶段课程框架，建立起自己的课程基准，而且加强了本地的教材建设，展现出国际化与本土化相结合的特点。所有这一切，都顺应了回归后澳门文化变革的需要，尤其是中文的官方化、文化价值取向和历史叙述话语的改变，以及建立中华文化自信的需要。

三

　　20 世纪 80 年代至 90 年代，以及回归至今的 20 余年，澳门的学校课程经历了两轮重要变革，并已经形成自己的特点和体系。然而，与澳门未来发展的需要相比，学校课程的发展仍是一项未竟的事业。

澳门的长远定位，不仅要发展"一中心"（世界旅游休闲中心）、"一平台"（中国与葡语国家商贸合作服务平台），而且还要建设"一基地"，即"以中华文化为主流、多元文化共存的交流合作基地"。澳门被列为粤港澳大湾区四大中心城市及区域发展的"核心引擎"之一，其文化必须是重要的"引擎"之一。"多元文化共存"以往仅仅被视为澳门的一个特点，"一基地"的建设要求澳门以此为基础，进一步发挥促进文化交流、带动文化合作的作用。这就要求澳门增强自身的文化能力和文化自信，从一个中西文化交汇的"特色小城"跃升为具备区域乃至国际影响力的文化之都。这不仅要坚持和传承作为主流的中华文化，加强澳门居民的国家观念和国民身份意识，还须保持文化的多样性和开放性，打造文化品牌，积极投入文化的交流与合作，包括与世界文化的交流与合作；同时要促进中华文明与世界不同文明的交流与合作。要实现文化的上述转变，就必须发挥学校教育的作用，在文化传承与教育变革之间，重新审视学校课程的文化使命。

澳门的学校课程已经站在一个新的历史起点上，如何肩负起文化的使命，尤其是在尊重和保护文化多元性的同时，坚守中华文化的主体性和自主性，并促进文化的交流、对话与合作，是课程领域须进一步解决主要课题。我们力图从文化传承的时代使命出发，结合特区政府正在推进的基础教育课程改革，对课程实践的若干领域进行深入分析，并提出具体建议。

首先，将关注新时期澳门年青一代应具有的"核心素养"，以及人的"文化构成"的完整性，对澳门中学、小学课程结构进行分析，并对"基本学力要求"的完善提出方向性的意见，重视澳门的文化特点，尤其强调本地的历史和文化遗产的重要性。

其次，对影响文化传承的重要科目的课程改革以及相关议题进行深入探讨，以便帮助学生形成良好的文化身份和文化认同，并走向文化自觉。在中文教育方面，澳门应打通汉语的古典传统、五四新文化运动所带来的传统、新中国的传统、粤方言自身的传统，以及澳门地域文化中所具有的传统，从而建立有别于内地、台湾和香港，并符合时代发展需要的新传统，发掘澳门本地优秀文学作品的教育价值，重视粤语作为口头沟通语言的作用，加强汉语拼音和普通话的教育，并发展自己的教材。在品德与公民教育方面，有必要将建立身份认同作为品德与公民教育的重要使命，并从"基本学力要求"和教材层面，对"中国人"、"澳门人"和"世界公民"的建构和处理方法进行探讨。在历史课程和中国传统文化教育方面，也要分析澳门过去所存在的不足，并提出应对的思路。

最后，由于教科书在学校课程和文化传承中的重要地位和澳门长期以来放任自流的教科书政策已令澳门的课程和文化教育形成一种依赖外地的"病症"，故我们将分析政府、学校和社会在澳门教科书领域的职能配置，论证建立一种新的教科书制度——"有限的认定制"的必要性和具体路径。

四

以往有关澳门文化史的研究较少将学校作为一种具有重要影响力的对象加以考虑。且近年有关澳门地域文化的研究，虽然关注澳门近代思想文化的变革以及形式多样的教育文化，但并未将二者联系起来进行分析。而教育史方面的学者对澳门早期学校课程的描述，则多就课程谈课程，未分析课程背后的文化根源及其对文化发展的影响。我们希望在已有研究的基础上，从学校课程的变革入手，把握 16 世纪中期以来澳门文化传承与教育变革的关系，既重视学校课程在澳门文化发展史中的作用，又从文化变迁的角度解释学校课程的发展，尤其是对 19 世纪末形成的澳门"三轨并行"课程（天主教学校的课程、葡文教育及官立学校的课程以及华人教育课程）传统的概括，希望能加深对澳门现存文化结构形成机制和发展过程的理解。对于新时期澳门正在推行的课程改革，我们主张从文化传承的角度勾勒出符合时代要求的行动方向，希望有助于提升澳门学校课程改革的文化影响力。

澳门以往有关学校课程的研究，多局限于某一个时段的课程，例如，近年来有学者分析了 20 世纪 50 年代以濠江中学为代表的社团学校课程的转变；有研究者曾总结 20 世纪 90 年代课程发展的一些情况；也有专家概括过近 30 年澳门课程政策的转变，但目前还没有关于澳门课程发展史的专门著作。本书力图对澳门 16 世纪中期以来不同类型学校的课程发展做系统整理，并在文化变迁的视野中予以分析，希望有助于加深对澳门课程发展的整体理解，系统阐述 400 多年来澳门的课程发展史。

在文献方面，我们希望充分利用已有的澳门史包括澳门教育史的研究成果，同时挖掘 20 世纪 90 年代和近年来澳门课程改革的一手文献，包括各种报告，90 年代三次研讨会的记录，回归前委托东亚大学、北京师范大学和港澳儿童研究会所完成的研究报告等。回归后，由于我们有机会系统地参与澳门的课程改革和教材编写工作，因此也会利用为启动新一期课程改革而委托澳门大学所完成的有关澳门课程发展方向的研究报告，以及在澳门课程法规起草及咨询期间收集的各种意见。在葡文资料方面，我们努力利用官立学校（如利宵中学）及其课程发展的葡语文献，尤其是 20 世纪 90 年代教育暨青年司编辑和出版的系列《澳门教育历史文献》。

这一切努力是否有效，均有待读者诸君的检验。

上编
澳门学校课程传统的形成与变迁

第一章　早期三轨并行课程传统的形成

任何地区的教育就其功能而言，都是在特定的社会环境中，为该地区服务的；就发展历程而言，都有特定的历史来源和依据，服务于不同时代的生活。

言及澳门，史家大都会说，自 400 余年前葡萄牙人来到澳门开始，东西方文化即在此弹丸之地开启了互相交融、渗透的进程。值得注意的是，澳门居民始终以华人为主，中华文化源远流长，16 世纪中叶以后，欧洲商旅、传教士带来的西方文化只是一个后来的加入者。1553 年葡人在此居住，1557 年葡人在澳门开始修炮台、筑城墙、划定租地。1583 年，居澳葡人秘密组织"议事局"（又称"议事会""议事公局"）作为葡人的自治机构，1623 年葡人任命首任澳门总督。但明朝政府在 1574 年即在"莲花茎"位置修筑关闸。1582 年前后，一套特殊的行政、司法和税收制度逐渐在澳门建立，主要的司法管辖权和税收权皆由广东政府辖下的地方政府行使，葡方的"议事会"仅管市容、卫生和治安，葡萄牙的法律只在葡人的小群体之内有效。可见，澳门此时的治理事实上存在两套并行的机制。这种情形延续了近 300 年。1849 年，澳门总督亚马留（João Maria Ferreira do Amaral）"驱逐"中国官吏、封闭中国海关。直至 1887 年，中葡签署《中葡和好通商条约》，这时葡萄牙才获得"永居管理澳门"的权利及法律依据。①

---

① 黄汉强、吴志良主编《澳门总览》第 2 版，（澳门）澳门基金会，1996，第 10～20 页。

澳门作为史上东西方最早的交汇地之一，其文化具有"双源惠泽"的特点，几百年来"多元并存，各美其美"。澳门的教育也是如此，"四百多年的华洋杂处，世界两大文明的汇聚，双元文化的润泽，形成了澳门独特的教育景观"[①]。澳门自 16 世纪开埠至清末的 300 余年里，葡人与华人各自因应其文化、现实生活及谋生的需求，兴办了各式学校，双轨平衡发展。[②] 我们关心的是，这段时间的中西文化共处究竟给澳门带来了什么？"多元并存，各美其美"的文化风貌是否与"双源惠泽"的教育密切相关？教育及其课程在其中有何作用？例如，澳门的圣保禄学院（Colégio São Paulo），从 1594 年开办到 1772 年关闭，它对于西方文明在澳门的传播产生了什么影响？再如，19 世纪早期马礼逊教育会创办的马礼逊学校，作为基督教新教当时在澳门开办的一间最著名的学校，在澳门的文化变迁中有何特殊地位？其是如何扩大影响的？内在机制是怎样的？19 世纪末 20 世纪初，澳门的公、私立学校蓬勃发展，澳葡政府开始关心公共教育，清末维新派在澳门办报、兴学，这样的格局对于澳门百余年的文化变迁有何影响？

就学校的课程而言，东、西方各有其渊源和传统：华人学校的根基是中华文化及其教育传统，教会学校和早期官立学校的文化母体则是西方文化、西方的教育传统以及特定时期的教育理念。澳门早期的学校课程主要有三大来源：教会学校（包括天主教和新教开设的学校）的课程、华人蒙学课程以及葡文与官立学校的课程。这些学校共同负起兴学的责任，同时也依其文化教导子弟，形成各自的传统。

一　教会学校的课程传统

自从 1557 年葡萄牙人取得在澳门的居留权后，西方的文化就随着

---

① 陈志峰主编《双源惠泽，香远益清——澳门教育史料展图集》，（澳门）澳门中华教育会，2010，第 1 页。

② 刘羡冰：《澳门历史上双语人材的培养与中外文化教育交流》，载《双语精英与文化交流》，（澳门）澳门基金会，1994，第 5 页。

传教士的到来传入澳门。西方文化影响澳门乃至东亚的重要途径之一是传教，而澳门不仅是我国对外开放最早的贸易港口之一——16～18世纪的中西航海业在此贯通，而且是天主教在中国乃至东亚最早的传教基地和枢纽。① 正如有学者所说：

> 在葡萄牙向东扩张过程中，商业利益与传教一直交织在一起，例子不必多举，澳门便是其中的典型。这个被葡萄牙人誉为"上帝圣名之城"② 的中国南部边陲小镇，不仅是葡萄牙人营运远东贸易的枢纽，也是耶稣会在马六甲以东发展的"心脏"。③

贸易、传教和战争是西方文化影响澳门乃至东亚的主要渠道，而热衷于传教的主要是基督教。由于基督教重视传教事业，将其视为"大使命"，加上近代以来西方国家在世界政治、经济及文化上具有的强势影响力，基督教的传布范围遍及整个世界，成为信仰人口最多的宗教。基督教文化亦成为世界许多文明的重要组成部分。基督教在澳门及中国内地的发展大致经历了始创期（1555～1722年）、禁教期（1723～约1845年）、复苏及发展期（约1846年至今）三个阶段。相应的，有学者将基督教在粤港澳兴办的教会教育，亦分为三个阶段：

---

① 1573年葡萄牙人取得澳门的租居权后，即以澳门港为基地，大力开辟澳门—果阿—里斯本、澳门—长崎、澳门—马尼拉—墨西哥三条国际贸易航线，开展世界大循环的"大三角贸易"活动。参见郑炜明、黄启臣《澳门宗教》，（澳门）澳门基金会，1994，第29页。

② 又称"天主圣名之城"，据一份史料，"天主圣名"这个称谓是由杜阿而特·德·梅内泽斯总督在1583年正式授予澳门的。1589年，澳门市民已在"天主圣名之城"的地图上署上日期。上述资料引自〔葡〕罗理路《澳门寻根》，陈用仪译，（澳门）澳门海事博物馆，1997，第18、35、42页。

③ 董少新：《葡萄牙耶稣会士何大化在中国》，社会科学文献出版社，2017，第1～2页。

第一阶段，1552～1806年，处于基督教向中国第三次传播①时期，是明清之际早期天主教教育阶段。……圣保禄学院和圣若瑟修院是这一时期最主要的两所教会学校。

第二阶段，1807～1842年，处于"禁教"政策下新教向中国传播的初期，是鸦片战争前早期新教教会教育阶段。……这一阶段所要重点分析与探讨的两所教会学校是英华书院和马礼逊学校。

第三阶段，1842～1911年，大致属于晚清时期，处于"条约政策"的保护下，……是晚清的教会教育阶段。②

故澳门早期教会学校的课程，有代表性的是以下学校：耶稣会的"读写学校"、圣保禄学院、圣若瑟修院和马礼逊学校。1594年12月1日注册成立的圣保禄学院，是耶稣会在澳门举办较早也是影响最大的学校；圣若瑟修院也是耶稣会的杰作。直到1839年马礼逊学堂创立，基督教新教的影响才真正在澳门的教育界显现。

（一）耶稣会"读写学校"的课程

基督教教育在欧洲中世纪教育中几乎占据了支配的地位，而耶稣会在宗教改革以后的基督教教育中又是一支最为重要的、有世界范围影响的力量。澳门早期的教会教育几乎均与耶稣会有关。

耶稣会（拉丁语：Societas Iesu，简写为 S. J. 或 S. I. ）是天主教会重要的男修会之一，1534年8月15日由依纳爵·罗耀拉（Ignacio de

---

① 基督教第一次传入中国是在635年（唐贞观九年），由基督教聂斯脱里派（Nestorian）主教、叙利亚人阿罗本（Olopen）传入新疆，唐朝人称之为景教。第二次是在1294年（元至元三十一年），由罗马教廷圣方济各会修士约翰·孟特·高维诺（John de Monte Corvion）传入中国，并在北京、泉州等地建立教堂，到1368年元朝灭亡时再次消失。第三次是在16～19世纪，分裂后的基督教三大教派中的天主教于1552年（明嘉靖三十一年）、东正教于1689年（清康熙二十八年）、基督教（新教）于1807年（清嘉庆十二年）传入中国。参见郑炜明、黄启臣《澳门宗教》，（澳门）澳门基金会，1994，第31页。

② 夏泉：《明清基督教教会教育与粤港澳社会》，广东人民出版社，2007，第6～12页。

Loyola）和方济各·沙勿略（S. Francisco Xavier）等人成立于巴黎，1540 年教皇保禄三世以诏令予以承认。耶稣会是欧洲宗教改革中产生的一支重要力量，最初是为了对抗宗教改革的风潮而创立。进入 16 世纪，当时天主教受到基督新教的冲击非常大，天主教内产生了一股维新改革的思想，耶稣会即是这股维新势力的一部分。1534 年，依纳爵·罗耀拉与其他 6 名巴黎大学的学生，在巴黎郊外圣但尼小教堂的地下室成立了耶稣会，宗旨即是由内部改革教会，同时希望能以此获得更靠近耶稣的地位，修会的成员必须对教会绝对服从。1540 年教皇保禄三世认可耶稣会是天主教的一个正式修会。此后，这个修会发展很快，不久就在多个国家活动。但在 1759 年，葡萄牙驱逐耶稣会，1762 年，法国取缔耶稣会，1767 年，西班牙驱逐耶稣会，三国君主呼吁教皇取缔耶稣会，被教皇克雷芒十三世抵制。1772 年，教皇克雷芒十四世宣布取缔耶稣会。1814 年，教皇庇护七世又予恢复。

耶稣会最大的特色是重视兴学。为使其成员能有效地在社会生活中发挥作用，它特别注意耶稣会会士的教育。耶稣会的标准化教育基本上分为三个阶段：

第一阶段，即读写教育，多数人是从 6～7 岁开始，也就是在耶稣会内提供拉丁语和希腊语（较小程度上）的教育，在 14～15 岁完成。然后开始第二阶段的学习，即初修阶段，这一阶段包括两年的人文课程和三年的哲学课程，在 20 岁左右完成。完成这一阶段学习的学生可以称为修士。第三阶段，称为神学院阶段，神学学习一共为四年，这四年的最初两年学习道德神学和决疑论，之后两年学习思辨神学。完成这一阶段学习的修士即可晋铎，成为神父。①

---

① Liam Matthew Brockey, *Journey to the East: The Jesuit Mission to China, 1579 – 1724* (Cambridge & London: The Belknap Press of Harvard University Press, 2007), pp. 211 – 213, 转引自汤开建《天朝异化之角：16—19 世纪西洋文明在澳门》下卷，暨南大学出版社，2016，第 869 页。

耶稣会创办不久，第一批会士于 1540 年来到葡萄牙，很快对葡萄牙的教育产生重要影响。1551 年，开办后来被称为"圣灵学院"（Colégio do Espírito Santo）的埃武拉大学，1552 年在里斯本设立圣安堂学院（Colégio de Santo Antão）；1555 年，国王将科英布拉大学于 1547 年新设立的人文学院交由耶稣会会士管理。可见，耶稣会当时已在葡萄牙的教育领域取得特殊地位。不仅如此，耶稣会与葡萄牙海外殖民地的拓展如影随形，殖民地拓展到哪里，他们的各种学院和学校就办到哪里，由此几乎垄断了海外殖民地的教育。例如，早在 1542 年，耶稣会的创办者之一——沙勿略就在印度果阿创办了耶稣会的圣保禄学院。后来，葡萄牙人到达巴西、日本[①]和澳门，耶稣会也采取了同样的策略。

对于澳门来说，1576 年是一个很重要的年份，因为这年 1 月 23 日罗马教廷颁布谕旨成立澳门教区。教会在澳门的发展中扮演重要角色，神职人员积极从事教育活动。1572 年，耶稣会在澳门创办最早的一家教育机构，是澳门的"读写学校"（Escola de Ler e Escrever），这也是澳门的首家教育机构。据澳门档案馆提供的数据，这家附设于耶稣会的小型学校由皮雷斯（Peres）神父担任校长。[②] 显然，在耶稣会的教育体系里，这属于第一个阶段——"读写教育"。该校建于 1571 年，设在"天主之母的小教堂附近"，1572 年举办开学典礼。[③] 虽到 1594 年圣保禄学院成立时，该校与之合并，成为其四个学部中的一个，但它在此前

---

① 葡萄牙人在 1542～1543 年到达日本，随后在那里拓展贸易和传教；耶稣会在日本的活动与澳门紧密相连，澳门圣保禄学院最初开办的目的，就是培养赴日本的传教士。参见〔葡〕罗理路《澳门寻根》，陈用仪译，（澳门）澳门海事博物馆，1997，第 18 页；吴志良、汤开建、金国平主编《澳门编年史》第 1 卷，广东人民出版社，2009，第 73～74 页。

② 《教育厅》（1871/09/02—1983/01/04），（澳门）澳门档案馆，档号：MO/AH/EDU，http：//www. archives. gov. mo/webas/ArchiveDetail. aspx？lang = C&archiveID = 5613。

③ 据法国神父提供的数据，主持开学典礼的是教区巡视员贡萨洛·阿尔瓦雷斯（Gonçalo Álvares），他"1572 年到达澳门，在那里主持了一所学校的开学典礼"。参见〔法〕荣振华《在华耶稣会士列传及书目补编》，耿昇译，中华书局，1995，第 22 页，转引自汤开建《天朝异化之角：16—19 世纪西洋文明在澳门》下卷，暨南大学出版社，2016，第 871 页。

已独立运作了 22 年，且此后一直存在于圣保禄学院之中。据记载，该校 1577 年有"150 名孩童来上学"。当时，澳门的人口"已有 5000 人，其中 800 名为葡萄牙人"①。1584 年 12 月 8 日，"学校里有 200 多名学生"，还有 12 名修士。② 1592 年，"学校里有 200 人左右，入学除有澳门居民外，还有葡萄牙人带来服侍他们的童仆"③。到 1594 年，"在那里就读的孩子超过 250 人"。以当时澳门的人口计算，学校的规模已相当大，应没有第二个可与之比肩者。而且，有证据表明，该校"持续的时间几乎与圣保禄学院一样长久"：1632 年"有 90 名葡萄牙孩子，还有当地的中国人"；1692 年有 140 名学生；直到 1740 年最后一份《澳门圣保禄学院年报》还记载，其"小学部"有 170 名学生。④

由于读写学校的定位是儿童的启蒙教育，招收葡萄牙人的子弟和澳门基督徒的子女，其课程与圣保禄学院的神学课程大有不同。葡萄牙学者研究称，该校开办初期教学的情形是：

> 1571 年刚开办时仅教孩子们阅读和写字。到了 1584 年，随着教学的发展，尤其是更多的传教士从欧洲来澳门，其中不乏数学家与音乐专才，因而公学教授内容也发生了变化，首先增加了算术，接着又增加了教唱歌的音乐课和文法课。⑤

---

① 〔葡〕多明戈斯·马乌里西澳·戈麦斯·多斯·桑托斯（Domingos Maurício Gomes dos Santos）：《澳门：远东第一所西方大学》，孙成敖译，（澳门）澳门基金会、澳门大学，1994，第 38 页。

② Manuel Teixeira, *A Educação em Macau*（Macau：Direcção dos Serviços de Educação e Cultura, 1982），p. 183.

③ Manuel Teixeira, *A Educação em Macau*（Macau：Direcção dos Serviços de Educação Cultura, 1982），p. 183.

④ 上述数据来自多方面的记载和历史文献，参见汤开建《天朝异化之角：16—19 世纪西洋文明在澳门》下卷，暨南大学出版社，2016，第 871～873 页。

⑤ António Lopes, *Serviços prestados aos moradores de Macau pelo Colégio de Macau*（Missão de Macau, 21 de Abril de 1999），转引自李向玉《汉学家的摇篮：澳门圣保禄学院研究》，中华书局，2006，第 32 页。

1594 年 10 月 28 日的第一份《澳门圣保禄学院年报》则称：

> 至今，我们有四个学部。第一是教授阅读写字的儿童学部……除供儿童学习的阅读课、书写课、文法课、人文课和道德课外，仅有两名由中国教区负责的神父在私下学习神学专业……①

另外，关于续写学校，1654 年的《澳门圣保禄学院年报》进行了这样的描述：

> 除教授良好的生活习惯外，还教孩子们读书、写字，协助做弥撒、唱歌、算数以及进行有关教义的问答。孩子们对有关教理的提问，答案大都熟记，因此能对答如流。为了练习所学内容，常常带小学生去教堂听弥撒，老师陪伴左右。②

从以上不同时期的记载可见，读写学校的课程主要包括：阅读、书写、文法、算术、音乐、道德。至于《澳门圣保禄学院年报》中提到的"人文课"，应该就是音乐等艺术课程；而"道德课"，按照 1597 年 10 月《视察员神父范礼安为该澳门神学院授业给予的命令》，应属于其中第四章所述的"教养科目"，主要是抄写、讨论《圣经》，学习宗教礼仪，参与祈祷等宗教活动。③

这里的一个问题是，儿童用何种语言阅读和写字？由于耶稣会办教

---

① João Paulo Oliveira e Costa, *Cartas Ânuas do Colégio de Macau（1594 – 1627）*（Macau：Fundação Macau，1999），p. 62，转引自汤开建《天朝异化之角：16—19 世纪西洋文明在澳门》下卷，暨南大学出版社，2016，第 887 页。

② 转引自李向玉《汉学家的摇篮：澳门圣保禄学院研究》，中华书局，2006，第 16 页。这些学生正因为自小参与这些活动，他们中的不少人后来成为早期入华传教士的得力助手。

③ 汤开建：《天朝异化之角：16—19 世纪西洋文明在澳门》下卷，暨南大学出版社，2016，第 885、887 页。

育主要是为了传教，而当时的宗教经典和传教活动主要依靠拉丁文，再根据《视察员神父范礼安为该澳门神学院授业给予的命令》等文献，汤开建教授认为："拉丁语课程，这应该是读写学校孩子们必修的课程。"① 前述《视察员神父范礼安为该澳门神学院授业给予的命令》规定："拉丁文课上午为两个半小时（七时至九时半），下午为两个小时（十五时至十七时）。星期六下午为例外，只有一个半小时。11 月 8 日至圣周星期三……下午课十四时半开始。"②

另外一个值得注意的问题是，读写学校有没有开设葡文课程，尤其是有没有面向本地儿童的葡文课程？按照汤开建的见解，"18 世纪中叶以前，葡萄牙语已成为中国南部口岸商业通用语"③。还有记载说："从 1571 年以后的一个世纪以上，到中国去的欧洲商船都是葡萄牙人。而他们的语言文字，在某种程度上是沿海的通用语。"④ 许多记载也说明，教会除了使用拉丁语外，也使用葡语。可见，无论是在商业上、宗教上，还是在儿童的成长上，都需要葡语教育。考虑到天主教是葡萄牙的国教，葡籍居民都是天主教徒，而读写学校自始至终都是为天主教徒子女的教育而设，因而其读写课程的内容除了拉丁文外，应该还有葡文。

不过，值得注意的是，不论在办学理念上还是在学校运作上，读写学校都不能等同于此后近现代兴起的普及化的小学教育。在课程和办学理念上，拉丁语的读写和音乐教育，都是服务于宗教的需要，而非儿童的全人发展。

---

① 汤开建：《天朝异化之角：16—19 世纪西洋文明在澳门》下卷，暨南大学出版社，2016，第 886 页。
② 转引自李向玉《汉学家的摇篮：澳门圣保禄学院研究》，中华书局，2006，第 77 页。
③ 汤开建：《天朝异化之角：16—19 世纪西洋文明在澳门》下卷，暨南大学出版社，2016，第 1093 页。
④ 〔美〕马士：《东印度公司对华贸易编年史：1635 ~ 1834 年》第 1、2 卷，区宗华译，中山大学出版社，1991，第 65 ~ 66 页，转引自汤开建《天朝异化之角：16—19 世纪西洋文明在澳门》下卷，暨南大学出版社，2016，第 1094 页。

（二） 圣保禄学院的课程

圣保禄学院创立于 1594 年，以读写学校为基础升格而来，从创立至 1762 年关闭，前后延续 168 年，是耶稣会在澳门设立的影响最大的学校。[①] 该校被称为东方最早的大学，其不仅对澳门后来的教育及其他学校有深远影响，而且在中国教育史上也有不可忽视的地位。据记载，学校刚开办的时候，"学生和作为教师的神父与修士，加起来共有 18 人"；接下来的学生人数也并不多，在 1635 年前，每年在校的学生最多不超过 59 人，教师最多时只有 8 人，学校总人数最多为 92 人。[②]

对于圣保禄学院所开设的课程，学者曾有不同的观点。比较早论及这个问题的澳门学者黄启臣认为：

> 学院根据在中国传教的需要设计课程，计有中文、拉丁文、哲学、神学、数学、天文学、物理、医学、音乐、修辞学等。其中中文课程是最重要的必修课，人人要学，学时最多。[③]

随后，刘羡冰在谈到该问题的时候则认为：

> 范礼安在澳门圣保禄学院的课程设计上是花了不少心血的。他

---

① 圣保禄学院在 1601 年曾被焚毁，但随即重建。关于圣保禄学院被关闭的时间，以往多以为是圣保禄教堂被焚毁的 1835 年。事实上早在 1760 年，葡萄牙国王就下令没收耶稣会的财产，包括教堂、学校和其他布道场所；1762 葡属印度总督向当局传达此命令，将耶稣会在澳门的全部财产充公并交予教区，其中包括圣保禄学院和圣若瑟修院。同年 7 月 5 日澳葡当局查封了两校，并逮捕了两校的 24 名耶稣会士。故圣保禄学院的关闭时间是 1762 年，而非圣保禄教堂被焚毁的 1835 年。参见李向玉《汉学家的摇篮：澳门圣保禄学院研究》，中华书局，2006，第 37～48 页。

② 汤开建：《天朝异化之角：16—19 世纪西洋文明在澳门》下卷，暨南大学出版社，2016，第 887～890 页。

③ 黄启臣：《澳门第一所大学：圣保禄学院》，（澳门）《文化杂志》（中文版）总第 30 期，1994，第 36 页。

既保留了耶稣会已经形成了的课程结构，又借鉴了葡萄牙科英布拉大学的规章制度，还进行了充分的探索。……

圣保禄学院的课程，分为三个大类别：

人文科：汉语、拉丁语、修辞学、音乐等；

哲学科：哲学、神学；

自然科：数学、天文历学、物理学、医药学等。①

她还认为，在圣保禄学院，"课程中有汉语一科，是其最大的特点"。"汉语是必修科，人人都要学，因为它是东方传教的必需的沟通工具，不但每位学生要学，教授也学。""据说，在课程中，课时最多的也是汉语。"后来，"传教士都必须在此修读汉语至少两年，才能进入中国大陆传教，这又增强了圣保禄学院以及其汉语课程的权威性"。由于圣保禄学院的最终目的是满足传教的需要，所以总体上看，其课程以拉丁文为基础，以西方古典学术知识为主体，以神学为重点，以培养分派各地的传教士为根本目的。② 基于上述说法，李向玉在《汉学家的摇篮：澳门圣保禄学院研究》一书中并不同意"人人必学中文、中文学时最多"的提法。③

理解澳门圣保禄学院的课程有三点极为重要：第一，应了解耶稣会的办学传统。第二，虽然该校在100多年的办学历史中，的确有一个发展的过程，且其早期的课程应该起奠基性的作用，但要了解其全貌，也要利用已出版的该校1594～1627年这30余年的年报。第三，该校并不是一所单一的学校，而是因应培养方向的不同，设有不同的"部"。1594年10月28日《澳门圣保禄学院年报》就称：

---

① 刘羡冰：《澳门历史上双语人材的培养与中外文化教育交流》，载《双语精英与文化交流》，（澳门）澳门基金会，1994，第17～18页。

② 刘羡冰：《澳门历史上双语人材的培养与中外文化教育交流》，载《双语精英与文化交流》，（澳门）澳门基金会，1994，第18～19页。

③ 李向玉：《汉学家的摇篮：澳门圣保禄学院研究》，中华书局，2006，第49～51页。

　　至今，我们有四个学部。第一是教授阅读写字的儿童学部；第二是文法学部；第三是人文学部，这是今年才增设的；第四是伦理神学部。而明年会开办艺术课程……由于范礼安神父的到来，认为有必要再增添其他课程和其他科学专业。……除供儿童学习的阅读课、书写课、文法课、人文课和道德课外，仅有两名由中国教区负责的神父在私下学习神学专业，而人们期待有更多人来此攻读这一专业。①

汤开建研究考证后也认为：

　　澳门圣保禄学院除了作为主体机构的神学院（Colégio）外，还有附属于该学院的读写学校（即前所言的小学部）及神学校（Seminário），对于传教区而言，神学院是为了培养神父的地方，而神学校则相当于初修院，是专门培养修士的机构。②

　　所以，我们同意葡萄牙学者多明戈斯·马乌里西澳·戈麦斯·多斯·桑托斯的观点，即圣保禄学院的课程可以分为"初级课程"和"高级课程"。③ 前者只是供儿童和修士学习的，例如阅读课、书写课、文法课、人文课和道德课，主要是供未成年的儿童学习的，其中，拉

---

① João Paulo Oliveira e Costa, *Cartas Ânuas do Colégio de Macau*（*1594 ~ 1627*）（Macau：Fundação Macau, 1999）, p. 62, 转引自汤开建《天朝异化之角：16—19 世纪西洋文明在澳门》下卷，暨南大学出版社，2016，第 887 页。引文中提到的"艺术课程"（Curso de Artes），实际上并非今天所理解的音乐和美术等艺术课程，而是教养性的课程，从考试的内容看，主要是逻辑学、自然哲学和经院哲学。参见〔葡〕多明戈斯·马乌里西澳·戈麦斯·多斯·桑托斯《澳门：远东第一所西方大学》，孙成敖译，（澳门）澳门基金会、澳门大学，1994，第 48 ~ 51 页。

② 汤开建：《天朝异化之角：16—19 世纪西洋文明在澳门》下卷，暨南大学出版社，2016，第 892 页。

③ 〔葡〕多明戈斯·马乌里西澳·戈麦斯·多斯·桑托斯（Domingos Maurício Gomes dos Santos）：《澳门：远东第一所西方大学》，孙成敖译，（澳门）澳门基金会、澳门大学，1994，第 46 ~ 53 页。

丁文是基础；为期三年，以教养为主要目的、以哲学为主要内容的"艺术课程"，也属于此范畴。而神学院最核心的、用于培养神父的课程是神学专业课程，包括伦理神学和思辨神学，可授予学位，属于高级课程。当然，圣保禄学院不是一所完全的宗教大学，它"没有设置天主教法典的课程"，更不是一所如科英布拉大学那类开设有全部课程的常规大学，"未设置民法和医学专业"①。

至于中文课程，汤开建教授在全面分析《澳门圣保禄学院年报》和《耶稣会日本教区年报》后，特别指出：

> 澳门圣保禄学院虽然也曾开设中文课程，但并非如国内学者所言中文为圣保禄学院学生的必修课。我们见到澳门圣保禄学院最早开设中文课程的时间为 1620 年 9 月，直到 1635 年，十余年间共开设过两次。我们实际见到的最早在澳门圣保禄学院学习中文者，当为 1610 年后来到澳门的艾儒略、史惟贞、毕方济 3 位神父……可见圣保禄学院中文课程的开设均应是实际工作的需要而并非常设课程，更非该学院学生的必修课。②

虽然耶稣会 1587 年正式确定了一项决策——"所有的传教士都要学习语言"③，但这并不意味着圣保禄学院也将中文作为学生的必修课。1593 年范礼安（Alexandre Valignan）提出建立圣保禄学院的建议，目的是培训赴日本的传教士。据考证，在圣保禄学院开办的早期

---

① 〔葡〕多明戈斯·马乌里西澳·戈麦斯·多斯·桑托斯（Domingos Maurício Gomes dos Santos）：《澳门：远东第一所西方大学》，孙成敖译，（澳门）澳门基金会、澳门大学，1994，第 53 页。

② 汤开建：《天朝异化之角：16—19 世纪西洋文明在澳门》下卷，暨南大学出版社，2016，第 890～891 页。

③ 《阿奎维瓦致范礼安的信》，罗马，1587 年 12 月 28 日，ARSI Jap‑Sin3：13n，转引自〔美〕柏理安《东方之旅：1579—1724 耶稣会传教团在中国》，毛瑞方译，江苏人民出版社，2017，第 266 页。

（1594～1614 年），入该院学习的日本学生共有 14 人，1614 年 11 月圣保禄学院专门设立日本人神学校；圣保禄学院还曾经开办专门的日语班。① 可见，拉丁文在圣保禄学院是必修课程；中文和日文只是针对部分有必要的学习者才开设的。当然，学院的传教士后来因难以进入日本而被改派中国内地者日多，② 故学习中文的人数也就逐渐增加。特别是 1710 年（清康熙四十九年），康熙明令新来的西方传教士在澳门学习中文，③ 澳门后来成为来华传教士进入中国前学习中文的基地。

值得一提的是，圣保禄学院对于澳门早期的美术教育也是有影响的。其中最关键的一个人物是耶稣会神父尼阁老（Giovanni Nicola，1560～1626），他于 1582 年 8 月 7 日与利玛窦等人同船抵达澳门，是最早到达澳门的职业画家。他在澳门完成的《救世者》，是西方传教士在澳门绘制的首幅油画。④ 到澳门后，他就"创办了一所画校"⑤，这应是中国境内最早教授西洋画的机构。1583 年，尼阁老前往日本长崎，"开办耶稣会美术学校，后又在岛原、天草、有马等地的耶稣会学校任教"。也有记载说，1596 年他在有马开设了另一所美术学校，当时有学生 14 人。⑥ 更重要的是，1614 年日本全面禁教，尼阁老带着一批学生从日本回到澳门，⑦ 继

---

① João Paulo Oliveira e Costa, *Cartas Ânuas do Colégio de Macau*（*1594 – 1627*）（Macau：Fundação Macau, 1999），p. 218，转引自汤开建《天朝异化之角：16—19 世纪西洋文明在澳门》下卷，暨南大学出版社，2016，第 822 页。

② 据 1604 年 1 月 27 日《澳门圣保禄学院年报》的记载，当时就派了 7 名该学院的神父和修士前往中国内地。João Paulo Oliveira e Costa, *Cartas Ânuas do Colégio de Macau*（*1594 – 1627*）（Macau：Fundação Macau, 1999），p. 173.

③ "新来之人，若叫他们来，他们俱不会中国话，仍着他们做通事，他们心里不服，朕意且叫他们在澳门学中国话语。"参见故宫博物院编《康熙与罗马使节关系文书》，故宫博物院编《文献丛编》第 6 辑，1930，转引自颜广文、张海珊《早期澳门的教会教育》，（澳门）《文化杂志》（中文版）总第 71 期，2009，第 77 页。

④ 陈继春：《澳门美术的历史回顾》，载缪鹏飞主审《澳门高等视觉艺术教育学科展望》，广东高等教育出版社，2009，第 9 页。

⑤ 〔法〕荣振华：《在华耶稣会士列传及书目补编》，耿昇译，中华书局，1995，第 143 页。

⑥ 〔英〕M. 苏立文：《东西方美术的交流》，陈瑞林译，江苏美术出版社，1998，第 7～8 页。

⑦ 〔葡〕文德泉：《澳门的日本人》，小雨译，（澳门）《文化杂志》（中文版）总第 17 期，1993，第 74 页。

续教授学生，并组织学生参与澳门天主教绘画工作，直至 1626 年逝世。时值圣保禄学院创立的早期，据说"学院有三年制艺术班，当时神父教授了绘画方法与铜版技法，并以很多从罗马取回的水彩画、铜版画为摹本，唤起学生的艺术创造力"①。他对澳门艺术最重要的贡献是培养了一批包括游文辉②、倪雅谷等人在内的中国学生，这些人对后来澳门的绘画以及圣保禄教堂的建设，都起了积极作用。

（三）圣若瑟修院的课程

圣若瑟修院（Seminário de São José）是耶稣会在澳门创办的另一所重要的教会学校。圣保禄学院是附属于日本副省的神学院，中国传教区于 1623 年脱离日本教区的管辖成为独立的副省，圣若瑟修院就是专为中国教区而创建的神学院，1728 年 2 月 23 日设立，澳门人又称之为"三巴仔学院"。圣若瑟修院虽然没有圣保禄学院有名，但它在澳门教育史和文化史上具有不可替代的地位，叶农教授评论说：

> 它对 19 世纪澳门教育的发展，为澳门培养人材，是圣保禄学院所不能比拟的。它是澳门 19 世纪唯一的一所高等学府，有多层次办学体系，其培养人材之多，专业面之广，对澳门教育发展史影响之巨大，近代史上没有一所学校能出其右。
>
> ……圣若瑟修院开启了澳门世俗教育的历史，为培养澳门政界和商贸人材做出了积极贡献；播下了科技教育的种籽，对促进中国科技教育的发展起了重要的启蒙作用。③

---

① 莫小也：《澳门美术史》，中国美术学院出版社，2013，第 38～41 页。
② 著名油画《利玛窦肖像》的作者，该画是中国第一幅标准的西洋肖像画，艺术水平极高，现收藏于意大利罗马耶稣会总部。
③ 叶农：《澳门教育发展史新辉煌——澳门圣若瑟修院始末初探》，（澳门）《文化杂志》（中文版）总第 71 期，2009。

由于澳门耶稣会在历史上数度遭仇教时期的葡萄牙政府的驱逐，故圣若瑟修院的发展与变迁十分曲折。第一次是 1762 年耶稣会士遭驱逐，圣若瑟修院与圣保禄学院一起被关闭，神父和修士被逮捕并押送至葡萄牙。故从 1728 年至 1762 年，是耶稣会管理的初创及发展期。此后中断了很长一段时间。直至 1784 年，圣若瑟修院交由遣使会复办，重振辉煌，在 1784～1856 年的 72 年里培养了一大批人才。据瑞典学者龙思泰（Anders Ljungstedt）介绍：

　　1815 年，有 8 名年轻的中国人，2 名马来人，16 名在澳门出生的男童，住在该修院。1831 年，修院中有 7 名年轻的中国人，2 名来自马尼拉的男童，其父为葡萄牙人，以及 13 名在澳门出生的学生。①

关于圣若瑟修院的课程，龙思泰曾说：

　　教师讲解葡文和拉丁文语法、算术、修辞学、哲学、神学等等。很多居民的孩子进入该校，尽管其中很少有人会成为神甫。这里有时还教中文、英文和法文。每月能为其子女支付一小笔膳宿费用的父母，将自己的孩子送进修院，学习真正的葡萄牙语，有时还能体会到心灵的升华。②

　　然而，到 1834 年，由于澳门总督宣布非葡籍传教士必须离开澳门，遣使会会长于 1845 年被迫宣布解散澳门圣若瑟修院，至 40 年代末，该修院几乎已名存实亡。

　　不过到 1856 年，葡萄牙国王颁布法令，要求重建海外神学院，圣

①　〔瑞典〕龙思泰：《早期澳门史》，章文钦校注，吴义雄、郭德焱、沈正邦译，东方出版社，1997，第 51 页。

②　〔瑞典〕龙思泰：《早期澳门史》，章文钦校注，吴义雄、郭德焱、沈正邦译，东方出版社，1997，第 51 页。

若瑟修院于是在 1862 年恢复招生。由于耶稣会的教师重新回到修院，学生人数大增：

> 住院学生发展到 41 人，全领奖学金，院外学生则超过 150 人，总共超过 200 人，1864 年为 264 人，1870 年为 377 人。设置的课程有基础语文、葡文、拉丁文、法文、英文、基础数学、历史、地理、伦理哲学、物理，还包括一些音乐等辅助课程。[①]

不仅如此，里斯本政府派来的耶稣会神父、意大利人罗迪纳具有特殊的才能和个人魅力，他不仅出版了《上帝的神性》和《哲学概要》两本书，而且还在学院组织了一支 30 人的乐队，购买乐器和服装；增设了物理、化学实验室，加强了物理和化学教育。

1870 年，葡萄牙政府再次颁布命令，驱逐澳门的非葡籍教师。1871 年，圣若瑟修院的非葡籍教师被迫离开。此时，新的院长"力图将澳门圣若瑟神学院办成一所完全世俗化的学校"，除一位神父外，教师全部聘用世俗教师，"政府派政府教师在院任教，修院便差不多变成了一座市立中学"。但由于管理松懈，教师资历不足，"砍掉了地理、历史和商业簿记课程"，学生的"语言和数学学习成绩欠佳"，知识和道德水平日低，得不到澳门居民的认可，1881 年学生的人数锐减至 68 人。直到 1893 年，耶稣会士重回圣若瑟修院主持院务，学校才迎来又一段时间的辉煌。1910 年，葡萄牙爆发革命，根据新法令耶稣会士再次被驱离澳门，1930 年才重返。[②] 1925 年，修院有学生 533 名，其中修生 62 名。1930 年，学生达 460 多名，

---

① Manuel Teixeira, *Macau e a sua Diocese*, Vol. Ⅷ, *Padres da Diocese de Macau*（Macau：Tipografia da Missão do Padroado, 1972），p. 252, 转引自汤开建《天朝异化之角：16—19 世纪西洋文明在澳门》下卷，暨南大学出版社，2016，第 920 页。

② 吕志鹏、陈丽莲：《圣若瑟修院历史》，载吕志鹏、陈丽莲编《圣若瑟修院藏珍馆》，（澳门）澳门特区政府文化局，2016，第 15 页。

包括修生 123 名。①

长期以来，圣若瑟修院有"大修院"和"小修院"之分。"大修院"专门培养宗教人才，其学生为"修生"；"小修院"则以世俗教育为主，相当于中小学。林家骏神父说，"澳门圣若瑟大修院自创办以还，附设葡文书院"，1938 年"教廷训令全球教会修院不得兼收外读生，修院被迫关闭葡文班（俗称圣若瑟书院）。华文班则脱离修院独立，改名圣若瑟中学"，修院自此只供培养神职人员之用。此处的"葡文书院"和"华文班"实质都属于"小修院"。

20 世纪 40～60 年代，"以培植神职人员而言，可称为圣若瑟修院的全盛时代"。"自创办伊始，特别是自大三巴学院焚毁后的漫长时日里，圣若瑟修院除了曾培植几百位圣职人员外，也栽培了无数人材，为澳门社会服务。"②

在宗教人才的培养方面，"多位圣若瑟修院的毕业生，后来成为了澳门主教，例如林家骏主教和黎鸿升主教，以及广州的邓以明总主教和香港的汤汉枢机主教"③。著名的历史学家文德泉神父，1924 年由葡萄牙来澳门后也就读于圣若瑟大修院。

在澳门的音乐教育方面，该校也有历史性贡献："圣若瑟修院自 18 世纪中期以后成为澳门天主教音乐的创作园地。而圣若瑟修院的师资，促进了澳门的音乐基础教育，培养出众多的音乐人才。"例如，19 世纪 70 年代随父母来澳后就读圣若瑟修院的刘雅觉神父，任教修院 40 余年，"不但具有深厚的音乐造诣，对圣若瑟修院音乐课程贡献良多，而且精通葡语，曾为澳门中葡学校编写教科书"。1931 年从葡萄牙来澳门

① 林家骏：《澳门圣若瑟修院简史》，载林家骏《澳门教区历史掌故文摘（一）》，（澳门）澳门主教公署"澳门天主教教务行政处"，1982，未标页码；汤开建：《天朝异化之角：16—19 世纪西洋文明在澳门》下卷，暨南大学出版社，2016，第 922 页。

② 林家骏：《澳门圣若瑟修院简史》，载林家骏《澳门教区历史掌故文摘（一）》，（澳门）澳门主教公署"澳门天主教教务行政处"，1982，未标页码。

③ 吕志鹏、陈丽莲编《圣若瑟修院藏珍馆》，（澳门）澳门特区政府文化局，2016，第 52 页。

入读该校的区师达神父（时年 14 岁），他于"1962 年参与创办澳门圣庇护十世音乐学院，1983 年参与创立澳门室乐团"①。

20 世纪初期，圣若瑟修院开设有中学课程。高天予神父 1931 年（13 岁）入读圣若瑟"小修院"。据他回忆，"小修院通常的程度是等于中学的初中、高中。除了初中、高中的课程，中国籍的学生还要学拉丁文和葡萄牙文。而葡籍的学员则需要学法文和中文。葡籍学员小学四年、中学五年；中国籍的学员小学是六年，中学也是六年"。"完成了中学课程后，就升读神哲学（课程）。首先读哲学两年……当时要求两年哲学和四年神学。神哲学等于大学的课程，即是大修院的课程。"哲学和神学是用拉丁文来学的，小修院还可选修中国哲学。②

另据记载，澳门知名人士崔德祺于 1922 年（时年 10 岁）进入圣若瑟修院学习，一直到中学毕业，随后到当时的私立广州文化大学学药剂。"这一年随同他一起入学的有 464 名学生，其中一半是华人。"他的传记作者在谈到该校对他人生的影响时说：

> 崔德祺于 1922 年进入圣若瑟神学院学习，包括学习葡语。这时的神学院已有相当的声望，吸引的学生不仅来自澳门，也有来自香港的想学习法语和拉丁语的学生。……令他感到自豪的是他从未忘记在神学院五年学习时间里所学到的法语。……在神学院的五年时间，除了正规课程的学习外，对崔德祺性格的形成有着明显的影响，这主要表现在他对音乐的爱好上。神学院通过合唱和乐理课，对他进行了严格认真的培养。此外，他还学习了一种乐器：萨克斯风。③

---

① 吕志鹏、陈丽莲编《圣若瑟修院藏珍馆》，（澳门）澳门特区政府文化局，2016，第 60 ~ 66 页。

② 陈丽莲：《圣若瑟修院高天予神父访问纪录（节选）》，载吕志鹏、陈丽莲编《圣若瑟修院藏珍馆》，（澳门）澳门特区政府文化局，2016，第 201 ~ 202 页。

③ 〔葡〕格得士（João Guedes）：《崔德祺——传记中的历史》，谭鹊鸣译，（澳门）婆仔屋文创空间、艺竹有限公司，2017，第 115 页。

可见，1922 年前后圣若瑟修院的课程包括葡语、法语、拉丁语，也有音乐，"音乐是圣若瑟修院的必修科"①，内容可能还包括合唱、乐理和乐器。

另据调查、考证，1965～1966 年度，圣若瑟修院修生所必修的课程包括：

> 小修院的修生须学习的课程包括：生物、物理、打字、历史、地理、体育、化学、乐器、自然科学 1、自然科学 2 和中文。大修院的修生须学习的课程有：社会学、哲学、（华人需学习）葡文和法文、（外国人需学习）中文与英文、化学、希腊文和神学等。②

由是观之，圣若瑟修院除设置神学课程外，最大特点是高度重视世俗课程和世俗人才的培养，招收不准备当传道人的学生。1762 年圣保禄学院被关闭后，澳门的教育水平下降，但世俗教育需求在接下来大约150 年的时间里却不断增长，圣若瑟修院在满足这方面的需求上发挥了不可替代的作用。圣若瑟修院的课程表现出以下特点。

其一，重视拉丁文，"在 1950 年以前，修院以拉丁文为主要教学语言"③；同时，重视葡文、法文和英文，是澳门将这几种现代语言明确列为必修课的最早的教育机构。同时也开设中文课程；④ 1860 年，修院

---

① 吕志鹏、陈丽莲编《圣若瑟修院藏珍馆》，（澳门）澳门特区政府文化局，2016，第 68 页。

② 黄恺婷等调查、撰写《圣若瑟修院——传教士的马槽》，未刊稿，第 41 页，转引自叶农《欧风遗踪——澳门圣若瑟修院与教堂》，（澳门）澳门特区政府文化局，2019，第 119 页。

③ 叶农：《欧风遗踪——澳门圣若瑟修院与教堂》，（澳门）澳门特区政府文化局，2019，第 119 页。

④ 据高天予神父回忆，在修院葡籍的学员要学习中文，而且"每晚晚饭后散心的时间，说话规定一晚讲中文，一晚讲葡文。讲中文的晚上，葡人都要讲中文，不懂的就在旁边听，用这样的方法来实习"。参见吕志鹏、陈丽莲编《圣若瑟修院藏珍馆》，（澳门）澳门特区政府文化局，2016，第 201～202 页。

还曾开设"汉语课程学校"。①

其二，重视科技教育，是澳门引入物理、化学、地理，并开设实验室最早的学校之一。当然，到大修院，以研究哲学和神学为主，自然科学没有那么受重视。

其三，重视航海和商业发展的需要。澳门自开埠以来就以商业和航海立市，圣若瑟修院与澳门的市政机构保持密切联系，在 19 世纪中叶还开设航海技术课程，1862 年政府颁布条例在院内设立"航海课程"（Escola de Pilotagem），以取代原有的"皇家航海学校"；学校聘请海军军官和商船驾驶员管理；1863 年 3 月 18 日，弗朗西斯科·若阿金·马格斯（Francisco Joaquim Marques）被任命为航海学校教师。② 课程为期两年，包括陆上的理论学习和海上实习。1881 年 12 月 22 日，圣若瑟修院以"澳门圣若瑟学校"的名称重建，"仍保留航海和商业课程"。③这两个课程都是澳门最早的职业技术教育课程，具有重要的历史意义。

其四，重视艺术课程。毕业于圣若瑟修院的澳门教区前主教林家骏曾说："修院是一间艺术学院、人文科学学院。"④ 修院的每一名学生都必须精通如琴、棋、书、画等传统文化和现代音乐。修院每一年都会有一场学术及文艺表演，其中包括演讲。

（四）马礼逊学校的课程

罗伯特·马礼逊（Robert Morrison）是英国"伦敦会"派往中国的传教士，1807 年来到澳门。自此，基督新教开始传入中国，美国的长

---

① 〔葡〕施白蒂：《澳门编年史（十九世纪）》，姚京明译，（澳门）澳门基金会，1998，第 144 页。

② 〔葡〕施白蒂：《澳门编年史（十九世纪）》，姚京明译，（澳门）澳门基金会，1998，第148～151 页。

③ 〔葡〕施白蒂：《澳门编年史（十九世纪）》，姚京明译，（澳门）澳门基金会，1998，第 224 页。

④ 黄恺婷等调查、撰写《圣若瑟修院——传教士的马槽》，未刊稿，第 43 页，转引自叶农《欧风遗踪——澳门圣若瑟修院与教堂》，（澳门）澳门特区政府文化局，2019，第 119 页。

老会等新教团体亦先后进入澳门。

马礼逊曾于 1818 年在马六甲创办英华书院（Anglo-Chinese College），该校于 1843 年迁往香港，是香港现存历史最悠久的传统名校之一。英华书院和马礼逊学校在办学宗旨和课程上都极为相似。马礼逊亲自参与起草的《马六甲英华书院计划》称，书院以"交互教育中西文学"和"传播基督教理"为宗旨，在课程上，"欧籍学生必须授予中国语文，惟各生得按其意愿在宗教、文字、经济诸科上有所选择"，"本土学生必须以英国语文授以地理、历史、数学，以及有关学术与科学之各项科目"①。

马礼逊自己没在澳门办过学校。1834 年他在广州去世后，"马礼逊教育会"在旅居澳门的 22 名英美籍新教传教士和商人的倡议下于 1836 年成立，美国来华传教士裨文治是其具体负责人。该会于 1839 年在澳门设立马礼逊学校（Morrison School），耶鲁大学毕业生、美国人布朗（Samuel Robbins Brown）任校长。该校于 1842 年 11 月迁往香港，1850 年停办。值得一提的是，1988 年马礼逊纪念学校曾在澳门复校。该校附属于中华基督教会香港区会的澳门志道堂，当时的课程"紧接'香港学校课程'"，尤其重视学生的"身、心、灵及知识"的发展。②

马礼逊学校虽然前后仅办了 11 年，招生人数也一直不多，③ 在澳门也仅办了不到 4 年，但该校是基督教新教在澳门办的第一所正式的西式学堂，也可以说是中国的第一所西式学堂，影响十分深远。首先，在办学宗旨上，马礼逊教育会在筹办期间的第二份通告中就明确指出：

正如中国语言文字的知识给外国人带来了巨大的利益，对英语

---

① 夏泉：《明清基督教教会教育与粤港澳社会》，广东人民出版社，2007，第 187~188 页。

② 澳门教育暨青年司：《澳门学校的特征》（1992/1993），（澳门）澳门教育暨青年司，1994，第 174~175 页。

③ 1839 年刚设立时仅有一个班共 6 人，1840 年入学的第二批学生共 7 人，1841 年入学的有 16 人，1942 年学校迁港时只有 10 人随行；到 1848 年，据《马礼逊教育会第十次年度报告》记载，除了由布朗校长带往美国的容闳等 3 人外，全校学生共有 27 人。参见张伟保《中国第一所新式学堂——马礼逊学堂》，中国社会科学出版社，2012，第 51~65 页。

的掌握也将为这个帝国的人民带来同样的或更大的好处。……"马礼逊教育会"……的目的，是在中国建立并资助一些学校，以教育本地的青年，使他们在掌握本国语言的同时，能够阅读和书写英文；并能借助这一工具，掌握西方各种门类的知识。在这些学校，将要求阅读《圣经》和基督教书籍。①

同时，在办学形式上，1838 年马礼逊教育会的第二次年度报告就说，在其所资助的学校，"孩子们根据其年龄，被分成了三个班级"②。所以，与圣保禄学院和早期的圣若瑟修院不同，马礼逊学校在中国教育史上应该是第一个引入西方近代班级授课制的学校；而在内地，直到 19 世纪 60 年代清政府筹办的京师同文馆，才开始尝试这种授课制。在澳门，这种新的教学组织形式对 19 世纪末期兴起的新式教会学校，以及华人举办的新式学堂，都产生了深远影响。此后，严格按照学生的年龄和知识程度分班成为一种普遍的做法，这种做法是澳门教育走向现代的重要标志。

在课程和教材方面，马礼逊学校的安排是建基于其对中国教育的广泛调查和思考。布朗认为，"一个学堂忽略了对人本质和道德的教育，那么这个学堂就没有建立和维持的意义了"。在观察和反思了中国的教育和学生的精神面貌后，他认为：

这种所谓的"古老的教育体制"所培养的仅仅是一些唯命是从的忠于国家的臣子。该教育体制的目的并不是针对人的本性来充分教导让人们能够自由发展。学校的学习仅仅局限在一个统一的单一模式。自然科学被忽略了，人们自发质疑的精神受到压制。……马

---

① "Circular of the Provisional Committee", in *ABCFM Papers*, 16.3.11，转引自吴义雄《在宗教与世俗之间——基督教新教传教士在华南沿海的早期活动研究》《天朝异化之角：16—19 世纪西洋文明在澳门》下卷，广东教育出版社，2000，第 931 页。

② 转引自汤开建、陈文源、叶农主编《鸦片战争后澳门社会生活记实——近代报刊澳门资料选粹》，花城出版社，2001，第 60 页。

礼逊教育会将会带头替换掉这种古老陈旧的教育体制……帮助人们了解自己的本质，让知识和美德的果实在中华健壮地成长。……①

所以，马礼逊学校的课程具有以下特点。

第一，重视中、英文两种语言的学习，培养中、英双语精英。1842年，布朗校长报告说，学生"上午用于读汉语书和写作，其余时间用于英语学习"。在澳门教育史上，马礼逊学校是第一所高度重视英语教育的学校，除中文科外，学校其他科目全部以英文为教学语言。在此前的 200 多年里，虽然有一些传教士懂英文，但以英语为代表的文化在澳门从没有占主导地位，圣保禄学院和圣若瑟修院都以拉丁语和葡语为中心。马礼逊学校则将英文提高到第一的位置，他们坚信在"向学员介绍英文的过程中，他们的视野也会得到扩展"②，学校的教育计划为学生"打开了一个蕴藏在英语文化中的知识之源"。③ 与此同时，马礼逊学校也高度重视中文的学习。在汉语学习中，学生仍采用传统的中文书籍，学生还可"将《孟子》中的段落翻译成浅显的英语"，或"将中文版的《新约》的段落翻译成英语"④。"10 名学生已经背完或将近背完《四书》，并复习了它们，而在高一年级的一名学生，则已经学习朱子评《四书》，并努力理解它。他们中的大部分人理解《孟子》，理解孔子著作的少了一些，而最困难的《诗经》则无人能懂。"

这种中、英文并重的课程开创了教会学校一种新的教育模式，此后澳门乃至此后华南地区的教会学校纷纷效仿，对进入 20 世纪后澳门的

① 马礼逊教育会：《马礼逊教育会第六次年度报告》（1844 年），载张伟保《中国第一所新式学堂——马礼逊学堂》，中国社会科学出版社，2012，第 224 ~ 225 页。

② 马礼逊教育会：《马礼逊教育会第六次年度报告》（1844 年），载张伟保《中国第一所新式学堂——马礼逊学堂》，中国社会科学出版社，2012，第 234 页。

③ 汤开建、陈文源、叶农主编《鸦片战争后澳门社会生活记实——近代报刊澳门资料选粹》，花城出版社，2001，第 132 页。

④ 汤开建、陈文源、叶农主编《鸦片战争后澳门社会生活记实——近代报刊澳门资料选粹》，花城出版社，2001，第 131 页。

教会学校产生深远影响。不仅在澳门,该校也是中国完整引入英语教育体系的重要源头学校之一,"学生所用教材几乎全是英美进口的原版教材","都是那个时代的经典教材"。在英语教学法上,该校首次将"词汇翻译法"介绍到中国,这比语法翻译法前进了一大步,并在写作教学中运用"点面互及法"等灵活多变的教学法,充分利用学生的情感因素,对近代中国英语教学产生深远影响。①

　　第二,马礼逊学校十分重视引入西方的科学课程。吴义雄教授曾根据收于《中国丛报》中的《马礼逊教育会年度报告》,整理出马礼逊学校第一班(容闳就读于此班)1839~1846 年所设的课程及所用的教科书(见表1-1)。

表 1-1　马礼逊学校第一班学生课程表(1839~1846 年)

年度	所学课程与教科书			备注
1839~1840 年	英语阅读和口语:布朗编写的教材	地理:Parley 编写的教材	算术:Gordon 编写的教材	
1841~1842 年	英语阅读:Gallaudet's *The Child's Book on the Soul*	地理:Guy's *Geography*	算术	历史:Peter Parley's *Method of Telling Stories about the World*	历史课讲授英国与美国历史上的重要事件
1842~1843 年	英语阅读、写作、书写练习	地理	算术、代数:Colburn's *Intellectual Arithmetic,Sequel*	历史:Keightley's *History of England*(罗马人侵至查理一世时期)	
1843~1844 年	英语阅读、写作、英语书写	地理:欧洲、非洲及部分亚洲地区的自然地理	算术、代数、几何:Colburn's *Sequel*	历史教材(同上年度):查理一世至维多利亚女王时期	1841 年 5 月开始学习力学三大运动定律与万有引力定律

---

① 丁伟:《马礼逊教育会学校英语教学历史研究》,(澳门)《澳门理工学院学报》(人文社会科学版)2008 年第3 期。

年度	所学课程与教科书				备注
1844～1845 年	英语阅读、写作：Goodrich's *Third Reader*	地理：各种地图	算术、代数、几何	力学初等课程	本年度开设声乐课程
1845～1846 年	英语阅读、作文：以《圣经》为教材	地理	代数：Colburn's *Algebra*；几何：Euclid's *Elements of Geometry*	化学：由巴尔弗医生讲授	

资料来源：参见吴义雄《在宗教与世俗之间——基督教新教传教士在华南沿海的早期活动研究》，广东教育出版社，2000，第351～352页。

马礼逊教育会《章程》的附则中也明确规定：

关于课本方面：（1）本校课本旨在教导学生学习阅读、写作、数学、地理及其他科学，并以英文及华语教授，以期获得最佳效果。（2）一如基督教国家之优良学校，借教师之教导及帮助，各学生必须完成《圣经》课程，惟其接受之教义信仰，实非作为学生资格认可之证明。……①

从表1-1和马礼逊教育会《章程》中可见，除中文和英文以外，算术、代数、几何、力学、化学、地理等科学课程几乎与现代学校相同，学校将科学课程置于核心的位置。

第三，保留宗教内容，但课程整体上已转向世俗化。与圣保禄学院和圣若瑟修院不同，马礼逊学校虽然设有圣经课，但课程体系不再以宗教为中心，也不将宗教置于最高位阶，不再开设早已不是日常用语的拉丁文课。可见，在澳门教育史上，马礼逊学校的课程第一次表现出"公共教育"的气质，面向所有民众，具有明显的世俗化的特点。这

---

① 夏泉：《明清基督教教会教育与粤港澳社会》，广东人民出版社，2007，第207～208页。

样，它"不仅为澳门以后的近代教育提供了有益的范式，而且在西学东渐的历史上也具有颇为重要的意义"①。

除了马礼逊学校，当时澳门还有一所传授科学知识的学校。一位美国长老会传教士哈巴安德（Andrew Patton Happer）于 1844 年 10 月 22 日来到澳门，他创办了澳门男子寄宿学校，招收了 30 多名学生，讲授科学文化知识和基督教教义。1847 年 3 月，该校随哈巴安德迁往广州。②

鸦片战争后，清朝政府由"禁教"到"驰禁"，直至签订了一系列不平等条约而被迫"护教"，这一切都标志着执行了百多年的"禁教"政策的解冻，也称得上是晚清时期基督教政策的根本性转变和近代中外关系史上的一件大事。基督教新教的传教士意识到办学能将西方教育制度和方法引入中国的重要性，他们比天主教传教士更重视教育、医疗和文字工作。③

1836 年，浸信会来华传教的第一位牧师叔未士（Rev. J. Lewis Shuck）及其妻子曾在澳门从事教育活动。华籍牧师黄煜初在 1855 年也在澳门办过盲女教育。1900 年 7 月因义和团运动爆发，由美国长老会在广州创办的格致书院迁至澳门，改名岭南学堂（即后来岭南大学前身），以招收男生为主，兼招少量女生，该校 1904 年迁回广州。1906 年由新教传教士发起成立中华基督教会志道堂后，在澳门监牢斜巷设立志道堂小学。1919 年，教友余美德医生倡办志道堂幼儿园。1932 年，新教传教士募捐筹办蔡高纪念学校，原有之志道堂小学亦易名为蔡高纪

---

① 吴义雄：《在宗教与世俗之间——基督教新教传教士在华南沿海的早期活动研究》，广东教育出版社，2000，第 352～353 页；汤开建：《天朝异化之角：16—19 世纪西洋文明在澳门》下卷，暨南大学出版社，2016，第 934 页。

② 黄启臣：《澳门通史》，广东教育出版社，1999，第 274 页，转引自颜广文、张海珊《早期澳门的教会教育》，（澳门）《文化杂志》（中文版）总第 71 期，2009。

③ 颜广文、张海珊：《早期澳门的教会教育》，（澳门）《文化杂志》（中文版）总第 71 期，2009。

念学校。1946 年开办初中，1952 年第一届高中学生毕业，成为一所完全中学。[①] 不过总体而言，天主教对澳门教育的影响要大于基督教。

二　官立及葡文学校的课程

前文的分析已让我们看到教会学校的影响，那么近代以来许多国家和地区逐步兴起和壮大的公立学校及其课程，在澳门的情形又如何呢？

（一）官立及葡文教育的兴起

澳门的公立学校历来不发达，即便到今天，其所覆盖的学生也不到总人数的 5% 。原因在于澳门的公立教育直到 20 世纪中叶一直仅限于葡裔居民，而早在此前至少 100 年，华人已在澳门的人口中占据了绝对支配的地位。另一个重要原因是，公立教育的发展以政府公共教育职能的发挥为前提，而澳门的政府在社会治理中的职能历来没得到充分发挥，甚至政府的架构也未能真正发育。[②]

可以说，自开埠以来，澳门的教育存在结构性缺失。除了大学教育以外，直至 18 世纪中叶，葡萄牙本土及海外管辖地的教育事业基本上以私立教育为主，宗教团体举办的学校占有几乎垄断的地位；而在教会学校中，耶稣会创办的又首屈一指。即便如此，政府也未觉得有必要设立一个专事教育管理的、长期稳定的机构。因为从开埠到 17 世纪，澳门都是由议事会来管，严格说不是政府的管理，而是居民的自治，互相协调。后来，荷兰人企图攻占澳门的威胁让"兵头"的力量逐渐加强，最终演变为总督，管治的力量才开始加

---

① 颜广文、张海珊：《早期澳门的教会教育》，（澳门）《文化杂志》（中文版）总第 71 期，2009。

② 有葡籍学者称，直到"19 世纪 30 年代，葡萄牙在自由主义革命之后，才开始建立其现代的政府架构，从而延续庞贝尔时期已经开始的公共教育网络"。Aureliano Barata, *O Ensino em Macau: 1572 – 1979*, *Contributos Para a Sua História*（Macau: Direcção dos Serviços de Educação e Juventude, 1999), p. 16.

强。直到 1759 年，葡萄牙政府把耶稣会驱逐出国土和海外管辖地（澳门则迟至 1762 年才将圣保禄学院和圣若瑟修院查封），以致形成教育真空，葡萄牙才意识到要采取措施担起教育国民的任务，这样公共教育在葡萄牙才开始发展，政府专门管治教育的机构亦开始设立。在葡萄牙国内，这些机构包括于 1759 年设立的学习总监（Directoria Geral dos Estudos）、1771 年设立的皇家审查会（Real Mesa Censória）、1794 年设立的国家学习和学校总监会（Junta da Directoria-Geral dos Estudos e Escolas do Reino）、1835 年设立的公共教育高级委员会（Conselho Superior da Instrução Pública）（同年被废止，之前的总监会恢复运作）；到 1844 年，公共教育高级委员会恢复运作，并在 1859 年被并入国家事务部（Ministério dos Negócios do Reino）。在葡萄牙国内庞巴尔改革的推动下，19 世纪早期澳门曾出现教育"国有化"迹象，葡籍学者巴拉塔（Barata，Aureliano）在 1999 年指出："那段时间组建了王室学校，其中比较著名的教师为 José Baptista Lima 和他的儿子 José Baptista Miranda e Lima。但是，这些学校并不能满足澳门人民，确切地说是中国社群的需要。"[①]

按照巴拉塔的观点，澳门开埠后的教育经历了很多阶段：

第一个时期（1572～1772），天主教教堂独占教育领域。

第二个时期（1772～1835），庞巴尔公立教育占主导，中文民办教育网络开始发展。

第三个时期（1835～1894），自由主义大改革，引入了更为专业的教育监管机构。澳门公立及私立中学教育的开端。

第四个时期（1894～1946），市政厅主导官方幼儿园及小学教育。中文民办教育大量增加的时代。

---

① Aureliano Barata，*O Ensino em Macau: 1572 – 1979, Contributos Para a Sua História*（Macau：Direcção dos Serviços de Educação e Juventude，1999），p. 58.

第五个时期（1946～1976），官方教育国有化及中文民办教育网络稳定化，天主教堂也有重要参与。

第六个时期（1976～1987），教育厅转型为服务局。官方中葡教育被认可，建立中学教育且相关网络开始发展。澳门教育制度法准备工作开始。

第七个时期（1987～1998），所有规模的教育进行"革命"，通过第11/91/M号法律及补充法令建立了澳门自己的体系。①

从中可见，澳葡政府比较明确和连续地介入公立教育事务，是从19世纪中期开始的，但当时的公立学校主要通过市政机构来办理。澳门档案馆有关"教育厅"的记载对澳门公共教育的组织沿革有大致的说明，其中说道："十九世纪中叶，葡萄牙以推广教育为己任，于1870年设立政府部门负责监督和视察由国家及私人机构开办的学校。"②（葡萄牙1870年11月2日第2号国令）后来，澳葡政府成立公共教育督导团及附属部门，督导团具备咨询及视察功能，并委任本地理事会视察教学活动。此后，澳门公共教育的管理经历了许多改变。1879年，首个监督及视察所有公共教学活动的组织——"公共教育督导委员会"（Public Education Inspection Council）成立，并颁布了小学教育法规（澳门政府1873年2月3日第18号训令）。1893年，澳葡政府颁布中小学公共教育法规，小学教育管理属市政厅权限；同时创立澳门利宵中学（Liceu Nacional de Macau），公共教育督导委员会的权限亦向中学教育延伸。

上述努力为澳门公共教育的发展提供了动力。19世纪末期，澳门居民的受教育程度虽然还较低，但与当时中国其他地区相比仍然是比较理想的，

---

① Aureliano Barata, *O Ensino em Macau: 1572 - 1979*, *Contributos Para a Sua História* (Macau: Direcção dos Serviços de Educação e Juventude, 1999), pp. 48 - 49.

② 《教育厅》（1871/09/02—1983/01/04），（澳门）澳门档案馆，档号：MO/AH/EDU, http://www.archives.gov.mo/webas/ArchiveDetail.aspx? lang = C&archiveID = 5613。

尤其是葡萄牙人，他们的受教育程度较高。有资料显示，1878 年澳门的总人口为 68086 人，识字者占 40.00%；其中华人男性、女性识字率分别为 32.00% 和 1.58%，非华人男性、女性识字率分别达 70.00% 和 70.50%。①

一个历史性的改变发生在 1926 年，澳葡政府提出把幼儿园及小学教育拨归政府的管理及行政范畴，终止向市政厅支付"国库"收益的 2% 作资助（2 月 20 日第 8 号《澳门政府宪报》② 第 7 号议定书）。另一历史时刻是 1928 年，澳葡政府委员会建议教育服务的管理权完全"由市政厅转移至政府"（1 月 27 日第 1 号《澳门殖民地公报》第 1 号议定书）。③ 这意味着，由澳葡政府直接管理和经营的、具有现代意义的公共教育体系开始在澳门建立，并在此后一步步得到扩大和改进。最终如巴拉塔所言："中国人社群根据中国内地当时的课程类别，创建了他们自己的学校"；"而官立教育则使用葡萄牙的课程类别，经过长期的融合相处，中葡人民创造了一个唯一而独特的澳门的教育模式——中葡教育"④。

根据韦思理（Luiz Amado Vizeu）先生⑤的研究，澳门监察教育的政府机构经历了十分复杂的衍变，经查阅葡萄牙教育部的法律性文件、

---

① João de Andrade Corvo, *Estudos Sobre as Províncias Ultramarinas*, Lisboa：Academia Real das Sciencias, Vol. 4, 1887, pp. 169 – 173, 转引自郑振伟《19 世纪末至 20 世纪初期澳门非华人办理的教育》,（澳门）《行政》杂志 2019 年第 2 期。

② 澳门《政府公报》前后有不同的标题。1838 年创刊时，仅有葡文名 *Boletim Official do Governo de Macao*，通常被译为《澳门政府宪报》；1880 年 1 月 30 日首次出现中葡双语报名 *Boletim da Província de Macau e Timor*（《澳门地扪宪报》）。其后的名称有 *Boletim Official do Governo da Priovíncia de Macau e Timor*（《澳门地扪宪报》，1891 ~ 1896）、*Boletim Official do Governo da Priovíncia de Macau*（《澳门宪报》，1896 ~ 1927）、*Boletim Official（do Governo）da Colónia de Macau*（《澳门宪报》，1928 ~ 1951）、*Boletim Oficial de Macau*（《澳门地扪宪报》，1951 ~ 1999）。参见吴志良《翻译的神话与语言的政治》，载汤开建、吴志良主编《澳门宪报中文资料辑录（1850 ~ 1911）》,（澳门）澳门基金会，2002，第 IX ~ X 页。

③ 《教育厅》（1871/09/02—1983/01/04）,（澳门）澳门档案馆，档号：MO/AH/EDU, http：//www. archives. gov. mo/webas/ArchiveDetail. aspx? lang = C&archiveID = 5613。

④ Aureliano Barata, *O Ensino em Macau：1572 – 1979*, *Contributos Para a Sua História*（Macau：Direcção dos Serviços de Educação e Juventude, 1999）, p. 16.

⑤ 他是澳门回归后的首任教育暨青年局局长，2003 年初卸任。

葡萄牙的公报、葡萄牙东波塔档案馆和澳门档案馆的政府公报，他将
1836～1999 年曾参与领导、规管或监察澳门教育活动的机构做了归纳，
见表 1－2。

表 1－2　1836～1999 年澳门设立的监管和监察教育事业的公共机构

监管/监察机构名称	职能	法律性文件资料与内容	说明
小学教育监察组	领导及监察	葡萄牙 1836 年 11 月 15 日国令。全国范围内(包括海外省)组织小学教育，并在每个市设立小学教育监察组。监察组由市长出任主席，其他成员包括一名市行政委员会的代表，大学特派员(由一名住在本市的教师担任，在澳门的这位大学特派员由省委员会任命)。在业务上领导学校监察组的，则为葡萄牙国家学习和学校总监会代表	《澳门政府宪报》1838 年开始发布
小学教育监察委员会	领导及监察	1845 年 8 月 14 日的国令重新安排海外省的小学教育，并设立了小学教育监察委员会，由三人组成，其主席为本省的总督	同上
公共教育监察委员会	监察及咨询	1869 年 11 月 30 日的国令(在 1870 年 2 月的《澳门公报》刊登)，重组海外省的小学教育。公共教育监察委员会由五名成员组成，总督为主席，其他成员包括教区一名高级神职人员、两位教师及一名市民。国令的第一、第二条订定该委员会"监督及监察"所有官办和民办的教学活动，然而所列出的职权显示它们的职能基本是咨询和监察(它们有监察小学教育的权力)	找不到关于澳葡政府总务司那时在教育范畴的活动的资料。但 1873 年澳葡政府颁布了小学教育法规(1873 年 2 月 3 日第 18 号训令)

续表

监管/监察 机构名称	职能	法律性文件资料与内容	说明
总务司(民事科)	日常管理	1875 年 3 月 24 日第 42 号训令，规范澳葡政府总务司，并在其架构设立民事科，所负责的工作包括教育	1869 年 12 月 1 日的国令，于1870 年 2 月 4 日登载于澳门公告，核准新的《海外省组织法》，其中订定每个省政府能设立政府总秘书一职及总务司以处理事务。总务司应该以特别法规规范，然而直至 1875年的第 42 号训令颁布前，澳门都未有相关的法规出现
总务司(民事厅)	日常管理	1883 年 11 月 28 日国令，刊登于 1884 年 1 月 28 日的政府公告上。重组澳门和帝汶政府的总务司，其中设立民事厅，所负责的事项包括教育，由一名一级文员主管	
公共教育监察委员会	监察及咨询	1893 年 7 月 23 日，澳葡政府颁布中小学公共教育法规，新一轮的教育改革亦随之展开。根据相关法规，小学教育管理属市政厅权限。同年，重新组织澳门公共教育网，设立澳门利宵中学并扩大公共教育监察委员会的职权，让它能监察所有事项及对所有的中学教育事务提出意见。此法规并没有缩减政府载于 1869 年 11 月 30 日国令的权限	重新组织澳门公共教育网的活动，一方面是创立澳门利宵中学，该校附设物理化学组，自然历史组及澳门国立图书馆（Biblioteca Nacional de Macau）；另一方面，航海学校关闭。公共教育监察委员会的权限亦向中学校育延伸。中学校长被任为监察委员会的成员。圣若瑟修院中学续办，并被重新命名为圣若瑟教区神学院（Seminário Diocesano de S. José）。1896 年，根据市政厅的建议（2 月 15日第 24 号训令），起草男子中心中学法规和澳门中学法规。教员及行政人员（校长及秘书）均由市议厅委任。1898年，澳葡政府成立委员会（9月 29 日第 87 号训令）检讨中学教育及预防在有关教学模式上准备不足的学校数量的增加

监管/监察 机构名称	职能	法律性文件资料与内容	说明
总务司(民事 及政治厅/ 第二科)	日常管理 及监察	1909 年 3 月 22 日第 41 号训令。重组澳葡政府总务司。根据该训令,民事及政治厅的第二科基本上只负责教育事务,该科由一名二级文员主管	
公共教育监察委员会	日常管理 及监察	1909 年 3 月 22 日第 42 号训令。重新组织澳门教育及其监察活动。政府办的、市管委会办的和私人办的教育均受政府、公共教育监察委员会及其代表以及视学会的领导与监察。公共教育监察委员会由七名成员组成,总督为主席;政府总秘书也是必然委员;委员会的秘书由总务司负责教育事务该名职员出任	1912 年,按澳门省行政重组的基本草案法律,《澳门政府宪报》(5 月 6 日第 18 号副刊,第 105 条)公布公共教育监察员由澳门行政政务司人员担任,并委派一名工作人员协助,有关条款与第 189 条一致。第 109(5)条列明,监察员负责执行由公共教育督导委员会做出的指示
视学会	监察	1909 年 3 月 22 日第 42 号训令。设立视学会,由四人组成,市领导担任主席。视学会监察非中文小学	
华视学会	监察	1914 年 12 月 15 日第 300 号训令。设立华视学会(Junta de Inspecção das Escolas Chinesas),负责监督及视察私立教育机构。有七名成员,华务专理局(此为总务司三个厅之一)主管任主席,一名中文翻译当秘书,另五名成员由总督委任。 1915 年,华视学会重组且增加了委员人数(6 月 22 日第 117 号训令)。同年上述第 300 号法令的第 7 条被修改,订明男女校、男校或女校的教师可以由男性或女性担任(8 月 12 日第 172 号训令)	

续表

监管/监察机构名称	职能	法律性文件资料与内容	说明
总务司	日常管理	1917 年 11 月 5 日第 3520 号国令（于 1918 年 7 月 1 日废止）核准新的《海外省组织法》。将公共事务重新分配各厅，厅主管被称为"厅长"，政府秘书等同于厅长。总务司负责的公务范畴包括公共教育	1918 年,《澳门省自治条例》(Carta Orgânica da Província de Macau) 第 412（2）条根据 1917 年的国令，确认总务司负责视察公共教育。同年，市政厅征得公共教育督导委员会同意，提出澳门市立学校小学教育法（7 月 4 日第 110 号训令）
公共教育监察委员会	监察及咨询	1920 年 7 月 16 日第 230 号立法性文件。重组公共教育监察委员会(经 1909 年第 42 号训令组成的)。新委员会由九名成员组成，总督任主席，政府秘书任副主席。政府秘书自然担任公共教育监察员	
民政司	日常管理	第 12499－C 号国令。登载于 1926 年 11 月 20 日的葡国公告，核准澳门省新自治条例。其中第 110 条规定设立民政司，其负责范畴包括公共教育	自此，教育管理权由市政厅逐步转移至澳葡政府。1926 年，政府提出把幼儿园及小学教育拨归澳葡政府的管理及行政范畴，终止向市政厅支付国库收益 2% 作资助(2 月 20 日第 8 号《澳门政府宪报》第 7 号议定书)。约于 1928 年，为指导本地教育服务，政府推行另一改变(1 月 27 日第 1 号《澳门殖民地公报》第 1 号议定书)：政府委员会建议教育服务的管理权由市政厅转移至澳葡政府。1932 年，市政厅提出新的议定书，建议修改市立学校小学教授规程(1931 年 12 月 24 日第 772－A 号训令)
民政总局	日常管理	1935 年 3 月 13 日第 25124 号国令。规定设立民政总局，其负责的事务承接了前架构负责的范畴	澳门军事训练学校法规于 1936 年颁布(8 月 15 日第 2162 号训令)。中学教育标准则通过 10 月 14 日第 27084 号及第 27085 号法令修改

监管/监察机构名称	职能	法律性文件资料与内容	说明
民政总局（教育科）	领导、日常管理、监察	1945 年 12 月 29 日第 35417 号国令。在民政总局的架构中设立教育科，由一名小学老师主管，在位人自然兼任小学教育视察员	这份国令撤销了对 1941 年 12 月 8 日第 31714 号国令的部分中止，其中有订定将小学和幼儿教育的提供方从市政厅转到澳葡政府，由民政总局管理。转移包括相关学校在用的动产和不动产（楼房）
公共教育委员会	领导、监察、视察咨询、日常管理	1946 年 7 月 27 日第 946 号法律性文件。撤销了公共教育监察委员会，同时设立公共教育委员会这个咨询性质的架构。总督为这咨询机构的主席；副主席由公共教育监察员出任（未有专职具位人前，由中央民事行政厅厅长兼任）。同时，文件又订定公共教育监察员负责"监察、视察及监管澳门的教育"。1946 年 7 月 27 日第 947 号法律性文件订定公共教育监察员签发准照予华人办理和给予华人就读的学校，以及向其老师及校长签发执业和资格证书。相关的申请手续于公共教育委员会文书处递交。同一法律文件将华视学会撤销	
省政府民政厅	领导、监察、日常管理	1955 年 7 月 5 日第 40227 号令。核准澳门新的自治条例，其第 41 条设立省政府民政厅，负责范畴包括教育	
民政厅	领导、监察、日常管理	1957 年 12 月 23 日第 41472 号法令。1958 年 1 月 1 日始生效，保持了海外省的公共教育委员会（咨询机构），并允许有负责教育的省民政厅设专责教育的科。1958 年 2 月 22 日第 1413 号法律性文件按新法组成公共教育委员会	

续表

监管/监察机构名称	职能	法律性文件资料与内容	说明
民政厅（教育事务科）	领导、监察、日常管理	1961 年 9 月 30 日第 6801 号训令。规范了民政厅，其中设立了教育科	
教育厅	领导、监察、日常管理	1962 年 11 月 28 日第 49367 号令。1963 年 1 月 1 日始生效，设立教育厅	第一任厅长：Alberto Eduardo da Silva
教育厅	领导、监察、日常管理	1969 年 11 月 8 日第 49367 号法令。废除海外省的公共教育委员会，取代机构为教学委员会（总督的咨询机构）。实行简单政府制的省（如澳门）教学委员会由省教育厅厅长出任主席	
教育文化司	领导、监察、日常管理	1979 年 9 月 22 日第 27 - F/79/M 号法令，1980 年 1 月 1 日始生效	第一任司长：Rogério Peres Claro（碧加路）
教育司	领导、监察、日常管理	1986 年 2 月 1 日第 10/86/M 号法令	第一任司长：Manuel Coelho da Silva（施曼奴）
教育暨青年司	领导、监察、日常管理	1992 年 12 月 21 日第 81/92/M 号法令，1993 年 1 月 1 日始生效	第一任司长：Maria Edith da Silva（施绮莲）
教育暨青年局	领导、监察、日常管理	1999 年 12 月 20 日第 6/1999 号行政法规。回归后，葡萄牙的教育法律法规和建基于这些法律性文件上的批示和指示再不适用于澳门教育	第一任局长：Luiz Amado Vizeu（韦思理）

　　资料来源：由韦思理先生整理，2017 年 9 月 29 日提供，特致谢忱。此处参考澳门档案馆的数据略有调整，《教育厅》（1871/09/02—1983/01/04），（澳门）澳门档案馆，档号：MO/AH/EDU, MO/AG/EDU, http://www.archives.gov.mo/webas/ArchiveDetail.aspx? lang = C&archiveID = 5613。澳门何时开始设有专责、独立、固定和直接协助澳督管治教育事务的机构呢？韦思理先生认为，该机构须同时具有以下四个要求：①核心职能是教育（但不排除包括与教育密切相关的范畴，如文化、体育和青年）；②属于本地的机构；③直接听从澳门总督指挥运作；④在日常行政事务上有一定职权。他认为 1963 年 1 月 1 日正式开始运作的澳葡政府教育厅应该是澳门历史上第一个专责管理教育事务的政府部门。

载于表 1 - 2 的机构/架构的中、葡文名称对照见表 1 - 3。

表 1 - 3　表 1 - 2 的机构/架构的中、葡文名称对照

中文名称	葡文名称
大学特派员 *	Comissário de Universidade
小学教育监察委员会 *	Conselho Inspector de Instrução Primária
小学教育监察组 *	Comissão Inspectora de Instrução Primária
公共教育监察委员会 *	Conselho Inspector de Instrução Pública
公共教育监察员 *	Inspector de Instrução Pública
市 *	Concelho
市长 *	Administrador de Concelho
民事及政治厅 *	Repartição Civil e Política
民政司 *	Direcção dos Serviços de Administração Civil
民政总局	Repartição Central da Administração Civil
民政总局(教育科) *	Repartição Central dos Serviços de Administração Civil (Secção de Ensino)
民政厅	Repartição Provincial dos Serviços de Administração Civil
民政厅(教育事务科) *	Repartição Provincial dos Serviços de Administração Civil (Secção dos Serviços de Instrução)
省委员会 *	Conselho Provincial
华务专理局	Repartição do Expediente Sínico
华视学会	Junta de Inspecção das Escolas Chinesas
教育厅	Repartição Provincial dos Serviços de Instrução
教学委员会 *	Conselho Pedagógico
视学会	Junta de Inspecção Escolar
总务司(民事科)	Secretaria do Governo (secção civil)

　　资料来源：韦思理提供。不带"＊"的中文译名来自《政府公报》；带"＊"的由韦思理翻译，为非官方名称。

　　在教育系统的发展方面，葡萄牙国内在 1834 年自由主义的胜利后，建立了一个覆盖全国的新的政治管理结构，这种现代化努力包括在公共教育方面建立起了一个覆盖全国的小学网络。这项行动开始于"九月政府"（1836 ~ 1842 年），并在之后延续了一些年。19 世纪前半段末期，出现了中等及高等教育机构。在这段时期，葡萄牙主要城市及印度

成立了一些中学、初级师范学校以及外科医学院。①

澳门与葡萄牙国内的情况有所不同，按照巴拉塔的观点，1835～1894年是澳门教育自由主义大改革的时期，公立及私立中学教育逐步萌发。虽然葡萄牙 1845 年 8 月 14 日的国令规定了海外省的小学教育，并建立了小学教育监察委员会。此后澳门在公共行政上也开始考虑教育议题，但公共教育系统的发展十分缓慢，以至到 19 世纪 80～90 年代不少葡裔子弟前往香港就读中学。所以，按照 1893 年 7 月 23 日的法令，为改革澳门教育，在中学方面，成立了利宵中学。在小学教育和幼儿教育方面，1876年慈善修女会在贾梅士广场的一幢楼宇办了一所孤儿院，1885 年又在圣安多尼教堂后面创办了育婴堂。另外，一位神父于 1891 年在氹仔离岛的住宅开办了一所葡文学校，中心小学则建于 1894 年。② 另据文德泉神父记载，1919 年 6 月 11 日，市政厅建立了两所中葡小学。③

（二）几所重要学校的课程

如前所述，澳门早期的葡语教育是依托教会学校进行的，实质是宗教教育，从文化类型的角度看，并不具有独立的文化意义。但是，19 世纪中、后期特别是 20 世纪初发展起来的已独立于教会学校的葡文学校，以及以葡文为教学语言的公立学校，完全褪去了宗教教育的色彩，课程以世俗需要为取向，并力图体现正宗的葡语和对葡萄牙的归属感，以及葡萄牙文化和葡人社群生活的整体要求。因此，它们被赋予新的文化使命，客观上也给澳门带来以葡语为载体的新的文化支脉。

不过在经历鸦片战争之后，香港的崛起对澳门造成很大冲击。对教

---

① Aureliano Barata, *O Ensino em Macau: 1572 – 1979, Contributos Para a Sua História* (Macau: Direcção dos Serviços de Educação e Juventude, 1999), pp. 56 – 57.

② 郑祖基、单文经：《澳门非高等教育制度的历史背景分析（1991 年以前）》，载澳门大学教育学院《澳门非高等教育课程的检视与改革路向》第二章，2006，未刊稿。

③ Manuel Teixeira, *A Educação em Macau* (Macau: Direcção dos Serviços de Educação e Cultura, 1982), p. 138.

育而言，首先是澳门葡人的外移。据李长森、施白蒂、平托（Carlos Lipari Pinto）和白乐嘉（José Maria Braga）的研究，1840～1910 年，居澳葡人从 5612 人减少到 3839 人，1860 年为 4611 人；其间移居香港者，1848 年有 300 人，1860 年有 800 人。1896 年 2 月 13 日，在澳门以外亚洲各商埠的葡人共 2380 人，其中香港就有 1389 人。① 葡人外移在教育领域的直接后果是本地学生减少。施白蒂指出，1910 年就有 "560 名葡萄牙学生离开澳门前往香港及上海就读"，而 "当时（1909 年至1910 年）在国立中学葡语班就读的学生总数为 28 人"②。可见，葡人子弟往外就读直接影响了本地学生的人数。

其次是文化和课程上的。因为香港经济的崛起极大地凸显了英文的重要性，学校在语言类课程的安排上必须打破原有葡文教育的安排。大批移居香港的葡人在当地形成自己的小区后，与天主教会一起开办自己的学校。至 1849～1850 年，香港已经有了 3 所为葡萄牙籍男孩开办的学校；女子教育则始于 1860 年，当时葡人女性学生最多的是天主教会办的圣若瑟修院、意大利修院女校等。③ 在课程上，这些学校依然重视葡萄牙语的学习，但英文备受重视。这对当时及其以后澳门的葡人教育产生影响，因为澳门的许多年轻人都更愿意去香港发展。

所以，澳门官立学校和葡文学校的课程，在体现葡萄牙文化和民族传统的同时，吸纳了英文和现代科技文化，是一种新的课程传统。

1. 土生葡人新学校的课程

"土生葡人新学校"（Nova Escola Macaense）是澳门土生葡人在 19

① 叶农：《两次鸦片战争期间（1839—1861）的澳门》，（澳门）澳门国际研究所，2013，第 285 页；〔葡〕施白蒂：《澳门编年史（十九世纪）》，姚京明译，（澳门）澳门基金会，1998，第 144 页。

② 〔葡〕施白蒂：《澳门编年史（二十世纪 1900～1949）》，金国平译，（澳门）澳门基金会，1999，第 49 页。

③ 叶农：《两次鸦片战争期间（1839—1861）的澳门》，（澳门）澳门国际研究所，2013，第 282～283、297 页。

世纪中期办的一所学校,① 据施白蒂的记载,该校于 1862 年 1 月 5 日开学,运作至 1867 年 10 月 21 日关闭,其经费主要靠发行彩票和募捐,"1861 年 2 月 5 日,塞卡尔(Cercal)男爵建议:鉴于澳门教育设施匮乏,应创办一所男校,主要教授葡萄牙语和英语"。同年 3 月 6 日,基马拉士总督批准塞卡尔男爵每年可组织 1~2 次彩票发行,所得资金用于拟议成立的男校。1962 年 2 月 27 日,塞卡尔再次"获准每年发行一次彩票,集资数目定在 1200 帕塔卡"②。1867 年 10 月 21 日学校关闭,塞卡尔"将此校送给澳门政府以改建为一所官校"③,其后利用学校基金和募捐筹款所得成立了"推进澳门教育会"。

关于该校的课程,根据 1862 年 4 月 27 日刊于《华友西报》的章程,该校"提供小学与中学教育",课程包括葡萄牙语、英语、初级拉丁语、算术和地理。④ 由于该校主要面向葡人,而当时的葡人教育在语言教育上既重视葡语,也非常关注英语,所以同时保留了拉丁语。当时不少葡人子弟去香港等地上学,而该校主要为那些没有条件送子女去海外就读的家庭而设,经济困难的还可以免费,因此,学校的课程也开始重视英语。

---

① 根据澳门档案馆的档案记载,该校的葡文名为"Nova Escola Macaense",参见《教育厅》1871/09/02 – 1983/01/04,(澳门)澳门档案馆,档号:MO/AH/EDU, http://www. archives. gov. mo/webas/ArchiveDetail. aspx? lang = C&archiveID = 5613。1861 年 4 月 27 日刊登于香港的英文报纸《华友西报》的该校章程,则将该校的英文名译为"The New School Macaense"。这里的"Macaense"都应指澳门的土生葡人,而非一般意义上的"澳门人"。但在施白蒂的相关记载中被译成"澳门人",因而此校亦被译为"新澳门人学校"[参见〔葡〕施白蒂《澳门编年史(十九世纪)》,姚京明译,(澳门)澳门基金会,1998,第 144 页],可事实上,在施白蒂该书的葡文版中,该校的葡文名与澳门档案馆的记载一样,是"Nova Escola Macaense"[Beatriz Basto da Silva, *Cronologia da História de Macau: Século XIX*(Macau: Direcção dos Serviços de Educação e Juventude, 1995),p. 189]。

② 〔葡〕施白蒂:《澳门编年史(十九世纪)》,姚京明译,(澳门)澳门基金会,1998,第 144、146~147 页。

③ 〔葡〕施白蒂:《澳门编年史(十九世纪)》,姚京明译,(澳门)澳门基金会,1998,第 159 页。

④ *The Friend of China*, April 2, 1861, Vol. 20, No. 30(Newseries),pp. 358 – 359,转引自叶农《两次鸦片战争期间(1839—1861)的澳门》,澳门国际研究所,2013,第 231~232 页。

根据塞卡尔 1861 年 3 月 23 日在《华友西报》刊登的公告，"学校必须仅限于教授葡萄牙语、拉丁语和英语"[1]。另外，与此前的马礼逊学校一样，此时的世俗中小学教育也已把地理作为重要课程。这两点，均与 19 世纪的华人教育形成鲜明对比，展现了澳门课程传统的不同来源。

2. 澳门商业学校的课程

澳门商业学校（Instituto Comercial de Macau）是另一所在澳门具有重要意义的学校。该校成立于 1878 年 1 月 8 日，由澳门土生葡人教育协进会（APIM）创办，刚成立时校舍设在圣若瑟修院中，仅有四位教师执教。[2] 著名汉学家伯多禄·施利华（Pedro Nolasco da Silva）担任该校首任校长，民间通常称该校为"伯多禄商业学校"。最开始，学生人数并不多，头三年的学生分别为 21 人、18 人、13 人。1881 年，该校在圣若瑟修院改组的时候与其合并，修院强大的师资力量对其商业课程产生了很大影响。[3] 但该校到 1910 年最终关闭。1915 年 10 月 25 日，澳门土生葡人教育协进会重建从前的商业学校，办学地点在夜姆科巷。1919 年 12 月，协进会的指导委员会决定，将该校命名为"伯多禄商业学校"。

很明显，这所学校最重要的参与者和主导者是葡人而非华人，但它与葡人过去举办的学校的最大不同在于，它服务于现代商业的发展以及葡人子弟参与新型商业活动的需要，而不是以满足宗教的需要为目的。因此，该校的课程和教学具有很强的世俗化、实用化的特点。据文德泉神父的研究，该校开办初期的课程包括算术、代数、商业会计；在开设葡文课程的同时，也有英文（初级和高级）、中文书写、书法课程；还有自然科学基础

---

① *The Friend of China*，March 23，1861，Vol. 20，No. 25（New series），p. 302，转引自叶农《两次鸦片战争期间（1839—1861）的澳门》，（澳门）澳门国际研究所，2013，第 262 页。

② 吴志良、汤开建、金国平主编《澳门编年史》第 4 卷，广东人民出版社，2002，第 1877 页。

③ 汤开建：《天朝异化之角：16—19 世纪西洋文明在澳门》下卷，暨南大学出版社，2016，第 957～959 页。

（每周 2 次）和历史、地理课。当然，也有天主教义课程。① 另外，1919年 10 月 7 日，澳葡政府还批准了在中心商业学校教授汉语的教学大纲。②

综上可见，澳门商业学校的课程以商科为特色，重视英文，既服务葡人，也向华人开放；既帮助澳门商业的发展，也对学员前往香港和上海就业提供帮助。这在澳门乃至中国的教育史上，具有开创性的意义。

3. 利宵中学的课程

如前所述，利宵中学是澳门教育发展史上十分重要的一所学校。在澳门，为富有的葡人社群建立一所中学的心愿由来已久。1893 年 7 月27 日，葡萄牙国王批准设立利宵中学的计划。1894 年 9 月 28 日，利宵中学举行盛大的开幕仪式，校舍设在圣若瑟修院，初期也曾设在岗顶教堂旧址内。1903 年还曾搬迁到现在峰景酒店所在的地方。利宵中学的诞生，"使澳门葡人社群一直以来的愿望成为事实"。据记载，时任总督为此做出了决定性的贡献，他让市政厅、澳门土生教育协进会和澳门政府一起为这个项目提供了资金。③

开办初期，利宵中学没有高中的班级，而且学生人数不多，在1894～1906 年的 10 余年里，每年平均就读人数只有 20～25 人。④ 对此的一种解释，是因为圣若瑟修院及圣罗撒女子中学与这个新学校教授的课程是一样的。⑤ 根据澳督高士德 1894 年 8 月 14 日颁布的《利宵中学章程》，利宵中学的课程的确与同时期的圣若瑟修院和圣罗撒女子中学提供的同类课程没有太大分别。各年级基础性的课程包括葡语、法语、

---

① Manuel Teixeira, *A Educação em Macau* (Macau：Direcção dos Serviços de Educação e Cultura, 1982), pp. 84 – 85.

② 〔葡〕施白蒂：《澳门编年史（二十世纪 1900～1949）》，金国平译，（澳门）澳门基金会，1999，第 133～134 页。

③ Aureliano Barata, *O Ensino em Macau：1572 – 1979*, *Contributos Para a Sua História* (Macau：Direcção dos Serviços de Educação e Juventude, 1999), pp. 57 – 58.

④ António Aresta, Aureliano Barata, and Albina Santo Silva, *Liceu de Macau：Genealogia de Uma Escola* (Macau：Direcção dos Serviços de Educação e Juventude, 1996), pp. 11 – 12.

⑤ Aureliano Barata, *O Ensino em Macau：1572 – 1979*, *Contributos Para a Sua História* (Macau：Direcção dos Serviços de Educação e Juventude, 1999), p. 58.

英语、基础数学、历史、物理、化学、自然史以及葡语文学；高年级则有多个水平的拉丁文、基础哲学，同时继续学习哲学、历史、物理和葡语文学等。①

其中，最重要的一点是，它虽然是政府的公立学校，没有宗教教育的需要，却仍旧强调早已不是实用性语言的拉丁文，而马礼逊学校早在几十年前就已经摒弃了拉丁文。这种鲜明的对比，突显了利宵中学在文化意识上的保守性。事实上，早在 1860 年，英国著名哲学家和教育家斯宾塞（Herbert Spencer）就已提出"什么知识最有价值"的问题，核心的理念是科学知识最有价值，因而提倡科学教育，反对古典主义教育，尤其反对过于重视拉丁文。

如前所述，1910 年澳门有大批葡裔学生离开澳门前往香港和上海就学，而同一时间在利宵中学葡语班就读的学生却非常少。可见，一方面，随着港澳地区经济和社会发展差距的拉大，年轻人更多希望在外地企业中谋求职务，或赴港升入当时新成立的香港大学；另一方面，也说明本地的中学教育亟须改革。1907 年，政府曾提出中学教育改革方案，1910 年再进行修订。其中对于利宵中学，改革的建议是"根据振兴学会的模式……改为商业中学"。因为"该校虽为私立学校"，却"无法接纳一切有兴趣就学者"②。

利宵中学课程的另一个问题是与小学课程的衔接，文第士在 1915 年评论说："利宵中学一二年级的内容大部分与小学的大纲是重复的。学生在利宵中学报名读书后，（发现）所学的大部分内容他们已经学过了。然而，教师换了，教材不同，教学流程不同，所以学生在利宵中学的很长一段时间都找不到方向。"③

---

① António Aresta, Aureliano Barata, and Albina Santo Silva, *Liceu de Macau：Genealogia de Uma Escola*（Macau：Direcção dos Serviços de Educação e Juventude, 1996），pp. 18 – 23.

② 《澳门省政府施政报告》附件 10，1911，第 2 ~ 3 页，转引自〔葡〕施白蒂《澳门编年史（二十世纪 1900 ~ 1949）》，金国平译，（澳门）澳门基金会，1999，第 49 页。

③ Manuel da Silva Mendes, *A Instrução Pública em Macau*（Macau：Direcção dos Serviços de Educação e Juventude, 1996），p. 58.

为了改变这种情况，总督贾也度（Eduardo Galhardo）成立了一个由政府秘书长利马（Mario Bandeira de Lima）主持的委员会，主要是为了修改利宵中学组织法及相关规定，重新整顿澳门小学教育学校，提出措施改进面向中国人的葡文学校。利宵中学直到 1919 年学生就读率才得到提高，并成为中央学校。委员会的一系列工作之后，1901 年诞生了由市政厅监管的商业学校，并针对公立小学制定了新的规定。

三　华人蒙学课程的革新

澳门自宋代之后才慢慢成为一个小渔村，古时教育并不发达。但华人向来重视教育，相传 200 多年前在沙梨头土地庙已有"更馆社学"。《香山县志》载 1777 年和 1801 年望厦村赵元辂、赵允菁父子先后中举，并于科举考试余暇先后在澳"设馆课读作育人才"。[①] 但是，澳门华人教育的真正发展是在鸦片战争以后，特别是 19 世纪 50 年代以后。这与澳门华人人口数量的急剧增加，特别是华商群体的兴起以及随之而来的华人在澳门经济社会生活中地位的提高有关。

鸦片战争前后，中国内地社会环境纷乱，遍及全国，而广东尤重。故在 19 世纪中期以后，许多士绅、商人甚至官吏纷纷携带资产进入澳门，令澳门华人社会的历史发生了从来没有过的变化：

一是由于华人入澳人口大增，其增长速度超过了澳门历史上任何一个时期，彻底打破了澳门葡华人口比例的长期稳定与相对平衡的局面。1839 年林则徐入澳巡视，当时澳门华人为 7033 人，葡人为 5612 人，到 1860 年统计时葡人为 4611 人，而华人则为 8 万人。这种比例一直维持到 1910 年没有多大变化，华葡人口之比例为 20：1。从人口数量上讲，华人成为澳门社会的绝对主体。二是在

---

① 王文达：《澳门掌故》，（澳门）澳门教育出版社，1999，第 315 页。

很短的时间内，这批进入澳门的富裕华人很快就掌握了澳门大部分近代工业生产部门及对内对外之贸易，并且掌握了澳门特色经济——博彩业的主控权，成为澳门社会经济活动中的主体力量。三是随着华商经济的迅速发展……在澳门的政治生活中，过去清一色的葡人政治开始悄悄地发生变化。①

上述变化使澳门的华商集团形成，华人开始部分参与政府行政事务；华人社团纷纷成立，除至少在乾隆五十七年（1792）前就已有的三街会馆外，华商于1871年建立镜湖医院，1893年成立"同善堂"和"仁济社"。②华商秉承中国传统文化，同时基于家业和宗族传承的需要，开始捐办教育。

（一）早期的私塾课程

有研究指出，清末以前澳门华人自己的教育场所通常是塾师所设的私塾。"相传澳门学塾，分蒙馆与经馆两种。"蒙馆一般教授《三字经》《百家姓》《千字文》《四字鉴略》《四子书》，并习字、认字、属对。经馆熟读《春秋》《诗经》《易经》《尚书》《礼记》等五经，并且研习古文，乃至明清的闱墨文章和八股文等。③

然而，澳门的学童大多于蒙师学塾完成后，即进入商场谋生，除了极少数殷富子弟之外，甚少转入经学大馆读书。相传澳门有锄经学塾、道南学塾、陶瑞云学塾、萧莲舫学塾、孔厚田学塾、林老虎家塾、子襃学塾，以及子韶学塾等。

---

① 汤开建、吴志良主编《〈澳门宪报〉中文资料辑录（1850～1911）》，（澳门）澳门基金会，2002，前言，第XXIX页。其中有关人口的数字，可另见〔葡〕施白蒂《澳门编年史（十九世纪）》，姚京明译，（澳门）澳门基金会，1998，第144页。关于澳门华商的兴起和影响，还可参见林广志《澳门之魂：晚清澳门华商与华人社会研究》，广东人民出版社，2017；吴志良、汤开建、金国平主编《澳门编年史》第4卷的第三部分"华商崛起"，广东人民出版社，2002，第1745～1960页。

② 吴志良、汤开建、金国平主编《澳门编年史》第4卷，广东人民出版社，2002，第1818、2017页。

③ 冯汉树：《澳门华侨教育》，（台北）海外出版社，1960，第10～14页。

除了私塾外，还有两种教育形式。一是"大家庭延专师"，一些殷富侨民或告老官宦的大家庭，延聘文行兼备的教师入屋为子弟授课，相传澳门有屈屋、高屋、陈屋、卢屋、蔡屋、傅屋、郑屋等。二是"大渔船延专师"。过去澳门渔业最为发达，居民中常住船上的渔民数量不少，以 1910 年为例，澳门人口共 74866 人，其中 19041 人常年居住在船上。① 这些渔民或单独聘塾师随船授课，或若干渔家合作延聘，延聘专师的方式与岸上大家庭类同。二战的炮火令渔业萎缩，渔民才纷纷送子女上岸接受教育。②

上述两类私塾，仅在形式上不同于塾师所开设的私塾，课程上并无二致。

（二）从"镜湖义塾"到"镜湖义学"的课程转变

澳门华商开办最早的学校，是 1892 年开办的"镜湖义塾"。③ 当时，澳门"失学儿童，随处可见"，富商曹、周二姓"特捐送产业入镜湖医院，声明以年中收租若干成，拨充兴办义学经费"，分别在连胜街、卖草地、新埗头、水坑尾、新桥五处各设义塾一所，总称"镜湖义塾"。

所谓"义塾"，实乃"私塾"，"镜湖义塾"亦尚属于私塾性质，课程极为陈腐。据王文达先生记载：

> 查该项义塾，一如旧时之私塾，惟免收学杂费而已。每塾特聘宿儒一位，担任讲教。塾内立孔子，设戒方，读三字经，及四书、古文、尺牍等，如是者竟历十有余年矣。④

① 〔葡〕咩路·马楂度（Álvaro de Melo Machado）：《施政报告》，1911，转引自〔葡〕施白蒂《澳门编年史（二十世纪 1900~1949）》，金国平译，（澳门）澳门基金会，1999，第 48~49 页。

② 冯汉树：《澳门华侨教育》，（台北）海外出版社，1960，第 10~14 页；另见刘羡冰编著《世纪留痕——二十世纪澳门教育大事志》，出版单位不详，2002，第 60~61 页。

③ 此前的一年即 1891 年，澳门镜湖医院曾办有一处义学性质的"惜字善社"，免费教贫童识字读书。参见刘羡冰《澳门教育史》，人民教育出版社，1999，第 98 页。

④ 王文达：《澳门掌故》，（澳门）澳门教育出版社，1999，第 321 页。

此时，澳门华人学校还十分传统，没有施行现代学校制度，学校形式为传统私塾者多，性质上属于蒙学教育，教材以《三字经》等蒙学课本为主。正如来华的英国传教士麦高温在 1860 年以局外人的身份，对当时中国传统教材一针见血地批评说："中国的课本，也许是学生手中最枯燥、最陈腐、最古怪的东西了，书的作者恐怕从来就没有考虑过学生们的兴趣爱好。书的内容因单调而显得死气沉沉，既缺幽默又少机智，它们最大的'功劳'似乎就在于从来不会在孩子们那活泼爱笑的脸上增加一点儿轻松。"①

中国旧式教育主要专注古典文学和中国历史，见不到自然科学、地理、他国历史等知识。清代"多数学塾的课程比较简略，集中在品德修养、识字及应对日常生活所需的生计教育之上"②。曾于 1839 年担任澳门马礼逊学校校长的美国传教士布朗说，在中国，"一些最基本的科学事实也极少介绍到教科书中来，更谈不上成为专门的学科"③。

19 世纪末 20 世纪初，中国在经历洋务运动后，有识之士逐步认识到不能只限于引进坚船利炮，也要学习西方的制度、文化与教育，才能从根本上革新屡弱的国家。另一方面，清政府受到列强的影响，开始酝酿并颁行新学制。尤其在 1905 年"废科举"之后，新式"学堂"开始出现。在此期间，澳门得风气之先，华人的教育由传统转向现代，成为澳门教育的一个分界点：一方面，华商们纷纷参与举办免费性质的义学，华人子弟入学者日众；④ 另一方面，他们引入西方的现代学校制

---

① 〔英〕麦高温：《中国人生活的明与暗》，朱涛、倪静译，中华书局，2006，第 66 ~ 67 页，转引自张文、石鸥《基于南洋公学〈蒙学课本〉不同版本的新认识》，《湖南师范大学教育科学学报》2016 年第 5 期。

② 左松涛：《近代中国的私塾与学堂之争》，生活·读书·新知三联书店，2017，第 170 页。

③ 转引自王立新《美国传教士与晚清中国现代化——近代基督新教传教士在华社会文化和教育活动研究》，天津人民出版社，1997，第 251 页。

④ 据刘羡冰的研究，澳门从 19 世纪末到 20 世纪 60 年代，华人教育共有三次兴办"义学"的高潮，一次是维新运动前后，一次是抗日战争期间，还有一次是 20 世纪 50 年代。这对推动华人教育的普及和中华文化在澳门的传承，均发挥了重要作用。参见刘羡冰《澳门教育史》，人民教育出版社，1999，第 80 ~ 98 页。

度，改革学校课程。例如，前述"镜湖义塾"于 1905 年裁撤五所义塾而另辟地点开设"镜湖义学"，按新式学堂办理。当时，收入学者 150 人，设甲、乙、丙三班，另收蒙学儿童 80 名。同时"另订课程"，最重要的是重视体育。学校设有运动场，"购置体育器械，并为学生购置操衣"，"德智体三育并重"，堪称一所真正的小学。① 该校 1912 年正式改为"镜湖小学"，按照民国政府教育部要求立案，分初小、高小共 7 年。1948 年，与"澳门平民小学校"合并，改称"镜湖平民联合小学"。

（三）从"子褒学塾"到灌根学校的课程与教材

特别需要强调的是维新派人士陈子褒（1862～1922）于 1901 年开办的"子褒学塾"。② "子褒学塾"初为"蒙学书塾"，设于荷兰园正街八十三号，开办 10 年，学生人数达到 80 余人。由于学生日增，学校迁往龙嵩街，1912 年再迁至荷兰园二马路，易名为灌根学校，是澳门最早的具有改良性质的学塾，成绩斐然。1918 年，陈子褒迁校香港，设子褒学塾（后改名为"子褒学校"）于坚道三十一号；后又设女学，男女学生二三百人，据说是香港当时"最具规模的学塾"。③

陈子褒乃广东新会人，本是旧学出身，1893 年乡试中举，与康有为同科，且名列"五魁"，排康有为之前。但他折服于康的思想，拜其门下，入万木草堂称弟子，习英文，从而接触西方新思想，1895 年参与"公车上书"，1898 年戊戌变法失败后东渡日本考察教育，1899 年底回到澳门，自此决心办新学，希望改革小学教育，以此为救国、立国之本。他在澳门兴学从教长达 19 年，积极兴办妇女及儿童教育。其间，

---

① 王文达：《澳门掌故》，（澳门）澳门教育出版社，1999，第 321～324 页。

② 据记载，其弟陈子韶"于其邻设子韶学塾。兄弟分收高初两等学生"，子韶学塾后迁往板樟堂街国华戏院现址，改名为"沃华学校"。参见王文达《维新之塾师——陈子褒兄弟》，载王文达《澳门掌故》，（澳门）澳门教育出版社，1999，第 317 页。

③ 王齐乐：《香港中文教育发展史》，（香港）波文书局，1983，第 213 页。

成立"教育学会"（后改名"蒙学会"），编辑《妇孺报》；办"蒙学书局"，编写、刊印蒙学教材。① 对于其影响，友人有记述说："内地兴学者，皆来取法，澳门一隅，教育遂为全粤之冠。""独其对于国民教育，纵心孤往，为全国倡，则真冠绝一时。"②

陈子褒主张新教育，自号"妇孺之仆"，重视妇女教育，子褒学塾同收男女学生。学校名义上仍称"学塾"，但事实上已属新教育。这首先体现在课程设置上，在清末科举制度尚未被废除的情况下，他毅然抛弃传统蒙学教育以《三字经》、《千字文》以及"四书"、"五经"为核心的课程体系，废除读经，用自编的白话课本教授学生。他批评传统蒙学教育内容单一、功利于八股，"读四书则曰八股题目也，读五经则曰八股材料也。凡无关于八股者，则曰童子习此心便杂矣"，转而主张"人生普通各学，如修身、历史、算术等学，中国人视为通人之学者，无不于第一年期即教之"③。据其弟子冼玉清记载，陈子褒的学校"学科有英文、数学、理化、国语诸科"。④ 他主张"中西并重"的教育，"二者并重，乃于中西学问，均能融会贯通也"。他认为中国的中小学应开设"修身"科，主张重视体操，加强历史教育、爱国教育和卫生教育；尤其重视地理，认为"非使人民谙熟外国地理不可"，故专门编撰地理教科书。⑤ 由此可见，子褒学塾的课程与传统学塾已大不相同。有学者根

---

① 冼玉清：《改良教育前驱者——陈子褒先生》，载《陈子褒先生教育遗议》，区朗若、冼玉清、陈德芸编校，广西师范大学出版社，2012，第 260～262 页。

② 陈子褒：《三字书序》，载《陈子褒先生教育遗议》，区朗若、冼玉清、陈德芸编校，广西师范大学出版社，2012，第 6 页。

③ 崔师贯：《陈子褒先生行略》、杨寿昌：《〈陈子褒先生遗集〉序》，载《陈子褒先生教育遗议》，区朗若、冼玉清、陈德芸编校，广西师范大学出版社，2012，第 5、2 页。

④ 冼玉清：《改良教育前驱者——陈子褒先生》，载《陈子褒先生教育遗议》，区朗若、冼玉清、陈德芸编校，广西师范大学出版社，2012，第 260～262 页。

⑤ 李志刚：《中国教育在传统与现代之间：以陈子褒为例》，载《基督教与近代中国人物》，广西师范大学出版社，2012，第 62～66 页。又见冼玉清《改良教育前驱者——陈子褒先生》，载《陈子褒先生教育遗议》，区朗若、冼玉清、陈德芸编校，广西师范大学出版社，2012，第 260～261 页。

据 1921 年香港《子褒学校年报》所记载男女 14 名教员的任教科目推断："子褒学校的课程，除了体育和手工两科欠缺外，其他现代学校的小学课程，都已全部包括；而中学课程，也包括了某些部分。"在当时，实在是"十分进步的学校"了。①

实施新教育，自然不能用旧教材。陈子褒非常重视教材的编写，认为"兴蒙学莫要于编教科书及开师范学堂"；又说"褒以为学堂不难，难于在今日兴学之教习。不难于聘教习，难于教科新书。苟无教科新书，虽聘请通人主持讲席，然课程忙迫，未能兼顾"②。因此，他以极大的热情独自编撰了大批通俗教科书，数量之大非常惊人，其墓碑记载"所著蒙学教科书数十种"，有的说"近 40 种"。③ 而实际上，据澳门学者考证，仅在 1918 年迁往香港前，陈子褒在澳门编撰出版的教科书就达 50 种，"包括语文类 40 种，历史类 10 种"，"如扣除重印或改良版16 种，全新作品共 34 种"。这些教科书"很快就传入内地，在广州、佛山等地大量印行，影响深广"④。他以《妇孺三字经》代替《三字经》，全用白话，内容与学生的日常生活相连，如"早起身，下床去；先洒水，后扫地"；他又以《妇孺四字书》代替《千字文》，以《妇孺五字书》代替《幼学诗》，全面革新蒙学教育内容。因此，他被称为我国"编写通俗小学教科书的第一人"⑤。

陈子褒自称"妇孺之仆"，其教科书的主要服务对象是妇女和蒙学儿童，在内容上包括两类。①妇孺类教材。以 1895 年编写的《妇孺须知》，以及随后的《妇孺三字经》、《妇孺四字书》和《妇孺五字书》为代表。

---

①　王齐乐：《香港中文教育发展史》，（香港）波文书局，1983，第 215 页。

②　陈子褒：《论学童为师之师》《教育学会缘起》，载《陈子褒先生教育遗议》，区朗若、冼玉清、陈德芸编校，广西师范大学出版社，2012，第 37 页、第 5~6 页。

③　石鸥、廖巍：《"通俗是贵"——陈子褒课本之研究》，《湖南师范大学教育科学学报》2013 年第 5 期。

④　王国强：《1949 年以前澳门教科书的出版概况》，（澳门）《澳门研究》第 88 期，2018。

⑤　石鸥、周美云：《第七课"教材编写第一人"陈子褒的教科书》，《课程教学研究》2016 年第 7 期。

②为学生识字服务的字课类教材。最有代表性的是 1908～1911 年完成的《七级字课》教材，按由浅入深、循序渐进的原则，安排了 7000 个不同类型的汉字。该教材据说是"陈氏自认为得意之作"，"在清末民初，十数年间，曾一度盛行于香港、澳门、中山、台山、新会、恩平及开平等地的小学中"①。当然，他还编了《妇孺浅史》、《妇孺中国史问题》、《小学中国史歌》和《妇孺中国舆地略》等涉及历史和地理的教材。

另外，他的教材摒弃文言文，全部采用白话文。在清末，尽管我国已经出现一批新的教科书，但多数仍用文言文编写，对学童而言尚嫌艰深。陈子褒是"清末白话文运动理论先驱"②，也是最早运用白话文撰文的实践者，比新文化运动期间胡适等学者早了 10 余年。他主张教材要从"代古人立言"转向"代小孩立言"③，采用口头语言，并引入韵文和歌谣，令课文朗朗上口，"童子有耳顺之乐"。这是其教材的最大特点。此外，他明确提出教材要通俗，"通俗是贵"。④ 为此，他编的教材在题材上贴近生活，地域特色明显，采用粤方言。

总之，子褒学塾和灌根学校是我国蒙学教育和课程改革的先锋，既引进西方的课程设置，又在一定程度上肯定传统的优良文化，以寻求中西文化融和为主旨。在清末民初中国需要变革的大气候下，无论是对于旧私塾和传统教材的改造，还是对于新教育的提出与实务上的探索，陈子褒在中国均为先行者，为中国教育的转型和现代化做出了宝贵的贡献，堪为当时新式学校的模范，蔚成一番风气。在澳门，"子褒学塾的学生自治管理、教材的编写与推广、教育内容的变革，对其他学塾起着示范性功能"⑤。

---

① 王齐乐：《香港中文教育发展史》，（香港）波文书局，1983，第 220 页。
② 胡全章：《清末民初白话报刊研究》，中国社会科学出版社，2011，第 16 页。
③ 陈子褒：《三字序》，载《陈子褒先生教育遗议》，区朗若、冼玉清、陈德芸编校，广西师范大学出版社，2012，第 6 页。
④ 陈子褒：《妇孺须知三版序》，载《陈子褒先生教育遗议》，区朗若、冼玉清、陈德芸编校，广西师范大学出版社，2012，第 32 页。
⑤ 夏泉、徐天舒：《陈子褒与清末民初澳门教育》，（澳门）《澳门研究》第 22 期，2004。

（四）华商学堂、培基中学等学校的课程

中国学校课程从整体上脱离传统蒙学教育，是在戊戌变法尤其是 1905 年废科举、兴学堂之后。至辛亥革命之后，所有学堂渐改称学校。学塾与学堂、学校有何区别？"前者则只是一二老师宿儒所设之训馆，收徒教学，只授经学古文，间或兼教珠算信札而已。后者则已认识德智体群并重，具备现在学校之型式矣。"① 废科举前后，中国才真正施行现代意义的新学制。华商学堂是澳门华人办的第一所真正意义上的新式学堂。

华商学堂大约创办于 1909 年，戊戌变法失败后由康、梁党人开办，设于澳门天神巷三十七号宋氏大屋原址，学生一百余人。该校虽如昙花一现，仅办一两年就结束，但在澳门华人教育史上是新式学堂的肇始。其课程有光绪时代《钦定学堂章程》（1902 年）和《奏定学堂章程》（1904 年）所附课程②的特点：一方面，依旧要研读"经学训诂"（类似于"讲经读经"），些许保留了中国传统教育的痕迹；但更重要的是引入了现代学校的课程理念，学生按学力程度分甲、乙、丙、丁各班，"各科如图画，唱歌，体操，游戏皆备"，"况其尤重体操"，"屋傍辟一碧草广场，设有秋千架，运动仪器等"。③

华商学堂关闭后，同盟会会员潘才华于 1910 年开办培基中学，设在澳门峨眉街四号。该校初为"培基两等小学堂"，后增设中学，成为当时华人在澳门办的唯一一所中学，培养了冯雪秋、赵连城等大批人才。

另外，1909 年梁彦明创办崇实学校，1910 年孔教会创办孔教学校；1914 年华人创立"树人会"，开办澳门英文学校；1923 年，陈公善创

---

① 王文达：《澳门掌故》，（澳门）澳门教育出版社，1999，第 319～320 页。
② 吕达：《课程史论》，人民教育出版社，1999，第 152～164 页。
③ 王文达：《澳门掌故》，（澳门）澳门教育出版社，1999，第 319 页。

办陶英小学，吴寄梦创办励群小学。这些都是华人知识分子在"教育救国"的感召下，对教育事业的积极探索。[①] 这些学校逐步开始在澳门实践新式课程。

总之，华人教育是澳门教育的重要一脉，其出现未必比耶稣会和葡人教育晚，但其普及化和规范化，尤其是课程与教育内容的近代转型，却毋庸置疑是比较晚近的事。不过令人振奋的是，到了 20世纪初期，华人教育有迎头赶上之势。此时，天主教和新教创办的学校、澳葡政府的公立学校以及华人创办的私立学校，如三股蜿蜒而至的溪流，站在了同一个起点上，其流量和过去的影响或许不同，但从此以后，它们必然要汇聚在一起，共同书写澳门教育的未来。

四　多元的课程与多元的文化脉络

从前文的分析可见，澳门近代"三轨并行"的课程格局，并不是一开始就有的，而是逐步形成的。19 世纪以前，澳门只有教会教育，且仅限于天主教。学校在文化上具有浓厚的天主教情结、拉丁文化色彩，并深受葡萄牙文化的影响。进入 19 世纪后，基督教新教的加入是一个重要的文化事件，它引入了英语以及以其为载体的文化，而且新教教育明显加强了科学课程。同时，澳门官立学校和葡文教育兴起。官立学校和葡文课程成为葡语文化和葡人利益的捍卫者。华人教育在 19 世纪 70 年代伴随着华商势力的壮大而兴起，90 年代形成一定规模，其课程的文化取向与前两个"轨道"完全不同。澳门"三轨并行"的课程格局到 19 世纪末才最后形成，这对于学校课程与澳门文化演变的关系，具有重要影响。

[①] 陈志峰主编《双源惠泽，香远益清——澳门教育史料展图集》，（澳门）澳门中华教育会，2010，第 48 页。

（一）　课程与文化的双向影响

就教育与文化变迁的关系而言，学校课程既是社会文化的"受惠者"和"继承者"，同时也是文化的"生成者"、"传递者"甚至"创造者"。

在澳门过去 400 余年的历史里，华人与葡人是澳门文化和教育的主角；而就文化的构成而言，中国文化、葡萄牙文化、基督教文化和英语文化是澳门文化的四大来源。在澳门教育这首已奏响 400 余年的"交响乐"里，它们参与的时间有先有后，其"音色"及要表达的动机各有不同，它们"音量"上的此消彼长，一直延续至今。无论如何，这样的脉络、这样的历史，其实都与学校及其课程密不可分。可以说，正是学校课程担当了文化的使者，沟通甚至成就了文化之脉。华人的教育、葡人的教育以及天主教的教育，在文化上不论分隔还是融合，相互尊重抑或暗地里竞争，都可以从澳门的课程发展史上找到"批注"。我们可以通过学校的课程，来梳理澳门文化的整体脉络。

从历史上看，澳门的教育主要有两个部分：本地居民的教育，以及传教士和其他神职人员的培养。前者包括华人的教育和本地葡人的教育，对其影响，我们过去早有留意；但对于传教士和其他神职人员的培养在澳门教育与文化变迁上的影响，人们可能普遍认识不足。绝大多数学者估计不会想到，拉丁文曾经是澳门流行的第二大外语，而澳门的学校长期将拉丁文作为必修课，以至在英国最传统的中小学都早已不再教拉丁文的 20 世纪初，澳门圣若瑟小修院和利宵中学的学生们，还在学习拉丁文。

教育及其课程是不同文化之间的桥梁，正如葡籍学者巴拉塔所指出的："天主教教会很早在澳门设立基地，其中著名的耶稣会向中国人敞开其学校的大门。"[1] 叶农教授在研究 19 世纪澳门葡萄牙人移居香港的文化适应时也注意到，"葡萄牙人子女的教育问题一开始就与天主教教

---

[1]　Aureliano Barata, *O Ensino em Macau: 1572 – 1979, Contributos Para a Sua História* （Macau: Direcção dos Serviços de Educação e Juventude, 1999）, pp. 15 – 16.

育和葡萄牙语学习联系在一起"①。显然,这都是对学校课程与文化脉络关联性的生动批注。

(二) 课程的分割与文化的分割

澳门的文化在历史上到底有哪些来源呢?一般的看法是"中西双源论",认为中华文化是澳门文化的主流,但明清以来澳门作为西方文化进入中国乃至东方的门户和枢纽,西方文化也是澳门文化的重要来源。正如刘羡冰所言:"澳门中西教育并峙,双轨平衡发展400年。"②

但细心品味,上述说法似乎过于笼统。"西方文化"只是一个总体性的概念,其内部有很多分支,不同国家、不同时期的文化,同中有异,相互交织,对澳门乃至中国的影响在程度和时序上都有不同。以基督教在粤港澳所举办的教会教育为例,虽然都是教会教育,但不同时期的影响力和文化后果很不同。汤开建教授就认为,澳门的西方教育不可一概而论,它至少应分为三大类:一是天主教教育,16~19世纪天主教教育是澳门教育的主体;二是基督新教教育,主要集中表现在19世纪中叶的一段时间;三是公共教育,起步很晚,是18世纪70年代圣保禄学院和圣若瑟修院关闭以后才出现的。③ 可见,新教进入澳门前,澳门教会教育最主要的办学力量是天主教的耶稣会。但是,由于葡萄牙自15世纪末以来拥有东方保教权④(Padroado),耶稣会在东方的发展主

---

① 叶农:《渡海重生:19世纪澳门葡萄牙人移居香港研究》,社会科学文献出版社,2014,第221页。

② 刘羡冰:《澳门历史上双语人材的培养与中外文化教育交流》,载《双语精英与文化交流》,(澳门)澳门基金会,1994,第5页。

③ 汤开建:《天朝异化之角:16—19世纪西洋文明在澳门》下卷,暨南大学出版社,2016,第866页。

④ 1493年5月3日及4日,教宗亚历山大六世(1492~1503年在位)两度发出敕令,平分葡萄牙和西班牙两国在欧洲以外的拓展势力,1494年两国签署《托德西拉斯条约》(The Treaty of Tordesillas),以佛得角群岛以西370里格(leagues)南北经线为界,葡萄牙享有保教权。参见黄正谦《西学东渐之序章——明末清初耶稣会史新论》,(香港)中华书局,2010,第24~25页。

要依赖葡萄牙王室的资助，以及依靠葡萄牙在东方诸多的据点建成的传教网络。所以，在此阶段葡萄牙的影响其实很大，圣保禄学院和圣若瑟修院的课程中都有葡文。耶稣会士基本上都要学习葡文，"前往东方传教的各国耶稣会士，除了要效忠教宗和耶稣会总长之外，也要效忠于葡萄牙国王"。在葡萄牙海外势力最强盛的 16 世纪及 17 世纪前期，葡语不仅是各东方商业据点的主要商业语言，而且是在东方流行的主要传教语言。① 而在 19 世纪中期以后，由于英、美等强国的兴起，葡萄牙已经从一个世界性的大帝国逐渐沦为一个西欧小国，教会学校中新教开始崭露头角，马礼逊等英、美传教士在其中发挥了很大作用。

澳门文化的另一个问题是中西、中葡文化并未真正融合，在"不同而和、和而不同"之中，不同文化之间是"齐头并进"的，缺少深层的对话，更没有融合而达成新文化。澳门常常被描绘成"文化的博物馆"，但"共存"远多于交汇和对话："澳门历史和澳门历史研究却存在明显的双轨——华人社会一条线，葡人社会另一条线。虽偶然相遇，但由于政治和文化背景的显著差异，双轨基本上保持平行。"②

文化上的区隔与澳门教育有十分密切的关联。中、葡两个民族的教育传统都对澳门教育产生了深刻影响，但中、葡两种学制、两种学校系统长期泾渭分明，呈现一种井水不犯河水的状态。如前所述，20 世纪前 30 年，澳门华人教授四书五经的传统学塾、书屋，逐步转向西式学堂，其原因并非受澳门本地西式教育的影响，而是根源于其文化母体的教育变革，即科举制度的废除以及清末开始的学制改革。同样，葡文小学至 20 世纪末仍然保持四年制，也是与葡萄牙教育一脉相承的。③ 到

---

① 董少新：《葡萄牙耶稣会士何大化在中国》，社会科学文献出版社，2017，第 7 页。

② 吴志良：《澳门历史双轨单行——兼评施白蒂〈澳门编年史〉》，载《东西交汇看澳门》，（澳门）澳门基金会，1996，第 66 页；吴志良：《从澳门看中西方文明的碰撞和交融》，载《东西交汇看澳门》，（澳门）澳门基金会，1996，第 1～13 页。

③ 刘羡冰：《澳门教育史》，人民教育出版社，1999，第 30～31 页。

澳门回归的时候，澳门仍旧是四种学制并存，而且各自发展。有葡籍文化背景的知名人士评论说：

> 澳门的所有教育系统都是单一文化性质，澳门教育系统下诞生了这些小岛上生活的多文化背景的人们。澳门一直存在单一文化的政治文化问题，很少鼓励代表性和/或跨文化的对话。
>
> 因此，虽然澳门具有很大的文化多元性和"可控"的组织和人事，但其尚未能建立一种教育范式和具有原始特征的公民文化模式，建立属于多元文化背景的价值观。[①]

诚如斯言，相互区隔的教育导致文化的分隔，明清时期澳门教会学校的课程、葡人及官立学校的课程以及华人蒙学教育的课程"三轨并行"，对澳门文化的构成与衍化都有重要影响。

（三）三轨并行课程对于文化的具体影响

1. 西方宗教在澳门乃至东亚的传播

澳门号称"天主圣名之城"，可见西方宗教进入澳门并在此逐步传播是澳门开埠以来最重要的文化事件。西方传入澳门的宗教有多种，包括犹太教、伊斯兰教，但值得注意的是，在 16～19 世纪的几百年间天主教始终是澳门唯一"至尊"的西方宗教。当然，基督教新教在 19 世纪后在澳门产生了较大影响，不过相对于天主教而言，它只是在夹缝中获得生存的。[②]

教堂的扩充是天主教传播的重要标志。澳门主教区于 1576 年建立

---

① 参见东方葡萄牙学会董事会董事 Ana Paula Paiva Dias（杜爱宁）和 Rui Manuel de Sousa Rocha（罗世贤）为廖子馨小说《奥戈的幻觉世界》中葡双语版写的"前言"，参见廖子馨《奥戈的幻觉世界》，（澳门）东方葡萄牙学会，2010，第 9 页。

② 汤开建：《天朝异化之角：16—19 世纪西洋文明在澳门》上卷，暨南大学出版社，2016，第 580、688 页。

后，天主教各修会纷纷驻足澳门，将澳门作为自己对中国内地及远东地区传教的基地。因此，在澳门开埠之后的百余年间，天主教获得了空前的发展。1578年，澳门居民约1万人，已有5座每天做弥撒的教堂，并在其周边形成居民区。1670年（康熙九年）澳门面临全面海禁，澳门的天主教依然表现得很繁荣，有教堂10座。"在17～18世纪澳门天主教发展的黄金阶段，澳门教堂总数已发展到15座。"①

西方宗教在澳门传播的另一个重要表现，是基督徒人数，特别是华人教友人数的增加。据记载，创建澳门天主教传教基地的第一位神父——龚萨雷斯1571年报告说，他刚到达澳门建立起第一间茅草教堂时，有75名中国教友受洗。1565年，澳门有5000名基督徒，而这主要是葡萄牙人及其奴仆，华人并不多。② 至1582年，澳门葡人约2000户2.2万～2.5万人，均为基督徒，华人教友依然很少。但1602～1634年，澳门耶稣会先后两次建教堂专门向华人讲道传播福音，因而到1635年葡人基督徒人数减少至约8500人，华人及其他民族基督徒则增加至8500人。而到1644年，由于明朝灭亡，满人入关建立清朝统治，原居于澳门的华人在情感上对明朝灭亡感到痛心，不愿服从清朝统治，故又有一大批华人加入天主教。当时澳门总人口约4万人，葡人、华人各半，几乎均为基督徒，换言之，华人教友从1635年的8500人迅速增加到大约2万人，澳门居民差不多全都成为基督徒。至17世纪末，澳门人口为2.05万人，其中1.95万人（即95%）为天主教教友，这是天主教在澳门发展的全盛时期；更重要的是，此时葡人基督徒因1648年的大饥荒和清朝1660～1683年长达20多年的海禁而减少至仅2000人，而华人基督徒达1.85万人。不过，随着澳门教区的衰落，澳门华人教友的人数也减少了。据教会机构的资料，1833年澳门、沙梨头、

---

① 汤开建：《天朝异化之角：16—19世纪西洋文明在澳门》上卷，暨南大学出版社，2016，第590页。

② 〔葡〕罗理路：《澳门寻根》（陈用仪译，澳门海事博物馆，1997）附录文献12《格雷戈里奥·龚萨雷斯神父给胡安·德·波尔哈的信》。

望厦、拱北的华人基督徒加一起也不过 7000 人。[①]

从以上情况可见，天主教在澳门的传播并不完全取决于教育，海禁、饥荒、王朝的更替、教区管辖权和管理状况的变更，以及梵蒂冈和葡萄牙宗教政策的改变，都是影响天主教传播更重要的因素。但是，从传教的策略和途径上看，"教育传教"、"医疗传教"和"书籍传教"一样重要。澳门的特别之处还在于，无论是天主教还是基督教新教，都把澳门视为进入中国内地、日本以至整个东亚地区传教的一个关键枢纽，因此教育以及教会学校的影响除了促进基督教文化在澳门本地的传播，以及教友数量的增长，更重要的是培养传教士，为传教输送大量宗教人才。

这方面的作用，尤其体现在天主教特别是耶稣会在澳门举办的教育中。如前所述，无论是圣保禄学院还是后来的圣若瑟修院，都以培养传教士和宗教人才为直接目的和首要任务。前者附属于日本省，其高级课程完全为培养传教士而设；后者主要为进入中国的传教士服务，其"大修院"的课程以"小修院"课程为基础，目标是培养优秀的圣职人员。因此，它们都非常重视拉丁文，宗教课程都达到当时教会大学的水平。这不仅给了一批批来自欧洲的传教士在进入日本、中国或其他地区之前学习当地语言和文化的机会，而且培养了一大批本地的神职人员。仅耶稣会公布的资料就表明，"1578~1740 年间先后有 463 位耶稣会士从里斯本来到澳门，1587~1630 年间主要是进入日本，而 1630~1740 年间主要是进入中国"，"1590~1673 年间，澳门还培养了 59 名中国籍神职人员，最著名的如画家吴历和澳门华人郑玛诺"[②]。除欧洲传教士外，耶稣会培养的澳门华人修士如钟鸣仁、钟鸣礼、钟念山、黄明沙和徐必登等人，也先后进入中国内地传教。而圣若瑟修院还为本地的教会培养了大批神职人员以及多位有影响的主教，其"小修院"和圣保禄学院的"读写学校"，则在不同历史时期为澳门培养了一大批熟悉天主

---

① 汤开建：《天朝异化之角：16—19 世纪西洋文明在澳门》上卷，暨南大学出版社，2016，第 591~595、609 页。

② 吴志良、郑德华主编《中国地域文化通览·澳门卷》，中华书局，2014，第 198~199 页。

教教义、礼仪和音乐的毕业生，他们未必都加入天主教成为教友，但他们至少熟悉、理解西方的宗教和文化。

19 世纪特别是鸦片战争以后，以马礼逊为代表的新教传教士在传教的方式上做了很大的改变。他们不仅通过演讲布道、发放书刊或举办宗教仪式"直接传教"，而且更热衷于透过举办医疗机构、开办学校或出版书刊介绍西方文化等曲折的方式，收到"间接传教"的效果。正如有学者所言：

> 开办学校，将西方教育制度和方法引入中国，是鸦片战争前后新教传教士非常重视的一项文化活动。这种活动虽然不以宗教的传播为直接目的，但其长远的目标，则是通过对中国教育文化的影响来开辟传教的道路，扩大基督教新教的势力。因此，这种教育活动，既是一种有重要意义的文化交流，也是能产生深远影响的传教方法。[①]

所以，与天主教早期在澳门所开办的学校相比，新教开办的学校有两个重要特点：其一，中英文并重，重视近代新的科学和技术，课程高度世俗化；其二，虽然开设宗教课，给学生发放《圣经》，但不以宗教教育为直接目的，因而也不再学习拉丁文。例如，英华书院对于获准入学的东方各国青年"将不被要求宣布自己信仰基督教，也不会被迫参加基督教礼拜仪式——但将要求他们这样做"，还会要求他们参加所有公开的宗教讲座；澳门的马礼逊学校虽然"向每个学生发放《圣经》，并进行讲解"，但"是否接受其教义不作为是否接受入学的条件"[②]。

---

① 吴义雄：《在宗教与世俗之间——基督教新教传教士在华南沿海的早期活动研究》，广东教育出版社，2000，第 318 页。
② 吴义雄：《在宗教与世俗之间——基督教新教传教士在华南沿海的早期活动研究》，广东教育出版社，2000，第 319、338 页。

这样，基督教新教所开办的学校虽然没有给他们带来多少信徒，无论是马六甲英华书院的学生，还是澳门马礼逊学校的学生，最后受洗的都并不多。学校教育与当时的教会医院一样，更多像一种慈善活动。但正是这类体现近代文明的专业活动，逐渐在华人社会周围营造出对西方文明信赖、欣赏的氛围，以及对传教士的感恩心理。

2. 中文与中华文化的传承

由于便利的地理条件，澳门历来就是中西文化交汇点。其中，很重要的一个方面，就是在16世纪末17世纪初，澳门曾是传教士学习汉语的基地，各国传教士和日本、荷兰、英国、东南亚等地的商人在进入中国内地前都先来到澳门，使得澳门成为"语言博物馆"，著名汉学家罗明坚、利玛窦先后于1580年、1582年来到澳门，在此学习汉语；此后，金尼阁（Nicolas Trigault）、艾儒略（Jules Aleni）、卫匡国（Martino Martini）等著名汉学家都在澳门圣保禄学院学习过。在澳门发现的文献也证明了澳门在传播中文和中国文化方面的贡献。2011年，澳门有学者在民政总署大楼图书馆、澳门利氏学社图书馆和圣若瑟修院等机构，发现了56本编写于1742~1949年的珍贵的对外汉语课本材料。其中，最早的一本是法国人傅尔蒙（Stephanus Fourmont）1742年作的《中国官话》（拉丁文名：*Linguae Sinarum Mandarinicae*）[1]；当然，多数材料还是19世纪中期至20世纪前半叶留下的，因为鸦片战争后，天主教在澳门开始复苏，设立了独立的华人传教区，澳门再次成为传教士入华前的培训基地。而影响最大的，是被称为"澳门功臣"的汉学家和翻译官伯多禄，他自己编写了8本教材，翻译了3本教材。[2] 正是澳门几百年来的对外汉语教育，为西方人了解中华文化提供了可能。

---

[1] Stephanus Fourmont, *Linguae Sinarum Mandarinicae* (Lutetiae Parisiorum：Chez Hippolyte-Louis Guerin, 1742)，现存于圣若瑟书院。

[2] 夏雪：《澳门现存早期对外汉语教材述评》，载董月凯、黄国豪、蒋美贤主编《语坛探新录——邓景滨教授笔耕五十秋纪念文集》，中国社会科学出版社，2015，原载（澳门）《澳门文献信息学刊》总第5期，2011。

　　就澳门华人内部而言，华人教育及其课程对于中华文化的传承，无疑起着十分重要的作用。早期的蒙馆、学塾自不待言。前述"镜湖义塾""立孔子，设戒方，读三字经，及四书、古文、尺牍等，如是者竟历十有余年"①。及后改为小学，更新课程，但学生课后依旧参加庆祝孔诞的活动：

　　　　1909 年 9 月 28 日，澳镜湖初等小学堂学生恭祝孔诞，引领各界到堂行礼。到者约千人，比上年更为庆闹，各街高悬龙旗、灯笼，闻该学堂乃有殷户捐资创设，至今四年，本年约有学生三十余人卒业，其成绩可知矣。②

　　不仅是华人开办理的学校，甚至教会学校也开设中国传统文化课程。1842 年《马礼逊教育会第四次年度报告》提到布朗校长的报告说：

　　　　上午用于读汉语书与写作。……在汉语学习中，他们仍被教导学习通行的书籍，……10 名孩子已经背完或将近背完《四书》，并复习完它们，而在高一年级的一名学生，则已经学习朱子评《四书》，并且努力理解它。他们中的大部分人理解《孟子》，理解孔子著作的人少了一些，……有些人能将《孟子》中的段落翻译成浅显的英文。③

　　其实，中国文化的西传也是如此。"1727 年，圣保禄学院的分校圣若瑟修院成立。对西方传教士而言，创办于远东的这所高等学府的最大

①　王文达：《澳门掌故》，（澳门）澳门教育出版社，1999，第 321 页。
②　《澳门学界公祝孔教之盛》，《华字日报》1909 年 10 月 13 日，载汤开建、陈文源、叶农主编《鸦片战争后澳门社会生活记实——近代报刊澳门资料选粹》，花城出版社，2001，第 229 页。
③　汤开建、陈文源、叶农主编《鸦片战争后澳门社会生活记实——近代报刊澳门资料选粹》，花城出版社，2001，第 131 页。

价值，便是汉语课程的开设。他们于此研习汉语，学习中国文化，为进入中国内地传教领取一张通行证。即使像已经具有数学教授职称的艾儒略这样的传教士，也是在此获得合格证书后方才进入内地传教的。尤其是清顺治、康熙两朝，明确规定所有入华传教士必须先在此修读汉语两年，圣保禄学院的地位及汉语课程的权威性便进一步得到了强化。"①

但不得不看到的是，明清时期澳门的教育总体上是由教会教育主导的，这一点很清楚，在文化取向上重"西学"轻"中学"，中文教育以及中国文化的学习被置于边缘的位置。多数传教士们学习汉语的首要目的是为传教找到一个"门径"。当然，进入 19 世纪之后，特别是新教传入澳门后，教会学校课程的世俗化程度逐步增强，对中国文化的接受度有所提升。但是，基督教传教士对中国文化的总体态度是否定的，在教育领域不仅否定科举制度的价值，反对儿童背诵四书五经，而且激烈批评中国传统蒙学教材的非科学性。加上后来教会学校普遍推行英语教学和白话教育，所以毕业于教会学校的不少中国精英们英文比中文好，对文言文和传统文化持否定态度，"很大一部分毕业生都成为了白话文的拥护者"②。

当然，白话文运动的兴起有中国文化变革自身的内在必然性，绝不是由外部力量左右的。但是教会学校以及传教士的白话传教和白话出版活动，的确对白话运动的产生起到一定的前期准备和推动的作用。进入清末民初时期，以子褒学塾为代表的蒙学课程与教材改革，废除读经，改行白话文，在华人教育的内部，成为教育和文化变革的先驱，推动了后来的新文化运动。

由此可见，中国文化的传承，还是要靠华人自己的教育。19 世纪末，在华人的学校教育得到充分发展之前，澳门文化在事实层面为何还能"以中华文化为主流"？那是靠华人在澳门人口中所占的比例优势，

① 王建平、王建军：《清末民初澳门华人教育的兴起》，《华南师范大学学报》（社会科学版）2011 年第 1 期。

② 狄霞晨：《新教传教士事业与近代白话语言运动》，（澳门）《文化杂志》（中文版）总第 98 期，2006。

以及社会日常生活对文化的浸染达成的，学校教育及其课程并非这一过程的主要贡献者。

3. 近代科学和专业技术的引入

"西学东渐"的内容除了宗教外，最重要的是科学和技术。由于澳门16～19世纪的学校以教会学校为主，宗教内容在其课程中占有重要地位，尤其在圣保禄学院和圣若瑟修院时代。但是，16世纪以后中西文化的最大差异还在于科学技术。学校课程在这方面发挥了重要作用，而且在不同时期侧重点有所不同。

如前所述，耶稣会最早在澳门创办的读写学校就已设置算术课程，此后的圣保禄学院、圣若瑟修院再到马礼逊学校，科学课程的比例和科目数都一步步增加，其原因主要是学校课程的世俗化程度不断加强，以及近代科学自身也正加速向前发展。一言以蔽之，16～19世纪的300年，科学在学校课程中的分量和在社会生活中的影响力是相互联系地向上增长的。

西方技术的引进是近代澳门以至中国文化结构改变的重要方面。其中，望远镜技术、钟表技术、铸炮技术、印刷技术、造船技术，还有天文日历和地图测绘等西方技术的引入，与澳门的关系最为密切。[①] 与科学知识的引入相比，技术的引进在时间上呈现越往后越密集的特点；同时，它与学校教育及其课程的联系没那么紧密，技术的引进更多是在社会的运用和生产过程中完成的，基础教育仅起助力作用。

但印刷技术是一个例外。从木刻印刷向铅字活字印刷尤其是机器活字印刷的转变，是我国向西方学习印刷技术的核心内容。"八九世纪的木刻印刷出自中国社会内部的需要，十九世纪的西式活字则是基督教传教士在西方势力的助长下在中国推动传播的。"[②] 至19世纪，活字印刷

---

① 汤开建：《天朝异化之角：16—19世纪西洋文明在澳门》下卷，暨南大学出版社，2016，第五章"澳门的西方科学技术"，第714～865页；汤开建：《被遗忘的"工业起飞"——澳门工业发展史稿：1557—1941》，（澳门）澳门特区政府文化局，2014。

② 苏精：《铸以代刻：十九世纪中文印刷变局》，中华书局，2018，导言，第1页。

在西方已通行了近 400 年。我国最早引入西式活字印刷机的地区是澳门，1586 年，第一台西式活字印刷机就经由耶稣会带来澳门，被存放于圣保禄学院，印刷了大量宗教用品；1765 年，耶稣会引入第二台西式印刷机。圣若瑟修院在 1819 年也开办印刷所，购入活字印刷机。[①] 新教进入澳门后，马礼逊开办印刷所，首次采用中文木活字；同时期，英国东印度公司的印刷所铸造金属中文活字。[②] 此时，印刷的技术人员都是师徒相传，不是在学校培养的。1900 年 11 月 16 日，澳葡政府批准成立"官印局"。为培养技术人员，1901 年 12 月，官印局技术及职业学校开始运作，该校一直运作到 1920 年。[③]

对印刷技术和人才培养影响最大的是慈幼中学。1906 年，雷鸣道神父率领 5 名慈幼会士来澳，创立"圣母无原罪孤儿院"，以教育贫苦孤儿为主，后来许多居民子女入学，学生人数大增。1910 年，改为"无原罪工艺学校"，开设"木工、缝纫、革履、排版、印刷和装订等六项工艺课程"，成为一所职业学校，培植专门人才。1943 年，其中学部与粤华中学合并，改为"鲍斯高职业学校"，1952 年改为"慈幼学校"，1964 年创办"英文中学电机科"。到 20 世纪 80 年代，慈幼中学除木工、金工被保留并合并成机械科外，其他工艺课程均停止运作。[④] 慈幼中学是澳门教育史上在职业技术教育方面影响最大的学校，被认为"在港澳地区开创印刷教育先锋作用"，为港澳地区培养了大量印刷界人才，许多毕业生到香港工作，甚至后来香港理工学院的印刷系，也曾使用慈幼中学的印刷课程教材。[⑤]

澳门很早就出现了专门教育学校，包括航海学校，后来的商业学校，甚至还出现过炮兵学校。这些学校对西方近代科学和专业技术的引

---

① 汤开建：《天朝异化之角：16—19 世纪西洋文明在澳门》下卷，暨南大学出版社，2016，第 822～823 页。
② 苏精：《铸以代刻：十九世纪中文印刷变局》，中华书局，2018，第 10、40 页。
③ 陈树荣等编著《澳门百年印务》，（澳门）澳门印刷业商会，2012，第 56 页。
④ 陈树荣等编著《澳门百年印务》，（澳门）澳门印刷业商会，2012，第 66 页。
⑤ 陈树荣等编著《澳门百年印务》，（澳门）澳门印刷业商会，2012，第 66 页。

入做出了贡献。澳门是东西方之间的航运中心，需要大量的领航员，而航海需要熟练掌握天体运行、几何学、测量术和航程推算等知识，因此最早的专门教育学校就是航海类的学校。澳门最早的航海学校创办于1786年，1798年时任"葡印总督"正式批准设立澳门航海学校，为澳门青年开设专门的航海课程。① 及至1814年8月3日，葡萄牙摄政大臣下令创建"澳门皇家航海学校"。该校章程规定："课程分两年完成。第一年学习算术、代数、方程式、几何级平面三角。第二年学习球面三角、天文学、地形测绘学、领航术、船只的操纵、仪器的使用及实习。"② 由于澳门合格的生源太少，皇家航海学校并不太成功，1820年大约只有14名学生，3位教师执教，1823年关闭。1825年，澳门设有一间"船舶驾驶学校"。③ 1862年，政府下令在圣若瑟修院设立"航海课程"，以取代皇家航海学校，并颁布《航海课程条例》；修院同时还附设商业课程。航海课程聘请海军人士任教航海和数学课程，1863年11月20日正式开课，只收走读生。但课程发展并不理想，据说到1883年只剩下1名学生。1906年，澳门总督下令再次创建航海学校，隶属于港务局。基础课程两年完成，教授航海基础知识，毕业后获得"航海资格证书"。该校一直运作到第二次世界大战爆发。④

澳门是个商业社会，尤其在鸦片战争以后，随着香港的发展，澳门迫切需要加强商业人才的培养。1871年，"澳门土生教育协进会"成立。1878年，该会正式开办澳门商业学校，讲授商业课程。1881年，圣若瑟修院改组，"附设商科"，澳门商业学校与之合并，办学很有成效。该课程为期三

① 汤开建：《天朝异化之角：16—19世纪西洋文明在澳门》下卷，暨南大学出版社，2016，第950页。

② Manuel Teixeira, *A Educação em Macau*（Macau：Direcção dos Serviços de Educação e Cultura，1982），p. 25.

③ 〔葡〕潘日明：《殊途同归——澳门的文化交融》，苏勤译，（澳门）澳门文化司，1992，第154页。

④ Manuel Teixeira, *A Educação em Macau*（Macau：Direcção dos Serviços de Educação e Juventude，1982），pp. 32 – 35.

年，学习科目包括：实用英文以及英文商务信函、应用于商业的初级数学、速记及打字、商务地理、英文商业簿记、英文贸易实践及商务技术、中国地理概念、现代历史（从明朝开始）、政治经济及商业法概念、书法（包括商务中采用的公式图形教学）。[①] 1901 年，澳门总督高士德批准在利宵中学附设商业课程，1909 年据记载有 19 人就读。[②] 1919 年，政府下令将附属于利宵中学的商业课程分离，设立具有独立校舍的"澳门商业学校"，先由民间办理，后转为公立学校。这是澳门第一家商业专科学校，培养了一大批人才，促进了现代商业和会计制度在澳门的发展。

另外，"医务传道"是 19 世纪后基督教新教接触华人民众、实施传教工作的重要途径，而澳门是西方医疗知识和技术传入中国的最早渠道。事实上，在此之前，天主教进入澳门，就将西方的医疗书籍、技术和药品带到了中国。[③] 圣保禄学院当时设有非常有名的医务室和药房，不仅拥有不少的医疗器械和制药设备，还有专业的医生和药剂师。还有记载说神父在学院进修的课程包括"初级医药"，有中国青年在学院学习"外科和放血疗法"[④]，因而学院在西医东传过程中发挥过一定作用。近代的基督教新教则明确提出举办医学教育。伯驾（Peter Parter）就提出要开办一个"医学学院"，学生从马礼逊学校挑选。[⑤]

4. 葡语教育及其传播

澳门在历史上曾被称为"语言的博物馆"，这首先是因为在 18～19 世纪在澳门居住着十分多样的族群，容易出现类似"巴比伦塔"的语

---

① Direcção dos Serviços de Educação e Juventude, *Documentos Para a História da Educação em Macau*, *1.° Volume*（Macau：Direcção dos Serviços de Educação e Juventude, 1996），p. 69.

② 〔葡〕潘日明：《殊途同归——澳门的文化交融》，苏勤译，（澳门）澳门文化司，1992，第181～182 页。

③ 汤开建：《天朝异化之角：16—19 世纪西洋文明在澳门》下卷，暨南大学出版社，2016，第 1046～1091 页。

④ 汤开建：《天朝异化之角：16—19 世纪西洋文明在澳门》下卷，暨南大学出版社，2016，第985 页。

⑤ 吴义雄：《在宗教与世俗之间——基督教新教传教士在华南沿海的早期活动研究》，广东教育出版社，2000，第313 页。

言世界，而且与不同时期学校的教育有关。

西方语言在澳门的传播，首先传入的当然是葡萄牙语，因为最先进入澳门的是葡萄牙人。客观地讲，最早推动葡语在澳门及周边地区传播的因素应该是通商的需要，"18 世纪中叶以前，葡萄牙语已成为中国南部口岸商业通用语"①；另一个因素是通婚，有研究表明，"在 16 世纪80 年代，澳门土生葡人与华人妇女结婚的现象已经出现，而且应不在少数"，"到 17 世纪中叶，澳门城内的葡人通婚对象则以华人为主了"②；还有一个因素就是传教的需要，由于保教权的关系，葡萄牙以外西方其他国家的传教士来到澳门前后也要学习葡萄牙语。

但学校的影响是不可低估的。耶稣会士抵达澳门后，很快就在澳门建立了培养儿童的读写学校，例如，创始于 1571 年，而后又附属于澳门圣保禄学院的读写学校，一直教授葡语。为了推广葡语，澳门圣若瑟修院也经常举办一些用葡语来进行的表演及游戏活动。居住在澳门的葡萄牙人很早就意识到了传播葡语的重要性，特别是对儿童进行的葡语教育。据记载，1822 年在一次议事会召开的会议上，就有人建议：

> 创建两所初级女子学校，教师们不仅要教授孩子们读、写、算数的规则，还应该教授他们葡萄牙语语法。……孩子们既可以当面学，还可以去欧洲进行实践，因为这对于孩子们学习葡文和提高葡文水平来说是最佳的方式。③

当然，葡语教育遇到了很多的挑战。有葡籍人士在回顾澳门的葡语教育与推广的过程时，不无伤感地说："当回顾大约五个世纪前葡萄牙

① 汤开建：《天朝异化之角：16—19 世纪西洋文明在澳门》下卷，暨南大学出版社，2016，第 1093 页。
② 汤开建：《天朝异化之角：16—19 世纪西洋文明在澳门》下卷，暨南大学出版社，2016，第 1096 页。
③ 汤开建：《天朝异化之角：16—19 世纪西洋文明在澳门》下卷，暨南大学出版社，2016，第 1104 页。

人在东方，特别是在澳门的事迹，我们可毫不犹疑地说，作为沟通及推广文化的语言，葡语的地位已今非昔比。"① 其实，早在 18 世纪末，首位从葡萄牙到澳门的皇室教师就抱怨，当地的葡人学生完全忽视葡语，"只讲一种变了质和不纯正的葡语与汉语混合的方言"②。著名汉学家文第士则指出："在澳门的学校中最费力不讨好的课题就是葡文教育。"③ 澳葡政府 1914 年公布的《公共教育改革委员会的报告》检讨说"澳门几乎处于被抛弃的境地，……人们讲英语比讲葡萄牙语更普遍，澳门的中产阶级更熟悉莎士比亚的语言，而不是卡蒙斯的语言"，其原因也被归于"糟糕透顶的公共教育"④。

其实，葡语在澳门的传播如果有成果或者成绩的话，那要归功于澳门的教育，尤其是始终伴随着葡文教育的官立教育系统，以及葡人长期以来在澳门天主教及其学校系统中的影响力，特别是这两个系统重视葡文的课程传统。如果要查找葡语推广 500 多年来在澳门所遭遇的尴尬的根源，那么，最重要的一点就是葡语从来没有在中文学校的课程系统中占有一个不可撼动的位置——哪怕是一个小小的角落。在历史上，葡萄牙治理时期的政府并非如许多人想象中那样无所作为，只不过从未突破"以资助换课程"的策略；这个策略从 19 世纪后期出现到今天，一直没有在教育实践上取得主政者们所期待的成果。这正是葡语无法在澳门普及的内在逻辑。

---

① António Aresta：《澳门的政权及葡语状况（1770～1968）》，（澳门）《行政》杂志 1995 年第 1 期。

② 文德泉神父编《澳门及帝汶省报告》第 38 期，1877 年 9 月 22 日；《十九世纪澳门杰出人士》，转引自 António Aresta《澳门的政权及葡语状况（1770～1968）》，（澳门）《行政》杂志 1995 年第 1 期。

③ Manuel da Silva Mendes, *A Instrução Pública em Macau*（Macau：Direcção dos Serviços de Educação e Juventude，1996），pp. 89–90.

④ *Documentos Para a História de Educação em Macau*，*1.° Volume*（Macau：Direcção dos Serviços de Educação e Juventude，1996），pp. 75–76；另见 António Aresta《曼努埃尔·特谢拉神父与澳门教育史》，（澳门）《行政》杂志 1998 年第 2 期，第 551～552 页。值得注意的是，此处被译为"曼努埃尔·特谢拉"的神父，即是在澳门广为人知的文德泉（Padre Manuel Teixeira）神父。

5. 英语的传播及其文化后果

今天，英语在澳门有十分广泛的影响，葡语也不断地被强调。但不要忘记，拉丁语曾是"在澳门主要传播的第二种西方语言"①。为培养传教士，澳门圣保禄学院和圣若瑟神学院都教授拉丁语，而且课时甚多。澳门供西方人最早学习中文的教材甚至有的以拉丁文编写。②

当然到后来，在澳门传播最广、时间最长、对澳门影响最大的西方语言是英语。英文的传播当然首先要归功于鸦片战争前后英美势力在中国以至亚洲影响力的不断扩大，它大大提升了社会各领域对英文的需求；而在文化交流机制上，还要归功于马礼逊 1823 年在澳门完成并出版的第一部完整的《华英字典》，③ 其既为西方人学习中文提供了方便，也为华人学习英文创造了条件。

但是在马礼逊时代，澳门学习英文的人数是很有限的，只有当英文被纳入学校课程中，学习英文才有了普遍性，并透过课程的强制性和系统性让一代代人受益。所以，马礼逊学校在澳门的创立对于英文的传播而言具有里程碑的意义，正是以马礼逊学校为代表的基督教新教教育系统的引入，为英文及其文化在澳门和华南地区的传播开辟了道路。马礼逊教育会第四次年度报告就提到布朗校长的报告："马礼逊教育会采用的教育计划，弥补了中国教育系统所造成的每一个缺陷。我们为我们的学生打开了一个蕴藏在英语文化中的知识之源。"④

当然，英语及其文化在澳门的传播，更根本的还是要归功于进入 20 世纪后澳门公共教育系统对英文的重视，尤其是经改造后的教会学

① 汤开建：《天朝异化之角：16—19 世纪西洋文明在澳门》下卷，暨南大学出版社，2016，第 1093 页。

② 夏雪：《澳门现存早期对外汉语教材述评》，载董月凯、黄国豪、蒋美贤主编《语坛探新录——邓景滨教授笔耕五十秋纪念文集》，中国社会科学出版社，2015，原载（澳门）《澳门文献信息学刊》总第 5 期，2011。

③ 张坤：《岁月留痕——东方基金会会址与基督教坟场》，（澳门）澳门特区政府文化局，2018，第 145 页。

④ 转引自汤开建、陈文源、叶农主编《鸦片战争后澳门社会生活记实——近代报刊澳门资料选粹》，花城出版社，2001，第 132 页。

校在澳门教育系统中长期占据主导地位，而它们在课程（外语）上又以英语为先，有的甚至以英语为教学语言。

6. 对现代体育发展的影响

如果深入追溯课程发展史，西方的学校课程起源于古希腊的"七艺"，即由文法、修辞和逻辑（或雄辩术）构成的"三艺"，以及由算术、几何、天文学和音乐构成的"四艺"。与此同时，古希腊人对体育抱有坚定的信念。而近代体育的发展与宗教改革有关。在宗教改革前，基督教对体育长期持否定态度。基督教新教出现后，一批教育改革者开始在学校尝试开设体育课。天主教此时也将注意力转向教育事业，开始在学校提倡体育，其中耶稣会的表现尤为突出。澳门现代体育的发展，有学者概括说：

> 16 世纪中叶，葡萄牙人进入澳门，带来了中世纪后期"骑士体育"的余风；18 世纪后期英国人定居澳门后，则又将绅士体育传入澳门，并对澳门的近代体育产生影响；而到 19 世纪后期，西方近代体育则得以在澳门学校教育中普遍传播。[①]

16～18 世纪，澳门的"骑士体育"和"绅士体育"与学校教育没有密切关联，因为无论是圣保禄学院还是后来的圣若瑟修院，这时都没有正式的体育课程。虽然圣保禄学院的年报有记载说："我们学院里的所有人都在努力锻炼身体，希望有一副强健的体魄。"学院还规定，星期天和其他休整日"所有人都应登山散心，呼吸新鲜空气"。到 17 世纪初，学院还开始开发青洲岛，"为学院中的人和学生提供了进行体面娱乐活动的场所"；1828 年，圣若瑟修院接管青洲岛，青洲岛成为师生游泳、划船、散步的场所。可见，此时"澳门的学校体育就是通过舞蹈、戏剧、散步、游水、登山等活动方式来展开，这与当时欧洲刚刚兴

---

① 汤开建：《天朝异化之角：16—19 世纪西洋文明在澳门》下卷，暨南大学出版社，2016，第 1305～1306 页。

起的学校体育大致同步"①。

澳门近现代体育的发展，则与西方近代学校体育课程的引入有关，教会学校和 19 世纪末新式学校普遍开设体操等课程，是澳门近现代体育发展的动力。基督教学校重视体育，1841 年 10 月《中国丛报》记载马礼逊学校的情况说："学习时间从早晨 6 时至晚上 9 时。如此，有 8 个小时用于读书，3 至 4 个小时用于室外锻炼和娱乐。"② 学校还安排了专门的校舍作为运动场地。1900～1904 年，岭南大学的前身——1892 年创办于广州的格致书院，为避受北方义和团的影响迁往澳门办学四年。该校"体育教师路易斯创办陆军团演戏兵操，和当地中、葡人士举行足球联赛带给社会新的气息。其中哑铃体操的表演更获好评"③。这些学校没有正式的体育课程，但都重视学生的运动和锻炼，可以说，在中国的体育教育史上，澳门的教会学校开启了体育教育的先河。

最早正式引入西方体育的应该是 19 世纪创办的官立学校，除了前面已经提到的创办于 1878 年的澳门商业学校和创办于 1893 年的利宵中学外，1882 年还设立了路环小学和氹仔小学，1883 年设立的男子中心小学。④ 当时，葡萄牙的学校已设有体操课，澳门的这些官立学校应该也有跟随。1906 年 2 月 8 日，"澳门蒙学书塾"刊登于《华字日报》的广告说："卢雨川先生仍在澳门大庙脚蒙学书塾主席，并延刘希明先生教授体操，吴节薇先生教授算学、英文。"可见，当时的书塾也开始教授体操。⑤ 如前所述，同时期的镜湖义学和华商学堂，也设有体育设施

---

① 汤开建：《天朝异化之角：16—19 世纪西洋文明在澳门》下卷，暨南大学出版社，2016，第 1280 页。

② 《中国丛报》总第 10 卷，1841，第 569 页

③ 钟荣光：《岭南大学收回之经过》，载刘羡冰著《澳门教育史》，人民教育出版社，1999，第 50 页。

④ 〔葡〕施白蒂：《澳门编年史（十九世纪）》，姚京明译，（澳门）澳门基金会，1998，第 226～227、231 页。

⑤ 《澳门蒙学书塾广告》，《华字日报》1906 年 2 月 8 日，转引自汤开建、陈文源、叶农主编《鸦片战争后澳门社会生活记实——近代报刊澳门资料选粹》，花城出版社，2001，第 213 页。

和体育课程。

1911 年 1 月 7 日，澳葡政府颁布第 15 号谕令，决定以后每年 1 月 31 日举办一次体育运动比赛，以促进澳门体育运动文化事业的发展。"这是澳门历史上第一份关于发展体育运动的正式官方文件，在澳门体育发展史上具有划时代的意义。而为此专门设立的澳门运动会委员会亦成为澳门历史上第一个由政府出面组织的对澳门体育进行监管的行政机构，标志了澳门近代体育制度的初步建立。"[1]

1923 年 10 月 13 日，澳葡政府颁布第 51 号法令《体育局与运动场规章》[2]，规定将青年学校体育运动场——塔石球场移交给澳门体育局，作为专门的"学校运动场"（C. D. E.），并制定相应的必要规章进行规范引导。这是澳葡政府第一份关于学校体育教育的正式文件，该法令将体育作为教育的重要组成部分来予以支持和发展，其中规章第三款阐述了建"学校运动场"是为在校青少年的体育教育，通过体操和竞技运动，塑造民众的健全体魄。

7. 对艺术的影响

学校课程对于澳门艺术的影响也是十分深入的。毫无疑问，天主教音乐是澳门音乐文化中最重要和最富有特色的部分。究其来源，与圣保禄学院和圣若瑟修院的音乐课程和相关的教育活动有十分直接的关系。如前所述，附设于圣保禄学院的"读写学校"已有音乐教育，孩子们除了读书、写字外，还要协助做弥撒、唱歌。圣保禄学院则不仅设有音乐课，在重大节日或考试的某些环节师生还有音乐或戏剧表演。"可见，室内乐演奏、合唱团、乐队及其相应表演实践，当时已于学院中存在"，"不仅在院内，亦在社会上产生极大影响，客观地为以天主教文化为主的西乐东传发挥了桥梁作用"。"在神父（教师）带领下由学院

① 《澳门政府宪报》1911 年 1 月 7 日第 1 号。另见吴志良、汤开建、金国平主编《澳门编年史》第四卷，广东人民出版社，2009，第 2193 页。
② 《澳门政府宪报》1924 年 3 月 1 日第 9 号。另见吴志良、汤开建、金国平主编《澳门编年史》第五卷，广东人民出版社，2009，第 2399 页。

的学生们组成的唱诗班和乐队，则开启了澳门天主教礼仪音乐的先声。"① 有记载说，葡萄牙耶稣会士中的著名音乐家、对康熙时期宫廷音乐影响甚大的徐日昇（Tomás Pereira，1645～1708），1672 年抵达澳门后，即参与了圣保禄学院的音乐教学，为学生讲授音乐知识。② 学院将音乐等同于其他各类课程，而非仅将其作为点缀学校生活或者活跃学院气氛的手段。

圣若瑟修院比圣保禄学院更加重视音乐教育，无论是大修院还是小修院，音乐都是所有学生的必修课。来自欧洲的优秀师资为澳门培养出众多的音乐人才，学校还有学生乐队。自 18 世纪中期到 19 世纪末，"圣若瑟修院是这时期澳门天主教音乐、尤其是天主教礼乐创作的最重要母体"③。1814～1841 年生活在澳门的葡籍优秀音乐家江沙维（Joaquim Afonso Gonçalves）曾在圣若瑟修院教授音乐课，他还创作了许多天主教音乐和中国乐曲。19 世纪 70 年代，修院的音乐教师由来自法国的著名耶稣会音乐家罗迪纳担任，他甚至邀请当时意大利著名的作曲家来学院表演和讲学，他还在学院组建了一支由 30 个男孩组成的乐队。④ 在同时期的其他学校，1839 年开办的马礼逊学校，设有音乐课程；1848 年澳门圣罗撒收容所的学校也开设有音乐课，由当时的主教讲授。⑤

到 20 世纪，澳门的天主教音乐达到一个历史高点，圣若瑟修院在

① 戴定澄：《二十世纪澳门天主教音乐——独特历史背景下的作曲者与作品》，（澳门）澳门特别行政区政府文化局，2013，第 15、17 页。
② 《卡瓦洛：卡瓦洛（José Vaz de Carvalho）神父 1687 年 4 月 5 日的信》，转引自〔葡〕若埃尔·加良《徐日昇：17 世纪在中国皇宫的葡萄牙乐师》，斐斯译，（澳门）《文化杂志》（中文版）总第 4 期，1988，第 45 页注 5；又见戴定澄主编《澳门高等音乐教育学科展望》，广东高等教育出版社，2009，第 7～8 页。
③ 戴定澄：《二十世纪澳门天主教音乐——独特历史背景下的作曲者与作品》，（澳门）澳门特别行政区政府文化局，2013，第 21 页。
④ 汤开建：《天朝异化之角：16—19 世纪西洋文明在澳门》下卷，暨南大学出版社，2016，第 1253、1263 页。
⑤ 〔葡〕潘日明：《殊途同归——澳门的文化交融》，苏勤译，（澳门）澳门文化司，1992，第 155 页。

圣乐的传承方面有极为显著的作用。尤其是刘雅觉神父，其任教修院40 余年，对圣若瑟修院音乐课程贡献良多，且曾为澳门中葡学校编写教科书。1905 年，他获教区筹得的巨款，购置铜管乐器，并训练 30 余人组成铜管乐队，亲任指挥，活跃于各种节庆活动，前后 30 余年；澳门后来的许多音乐界知名人士皆为其门生。① 1931 年从葡萄牙来澳门入读该校的区师达神父，1962 年参与创办澳门圣庇护十世音乐学院，1983 年参与创立澳门室乐团。② 林家骏主教曾回忆说："至二十世纪……修院中的爱好音乐风气大盛。"③ 他还说："谈到音乐，我们的修院是向负盛名的。除了圣则济利亚歌咏团外，还有组织良好的管弦乐队……"④ 但是，有评论认为，"严格来说，近代以后澳门的音乐教育反而不如天主教主导时期"⑤，这的确是符合事实的。

明清时期学校教育对于澳门美术的影响，情况与音乐大不相同。概因中国传统绘画的开展与传承均不在学校，而着重于文人之间，无论蒙学还是更高层次的官学，历来均以识字、读经为中心，绘画被视为雕虫小技。而西洋美术对于传教而言，不像音乐那样为所有信众参加弥撒时所必需，因而流传也就没有那么广。所以从 16 世纪中到 19 世纪末，无论教会学校还是华人办的教育机构，美术教育并不占有重要地位。如前所述，耶稣会神父尼阁老在圣保禄学院创立的早期（1626 年前）可能为学院的美术教育增添了光彩，但很难说学院在 17 世纪澳门天主教绘

① 林家骏：《澳门第一座华人堂区》，载林家骏《澳门教区历史掌故文摘》，（澳门）澳门主教公署"澳门天主教教务行政处"，1982，第 77 页；汤开建：《天朝异化之角：16—19 世纪西洋文明在澳门》下卷，暨南大学出版社，2016，第 1263 页。

② 吕志鹏、陈丽莲编《圣若瑟修院藏珍馆》，（澳门）澳门特区政府文化局，2016，第 60 ~ 66 页。

③ 林家骏：《晨曦圣歌选集》，（澳门）澳门主教公署，1978。

④ 澳门主教公署：《现在和过去的圣若瑟修院》，《晨曦月刊》1958 年第 2 期，第 12 ~ 13 页，转引自戴定澄《二十世纪澳门天主教音乐——独特历史背景下的作曲者与作品》，（澳门）澳门特别行政区政府文化局，2013，第 22 页。

⑤ 汤开建：《天朝异化之角：16—19 世纪西洋文明在澳门》下卷，暨南大学出版社，2016，第 1254 页。

画艺术的进步中有多么显著的贡献。及至 19 世纪上半期，尽管活跃于澳门的乔治·钱纳利（G. Chinnery）在澳门带出不少学生，如林呱（关乔昌），甚至有研究说早在 16 世纪末"澳门已出现了由传教士画家教习西洋美术的机构"[①]，但毕竟这不是学校教育的主流。

　　总之，在艺术领域，受学校课程影响较大的可能是音乐，而且具有一定的连续性，但以西洋音乐为主。中国绘画在明清时期从未进入澳门的学校课程，西洋美术因为某些著名画家与某个教育机构的机缘巧合，在其中发挥过某种作用，但偶然性很大。澳门学校规范化的美术教育在 20 世纪以后才出现，并逐步普及，对视觉艺术的发展而言，这才具有真正的意义。

---

① 　潘耀昌编著《中国近现代美术教育史》，中国美术学院出版社，2003，第 11 页。

第二章　20 世纪课程与文化的变迁

　　进入 20 世纪，澳门的教育随着中国、葡萄牙以及世界的变化而经历了一系列重要改变。第一，是 20~40 年代澳门学校系统的重整与成形，正如潘日明神父所指出的那样，19 世纪后期和 20 世纪前 50 年，"无论澳门的私立学校还是官办学校几乎都是从零开始，发展成为具有相当的规模"①。澳门的公共教育系统就是在此期间形成的。该系统包括政府举办的公立学校、以中文为教学语言的私立学校和以英文为教学语言的私立学校，三类学校的课程各有不同。

　　第二，第二次世界大战期间，广州和香港先后于 1938 年 10 月和 1941 年 12 月沦陷，大批难民逃往澳门这个表面的"中立区"，学童人数大增，内地不少学校也纷纷迁来澳门，中、葡双方都因应战时需要而对教育政策做出调整，加上日本力量的介入，学校的课程有了新的变化。

　　第三，1949 年中华人民共和国成立，大批社团学校设立，伴随着内地新文化和政治溢出效应的加强，中文学校的课程也发生了重要改变，这一过程一直延续到 70 年代。

　　最重要的改变当然发生在 90 年代，1987 年《中葡联合声明》的签署标志着澳门进入回归祖国的过渡期。澳葡政府大刀阔斧推出澳门教育

---

① 〔葡〕潘日明：《殊途同归——澳门的文化交融》，苏勤译，（澳门）澳门文化司署，1992，第 181 页。

制度法律，第一次订定幼儿教育至高中教育的课程大纲，开启了澳门教育规范化的历程，学校课程更清晰地服务于社会的需要。

一 公共教育系统的发展

如前所述，澳门到 19 世纪末 20 世纪初形成了"三轨并行"的课程传统。但"三轨"的力量并不平衡，早期教会学校的课程影响最大，葡文与官立学校的课程次之，处于革新中的华人蒙学课程因其学校数量太少而影响不大。

进入 20 世纪后，情况一步步发生了改变。首先是传统教会学校的衰落：

> 曾一度辉煌的澳门教会教育到晚清时期，办学规模、发展速度和办学层次与同时期的香港、中国内地（广东）相比，明显滞后了。新式华文教育与澳门的葡文教育的兴起，逐步打破了教会对澳门教育的垄断，开始走出单一的宗教教育体制，并在一定范围内弥补了澳门教会教育发展的不足。[①]

这里的传统教会学校主要是清末以前的教会学校。此时，圣保禄学院和马礼逊学校早已不复存在，圣若瑟修院虽然继续留存，但其相当于中小学之"小修院"的招生已受到利宵中学和商业学校的挑战。传统教会学校的衰落，为澳门世俗公共教育系统的发展创造了契机。

首先是教会组织办理的一批新式教会学校——以满足澳门居民世俗化教育需求为指向的教会学校。这类学校虽然还开设宗教课，但不以培养神职人员为目的，而是面向世俗社会，满足居民的公共教育需求，成

---

① 颜广文、张海珊：《早期澳门的教会教育》，（澳门）《文化杂志》（中文版）总第 71 期，2009。

为澳门公共教育系统的一部分。例如，创办于 1875 年的圣罗撒学校，最初为葡文女校；至 1903 年，除教授葡文外，兼授英文及法文；1932 年和 1939 年，该校先后加设英文部和中文部，它们与先前的葡文女校分别逐渐发展为圣罗撒女子中学、圣罗撒英文学校和圣罗撒葡文小学。① 1906 年，慈幼会办圣母无原罪工艺学校，用中文教学。辛亥革命后，中华民国的学制逐步建立，教会开始重视中文教育。1911年，教会在氹仔办圣善学校；1923 年，办公教学校；1931 年，办圣若瑟中学；1933 年，办望德女子学校、花地玛真原学校和圣德兰小学；1935 年，办嘉诺撒培贞女子中学；1939 年，办圣心女子中学、圣心英文中学；1942 年，慈幼会接办粤华中学。进入 50 年代，澳门人口剧增，天主教先后开办了路环圣母圣心学校、海星中学、取洁中学、圣玫瑰学校、利玛窦学校、永援学校、圣德兰学校和圣家学校。②

此时的教会教育从以宗教教育为主，转变为以世俗教育为主。③ 这一点反映在课程上，如基督教会在广州办的岭南学堂，1900 年迁来澳门，改名为格致书院，每周课程有"《圣经》、英文、地理、历史、算术、数学（代数、几何、三角）、物理、化学、动物、植物、生理学及图画、体操等"④。该校以科学教育和人格教育为办学的两大特色，既"施行人格的教育养成科学人材，适合中国之需要；又着重人格的训练，尤以基督牺牲精神为榜样，培养学生勇于服务的精神"⑤。

---

① 冯瑞芬：《澳门圣佳兰（家辣）隐修院》，（香港）三联书店（香港）有限公司，2023，第 79 页。

② 林家骏：《澳门天主教教育事业的发展》《圣罗撒学校建校沿革简史》，载林家骏《澳门教区历史掌故文摘》，（澳门）澳门主教公署"澳门天主教教务行政处"，1982，第 29～30、37 页。

③ 颜广文、张海珊：《早期澳门的教会教育》，（澳门）《文化杂志》（中文版）总第71 期，2009。

④ 朱有瓛、高时良主编《中国近代学制史料》第 4 辑，华东师范大学出版社，1993，第 527 页。

⑤ 朱有瓛、高时良主编《中国近代学制史料》第 4 辑，华东师范大学出版社，1993，第563～564 页。

其次是政府办的公立学校和华人自行办理的学校。总体而言，澳葡政府办理的公立学校相对于其服务的葡籍子弟的数量而言数量不少，而华人的学校则十分有限。著名汉学家文第士（Manuel da Silva Mendes）在 1915 年指出：

> 没人能够说澳门的非华人学校很少。学校太多了。有男子中央学校、女子中央学校、圣罗萨学校或中学、澳门土生葡人教育协进会的商业学校，拥有小学、中学、商业、中文、神学课程的圣若瑟修院，澳门利宵中学；利宵中学附属商业课程，利宵中学附属中文课程，为华务专理局培训翻译的中文语言文学课程，还有港务局的航海课程。……因为我们知道对于几百个学龄人口来说，就算减少很多所学校，学校的数量也足够了。①
>
> 小学教育最大的缺点就是数量不够。整个华人人口都没有小学，或者说几乎整个澳门的人口都没有小学。市政厅所管理的学校（除了一所小学，与其说它是小学，不如说它是一所特殊的学校——为华人而设的葡文学校）几乎都是给非华人人口读的。②

在此情况下，华人民间社会自己办理的学校逐步增加，辛亥革命后，新型学校和改良后的私塾都有，规模小但数量多。

这样，到 20 世纪 30 年代，澳门的公共教育系统基本形成。据记载，1929 年澳门共有 124 所学校。其中，官立学校 13 所，包括利宵中学（学生 144 人），市政府管辖的中心学校男生部、中心学校女生部、葡中学校男生部、葡中学校女生部、幼儿园以及氹仔和路环市政厅所辖

---

① Manuel da Silva Mendes, *A Instrução Pública em Macau* (Macau：Direcção dos Serviços de Educação e Juventude, 1996), p. 53.

② Manuel da Silva Mendes, *A Instrução Pública em Macau* (Macau：Direcção dos Serviços de Educação e Juventude, 1996), p. 46.

的学校共 12 所;[①] 教会办的学校 10 所;还有华人民间办的学校 101 所,这 124 所学校的学生总数达到 9147 人（男生 6488 人，女生 2659 人），显示教育事业有了很大发展。其中，华人民间办的 101 所学校的学生人数达到 6928 人（含女生 1949 人），占总人数的 75.7%。[②]

在学校管理方面，由于澳葡政府管制松散，亦少予资助，在 20 世纪前半期，形成"市场调节"的机制。就课程而言，官方或教会所办学校，以葡语授课的课程是以葡萄牙教育部所公布课程或澳葡政府颁布的课程为依据;以英语授课的教会学校课程则以英国或香港习用的课程为依托;而大多数以中文授课的华人学校，其课程则遵循中国内地的课程标准。1929 年国民政府教育部颁布《私立学校规程》，规定港澳的华侨学校须同时向当地政府及广东省教育厅立案，遵守两地的法律。1932 年，侨务委员会实施《华侨教育纲要》，各地华侨教育对于祖国文化逐渐加以注意。[③] 所以，澳门华人办理的"侨校"，一般都遵循国民政府的教育制度和课程标准，并直接使用内地编审及发行的教科书。以中文授课的教会学校，则或由教会自行编制课程，或采用中国内地的课程，有的直接采用香港通行的课程和教材，少数亦自行订定和编制课程。

1950～1991 年，澳门的学校教育制度更进一步地确立为中国学制、葡萄牙学制、中葡学制以及英国学制四种学制并存，而其所承载的课程亦各具其特色。中国学制是主流学制，学校先是采用原国民政府制订的课程标准，后来改采用内地出版的教科书，再后来采用香港出版的教科

---

① 文第士在 1914 年曾批评："市政厅负责管理小学教育而省政府负责管理中学教育"，这是复制里斯本长期以来的组织方法，"教育被分割为两个部分，每个部分各自委托给一个机构管理，这样做带来的效果是不好的"。参见 Manuel da Silva Mendes, *A Instrução Pública em Macau*（Macau: Direcção dos Serviços de Educação e Juventude, 1996），p. 57。

② 〔葡〕潘日明:《殊途同归——澳门的文化交融》，苏勤译，（澳门）澳门文化司署，1992，第184～185 页。

③ 方骏、麦肖玲、熊贤君编著《香港早期报纸教育资料选萃》，湖南人民出版社，2006，第445 页。

书，20世纪80年代以后，又逐渐调整为采用内地出版的教科书。葡萄牙学制，是以葡萄牙教育部颁发的课程标准为依据。中葡学制或中葡教育，被认为是经过长期的融合相处，由中葡人民创造的"一个唯一而独特的澳门的教育模式"①，其课程则以中文与葡语为核心，糅入了中国与葡萄牙两个教育系统的课程。英文学校则准用英国学制，课程标准亦以英国为准则，部分科目直接使用英国或香港的英文教材。②

二　抗战期间学校课程的改变

从1937年的七七卢沟桥事变到1945年日本投降，这八年的全面抗战对港澳影响深远。表面上看，澳葡政府采取"中立"政策，但实际上在广州和香港相继沦陷之后，日本的力量深深"嵌入"澳门。加上大批难民逃往澳门，学生人数大增，内地许多学校也纷纷迁来澳门，葡方因此加强对学校的管制，中方也因应战时需要，而从教育政策上强化了对"侨校"的影响。总体方向是教育要服务于战争的需要，所以学校课程有了新的变化。

（一）澳葡政府加强对私立学校的控制

1939年9月30日，澳葡政府在《澳门宪报》以《第9：277号札谕》颁布《私立学校规程》。这是澳葡政府有史以来在对以华人为主的私立学校的管制方面最强势的一次努力。该规程以12章共90条对澳门私立学校进行规管，其中第47条规定任何私立教育机构在申请成立的申请书中，必须提交"教学目标和相应的教学计划和大纲的说明"和"教材清单"；第54条规定学校"若想开办许可证以外的新课程"，也

---

① Aureliano Barata, *O Ensino em Macau：1572 ~ 1979，Contributos Para a Sua História*（Macau：Direcção dos Serviços de Educação e Juventude，1999），p. 16.

② 郑祖基、单文经：《澳门非高等教育制度的历史背景分析（1991年以前）》，载澳门大学教育学院《澳门非高等教育课程的检视与改革路向》，2006，未刊稿。

须"向总督申请";第 75 条规定所有普通教育机构都"必须教授葡萄牙语和葡萄牙历史"[1]。从上述情况可见,在学校课程上,澳葡政府一方面力图让所有私立学校开设葡语和葡萄牙的历史课程,另一方面,它虽然没有能力控制私立学校其他所有科目的具体内容,但它希望至少了解学校课程的目标、计划和大纲,以及教材的清单。

澳葡政府另一个方面的努力是试图加强葡语课程,为开设葡文科的学校提供资助。不少学校增设了葡文科。有学者根据《澳门宪报》、《大众报》、《华侨报》、《西南日报》和《市民日报》的报道进行整理,发现 1943～1950 年接受澳葡政府资助开设葡文科的学校为数不少[2](见表 2－1)。

表 2－1　1943～1950 年接受澳葡政府资助开设葡文科的学校

单位:元,人

学校	1943 年	1944 年	1945 年	1946 年		1947 年		1948 年	1949 年	1950 年
	金额	金额	金额	人数	金额	人数	金额	金额	金额	金额
崇实学校	1032	1032	350	20	300	—	—	—		
望德学校	1032	1032	650	20	300	20	300	—		
雨芬学校	1032	1032	300	20	300					
民主学校葡文夜学班	180	—	—							
中葡学校葡文夜学班	—	180								
吴灵芝学校	840	840	650	100	900	100	800	900	900	1500
上海学校	3600	3600	3500	2700	—	2700	2700	2700	2700	900
育婴堂	—	—	600	80	600	80	600	600	—	—
圣心学校[3]	—	1200	1200	66	600	66	600	600	—	—
粤华中学	—	1200	1200	66	600	66	600	600	600	600

① 《第 9：277 号札谕》,《澳门宪报》1939 年 9 月 30 日,第 531～538 页,中译本参见郑振伟《1940 年代的澳门教育》,中国社会科学出版社,2016,第 332、333、339 页。

② 郑振伟:《1940 年代的澳门教育》,中国社会科学出版社,2016,第 160～161 页。

③ 1944 年《澳门宪报》登载的葡文名为"Instituto Canossiano"(嘉诺撒仁爱会),1945 年初用的是"Escola do Sagrado Coração"(圣心学校),1945 年底以后改为"Colégio Sagrado Coração"(圣心书院)。

续表

学校	1943 年	1944 年	1945 年	1946 年		1947 年		1948 年	1949 年	1950 年
	金额	金额	金额	人数	金额	人数	金额	金额	金额	金额
同善堂义学	—	600	300	55	600	55	600	600	1200	1200
孔教中学	—	—	—	27	300	—	—	—	600	600
鲍斯高学校①	—	—	1500	220	1800	1800	1800	1800	1800	1800
圣母花地玛学校	—	600	150	33	300	33	300	300	300	300
圣罗撒女中	—	—	—	29	300	29	300	—	—	—
海岛市数校	1260	1260	1000							
氹仔路环方面	—	—	—	161	1200					
氹仔学校	—	—	—					1201 2000		
氹仔鲍公学校②	—	—	—						2700	2700
路湾学校	—	—	—				2700	2700	1200	1200

资料来源：参见郑振伟《1940 年代的澳门教育》，中国社会科学出版社，2016，第 160 ~ 161 页。

　　事实上，有资料显示，早在 20 世纪 20 年代澳葡政府就开始要求学校开设葡文课程，主要的方法是提供资助，包括对聘请葡文教师的学校发放津贴。例如，1927 年志道学校校长就致函华视学会会长，表示无法负担葡文教员的经费。③ 1929 年 3 月 18 日华视学会的会议记录显示，政府核准该会会长之请，"发给补助费予华人学校二间俾得教习葡文"，华视学会决议将该补助费发给粤华和崇实两校，作为葡文科的开办费，每校 100 元。④ 粤华中学于当年 10 月 28 日向华视学会发出收据称："澳门华视学会发来西纸银二十元……另有葡语教员薪金一百元……此

---

① 宪报公布时用的葡文名有变化，1945 年为"Escola de Salesianos"（慈幼会学校），1946 年改为"Orfanato Salesiano"（圣母无原罪工艺学校）。

② 这家学校即现在的圣善学校（鲍理诺主教纪念学校），原葡文为"Escola Dom João Paulino"。

③ 《尹梓琴致华视学会会长诺拉斯古函》（1927 年 12 月 6 日），（澳门）澳门历史档案馆，档号：MO/AH/EDU/CP/06/003，第 6 ~ 7 页。

④ Livro de actas da Junta de Inspecção das Escolas Chinesas de Macau（1915 年 8 月 6 日 ~ 1934 年 9 月 19 日），（澳门）澳门历史档案馆，档号：MO/AH/EDU/JIECM/01/0001，第 20 页。

乃澳葡政府补助本中学加设葡语科十月份之经费。"① 1935 年，澳葡政府亦曾要求澳门华人学校须每周增设 4～5 小时的葡文课程，但各校一致反对。还有数据显示，1940 年 3 月 1 日澳督批示专款 12000 元用于宣传葡文，崇实、公教、望德、雨芬等学校受惠。②

（二）日本开办日语教育的尝试

二战期间，尤其是太平洋战争爆发，香港于 1941 年被日本占领之后，日方加强了对澳门的控制。

在文化方面，他们在南湾培道学校旁边，办了《西南日报》，专门宣传日本的"大东亚共荣圈"，宣传日本人对亚洲的好处。"在里面，有一间教授日文的学校，主要是推广日文。"③ 又据 1942 年 6 月 24 日澳门《华侨报》报道，澳门当时设有一所日语学校，并在该报刊登广告。根据日本学者宜野座伸治的统计，10 个月内曾共有各类机构刊出日语教学广告 362 幅，随后就销声匿迹。④ 2010 年澳门中华教育会举办的一个教育史料展曾展出一张"澳门日语学校"的学生证（收藏者尹德卫），并说明"其校长为刘传能"，以日本昭和纪年。⑤

可见，此类学校在澳门的确存在过，而且当时推广日语的机构还不

① 陈志峰主编《双源惠泽，香远益清——澳门教育史料展图集》，（澳门）澳门中华教育会，2010，第 82 页。
② 郑振伟：《1940 年代的澳门教育》，中国社会科学出版社，2016，第 162～163 页。
③ 季伟娅采录《从教逾半世纪的"地理王"——黄就顺访谈录》，（澳门）澳门特区政府文化局、澳门档案馆，2017，第 59 页。当时还有一张敌伪爪牙开办的报纸叫《民报》，在舆论上与《西南日报》相呼应，吹嘘"大东亚共荣圈"。参见蔡珮玲采录《澳门历史的见证：陈大白大半个世纪的回忆》，（澳门）澳门特区政府文化局、澳门档案馆，2015，第 82 页。
④ 〔葡〕施白蒂：《澳门编年史（二十世纪 1900～1949）》，金国平译，（澳门）澳门基金会，1999，第 291 页；吴志良、汤开建、金国平主编《澳门编年史》第 5 卷，广东人民出版社，2009，第 2643 页；陈志峰主编《双源惠泽，香远益清——澳门教育史料展图集》，（澳门）澳门中华教育会，2010，第 48 页。
⑤ 陈志峰主编《双源惠泽，香远益清——澳门教育史料展图集》，（澳门）澳门中华教育会，2010，第 110～111 页。

止一家，日本人为在澳门推广日语曾下了一番功夫。当然，澳门与香港相比还是有所不同，由于澳门的"中立"政策，日方在澳门推行日语教育的力度要小得多。而在香港，日军以长远占领为目标，在学校全面开展日语教学，同时培训日语师资，所有学校均要得到日方的批准方可在香港、九龙开课。

（三）国民政府和澳门侨校的转变

1. 举办义学，收容失学儿童

据 1927 年的《澳门年鉴》记载，当时澳门的华人学生只有 5987 人。[1] 1937 年七七事变后，大批学生逃往港澳，国民政府教育部为此颁布了《改善华侨教育及救济逃亡港澳失学儿童办法》。对此，1939 年 11 月 30 日香港的媒体曾报道：

> 粤省振济会为救济流难港澳失学儿童，日前曾在港举办中华义学，但不久又停办。因此失学儿童为数日增，粤教厅现为彻底起见，饬令港澳两地侨校，增设义学，分别收容。将来实现后，学生除自备书籍外，其他一切费用概免。
>
> 此举系遵照中央教育部《改善华侨教育及救济逃亡港澳失学儿童办法》。现中央已令饬各省市，对不定期迁移海外各级学校，须一律在各该校内增设义学，分别收容失学华侨子弟。粤教厅长许崇清，为此分饬本港及澳门两地学校照办。本港学校当局，对此举办，极赞成。……[2]

---

[1]　Governo de Macau, *Anuário De Macau*（Macau：Biblioteca Pública de Macau, 1927），p. 122.

[2]　《救济港澳失学儿童侨校奉令增设义学学生自备书籍其余费用概免》，（香港）《星岛日报》1939 年 11 月 30 日，转引自方骏、麦肖玲、熊贤君编著《香港早期报纸教育资料选萃》，湖南人民出版社，2006，第 6 页。

按照 1939 年《澳门游览指南》的记载，公立学校仅有议事公局女校、议事公局男校、民主学校及殷皇子中学共 4 所，而全澳共有 112 所学校，① 除了这 4 所公立学校之外，其余均为私立学校。

1939 年，广东省政府重视对逃难至港澳失学难童的救济，实施"救济〔港〕澳失学难童计划"，当年 4 月在港设立"港澳失学难童救济委员会"，设立香港、九龙、澳门 3 个"督导区"，每区设督导主任 1 人、督导 2 人；在港澳设"失学难童救济区" 10 个，包括澳门 2 个，每区收容失学难童 25 班，每班 40 人。②

而根据各年《澳门年鉴》中华视学会的统计，在 1938 年共有 8561 名学生，其中男生 5998 人、女生 2563 人；到 1939 年学生人数一共 14840 人，比 1938 年增加接近 1 倍；最高峰为 1940 年的 22845 人，几乎是 1938 年学生人数的 3 倍。③ 这说明日军在 1938 年 10 月占领了广州、从化、佛山、虎门等地之后，大量的内地居民逃亡到澳门，导致澳门的华人学生人数从 1939 年起快速增加，在短短的两三年时间里，澳门的学生人数成倍增长。除了华人难民外，日本侵占上海后，"当时很多在本澳出生的葡萄牙人逃难来到澳门"，其中包括儿童。"协助葡裔难民委员会"通过支付租金征用一些住宅给他们入住；④ 1937 年峰景酒店关闭后，也曾被辟作葡萄牙人的难民中心。⑤

---

① 何翼云、黎子云编《澳门游览指南（1939）》，（澳门）澳门文新印务公司，1939，第 62 ~ 64 页。

② 《粤省府救济港澳失学难童同时收容失业教师派员赴港组会办理》，（香港）《星岛日报》1939 年 4 月 14 日，转引自方骏、麦肖玲、熊贤君编著《香港早期报纸教育资料选萃》，湖南人民出版社，2006，第 5 页。

③ Departamento de Economia de Macau, *Anuário De Macau*（Macau：Biblioteca Pública de Macau，1938），pp. 382 – 386；Departamento de Economia de Macau, *Anuário De Macau*（Macau：Biblioteca Pública de Macau，1939），pp. 346 – 351；Departamento de Economia de Macau, *Anuário De Macau*（Macau：Biblioteca Pública de Macau，1940 – 1941），pp. 380 – 384.

④ 澳门特区政府邮电局：《澳门历史的小片段》相片集，（澳门）澳门特区政府邮电局，2017，第 72 ~ 73 页。

⑤ 〔葡〕施白蒂：《澳门编年史（二十世纪 1900 ~ 1949）》，金国平译，（澳门）澳门基金会，1999，第 276 页。

接下来在 1941 年 12 月 25 日香港沦陷后，来澳的学生人数不断增加。《澳门华商年鉴》显示，1942 年澳门中学的学生有 5716 人、小学及幼儿园有 26715 人，其他学校则有 2142 人，总人数达到了 34573 人。[①] 与 1938 年的 8561 人相比，4 年间澳门的华人学生增长了约 3 倍。

在此情况下，澳门教育迎来了大发展：

> 1928 年，廖奉基开办的粤华，由穗迁澳，1932 年，旅日的鲍彦波与黄新英创办濠江中学，1937 年迁来的总理故乡纪念中学和岭南中学，1938 年的执信中学、中德中学、培英中学、协和女子中学、洁芳女子中学、思思中学、教忠中学、广州大学附中、越山中学、培正中学、广中中学，1939 年有知用中学、中山联合中学和省临中学等。澳门学校的管理水平、教学水平、设备水平都得到提高，澳门教育近代化的进程亦因外力而走向成熟。[②]

1940 年末，澳门的中等学校及专科学校计有 36 所之多。其中，设于塔石街的利宵葡文中学，为唯一官立的中学。一般中学有设于妈阁陈园的教忠中学，设于望厦唐园的培英中学，设于东望洋山的岭南中学，设于巴掌斜巷的崇实中学，设于南湾的雨芬中学、执信女子中学、尚志中学，设于风顺堂街的广中中学、鲍斯高中学，设于得胜马路的养正中学、粤华中学，设于高楼下巷的协和女子中学，设于白马行的复旦中学、广州大学附中，设于白鸽巢前地的越山中学，设于龙头左巷的洁英女子中学，设于柯高马路的圣心英文女子中学、培贞女子中学，设于荷兰园进教围的望德女子中学，设于南湾花园的圣罗撒女子中学，设于三巴仔横街的圣何塞中学，设于青洲大马路的知用中学，设于妈阁街的中德中学，设于马大臣街的蔡高中学，设于天神巷的濠江中学，设于大炮

---

① 黄浩然编《澳门华商年鉴》，1952，第 21 页。
② 陈志峰主编《双源惠泽，香远益清——澳门教育史料展图集》，（澳门）澳门中华教育会，2010，第 48 页。

台斜巷的孔教中学等 26 所。另外还有设于风顺堂街的圣母无原罪工艺学校，设于南湾的关其昌英文学校，设于白马行的广大会计学校，设于荷兰园进教围的达用国语学校，设于新马路的新亚英文学校、冯华英葡学校，设于板樟堂街的中华英文书院，设于荷兰园的黎敏伯英文书院，设于水坑尾的兰室女子职业学校等 9 所专科学校。①

当时澳门小学的设立，亦与中学一样为数甚多，连同原本即已设立的小学，尚有致用、宏汉、孔教、汉文、佩文、陶英、知行、行易、中山、崇新等 140 余所，容纳学生 3 万 ~ 4 万人，莘莘学子济济一堂，共同为延续战时华人教育而努力。然而，1938 年 10 月，广州沦陷，广州及周围的新会、中山、台山、南海、番禺各地难民大量涌到澳门，澳门人口瞬间增至 50 余万人，及龄学子数以倍增，原有中学、小学俱告满额，校舍难寻，加上中山县翠亨村总理故乡纪念中学、中山县中学、鹤山培正中学亦相继迁澳赁居复学，压力倍增。②

到 1941 年，珍珠港事件爆发；其后，日军大举南进，太平洋上战云密布，香港又告沦陷，澳门的对外交通中断，中山、新会等粮食运送操纵于敌伪手中，粮价大涨。加上香港沦陷，民众手中的港银、港币无法流通，美国、加拿大、南洋等地亲友的接济也都断绝，澳门社会顿时陷入一片混乱，民众生活出现困难，严重影响了学生就学，退学人数激增，竟达七八成。学校的学费收入减少，只得减少教职员的工资，迫使不少人辞职返回内地谋生，于是师资也陷入不足的窘状。学校为求生存，或合并或停办，总数由 180 余所减为 40 ~ 50 所。

综上所述，抗战期间，适学儿童的数量由几千人增到 3 万多人，更有大批内地的优秀师资与学校为避难而来，使澳门的教育水平与人口文化素质大为提升。虽然战后很多学府与师资都迁回内地，但他们对澳门教育做出的贡献是不可磨灭的。

---

① 冯汉树：《澳门华侨教育》，（台北）海外出版社，1960，第 45 ~ 53 页。
② 冯汉树：《澳门华侨教育》，（台北）海外出版社，1960，第 45 ~ 52 页。

2. 开设公民科

对于战争期间的教育来说，培养公民意识具有极为重要的意义。中华民国政府教育部 1923 年就公布并实行了《新学制课程标准纲要》，其中规定了废除修身科，增设公民科。但是，1927 年国民党政府实施"党化教育"，并颁布了《学校实行党化教育草案》，其中指出，国民党的根本政策与思想是三民主义，而教育方针要建立在国民党的根本政策上。[①] 随后在 1928 年更加增加了三民主义科。不过，到 1932 年取消党义科而改回公民科，公民教育强调孙中山先生的三民主义。据研究，1911～1949 年出版的中小学三民主义教科书及师范教科书共 13 套；中小学党义教科书及教授书共 4 套；中小学公民教科书、公民教学指引、公民教学法等公民系列教材共 56 套。[②]

在抗战及其前后，澳门教育界所使用的公民教科书大部分是经过国民政府教育部审定，由中华书局、商务印书局和世界书局等出版社出版的公民教材。当时澳门市面上也有翻印本教科书，并改名为"改订本"，与共产党关系接近的学校一致采用中华商务联合出版的中商版教科书（20 世纪 50 年代）。

3. 推行国语运动

统一语言，是促进建立抗日民族统一战线和共同抗战的重要前提，在教育上又与扫除文盲、普及教育相关联，因此，抗战时期国民政府曾在港澳地区推行国语运动，推行的重要途径之一就是通过学校教育及其课程。民国时期的国语运动是从统一文字读音开始的。1912 年，教育部颁布的《小学校令》和《中学校令》规定一律废除原有的"读经讲经"，改设"国文"科。随后，"读音统一会筹备处"审定 6000 多个汉

---

① 石鸥、李水平：《民国时期的一次高强度教科书控制》，《湖南师范大学教育科学学报》2014 年第 2 期，第 50 页。

② 北京图书馆、人民教育出版社图书馆编《民国时期总书目（1911—1949）：中小学教材》，书目文献出版社，1995，第 9～16 页。

字的读音，还归并出 27 个声母和 15 个韵母，并选定 39 个注音字母。[①] 1919 年 4 月成立第一个推行国语的机构——"国语统一筹备会"（后改为"国语统一会"）。1920 年 1 月 24 日，教育部训令全国各国民学校一、二年级的国文改为语体文，并改"国文"科为"国语"科。1935 年 8 月，教育部成立"国语推行委员会"。

港澳地区推行国语运动主要在 20 世纪 40 年代前后。从 1939 年 12 月 28 日《星岛日报》发表的题为《中央推广抗战教育在港设国语教育班国语教师已筹划进行短期可实现》[②] 的报道可见，国民政府在香港设立华侨教育班并推行国语运动。澳门的情况也是如此。[③] 澳门一方面推动义学，据《港澳学校概览》所载，1939 年澳门共有 17 所义学；[④] 有媒体报道，同年 6 月 24 日至 25 日，全澳共有 700 多名难童进行了义学登记。[⑤] 另一方面，推动国语运动。1942 年 1 月 19 日，澳门的媒体刊出《教育部通令实施注音识字订定要点》。[⑥] 教育部明确要求实施注音识字，其中途径之一是通过"部辖各级学校及社教机关办理者"，而其基本办法是：发动注音识字运动，新出版的民众、儿童读物尽量以注音国字印刷，各级师范和师资训练班均开设国语课程，新制标语等均加注音符号。可见，学校是推行国语运动的主要阵地。

事实上，澳门许多学校在 20 ~ 30 年代已开始设"国文"科或"国语"科。如崇实学校在 1923 年的招生简章显示，国民学校和高小阶段均有此科目；1929 年齐民学校、汉文学校、习成小学和陶英学校的招

---

① 1930 年改为注音符号。

② 《中央推广抗战教育在港设国语教育班国语教师已筹划进行短期可实现》，（香港）《星岛日报》1939 年 12 月 28 日，转引自方骏、麦肖玲、熊贤君编著《香港早期报纸教育资料选萃》，湖南人民出版社，2006，第 449 页。

③ 这方面的情况，郑振伟在其《1940 年代的澳门教育》一书的第七章"1940 年代国语运动的推展"中有详细讨论。参见郑振伟《1940 年代的澳门教育》，中国社会科学出版社，2016，第 236 ~ 261 页。

④ 郑振伟：《1940 年代的澳门教育》，中国社会科学出版社，2016，第 105 页。

⑤ 《难童义学登记达七百余人》，（澳门）《华侨报》1939 年 6 月 25 日。

⑥ 《教育部通令实施注音识字订定要点》，（澳门）《华侨报》1942 年 1 月 19 日。

生简章显示，四校均开设"国文"科或"国语"科；当然，当时可能主要是教注音字母。

到 30 年代，档案资料显示，文华男子小学、瀚华小学、始基学校和宏中男子小学先后于 1934 年和 1935 年使用商务印书馆的"复兴"教科书；1937 年，濠江中学附属小学 1～4 学年用的国语课本是教育部审定的《开明国语课本》，5～6 学年用的是《复兴国语教科书》第 2 册和第 4 册，其公民、历史、地理和自然等科也使用"复兴"教科书，①而这些课本的正文都用注音符号标注读音。1938 年迁来澳门的培正中学，其附属小学在初小和高小都设立了"国音"科，该校还规定："凡讲授国文科者，不论班次，均用国语讲解"。中德中学 1938 年创办时，也规定以国语讲授，"各级授课酌用国语，同时以粤语讲解"。广大附属中学 1938 年 12 月复课后，有报道显示曾连续两年举行"国语演讲比赛"作为学生的课外活动。②

而在政策上，港澳地区的国语推广运动得益于教育部和广东省教育厅的推动。1936 年，广东省教育厅奉教育部命出台《促进广东各校国语教育办法》，以促进国语教育，1938 年将"国语口语"和"注音符号"列作检定小学教员的科目。抗战期间，教育部驻香港专员呈请"国语推广委员会"核签，推出《港九澳推行国语办法》，举办各种国语讲习班。1941 年，教育部派人到澳门举办民众国语班和古语师资班。前者主要在"达用国语讲习所"进行，至 1945 年 9 月，共开办 41 届讲习班；后者委托澳门中华教育会办理，仅甲、乙两班就招收了来自 44 所学校的 270 名教员。③

抗战胜利后，澳门的国语运动进入一个新阶段。据报道，当时，澳门能正确说国语的仅 20～30 人。1946 年，澳门"中华国语运动协进会"成

---

① 郑振伟：《1940 年代的澳门教育》，中国社会科学出版社，2016，第 238～239 页。

② 郑振伟：《1940 年代的澳门教育》，中国社会科学出版社，2016，第 239～240 页。

③ 见 1945 年 8 月 29 日《华侨报》的招生广告，以及《周尚呈报办理港九澳国语讲习班情形请聘用李瘦芝顾卡白二人视察指导及教育部的签令》，均转引自郑振伟《1940 年代的澳门教育》，中国社会科学出版社，2016，第 242～243 页。

立，很快开办了一系列国语研究班，并开展国语演讲比赛、国语运动周，用国语广播。学校方面，1946 年 8 月，中央侨委会曾颁布训令，要求澳门所有立案的中小学须遵照政府的规定，实行以国语授课，一切集会应采用国语行之。① 当时，兴华学校率先采用国语教学。还有"兴中国语学校"，开设系列国语班。澳门中华教育会 1947 年也重新开办"国语师资班"（50 人）。

综上所述，抗战期间及其前后，澳门教育界在推行国语方面做了持续不断的努力。从时间上看，与内地基本是同步的。就策略而言，首重师资培训和中小学的课程，同时由上而下，辅以社会教育与培训。从澳门文化演变的脉络看，这是澳门历史上第一次国语推广运动，在一个粤方言占主导地位的地区，留下了不可磨灭的一笔。但是，此后的经验证明，普及标准汉语在澳门的路还很长，至今仍是澳门中文教育中的一个待解的核心问题。

另外值得一提的是，抗战期间，澳门的学校课程为适应抗战的需要，还有一些既体现民族精神又具有文化意义的变化和调整。例如，1931 年 9 月 19 日，澳门的华文报章报道了日军侵犯中国东北的九一八事变，澳门众多中小学立即向学生分析事变的真相。其中的宏汉小学校长郑毂诒，还写了一篇《宏汉全体学生致义勇军书》，供全校师生齐诵，并指定小学五、六年级的学生背诵。该文以铿锵有力的语句激发学生的爱国情怀："诸君子热心壮志，义薄云天，誓不与倭寇共生，定有非常伟划。务望力排艰险，互相鼓励，驱彼丑虏，还我山河！与其为奴于木屐儿，不如作鬼雄于沙场上。凡有血气应抱此心。"② 又如，1938 年澳门圣若瑟中学因应日本的入侵，开设"童军"一科，教授学生军事常识，并在国民政府中华童军总会立案。③ 这些都体现了澳门教育界在民族大义前的勇敢担当。

---

① 《侨委会训令侨校采用国语教授》，（澳门）《华侨报》1946 年 9 月 26 日，转引自郑振伟《1940 年代的澳门教育》，中国社会科学出版社，2016，第 253 页。
② 刘羡冰：《烽火岁月的文化熏陶》，载刘羡冰著《勿忘战祸：抗战胜利七十周年散记》，（澳门）澳门理工学院，2017，第 66 页。
③ 《学校消息》，（澳门）《华侨报》1938 年 8 月 29 日。

三　50年代后澳门课程的转向

20世纪50年代是澳门大变革的时期。一方面，1949年中华人民共和国成立，美国实施对华禁运，1950年10月志愿军入朝作战，澳门成为各类物资输入内地的转运站；另一方面，内地刚解放，有各种不同的政治势力在澳门活动。因此，50年代前期的几年，澳门的形势十分紧张、不安。但是，当时澳门逐渐形成一股新的政治力量，借助内地的支持，从意识形态、文化、教育、基层社团及民众等各方面推动居民支持国家。在此情形下，团结各方面的力量以推广新文化教育运动、开展各校的爱国主义教育，被认为是当时最急迫的任务。

（一）教育环境的改变

20世纪前半期，澳门的政治形势有多次大的改变。总体而言，澳葡政府对共产党的力量一直是防范甚至禁止和打压的。1936年8月20日，澳葡政府颁布第27003号法令，要求所有政府及独立机构的公务员在担任临时或正式职务前进行"反共"宣誓。法令还明确规定，公民必须遵守1933年《政治宪法》规定的社会秩序，反对共产主义及对任何"颠覆思潮"进行抵制。[①] 抗战期间，澳葡政府表面上是"中立"的，但自从香港沦陷后，它事实上与日本保持合作，打压华人的抗战爱国活动。对于国民政府和国民党的力量和影响，澳葡政府虽然不像对待共产党那样视其为"死敌"，但也持续保持警惕。不过国民政府一直从侨务和党务两方面，努力拓展对港澳的影响力，派驻澳门的国民党党部与国民政府的侨委会密切合作，从1945年抗战胜利至1949年，国民党借助国民政府的力量，在澳门社会的影响力

---

① 〔葡〕施白蒂：《澳门编年史（二十世纪1900～1949）》，金国平译，（澳门）澳门基金会，1999，第272页。

达到了顶点。①

　　但是，与 40 年代相比，澳门 50 年代中后期的政治和社会环境发生了根本性的改变。事实上，改变在此前已悄悄发生。早在 40 年代末期，镜湖医院院长、共产党员柯麟，就以自己公开合法的身份和较高的声望，大力倡导爱国、民主、科学、进步，并在何贤、马万祺等知名人士的帮助下，团结澳门一切进步力量，"使中国共产党的革命影响更加扩大到工商界、文教界、职工、青年、妇女等各个阶层、各个社会团体中去"②。尤其是改造了澳门中华总商会和中华教育会，成立了"中华民主妇女联合会"。1946 年 6 月，中共"港澳工作委员会"在香港建立。1949 年，濠江中学校长黄健与方源淇、萧一平等，利用晚上的时间，在濠江中学举办了 12 期青年训练班，"组织进步青年系统学习毛泽东的《新民主主义论》，讲授群众运动常识和国内外形势，纪律教育等课程，培养了一批批青年"③。1950 年 5 月 4 日，澳门中华学生联合总会也在澳门成立，这是"标志着澳门学生空前觉悟与团结的起点"④。当

---

① 1945 年抗日战争胜利后，国民党澳门支部的活动公开而频密，到 1947 年 8 月，澳门支部辖下的分部已达 18 个，覆盖了社会各个阶层，而到 1948 年 6 月则增长到 40 个。据《世界日报》在 1948 年 6 月 7 日的报道《国民党十二分部隆重成立礼》，典礼当日到会的各分部常委委员达 120 人，另有党员及来宾 400 余人。此时，国民党澳门支部的重要工作就是协助华人各界成立大批社团，其所影响的社团由 1946 年的 29 个增加到 1948 年 6 月的 70 多个，涵盖工商社团、职业社团、同业组织、工会团体、乡族社团、慈善社团、学术社团和体育社团八大类，并不遗余力地组织和指导澳门侨团活动，向国民政府侨务委员会立案。参见吴志良、娄胜华、何伟杰《中华民国专题史》第 18 卷《革命、战争与澳门》，南京大学出版社，2015，第 216～223 页；娄胜华：《转型时期澳门社团研究：多元社会中法团主义体制解析》，广东人民出版社，2004，第 85 页。

② 鲁阳、卓大宏、南草、梁芝瑗：《柯麟传》（海外版），（澳门）国际名家出版社，1993，第 114 页。

③ 中共广东省委党史研究室、中共珠海市委党史研究室、中共中山市委党史研究室编著《澳门归程》，广东人民出版社，1999，第 158 页。

④ 澳门中华学生联合总会：《为庆祝五四青年节，澳门学联总会成立——告澳门青年书》，原载（澳门）《大众报》1950 年 5 月 4 日，转引自澳门中华学生联合总会编辑委员会《澳门中华学生联合总会成立六十五周年特刊》，（澳门）澳门中华学生联合总会，2015，第 40 页。

时澳门还成立了很多青年组织，林显富先生曾回忆说：

> 上世纪 50 年代，澳门出现很多青年组织、现在来说应该叫做进步组织，当时有青年读书会，又有语运合唱团等。1952 年左右我参加了群青联谊社，成员有教师、文员，亦有工人、小商贩等。当时组织学习，大家定了一个提纲去讨论，从中国近代史、社会发展史、青年修养、大众哲学等等来学习，讨论，大家发表意见之后再总结。……群青社有 100 多人，那时候每年的"五四"会搞节目，做话剧。[①]

由此可见，当时澳门的社会结构、文化氛围和政治力量，正在发生重要改变。

在文化界，资深记者陈大白回忆说，20 世纪 50 年代前，澳门报纸的新闻用语文言居多，"措词用近乎文言、半文言的类型"，"五十年代，措词方面开始改变了，中国提倡普通话，普通话可以正式上场，登在报纸上用，同样可以在书籍出版上用"[②]。澳门有影响的进步媒体，除已有广泛影响的《大众报》外，由爱国民主人士黄健、陈满、杜岚、陈国杰、谭立明等组成的"新民主协会"[③] 创办的《新园地》，于 1950 年 3 月 8 日创刊。它"立场鲜明，坚持正义，对抗邪恶，对危害澳门公众安宁和整体利益的坏人坏事，予以无情的揭露"，"不仅风格生动活泼，内容丰富多彩，而且针对社会现实，突出地方色彩。以四开的有限

---

① 林显富：《有理念还要实践，还要摸索》，载温学权、杨珮欣主编《会史留声：澳门中华教育会口述历史》，（澳门）澳门理工学院，2015，第 40～41 页。

② 蔡佩玲采录《澳门历史的见证：陈大白大半个世纪的回忆》，（澳门）澳门特区政府文化局、澳门档案馆，2015，第 122 页。

③ 核心成员包括时任濠江中学校长黄健和热心社会事务的陈满医生。此外，还有杜岚、陈国杰、谭立明等积极分子，根据文献记载，民协成立时有会员七八十人。参见陈子昌《1950 年代的澳门爱国报刊〈新园地〉及其社长陈满》，（澳门）《澳门日报》2018 年 8 月 15 日，第 B05 版。

篇幅，开设了十多个专栏，每个专栏都有独具的特色……更有名家武侠小说、多姿多彩的小品文和杂文、解答疑难的读者信箱及生动讽刺的漫画等，每期还在封面重点评述国内外新闻"，① 令人耳目一新，广受欢迎。杜岚在 1952 年评价说：

> "新园地"出版两周年了，在它出版之初，我们就对它寄以无限的希望：希望它能多多报道祖国解放后的进步情况，激发澳门同胞的爱国思想，和鼓励他们响应祖国的各种号召；希望它能够帮助澳门爱国民主运动，唤起澳门同胞的觉悟，把他们团结在爱国的旗帜下，迎接胜利的将来。果然，两年来，"新园地"真的没有辜负我们的负托……②

在教育方面，1949 年后，澳门的教会学校与社团学校在政治上形成比较清楚的两个阵营："红底学校"和"蓝底学校"。③ 由爱国社团创办的学校，被称为"红底学校"。这些学校认同内地，其高中毕业生除了家庭富裕者出国留学或到香港就读之外，多是到内地升读大学，学生直接到澳门中华教育会或学联报名。由天主教会创办的学校，叫"蓝底学校"，它们与台湾保持密切关系，其高中毕业生，除了家庭富裕者出国留学或到香港就读的之外，更多的清贫生是到台湾就读。但此时，"红底学校"的力量有了很大的增长。爱国社团纷纷开办了一系列自己的学校，如劳工子弟学校、银业工会小学、航业工会学校、粮食工会小学、百货小学、水电工人子弟学校、鲜

---

① 陈大白：《八年艰苦奋斗的〈新园地〉——记一群致力爱国进步事业的新闻工作者》，载陈大白著《天明斋文集》，（澳门）澳门历史学会，1995，第 174～175 页。

② 杜岚：《老太太都喜欢〈新园地〉》，原载 1952 年 3 月 10 日《〈新园地〉创刊二周年纪念特刊》，转引自黄洁琳编著《六十春秋苦耕耘——濠江中学杜岚校长专集》，（澳门）濠江中学，1995，第 58 页。

③ 澳门回归后，由于澳门特区区旗的底色是绿色，因而有人也将政府创办的公立学校称为"绿底学校"。

鱼子弟学校、旅业工会子弟学校、造船工会子弟学校、工会子弟学校、猪腊工会子弟学校、商训夜中学和青州贫民识字学校、妇联子弟学校正校和分校、菜农子弟学校、何族崇义学校、林族长林中学等等。①

而教育的变革，最鲜明且影响深远的一个方面，就是大量学校和相关团体主动迎接和选择红色中国的观念、意识形态，以及相应的教育制度、课程与教育资源。最典型的转变是澳门中华教育会②。据《大众报》1949年11月14日的报道，这个成立于1920年的华人教育社团，"除向澳门政府获准立案外，并在国民党政府辖下之教育部立案"，当时为澳门"唯一合法之华侨教育机关"，其理监事每年以选举的方式产生，"该会向例邀请侨委会或中华总商会派员监选，虽在国民党澳支部领导侨团之下，但历来均未有请'澳支部'派员监选"③。1949年中华人民共和国成立后，情况发生了很大的变化。澳门中华教育会于1949年11月13日召开第二十七次会员大会，被认为是该会历史上"一重大的历史转折点"④，当时的《大众报》报道称："此一次的选举，为该会历史上重大之转变，颇值得重视，选举方式虽依旧，但提案与出席者之发言，完全改变作风，民主人士，控制全场，投票人之心情与出席者之意志，另有一番新景象"，"三百多人出席，其

① 陈志峰主编《双源惠泽，香远益清——澳门教育史料展图集》，（澳门）澳门中华教育会，2010，第49页。

② 该会是澳门历史最悠久的教育专业社团，也是澳门历史悠久的华人社团，成立于1920年，1923年在政府注册立案。该会"始终高举爱国、团结、维护教育工作者权益、促进澳门教育发展的旗帜"，1922年5月7日发起和组织3000名师生参加的国耻大游行，以唤起澳门同胞的爱国心；1925年，组织七八千名师生参加追悼孙中山的20000人大会。该会在教育界有广泛的影响，1966年已拥有个人会员550多人，超过当时全澳教师人数的四分之一；到1995年，个人会员已超过全澳教师人数的三分之二。参见澳门教育出版社会庆工作委员会编印《澳门中华教育会成立七十五周年会庆特刊（1920～1995）》，（澳门）澳门中华教育会，1995，第178～180页。

③ 《中华教育会昨日选举情形》，《大众报》1949年11月14日。

④ 濠江客：《中华教育会的历史转折》，载杨珮欣主编《光影回眸95载——澳门中华教育会》，（澳门）澳门中华教育会，2015，第29页。

中新会员一百四十余人，破历史记录"①。选举的结果是，多年来倾向国民党的力量受挫，倾向内地新中国的杜岚、邝秉仁、李瑞仪等加入理事会，何贤、柯麟续任监事。这清晰显示了该会政治取向的转变。在有关"本会应如何策动全澳华侨学校员生，庆祝中华人民共和国成立"提案的决定方面，最后的决议是："原则通过，办法由下届理监事拟定执行。"②

1950 年 2 月 27 日，澳门中华教育会在《告教育同寅及青年学生书》中更明确地说：

> 正当祖国的解放战争快告胜利结束，祖国的建设事业快要大力展开之际；正当澳门同胞空前觉悟，猛烈展开劳军购债的爱国运动之际，推行澳门新教育这一任务，就显得非常重要而且急迫了。……
>
> …………
>
> 同事们！同学们！今天的形势已定，是非已明，正是我们当机立断，齐下决心，放下旧包夹，负上新任务的时候了……③

与此同时，澳门中华教育会于 1950 年 6 月 6 日创办《澳门新教育》杂志，在创刊词中就明确指出：创刊的宗旨就是要"负担起文化战线上的任务"，"肩负起介绍新教育理论、传达新教育法令、沟通祖国与本地的文化河流、供给新教育资料的责任"④。该刊 1950~1952 年共出版了 10

---

① 《中华教育会昨日选举情形》，《大众报》1949 年 11 月 14 日。
② 《教育会年会很热闹，政治问题引起剧烈争辩》，澳门《华侨报》1949 年 11 月 14 日。资深学者刘羡冰 70 年后总结说："中华教育会的第 27 次会员大会，表达澳门知识界团体，追随形势而易帜的立场十分鲜明。"刘羡冰：《同舟共进：澳门中华教育会史略》，（澳门）文化公所，2020，第 80 页。
③ 澳门中华教育会：《告教育同寅及青年学生书》，（澳门）《华侨报》1950 年 2 月 27 日。
④ 陈道根：《澳门新教育创刊词》，（澳门）《澳门新教育》创刊号，1950 年 6 月 6 日。

期，在全部 209 篇文章中，有 25 篇（12.0%）是转载内地中央和地方
（特别是广东）教育部门、报刊发布的有关教育的政策、法律法规、时事
新闻，7 篇（3.3%）是对国内和国际时事政治的评论，其他的多数是澳
门各学校和教师实践"新教育"的动态、方法的探索、体会和报告。该
刊 1957 年停刊，1965 年 5 月 1 日复刊，并改名为《澳门教育》。《复刊
词》评价道，"《澳门教育》从 1950 年创刊至 1957 年出版至第 18 期止，
它一直高举爱国团结的旗帜，在推进爱国主义教育……等一系列工作中，
作出了一定的贡献"，而在 1958 年后的 7 年里：

> 澳门教育工作者深受祖国社会主义建设伟大胜利的鼓舞和影
> 响，思想和业务水平有了提高，教师们以巨大的爱国热情倾注于培
> 养青少年的工作中，为了教育学生具有热爱社会主义祖国的思想，
> 具有正确的学习目的与生活目的，具有良好的品德与文化知识，老
> 师们废枕忘餐，悉力以赴……①

20 世纪 50 年代初，中华教育会大力推动和组织会员回内地观光访
问，尤其前往广州参观学校、进行交流，结束后还组织座谈交流心得，
1951 年就有 16 所学校 138 人共组成 16 个学习交流心得小组。为帮助大
批新教师，该会还"大力举办中小学各科的专题讲座或经验交流"，于
1952 年开办夏令进修会，1961～1965 年举办报告会 26 次，听众超过
3000 人次。② 由上述情况可见，20 世纪 50 年代前后的 10 余年里，澳门
文化、教育发展方向的一个重要转变，是朝向社会主义中国，"热爱社
会主义祖国"成为越来越多学校的教育目标。

---

① 《复刊词》，（澳门）《澳门教育》第 19 期，1965 年 5 月 1 日，转引自澳门教育出版
社会庆工作委员会编印《澳门中华教育会成立七十五周年会庆特刊（1920～1995）》，
（澳门）澳门中华教育会，1995，第 190 页。
② 刘羡冰：《同舟共进：澳门中华教育会史略》，（澳门）文化公所，2020，第 92～
93 页。

20 世纪 50 年代，澳门曾经历第三次兴办义学高潮，教育规模迅速扩大。1962 年，中小学学生人数达到 48589 人，是 1951 年的 3.1 倍以上；教师人数从 749 人增至 2041 人，是 10 年前的 2.7 倍以上。在此过程中，社团学校增加了 22 所，天主教学校增加了 15 所，基督教新教学校也增加了 9 所。①

值得注意的是，这些学校在新中国成立前，尤其是抗战期间，都与澳门中华教育会有密切联系。但经历 1949 年 11 月第 27 次会员大会后，"红底学校"和"蓝底学校"因政治立场不同而分道扬镳，先是相关负责人从澳门中华教育会辞职，接下来的两年出现教会学校退会高潮，团体会员中共有 10 所中小学退出（其中 2 所结业），个人会员退出者达162 人。② 由天主教会创办的"蓝底学校"与台湾地区保持密切关系，有学校学生定期到台湾进行体育等交流活动，学校接受相关方面的津贴，校领导的政治倾向明显。1966 年的"一二·三"事件，进一步加剧了两类学校的隔阂，对教会学校的影响很大，如圣若瑟中学在 1967 年学生人数由"1400 多人，是全澳学生最多的学校"大幅下降至"只有 700 多人"③。其他教会学校也受到不同程度的影响，两类学校的关系进一步疏离。最终，澳门天主教学校于 1967 年成立"天主教学校协进会"，1982 年重订章程，改为"澳门天主教学校联会"，成为澳门第二大具有广泛影响力的教育团体。

上述局面对澳门 50 年代后的学校课程与教材产生一定影响，两类学校的课程"同中有异"的情况开始加剧。在此期间，课程与教材作为实现新教育、落实教育变革的核心环节，其变革是巨大的；同时，教育界的分歧有时也被牵涉其中，这体现在密切相连的两个方面：一是课程设置的变化；二是新教材的使用和课程内容的变革。

---

① 刘羡冰：《同舟共进：澳门中华教育会史略》，（澳门）文化公所，2020，第 87~88 页。
② 刘羡冰：《同舟共进：澳门中华教育会史略》，（澳门）文化公所，2020，第 93~94 页。
③ 季伟娅采录《从教逾半世纪的"地理王"——黄就顺访谈录》，（澳门）澳门特区政府文化局、澳门档案馆，2017，第 90 页。

（二）课程设置的某些变化

1. 濠江中学

濠江中学是澳门有名的"爱国学校"，该校升起澳门第一面五星红旗。学校的教育宗旨是使学生树立"生在澳门，根在中国；我是澳门人，更是中国人"的新型公民观，使学生树立"孝敬父母、勤劳简朴、宽厚仁慈、关爱他人"的中华优秀传统道德观。所以根据学生年龄发展特征和思想发展的阶段性，由训导处做出各年级德育专题指要（见表 2-2）。

表 2-2　濠江中学各年级的德育专题和教学目标

	初一	初二	初三	高一	高二	高三
德育专题	养成教育	集体主义教育	道德观念教育	法制观念教育	人际关系教育	理想前途教育
教学目标	文明礼貌尊师守纪	热爱集体热爱学校	明是非辨丑恶	知法守法	知感情重友情惜爱情	回报父母服务社会奉献祖国

资料来源：参见尤端阳《育人为本、德育为先——濠江中学教育工程的认识与实施》，载尤端阳主编《濠江中学教师教育文选》，（澳门）濠江中学，2005，第 4～6 页。

该校从 20 世纪 80 年代起，开设公民课，将德育内容纳入公民课程，各年级的公民教育内容和教学目标见表 2-3。

表 2-3　濠江中学各年级的公民教育内容和教学目标

	初一	初二	初三	高一	高二、高三
公民教育内容	道德质量修养	中国传统伦理观念	民主法制	澳门基本法	政经哲学
教学目标	自觉遵守基本道德规范	继承优良传统，加强自我修养	认清民主真谛，树立法制观念	学习了解基本法，拥护、遵守基本法	了解社会经济规律，学习科学思维方法

资料来源：参见尤端阳《育人为本、德育为先——濠江中学德育工程的认识与实施》，载尤端阳主编《濠江中学教师教育文选》，（澳门）濠江中学，2005，第 4～6 页。

濠江中学是澳门最早开设"澳门基本法"课程的学校之一。[①]

2. 劳工子弟学校

澳门劳工子弟学校由澳门工会联合总会于 1950 年创建，致力于劳工子弟的教育。该学校最初开设小学，并创办工人夜校，随后开办了幼儿园。20 世纪 60 年代办起初中，1978 年再办高中，建成中学部独立校舍，成为一所具备中、小、幼三个学部的"一条龙"学校。

澳门劳工子弟学校是为劳工大众办的非精英取向的学校，办学实体为"亲大陆"的基层社团。因而在课程上也体现出重视中华文化传统的特点，并受到内地的某些影响。现可查到的该校最早课程，是 1963 年整合制定的小学各年级课程。语文每周 10～11 节，包括阅读、作文、语法、尺牍和写字，可见民国时期课程的影子。算术每周 6～7 节，后 4 年增加珠算，体现中国文化的影响。常识课在一至四年级是综合性的，但五至六年级拆分为自然、历史、地理。当时已重视英文，一至二年级每周 3 节，后四个年级每周 5 节。另有体育、图画、音乐课程；比较特别的是，每周各年级都有 1 节劳作课，三至六年级每周有 1 节周会。[②] 上述课程框架到 1970 年没有根本改变，只是更加重视历史，每周 2 节，从一年级一直开到六年级。[③] 另外，该校 1968 年在初中设有"生产劳动技术"和"毛主席著作"等课程；[④] 1969 年和 1980 年的初中课程表，均特别注明在初一另设"生理卫生"[⑤]，这是在教会学校从来未见的。该校一次具有里程碑意义的教学改革，是中学的学制在 1988 年由"五年一贯制"改为初、高中分段的"三三学制"，在课程

---

① 尤端阳主编《濠江中学教师教育文选》，（澳门）濠江中学，2005，序言，第Ⅱ页。

② 澳门劳工子弟学校：《澳门劳工子弟学校钻禧校庆系列——校史简述》，（澳门）澳门劳工子弟学校，2011，第 38～39 页。

③ 澳门劳工子弟学校：《澳门劳工子弟学校钻禧校庆系列——校史简述》，（澳门）澳门劳工子弟学校，2011，第 52 页。

④ 澳门劳工子弟学校中学部历史科组：《流金岁月——庆祝澳门劳工子弟学校建校六十五周年校史访问录暨相片集》，（澳门）澳门劳工子弟学校，2015，第 2 页。

⑤ 澳门劳工子弟学校：《澳门劳工子弟学校钻禧校庆系列——校史简述》，（澳门）澳门劳工子弟学校，2011，第 42、54 页。

上高中三年级实施文、理分流，其目的是满足学生赴内地升学的需要。①

当然，澳门劳工子弟学校最大的特点在于，它是一所"传统的爱国学校"。1950年成立后，教育目标订立为"培养具有爱国爱澳意识的学生"。到回归前的后过渡期，学校进一步将其调整为培养"热爱祖国、热爱澳门、有科学文化知识和技能的未来社会接班人"②。这一切都体现在课程设置上，1969年刚开设初中的时候，该校就在三个年级均设置政治课，每周2节，名称与内地的课程十分接近。1996年，该校万群校长是这样总结相关情况的：

> 本校不论过去所设的"社会常识"科，还是近十年来所设置的"公民教育"科，都坚持以爱国教育为主线。1988年更提出"爱祖国、爱澳门、爱学校"的三爱教育，并对公民教育科课本进行改革和重编，重新订定各级公民教育的目标……
>
> 在爱祖国教育方面，要求学生不单要认识中国的过去，也要认识中国的今天，既要认识中国的历史，也要认识中国今天的国情。我们在小学三年级、四年级的公民教育科设立《我们伟大的祖国》的课文，从认识国旗、国徽开始到认识中国概况。五年级设有《中华民族》和《古代中国的伟大成就》的课文，使学生认识自己的民族，引发学生的自豪感。六年级就设《中国的崛起》等课文，重点宣扬祖国的建设成就，培养学生为中华民族崛起而努力学习的思想。在初中一设有《孙中山先生的理想实现了》，初二级设有《中国的民族》一课，使学生更加热爱自己的民族和国家。初中三设有《我国建国四十多年的伟大成就》，高中二年级设有《光辉的

---

① 澳门劳工子弟学校：《澳门劳工子弟学校钻禧校庆系列——校史简述》，（澳门）澳门劳工子弟学校，2011，第84~87页。

② 澳门劳工子弟学校：《澳门劳工子弟学校钻禧校庆系列——校史简述》，（澳门）澳门劳工子弟学校，2011，第42、74、77页。

业绩》等课文，让学生从深度上来认识祖国，增强自信心。

在迎接回归及一国两制的学习方面，对于"基本法"的若干条文，以通俗易懂的课文安排在小学各级，而初中一年级还编排《澳门被葡萄牙殖民主义骗占的历史》、初中三年级编排《解决澳门问题的历史进程》、高中一年级编排《认识澳门》等课文，配合基本法的学习，使学生认识澳门回归祖国的意义，加深对祖国统一的责任感。[1]

值得一提的是，对于现代教育技术的运用，澳门劳工子弟学校保持很强的敏锐度。"早在 1981 年，我校已在高中开设计算机课，并且自己编写教材"，当时港澳地区仍未有中学计算机课本。学校还同时设立了电教室、语言实验室和电化教学实验室等，全面推行电化教育。随后，在计算机教育及硬件设备方面，学校不断革新和充实。1997 年"率先建成澳门第一个多媒体控制中心，全面推行以计算机为主体的多媒体辅助教学系统"，此时，"从小学三年级至高中三年级都设置了计算机课程"[2]。1999 年，"实现学校校园网络化和电子化，把信息科技教育推向一崭新的阶段"[3]。

3. 圣若瑟中学

圣若瑟教区中学源出于澳门教区圣若瑟修院，1931 年修院院长马安瑟、白安民及颜俨若三位神父在原有葡文书院的基础上，创办中葡文书院，以方便华人子弟就读。设有葡文班和华文班高小一二年级各一班，另设英文专科，学生共百余人。1932 年开办初中，停办小学的葡文班及英文专科，改名圣若瑟中学，属修院对外开放的教育机

---

① 万群：《公民教育的主线——国家、民族观念》，载澳门劳工子弟学校编《进取创新——澳门劳校教师金禧笔汇》，（澳门）澳门劳工子弟学校，2001，第 11 页。

② 黄淑珊：《劳校教学改革初探》，载澳门劳工子弟学校编《进取创新——澳门劳校教师金禧笔汇》，（澳门）澳门劳工子弟学校，2001，第 52 页。

③ 唐志坚：《在〈动态数学实验〉发行仪式上的讲话》，澳门劳工子弟学校网站，2001年 12 月 1 日，http://www.louhau.edu.mo/www/master/master15.htm。

构；1934 年开办初小。1938 年，教廷禁止修院兼收外读生，圣若瑟中学与修院脱离关系，成立校董会管理。1939 年，学校在广东省教育厅立案，由一所附属于修院的学校成功转型为正式在中国政府立案的侨校。1940 年增办高中，成为一所完全中学。1946 年，何心源神父接任校长，他魄力过人，于 1948 年先后在南湾两处辟设和兴建校舍，宏大的体育馆在当时傲视全澳。1951 年创办简易师范科，次年改为幼儿师范，1954 年开办幼儿园。1974 年罗玉成神父任校长，1976 年增设文商科中学。①

林家骏神父指出：

> 澳门圣若瑟大修院自创办以还，附设葡文书院，二百多年来，为澳门造就人材众多。……至一九三八年，教廷禁止修院兼收外读生，教区便关闭圣若瑟葡文书院。②

在课程上，20 世纪 30~40 年代，圣若瑟中学"学生除学习中、英文外，还学习葡语"③。50 年代，圣若瑟中学"设立数学、地理等专科教室，鼓励教师采用直观教学法"，同时扩充化学实验室和动物标本室，但"学校未及时订定全面课程大纲"④。

1957~1967 年，圣若瑟中学进入发展新阶段，受美国布鲁纳（J. S. Bruner）结构主义课程观和发现教学的影响，在课程上强调探究发现和学问中心。1958 年，"改用具备知识实用性、研究性和学科独立

①　澳门圣若瑟教区中学校史编辑委员会编《七十五载雅歌声——校史述析》，（澳门）澳门圣若瑟教区中学，2006，"前言"，第 20~21、27 页。

②　林家骏：《圣若瑟中学简史》，《澳门教区历史掌故文摘（一）》，（澳门）澳门主教公署"澳门天主教教务行政处"，1982，未标页码。

③　澳门圣若瑟教区中学校史编辑委员会编《七十五载雅歌声——校史述析》，（澳门）澳门圣若瑟教区中学，2006，第 27 页。

④　澳门圣若瑟教区中学校史编辑委员会编《七十五载雅歌声——校史述析》，（澳门）澳门圣若瑟教区中学，2006，第 49~55 页。

性为目标的课本替代原有的陈旧教科书"，"高中部更新课程，数学科改用英文原版书，高三教授微积分"。在教材上，澳门"虽有足够人才自编中小学教科书，却没有足够的市场承接力出版澳门的专用课本"，学校被迫"采用港版综合中学（Comprehensive Secondary School）为蓝本的五年一贯制课本，到三三制高、初中教学，产生严重支离破碎之弊"，且当时香港殖民教育意识浓厚，"其教材妨碍了本校公民教育和爱国教育的发展"。1963 年，中学部曾试行"五年一贯制"，但家长普遍不认同，1966 年恢复"三三制"。学制的举棋不定，"削弱了高中毕业生的升学能力"①。

20 世纪 70~80 年代，圣若瑟中学进入革新期。1974 年，高中二年级起"文理分组上课"；1979 年望德中学、真原小学并入，成立"圣若瑟教区中学"。按照《天主教教育宣言》，学校"走上'人本教育'路向"。学校"重订课程计划，提升人文科学地位，协调五育发展……创立云龙舞蹈社，成立圣中合唱团，举行一年一度的校运会，出版学术年报《学而集》……推广和谐教育"。但是，"家长对学校迅速发展'人文科学'课程未尽了解"，"教师对'情意教育'亦多抱怀疑态度"，故新理念的推行受到阻力。②

进入 20 世纪 90 年代以后，圣若瑟中学的课程开始强调学科整合、发展学生智能。1995 年，高中理组"开设物理'资源班'，增设选科，安排下课后实验"。1997 年，初中课程"实施学科整合，（一个）单位学科包含若干子科目，收到通识教育的效果"。90 年代，还"强化史地学会、计算机学会、生物科技小组、管乐队、义工组、救伤队等组织"，开展"第二课堂"和"研究性学习"。但是，学校对政府同期推动的课程改革重视不够，"可惜政府颁布的《澳门教育制度》及《中小

---

① 澳门圣若瑟教区中学校史编辑委员会编《七十五载雅歌声——校史述析》，（澳门）澳门圣若瑟教区中学，2006，第 56~65 页。

② 澳门圣若瑟教区中学校史编辑委员会编《七十五载雅歌声——校史述析》，（澳门）澳门圣若瑟教区中学，2006，第 21、74~92 页。

学课程计划》在校内宣传不足，推行未见顺遂"①。

2000 年起，圣若瑟中学将课程改革的总目标朝向"全人教育"。中学部全面减缩课时，有利于学生身心协调发展。初一、初二继续在自然科实施课程统整，提高学生学习兴趣。初中、高中均开设四类选修课：①包括语文、数学、自然科学、社会科学的"思考课程"；②认识人际关系、建立生活目标、锻炼社会技能的"情意课程"；③树立风格、提升气质、培养出优良品德伦理观念的"领导课程"；④懂得欣赏别人，在视觉、音乐、舞蹈、戏剧、体育、技工等领域内提高自我修养和创造能力的"艺术课程"。同时，中学课程开设"资源班"，帮助学习有困难的学生。②

由此可见，圣若瑟中学一直根据社会及学校办学思路的改变而调整课程设置。尤其在 20 世纪 50 年代，在继续开设英文、宗教课的同时，学校加强了数学和地理课，并与学制的调整相结合，注意到教材供应的影响，体现了这一时期教会学校期望改变课程的态势。此后的 70 ~ 80年代，学校加强人文课程，重视艺术活动、体育活动和学术活动，既体现了圣若瑟修院的教育传统，也反映了学校办学思路的新要求。90 年代，学校强调学科整合和选科，引入计算机科、"第二课堂"和"研究性学习"，还强化史地学会、生物科技小组、管乐队、义工组、救伤队，应该说，在澳门是比较超前的。

4. 培正中学

在 20 世纪 50 年代新的政治和文化背景下，其他教会学校的课程也发生了新的变化。教会学校一般都依旧珍视宗教教育，设有宗教课。以澳门培正中学为例，该校"秉持基督精神办学，课程设置上有圣经课、宗教周会等，有计划、有系统地传扬主的福音，并教导学生行'神眼中看

---

① 澳门圣若瑟教区中学校史编辑委员会编《七十五载雅歌声——校史述析》，（澳门）澳门圣若瑟教区中学，2006，第 94 ~ 107 页。

② 澳门圣若瑟教区中学校史编辑委员会编《七十五载雅歌声——校史述析》，（澳门）澳门圣若瑟教区中学，2006，第 108 ~ 117 页。

为善、看为正的事'，让学生树立'非以役人，乃役于人'的基督精神，成为一个具有'服务社会，造福人群'之美德的红蓝儿女"①。这一传统此后一直未曾改变。例如，查该校 1993～1994 学年的课程，可知幼儿园、小学及中学各年级均设圣经课，每周一节；小学和中学的宗教周会，也是每周一节。另外，小学还设有每周一节的"品德教育"。②

但是，教会学校也开始注意让学生认识国家和澳门，培养爱国爱澳的感情。澳门培正中学坚持"德智体群美灵，六育均衡发展"的教育目标。在德育方面，"主张有系统、有计划地进行，并设定课时，编定教材或提纲对学生进行思想品德教育，培养学生爱祖国、爱澳门的情操，鼓励学生……将来为国家、为澳门作出贡献"③。

（三）使用新教材和课程内容的变革

在教科书方面，如前所述，抗战期间澳门各级学校所采用的教科书，多为国民政府教育部审定的中华书局、商务印书馆、世界书局、大东书局，以及开明书店等出版的课本。抗战胜利后，这些教科书与社会的需要一步步出现脱节。新中国成立后，正中书局在香港出版的教科书亦在澳门供销，但售价昂贵，较中华商务联合出版的"中商版"改版教科书贵二至三成；又因正中书局的港版教科书自高小起，内容程度反较低浅，其参考教材如挂图、地图等常货缺而价又昂，所以，1960 年之后，与台湾当局关系密切的团体开办的学校向"台湾侨务委员会"争取，得以由台湾免费供应小学的教科书。④ 但是，在 1966 年"一二·三"事件之后，台湾方面停止了免费

---

① 编辑委员会编《培正一百一十周年纪念特刊（1889～1999）》，（澳门）澳门培正中学，1999，第 99 页。培正中学的校徽由红色和蓝色组成，故其学生被称为"红蓝儿女"。

② 教育暨青年司编定《澳门学校特征·课程（1994/1994）》，（澳门）教育暨青年司，1994，第 257～261 页。

③ 编辑委员会编《培正一百一十周年纪念特刊（1889～1999）》，（澳门）澳门培正中学，1999，第 98 页。

④ 冯汉树：《澳门华侨教育》，（台北）海外出版社，1960，第 75～76 页。

供应小学教科书。不过，计划到台湾地区升学的中学毕业生较多的学校，仍然采用台湾出版的教科书。①

但是，认同新中国的社团开办的学校，情况有很大不同。1949年后，这些学校的教材改用中华商务联合出版的中商版，若干设有中学部的学校，其数学、物理、化学和英文等科，采用外国出版的教科书者亦不为少数。50 年代初，澳门教育界将"推广新文化教育运动""展开爱国主义教育"视为各校最迫切的任务。由于教材在学校教育中具有举足轻重的核心作用，因此，采用或者编写新教材，改造课程内容，便成为 20 世纪 50 年代以后各类学校课程变革的重要体现。

1. 采用或者编写新教材

新中国成立后，新的政治体制、经济体制和主流社会意识形态的变化给文化教育带来新的方向，《中国人民政治协商会议共同纲领》规定：

> 中华人民共和国的文化教育为新民族主义的，即民族的、科学的、大众的文化教育。人民政府的文化教育工作，应以提高人民文化水平，培养国家建设人才、肃清封建的、买办的、法西斯主义的思想、发展为人民服务的思想为主要任务。②

为此，1949 年 12 月召开的第一次全国教育工作会议提出教育改革的方针，是以"老解放区新教育经验为基础，吸收旧教育有用经验，借鉴苏联经验，建立新民主主义教育"③。

---

① 郑祖基、单文经：《澳门非高等教育制度的历史背景分析（1991 年以前）》，载澳门大学教育学院编《澳门非高等教育课程的检视与改革路向》，2006，未刊稿。
② 转引自王禹编《清末以来中国宪法汇编》，（澳门）濠江法律学社，2011，第 64 页。
③ 中华人民共和国教育部办公厅编《教育文献法律汇编（1949—1952）》，人民教育出版社，1958，第 8 页。

因此，澳门开始引入内地教材。澳门中华教育会采取各种方法，例如在其办的《澳门新教育》杂志上刊登内地教材的广告，推动学校改用内地的新课本，尤其是 1949 年后新成立的人民教育出版社出版的教材。① 从 1951 年刊登于《澳门新教育》的一封家长来信可见，当时澳门共有 9 家书店响应"使用新课本"的号召，为学校选用新教材提供协助。② 经过两年的努力，使用内地教材的学校迅速增加，至 1951 年秋季，"采用新课本的学校由开始的三数间而到现在的 20 余间，由采用一两科而到现在的全部采用"③。时任濠江中学校长并在澳门中华教育会有重要影响的杜岚就撰文指出：

> 今天，澳门的教育工作者，推动了若干间学校采用新课本，出版了自己的刊物，无疑是有点成绩，但是距离客观形势的需要尚远，还须继续不断的，多式多样的，长期艰苦的斗争下去。目前面临我们教育工作者的任务，是如何发动广大中间落后群众拥护新课本，接受新教育；一方面固然要大力推行，使到家喻户晓，深入学生，深入家庭，一方面又要耐心教育，使到人人自动自觉。④

当然，后来有反思认为，20 世纪 50 年代初在引入这些教材时，大家对"情况估计过高，只凭主观愿望，没有深入了解情况，结果效果很低，是一次明显的教训"⑤。因此，一些"蓝底学校"开始尝试编写体现自己办学特质和价值需求的教材。在濠江中学，杜岚"着力组织各种

---

① 参见（澳门）《澳门新教育》杂志 1951 年第 3 期（总第 4 期）第 19～20 页刊登的内地小学、初中和高中教材广告。
② 《我们的申诉》，（澳门）《澳门新教育》1951 年第 1 期（总第 2 期），第 16 页。
③ 陈道根：《澳门新教育展望》，（澳门）《澳门新教育》1951 年第 4 期（总第 5 期），第 1 页。
④ 杜岚：《发展福利事业，推广爱国主义教育——庆祝国庆的具体任务》，原载（澳门）《澳门教育工作者庆祝中华人民共和国国庆特刊》，1951 年 10 月 1 日，引自黄洁琳编著《60 春秋苦耕耘——澳门濠江中学杜岚校长专集》，（澳门）濠江中学，1995，第 55 页。
⑤ 刘羡冰：《同舟共济：澳门中华教育会史略》，（澳门）文化公所，2020，第 106 页。

教学力量，对原教科书上的教材，认真研究进行精选、删补或改写"①。澳门银业小学在新中国成立后编写了自己的歌曲集锦——《银小歌集》，②供音乐课使用。澳门劳工子弟学校也自编了语文课本，③还有小学的算术。④中华教育会在 60～70 年代曾编辑出版幼儿园至小学"共 9 个年级的语文课本 18 册"，除该会所属会员学校使用外，也获香港部分学校采用；该会还编辑出版了"历史课本、英文斜体行书字帖"等教材。⑤

　　到 1999 年回归之前，澳门教育界开始陆续编写品德与公民教育方面的教材。小学方面主要有澳门培正中学于 1994 年编写出版的《品德教育》（一至六年级），中学方面有澳门天主教学校联会于 1990 年编写出版的《澳门中学公民教育》教材，以及澳门鲍思高青年服务网络编写的《道德与公民教育》。⑥ 1995 年，澳门中华教育会还组织力量编写和出版了《澳门基本法》中学教材和配套的教师用书，广受欢迎。⑦

2. 调整课程内容

　　如前所述，由于澳门大多数学校在 1949 年前选用内地以国民政府制定的课程标准为依据编写的教材，或者香港出版的教材。1949 年后随着社会环境的改变，学校的课程内容也发生了很大改变。首先，原有教材的一些倾向受到质疑，尤其到 60 年代，甚至受到批判和抵制。例

---

①　黄洁琳：《60 春秋苦耕耘——记澳门濠江中学杜岚校长》，载黄洁琳编著《60 春秋苦耕耘——澳门濠江中学杜岚校长专集》，（澳门）濠江中学，1995，第 32 页。

②　陈志峰主编《双源惠泽，香远益清——澳门教育史料展图集》，（澳门）澳门中华教育会，2010，第 137 页。

③　陈志峰主编《双源惠泽，香远益清——澳门教育史料展图集》，（澳门）澳门中华教育会，2010，第 120～121 页。

④　刘羡冰：《世纪留痕——20 世纪澳门教育大事志》，出版单位不详，2002，第 220 页。

⑤　刘羡冰：《同舟共济：澳门中华教育会史略》，（澳门）文化公所，2020，第 123 页。

⑥　参见冯增俊主编《澳门教育概论》，广东教育出版社，1999，第 326、339 页。

⑦　刘羡冰：《同舟共济：澳门中华教育会史略》，（澳门）文化公所，2020，第 208～209 页。

如，正中书局出版的公民、历史和地理教科书被认为"含有毒素最多"，包括企图否认新中国的存在，隐藏造成中国贫困、落后的根本原因，掩盖国家是阶级统治工具的实质，丑化农民起义和无产阶级革命事业，歪曲中国的民族性，用反动的人生观毒害青年。[①]

其次，对于新的教材内容也提出了要求。以语文教材为例，在内容上必须按照"厚今薄古"和"照顾地方特点"的原则审慎编选；在"文"与"道"的关系上，要求"道以牵文，文以阐道"[②]。20 世纪 50 年代澳门劳工子弟学校幼儿园的课程内容除中文、英文外，还有常识；体育课的教学内容"不只局限于某一种类型的运动项目"，有田径、篮球、体操，还有"步伐操、技巧运动、游泳、乒乓球、器械等"[③]。在该校自编的语文课本中，中学第 8 册就有毛泽东的《〈农村调查〉序言》、陈毅的《六十三岁生日述怀》、闻一多的《人民的诗人——屈原》，以及有关马克思、恩格斯的课文 2 篇。[④] 显然，这在一定程度上都受到当时内地教育发展方向和课程内容的影响，充分体现了其办学者（澳门工联总会）作为澳门传统爱国社团的价值取向。前述澳门中华教育会编写的小学语文课本在内容上也表现出相同的特点。例如，小学六年级有毛泽东的《工作就是斗争》，五年级有《董存瑞的战斗故事》，三年级有《他宁愿自己淋雨》。[⑤]

教会学校由于多使用 40 年代的教材，情况有所不同，但也面临新形势的压力。例如，培正中学的老师就回忆称，当时在教学中受到很大

---

① 江海生：《让反动教材见鬼去吧》，载澳门中华教育会编《澳门教育》总第 27 期，1957，第 16~18 页。

② 林锋：《突出政治，搞好语文教学》，载澳门中华教育会编《澳门教育》总第 27 期，1957，第 19~20 页。

③ 澳门劳工子弟学校中学部历史科组：《流金岁月——庆祝澳门劳工子弟学校建校六十五周年校史访问录暨相片集》，（澳门）澳门劳工子弟学校，2015，第 41、61 页。

④ 陈志峰主编《双源惠泽，香远益清——澳门教育史料展图集》，（澳门）澳门中华教育会，2010，第 120~121 页。

⑤ 参见三个相关课文的教案，载澳门中华教育会编《澳门教育》总第 29 期，1957，第 27~29 页。

的压力，既用台湾和香港的教材，也用内地的新教材，因学生毕业后有的考台湾的大学，也有的考内地的大学。但内地地理教材所划分的行政区跟台湾所划分的已不同。历史、地理等科都有类似问题。①

总之，从以上分析可见，20 世纪 50～60 年代澳门周边和本地政治和社会环境的改变，尤其是新中国的成立，以及相应的教育政策和文化倾向，对澳门学校课程的设置、教材的编选以及课程内容的选择产生重要影响；同时，学校的课程与教材也成为爱国社团及其相关力量推动文化转型和社会革新的重要工具。这样，在学校课程与文化变革之间，形成一种既互相配合又互为因果的关系。

四　90 年代走向规范化的努力

20 世纪 90 年代是澳门社会处于重要变革的时期。1987 年中国和葡萄牙签署《中葡联合声明》，澳门进入回归前的过渡期，中国要对澳门恢复行使主权，这意味着社会的政治结构和运作机制的整体变革。就教育而言，此前澳葡政府以葡萄牙的政治和法律体制为底本，施政所考虑的对象以葡人或是土生葡人为主，政府设有专以葡人或是土生葡人为对象的学校及管理体系；华人的民间教育自有另一套组织与规范，与政府的教育体系并行。诚如学者所言，回归前的澳葡政府主要关心的是葡人和土生葡人，而华人不被重视；这种小圈子的心态造成了一种"核心－周边"的划分：葡人和土生葡人为"核心"，而华人为"周边"。这种，"核心－周边"的划分明显地体现于学校教育的发展轨迹上。直到 1988 年，政府开始筹组教育改革工作，并于 1991 年 8 月 29 日颁布第 11/91/M 号法律——《澳门教育制度》，这样才有了同时适用于华人与葡人的教育制度，这种由"核心－周边"的划分所形成的葡人、华

---

① 季伟娅采录《从教逾半世纪的"地理王"——黄就顺访谈录》，（澳门）澳门特区政府文化局、澳门档案馆，2017，第 93～95 页。

人不同待遇的明显区隔，才逐渐弥合。[1]

澳门教区的教会主办了不少中小学校。20 世纪 90 年代初期，教区所主办的学校有：圣若瑟教区中学、庇护十世音乐学院、圣玫瑰学校、氹仔圣善小学。耶稣会士主办的学校有：取洁中学、海星中学、利玛窦中学。慈幼会士主办的学校有：葡光中学、圣保禄学校、慈幼中学、粤华中学、粤华小学。嘉诺撒会修女所主办的学校有：圣心书院（英文部）、圣心女子中学（中文部）、嘉诺撒培贞学校、筷子基嘉诺撒学校、路环圣母圣心学校、社工学院。方济各会修女主办的学校有：圣罗撒女子中学（葡文部）、圣罗撒女子中学（中文部）、圣罗撒英文小学、圣罗撒女子中学（英文中学部）。母佑会修女主办的学校有：永援中学、粤华小学、圣玛沙利罗学校、九澳圣若瑟学校。天神母后会修女主办的学校有：花地玛女子中学。多明我会修女主办的学校有：圣家学校、九澳雷鸣道纪念学校、明爱庇道职业先修学校。天主教会主办的 30 多所中小学校占澳门学校总数的 47%，其学生数占澳门中小学生总数的 52%。[2] 20 世纪 90 年代初期，基督教新教在澳门办有小学 7 所、中学 3 所，共有学生 3000 多人。[3]

另外，教育领域的一个重要变化是 1978 年内地改革开放后，随着高等教育的恢复和发展，赴内地升学的澳门学生日益增加。

> 1977 年内地高校恢复招生，同时亦容许香港、澳门及台湾同胞以至海外侨胞的子女报名，而且毕业后来去自由……受到了澳门各方的赞赏，尤其是受到希望儿女升造后回到身边的家长们的欢迎。……所以从 1978 年起，报读中国内地大学的人数逐年

---

① 鲍勃、李小鹏：《小学与中学学校教育》，贝磊、古鼎仪主编《香港与澳门的教育与社会——从比较角度看延续与变化》第 2 版，单文经校阅，（台北）师大书苑，2005，第 31~54 页。
② 郑炜明、黄启臣：《澳门宗教》，（澳门）澳门基金会，1994，第 61~62 页。
③ 郑炜明、黄启臣：《澳门宗教》，（澳门）澳门基金会，1994，第 76 页。

增加。①

1984 年内地高等院校对华侨、港澳、台湾青年招生，第一次在澳门本地直接设立考场，澳门中华教育会受内地高等院校对外招生办公室委托代办报名手续。当年，有来自 16 所中学的 230 名学生报考。② 自此以后，内地高校成为澳门学生升学的重要目标。

《中葡联合声明》签署后，澳门进入过渡期。华人为晋身公务员行列，努力学习葡语；澳葡政府亦展开一系列赴葡就读计划，培养具中葡双语能力的政府接棒人。随着《澳门基本法》的颁布，葡文也被确立为澳门行政机关、立法机关和司法机关的正式语文。于是，公立中葡学校兴起，葡语成为学生的必修课，教育行政部门亦大力资助私立学校开办葡语课程，甚至推广葡萄牙文化。唯是，对华人而言，修读葡语或就读中葡学校，皆以葡语作为跳板，进入薪优、利好、工作负担轻的公务员系统。

澳门回归后，澳门鲁弥士主教幼稚园及葡文学校由官立学校变成以葡语作教学语言的私立学校，公立中小学仍然强制学生学习葡语。到了中学，高美士中葡中学设有葡文部，开设以葡语为教学语言的初中及高中正规课程。另一所中葡职业技术学校，开设中葡翻译高中职技课程，培养中等葡语人才，亦为输送该课程职业高中毕业生进大专院校就读葡文系、中葡翻译系及法律系。同时大学开设葡文系及法律系，培养葡语及法律人才。

---

① 李沛霖：《澳门学生返中国内地升学的演变与趋势》，载单文经、林发钦主编《澳门人文社会科学研究文选·教育卷》，社会科学文献出版社，2009，第 118～119 页。
② 《高考首次在澳设考场》，澳门教育出版社会庆工作委员会编印《澳门中华教育会成立七十五周年会庆特刊（1920—1995）》，（澳门）澳门中华教育会，1995，第 207 页。值得注意的是，澳门学生赴内地大专院校升学不是从 20 世纪 80 年代开始的。据香港《大公报》的报道，1949 年暑假即有"一批批的青年学生，怀着兴奋的心情从香港和澳门回到广州来，并且先后进了各个高等学校"，这些港澳学生"是抱着热爱祖国的信念回来的"。参见《港澳学生在广州》，（香港）《大公报》1950 年 5 月 30 日，转引自方骏、麦肖玲、熊贤君编著《香港早期报纸教育资料选萃》，湖南人民出版社，2006，第 458～459 页。

（一） 过渡期的来临与教育领域的"三统一"要求

随着过渡期的来临，"三化"问题被正式提出。中葡双方代表于1987年3月在北京举行的第四轮有关澳门问题的会议上，达成协议，并在北京草签《中葡联合声明》。1988年1月双方互换批准书，《中葡联合声明》正式生效，澳门随即进入过渡期。

在过渡期内，须解决三大重要问题：公务员本地化、法律本地化和中文的官方地位。其中中文的官方地位争议性较少，1991年12月澳葡政府已通过法律，中文正式享有官方地位，与葡文具有同样的地位。

20世纪90年代课程改革很重要的一个背景是回归前澳门进入过渡期后，澳葡政府希望建立一套澳门的教育制度。为此，20世纪80年代后期曾成立"教育改革技术委员会"，成员包括当时"教育司"内部的五个人，以及教育界的黄就顺先生和蔡梓瑜先生。然而，作为确立教育制度的澳门教育法的产生并不顺利，黄就顺先生曾回忆说：

> 第一次要讨论全个教育法，很多校长都反对，要求逐条法规去讨论。花了三年时间，还没有完成。无论整体去讨论，还是一章一章的讨论，都没有办法通过。……当时真是几年都没有结果，最后整个教育法还是通过了。[①]

教育法通过之后，政府开始推进课程的规范化：一是制定和颁布课程法规，规范学校的课程设置及其结构；二是制订教学大纲和教学计划，意在规范教学内容。

教学大纲的订定调动了政府和教育界的多方力量。黄就顺先生后来回忆说："我负责小学、初中和高中的社会科，我是社会科、历史科和

---

① 季伟娅采录《从教逾半世纪的"地理王"——黄就顺访谈录》，（澳门）澳门特区政府文化局、澳门档案馆，2017，第169页。

地理科的负责人。我邀请了众多老师参与，大纲最后得以通过。"① 不过，最后大纲的作用是非常有限的：

> 政府没有钱出书，那么这个大纲怎样去执行呢？私校都不理会，只有官校的小学老师，跟从这个大纲去教学。但他们根本没有能力，去跟从这个大纲的内容写成书，结果不了了之。这个方案彻底失败了。②

但在教育领域，最重要的是统一学制。

澳门教育历来保持着学制多样化、办学各自为政的特点，中小学教育存在三种系统，即中文系统、葡文系统和英文系统。学制有四：一是中国学制，小学六年，中学六年；二是港英学制，小学六年，中学七年，澳门的英文学校采用；三是葡萄牙学制，中小学有十二年，包括小学四年，预备中学两年，中学六年；四是中葡学制，小学六年，中学五年，20世纪开始提供给华人就读的官校采用。各校存在学习年限不同、课程不同、教学大纲不一、教材不一的特殊情况。

早在《澳门教育制度纲要法建议案》推出前，1988年2月初，澳葡政府就曾接见教育团体负责人，提出"教育改革统一学制计划"，教育团体的意见是澳门向来是多元学制，没有必要统一。如果要统一，也很难决定要以哪种学制为标准。经过一年的讨论，当局承认澳门学制的多元性，没再提出统一学制的要求。可是在1989年纲要法咨询稿内，虽没有明文提到统一学制，但列出了四个副学制，且没有列出主学制。教育界认为这是不合理的，属于变相要与会者找出主学制，有统一学制的意图，因此提出异议，要求修订。例如，澳门教育学会提出意见，认

---

① 季伟娅采录《从教逾半世纪的"地理王"——黄就顺访谈录》，（澳门）澳门特区政府文化局、澳门档案馆，2017，第170页。
② 季伟娅采录《从教逾半世纪的"地理王"——黄就顺访谈录》，（澳门）澳门特区政府文化局、澳门档案馆，2017，第170页。

为政府建议小学分两阶段，第一阶段四年，教学采用包班形式，由一位教师教授全科，第二阶段两年，采用专科专教形式，而高中有意采用"3＋2＋1"的形式，意图以葡制来推行统一学制。当时有校长明确说出六年制中学的好处，例如濠江学校校长杜岚提出六年制较五年制更为适合澳门中学。一是因为六年的学习时间较长，对学生的学习有更多好处，教学效果更理想；如果把课程压缩到五年内完成，容易使学生追不上功课，学习成效低，出现情绪不稳定、犯规行为增加的现象。二是采用六年制后，学生前往内地升学，容易衔接。①

澳门天主教学校在 1990 年 12 月对建议案进行了问卷调查，把结果整理后去函政府，就建议案内容提出各项意见，而学制方面主张保留多元化，不宜统一。

然后是统一课程、统一考试的要求。刘羡冰指出：

教育界争取把实施义务教育写进《基本法》，过程顺利，但它仅是一桶"远水"，而在澳门的争取已燃起一场"近火"。

葡国决策交还澳门要留下葡语。教育界认为学生多学一门外语也是好事。主持的葡官高秉伦、卢倬智和施绮莲作风务实，得民间配合，全澳中学生超过四千人已志愿选修，约三分之一了。教学上虽有不足，但这是推广葡语最佳成效。

高秉伦更邀请教育权威斌多教授来蹲点一个月，研究超过百年历史的中葡官校，结论与民间见解一致：中葡学制是失败的，长期存在师资流动率高、学生留级率高和弃学倾向，全澳不宜统一为中葡学制。② 如此真知灼见，澳门华人奉为圭臬，澳葡政府却弃如敝屣。

---

① 杜岚：《发挥学校优势，改革教育制度》，载黄洁琳编《六十春秋苦耕耘——澳门濠江中学杜岚校长专集》，（澳门）濠江中学，1995，第 117～118 页。

② 即中葡学校的"六五"学制。20 世纪初，澳葡政府开始设立供华人子弟就读的官校，教授中葡双语，1950 年正式命名为"中葡学校"。

1988 年初，新官范礼保接替了高秉伦，直接提出先要统一学制、以实施六年免费教育，中小学甚至幼儿园，设置葡语必修；而针对当年数千学童失学，持续兴建了十六所中葡官校。

两大教育团体只接受中学葡语选修，并取得社会广泛支持，于是掀动一场空前广泛、激烈、持续的论争。社会共识：义务教育是居民权利，不应以必修葡语为条件！过家鼎大使、马万祺会长、林家骏主教、林达光校长等人一致支持。1994 年葡国总理施华高回答澳门记者，也说推广葡语"不值得强求"。原来 1993 年通过《基本法》这桶"远水"也微妙地提前生效了。

十年艰辛，经验教训均珍贵。违反科学和民意者终告惨败。1995 年政府颁布全澳实施七年无葡语必修的《普及和倾向免费教育》。①

澳门教育的条件与邻近地方并不完全相同，具有地区的特殊性，因此这里暂时仍然保持着学制多样化、办学各自为政的情形。在课程与教学上，澳门一方面受着内地及香港的影响，另一方面受本地历史文化影响，并在以上因素的影响下建立起自己的教育系统。在教科书的使用上，澳门地区并不存在统一的教科书选用制度，从有关教育的法律制度来说，学校拥有教与学的自主权，有教科书选用权。②

当时，澳门中华教育会在有关教材方面，针对当时澳门缺乏本地编制的教科书的情况，提出需要增加本地教材，特别是历史、地理、公民科，使学生了解澳门本地的历史发展及独特情况。有议员支持这个意见，认为澳门应有本地出版的教材，特别是历史、地理、社会等科的本地教材，应由澳门教育部门来编制。澳门教育界人士亦赞同，而当时有出版社表示，小学社会科的教科书内容较易处理，可以加入与澳门相关

---

① 刘羡冰：《那边顺利，这边艰辛》，（澳门）《澳门日报》2018 年 4 月 13 日，第 E02 版。
② 郑润培：《回归前澳门非高等教育的发展进程》，（澳门）《澳门研究》总第 83 期，2016，第 29~42 页。

的题材，根据澳门教学需要来编写。①

为了推动本土史地科的教学，除了推动教科书编写外，还须加强师资培训。当时，澳门教育司在暑期增设了"地理科小学教师暑期进修班"及"历史科小学教师暑期进修班"，方便教师进修。

编写教材前，必须有教学大纲来做依据和规范。1991年《澳门教育制度》颁布后，澳葡政府先后设立了不同科目的课程发展委员会。委员会成员包括公立和私立学校的教师，以及澳门大学的专家，并参照内地、台湾和香港的模式，起草不同科目的试行教学大纲，并在1995～1996学年开始在中葡中学试行，以观察成效。由于香港的教育发展较澳门进步，加上两地居民背景相若，容易搜集资料，所以课程的教学大纲内容多以香港课程为参考对象。

1994年12月，澳门教育暨青年司与全澳私校召开会议，解释课程设置细则，设立了一个课程设置筹划小组，下设多个小组，研究为幼儿园、小学及初中编制各学科的课程教学大纲，计划先在官立学校内施行，并为私立学校提供参考。到1995年，幼儿教育以至初中各级的教学大纲已经在官立中文学校试行，部分大纲在试行后做出修订。这时，澳门教育暨青年司内部成立了课程改革小组，负责制定澳门各科的教学大纲，并向私立学校推广。

按照教育界最初设想，本地教科书会很快编印出来。可是，从1991年提出，到1996年仍然未能实现。1996年，立法会在5月的会议上谈论如何编印本地教科书时，有议员指出：①澳门现行的历史教科书多是香港出版，没有澳门历史的教学内容，而香港编印的历史教科书，在近现代史方面有缺陷，对中国历史缺乏全面描写；②澳门回归在即，有编印本土历史教科书的需要，编写要实事求是，特别是有关中葡冲突，以及葡人在澳门的历史；③实施编印统一的历史教材前要广泛咨询。

---

① 澳门中华教育会编制《教育信息》1991年第6期，第8页。

早在 1995 年，就有报道说供应澳门中学生使用的《澳门基本法课本》即将面世，并预计于 1995～1996 年度供各中学校使用。到 1996 年，也有报道说澳门本地编印的史地教科书，争取第二年出版使用，内容根据中西文化交汇的特点撰写。还有报道说政府正在着手研究由幼儿园至中学之教科书。① 可是，这些消息并没有得到真正落实。

当时，有教育工作者对澳门自行编印史地教科书不表乐观，理由是：①澳门人口有限，每个学级仅有数千名学生，经济上难以支持独立出版本地教科书；②澳门是个小地方，学生应学好中国史地，兼学澳门史地知识，不能无限夸大。虽然部分本地教材已在中葡学校一至七年级试行，但其学生只有 3000 多人，而全澳共有学生 8 万多名，所以政府编撰的本地教科书覆盖面还相当小，内容不一定适合其他学校使用。②

不过，各界仍对本地编印史地教科书充满希望，1996 年 6 月，新华社澳门分社副社长宗光耀指出，应使年轻一代认识澳门的过去。政府拟编写历史教科书。《现代澳门报》的专栏指出，编纂澳门历史教科书不愁没资料，最重要的是忠于历史，力求不偏不倚。③

以历史科来说，到 1999 年 6 月，负责教育事务的澳门教育暨青年局制定并公布了《初中历史大纲》、《高中中国历史大纲》及《高中世界历史大纲》。澳葡政府在说服私立学校采用这套大纲时碰到很大的现实困难。一般学校在初中阶段，还可依据这个大纲来安排教学，但到了

---

① 《澳门日报》1995 年 8 月 14 日及《大众报》1996 年 3 月 22 日，转引自郑润培《回归前澳门非高等教育的发展进程》，（澳门）《澳门研究》总第 83 期，2016，第 40 页。

② 《立法议员及教育工作者谈如何编印本地教科书》，《大众报》1996 年 5 月 29 日，转引自郑润培《回归前澳门非高等教育的发展进程》，（澳门）《澳门研究》总第 83 期，2016，第 40～41 页。

③ 如风：《澳门历史教科书》，（澳门）《现代澳门报》1996 年 6 月 2 日，转引自郑润培《回归前澳门非高等教育的发展进程》，（澳门）《澳门研究》总第 83 期，2016，第 41 页。

高中阶段，各校为了学生升读高等院校的需要，教学内容便因应目标地区院校的要求加以调整，发展出以学校为本的课程，不能完全依照澳门教育暨青年局制定的历史大纲施行教学。澳葡政府方面亦了解存在的问题，明白不容易解决。所以《高中中国历史大纲》的序言内也列明"由于澳门学校的特殊环境，各校课本不一，故在课程计划编排上，可以有较大的弹性。执行本大纲时，可按各校实际情形加以调整"。在大纲的内容方面，可以看到香港的影响所在。最明显的，在《高中中国历史大纲》的附录附有参考数据，其中列出的四份参考资料中，三份是香港出版的教科书，可见香港的影响。

各科教学大纲颁布后，专责小组着手编写一些在澳门从未有过的教材如澳门历史、澳门地理、公民教育。关于澳门历史教材，1998年，由澳门大学实验教材编写组成员霍启昌、苏庆彬、郑德华编写，澳门教育暨青年司资助出版了《澳门历史实验教材》第 1 册，该教材共 32 页，内容分九章，包括：史前的澳门、葡萄牙人来华前的澳门、抵华前的葡萄牙人、葡萄牙人抵华前的中国航海事业、明代对外贸易政策、葡萄牙人来华、倭寇之患与葡萄牙人问题、选择濠镜的原因、澳门模式——特殊的外贸政策。可是，这本教材的使用率不高，未能成为本地历史的教科书。到了 2001 年，澳门教育暨青年局虽推出中文、数学、历史、音乐等课程大纲，但因没有课本等教材配合，教材要由教师自行"裁剪"。①

例如，濠江中学历来重视公民教育，濠江中学使用的公民教材，是按学生接受程度，参考中国香港、新加坡等地公民教材自行编写。学校课程按照政府颁布的"教育大纲"进行编排，再根据学校的需要做补充修订。学校重视学生的民族性的培养，以使青少年在求学时期对祖国充满感情，建立国家民族观念。

---

① 《课程改革重在转型》，（澳门）《澳门日报》2001 年 2 月 2 日，转引自郑润培《回归前澳门非高等教育的发展进程》，（澳门）《澳门研究》总第 83 期，2016，第 41 页。

（二） 澳门历史上第一批课程法规的颁布

澳门 1991 年颁布第 11/91/M 号法律《澳门教育制度》，该法律从学校系统、教育目标、教学语言和学校教学自主等方面给学校课程的发展提供了一个最基本的背景。以此为基础，澳门在 1994 ~ 1999 年开展课程改革工作：1994 年颁布《规定幼儿教育、小学教育预备班及小学教育之教育程度课程组织之指导性框架》（第 38/94/M 号法令）和《规定初中教育课程组织之指导性框架》（第 39/94/M 号法令）；1997 年颁布《订定高中教育课程编排之指导性框架》（第 46/97/M 号法令）。

1994 年 9 月还正式筹组"课程改革工作小组"，该小组在随后的几年内为幼儿教育、小学教育预备班、小学、初中及高中发展了全套的课程大纲。

"课程改革工作小组"其后分别与北京师范大学和澳门大学合作实施了小学和初中数学、幼儿教育两个课程改革实验计划。这一轮的课程改革工作在提升澳门教学人员在课程方面的认知和专业能力，以及在学校层面开展课程试验等方面均取得一定的成功经验，相关课程计划见表 2 - 4 至表 2 - 8。

表 2 - 4　　幼儿教育课程计划

培训范围	每周最少及最多课节要求
发展感情、社会情感及道德之活动 表现体格——运动及美感之活动 发展以母语交流及表达之活动，尤其口语、写字及理解能力 认识社会环境之活动 开始学习数字（由 0 至 10）及理解空间、形状、大小及量度等概念之活动	鉴于幼儿教育系全面及综合性，每周最少为 23 节课，最多为 36 节

注：
①每节课最少为 25 分钟，最多为 35 分钟；
②每周总课时最少为 805 分钟，最多为 900 分钟；
③建议开始学习前，先以游戏方式作准备活动，使用活动教学方法及考虑学童之体能及智力，以及感情之情感之平衡。
资料来源：第 38/94/M 号法令。

表 2 − 5 小学教育预备班课程计划

单位：节

培训范围	每周最少及最多课节要求
口语表达、绘画、劳作及运动活动	8 ~ 12
开始学习母语，可以开始学习第二语言	8 ~ 10
开始学习算术、运算及几何图形	3 ~ 6
与环境有关之活动	2 ~ 6
总数	23 ~ 34

注：
①每节课最少为 30 分钟，最多为 40 分钟；
②每周总课时最少为 805 分钟，最多为 1190 分钟；
③建议开始学习前，先以游戏方式作准备活动，使用活动教学方法；
④在各培训领域发展之活动亦应注重感情、社会情感及道德发展。
资料来源：第 38/94/M 号法令。

表 2 − 6 小学教育课程计划

单位：节

组别	培训内容（科目）	每周课节（E）最少及最多课节（F） 一年级至四年级	五年级至六年级	指导
品德教育	1.1 道德教育 1.2 公民教育（A） 1.3 宗教教育	1 ~ 2	1 ~ 2	A. 由教育机构自行决定，至少开设一科。
基础知识	2.1 语言 2.1.1 教学语言（B） 2.1.2 第二语言（C） 2.2 数学	18 ~ 20	19 ~ 22	B. 按教育机构之教学语言来选定。 C. 私立教育机构可在中文、葡文及英文中选择一种；官立教育机构遵照《澳门教育制度法律》第三十五条之规定。对第二语言之教学内容必须详细考虑，应注意学童之年龄及所采用之教学方法。
常识	3.1 社会 3.2 自然科学 3.3 健康卫生 3.4 历史 3.5 地理	4 ~ 6	5 ~ 7	
美育及体育	4.1 视觉教育 4.2 手工 4.3 音乐 4.4 体育	4 ~ 8	4 ~ 8	D. 课时由教育机构订定。 E. 组别之节数最少为 28 节，最多为 40 节。 F. 每节课最少为 35 分钟，最多为 45 分钟
辅助课程（D）				
每周最少及最多节数		28 ~ 38	30 ~ 40	

资料来源：第 38/94/M 号法令。

表 2 − 7　初中教育课程计划

单位：节

培训范围	培训内容	每周课节（A）最少及最多课节	指导
		中一至中三	
品德教育（B）	1.1 道德及公民教育 1.2 宗教教育	1 ~ 3	A. 每节课最少为 35 分钟，最多为 50 分钟，每周总课时最少为 1480 分钟，最多为 1850 分钟。 B. 教育机构至少开设其中一门科目，同时注重环保教育和情感发展教育及性教育，如所选之科目是宗教教育，则其大纲应该加强道德及公民教育之内容。
一般基础培训	2.1 教学语言 2.2 第二语言（C） 2.3 第三语言	13 ~ 18	C. 应增加教学语言、数学及外语之课时，以创造条件使学生充分掌握口语及文字之表达能力、对概念之运用及强化其严谨及学术性之推理能力。 　按《澳门教育制度法律》第四条、第三十五条及第五十条之规定，教育机构在中文、葡文或英文中自行选择教学语言及第二语言。
	3 数学	5 ~ 8	
	4.1 物理及自然科学 4.2 人文及社会科学	7 ~ 14	
工艺技术教育及辅助课程（E）	5.1 视觉教育 5.2 音乐（D） 5.3 体育运动	3 ~ 8	根据教育机构之自主及教育计划，以必修或选修性质于学习计划中开设第三语言。 D. 教育机构至少开设其中两门科目，而学生必须修读体育运动科。 E. 此组别每周总课节应根据各机构本身教育计划之特性而安排。
总数		36 ~ 45	除七月十八日第 38/94/M 号法令第八条规定外，此组别亦具有指导学生将来选择职业及有助于其将来加入社会经济活动，以及个人之全面发展目的，尤其是在下列组别：a)信息；b)工艺；c)家政；d)艺术；e)语言；f)商业及经济基本概念；及 g)其他

资料来源：第 39/94/M 号法令。

表 2 – 8　高中教育课程计划

单位：%

培训			科目	每周课时占比	(a)教育机构根据《澳门教育制度法律》第四条、第三十五条及第五十条之规定，得在中文（必须包括普通话之教授）、葡文或英文中选择教学语言及第二语言。
一般培训			·教学语言 A 或 B(a)(b) ·第二语言(a) ·数学 A 或 B(b) ·体育 ·教育(c) ·计算机	50～60	
选修培训	核心科目(d)	人文及社会经济学科	·外语（第三语言） ·文学 ·中国文学 ·历史 ·中国历史 ·社会 ·经济 ·地理	20～30	(b)A－高级程度，B－普通程度，根据选修培训课之课程设计而定。 (c)根据各教育机构之教学计划，此科目尤其包括道德、公民及宗教之教育。 (d)应在三个核心科目其中一个中选择至少两个科目。
		科学及技术学科	·物理 ·化学 ·生物 ·绘图及立体几何学 ·科技		
		艺术	·音乐 ·造型艺术 ·艺术史 ·设计		
	其他科目		(e)	10～25	(e)教育机构得提供一些列于或未列于核心科目栏内之科目。 (f)每节课为40或45分钟。 (g)每周课时不包括辅助课程活动*
合计				100	
每周课时(g) （节课）				35～45 节课 (f)（1400～1800 分钟）	

注：　*"辅助课程活动"是专有名词。
　　　资料来源：第 46/97/M 号法令。

（三）课程与教学自主的整体格局

20 世纪 90 年代澳门课程政策与一系列相关法规的基本方向，是加强课程的规范性。这一努力是在过去长期以来澳葡政府对教育和课程几乎完全"放任"的背景下发生的，表明澳葡政府开始引入教育公共化的政策概念，第 11/91/M 号法律《澳门教育制度》对课程的意义在于，它从学校系统、教育目标、教学语言和学校教学自主等方面给学校课程的发展提供了一个最基本的背景。正是在这一背景下，才有了史上第一轮由政府推动的有系统的澳门基础教育的课程改革。1994～1997 年澳葡政府颁布的有关幼儿教育、小学教育预备班、小学教育、初中教育和高中课程组织的一系列法令，以及 1999 年为各教育阶段开发的全套课程大纲（包括教学计划），标志着澳门初步建立起基础教育课程发展的基本制度。有学者曾对这一时期的课程改革抱以乐观的态度：

> 无论如何，这次课程改革使澳门统一学校课程完成了从无到有的转变，促使澳门教育界开始探讨和思考课程建设问题，就此而言，其成就是不可低估的。随着认识的不断提高和经验的不断积累，构建具有澳门特色的课程体系将指日可待。①

然而，这次课程改革并未改变澳门的课程与教学基本由学校自主安排的整体格局。一方面，第 11/91/M 号法律明确规定"官立学校和私立学校均享有教学自主权"，且"教学自主系透过在教学组织及运作以及课程发展而行使"；另一方面，1994 年和 1997 年颁布的涉及各教育阶段的课程法令亦属"指导性框架"，以"不影响私立教育机构在行政与教学自主范围内之本身权限"为原则，而随后开发的课程大纲也"不影响私立教育机构制定本身之大纲"。由此可见，学校在法律上即

---

① 冯增俊主编《澳门教育概论》，广东教育出版社，1999，第 309 页。

被赋予了毋庸置疑的课程自主权，但学校特别是私立学校的课程与教学并未得到必要的质量保障，政府在课程指导方面的作用受到很大限制。①

在澳门回归后的最初几年里，为落实 90 年代的课程改革，特区政府通过开展课程试验鼓励和推动学校发展校本课程。澳门特区政府于 2000 年 9 月开始与北京师范大学合作策划筹备中小学数学课程改革试验计划，并于 2001～2002 学年在两所中学、两所小学正式实施。该学年，特区政府又与澳门大学合作，在三所幼儿园开展了为期三个学年的"幼儿教育校本课程发展计划"。与此同时，推行创思教学，在两所公立幼儿园试验"幼儿创思方案教学"。上述课程改革试验积累了许多经验，尤其是在改进学校及其教师的教育观念、树立以学生发展为本的教育观、提升教师的专业发展能力（包括课程开发能力）、促进校本课程的发展、改进教学文化等方面的做法和经验，对于澳门随后的课程改革有借鉴价值。

但总体而言，此时期的课程改革让人们进一步思考：澳门课程改革的方式和理念是否值得进一步反省？宏观层面的课程管理体制问题是否应被纳入课程改革的范围？如何同时完善公立学校和私立学校的课程？对这些问题的反思是未来澳门课程改革的重要基础。

---

① 苏朝晖、梁励、王敏：《澳门课程改革的背景、取向与展望》，《全球教育展望》2009 年第 5 期；单文经、黄素君、宋明娟：《三十年来澳门地区课程政策的理论反思》，《西南大学学报》（社会科学版）2009 年第 4 期。

第三章 回归后学校课程的变革

　　对于澳门这个身处中国南方海边的小城来说，1999 年 12 月 20 日是 400 多年来最重要的历史时刻，它全面改变了澳门。就政治而言，回归的实质在于国家对澳门恢复行使主权，澳门进入"一国两制"的新时代。回归后，澳门在经济、社会和民生等方面都实现跨越式发展，特区政府推行"教育兴澳""人才建澳"的施政纲领，把教育放在优先发展的地位，全力加大教育投入、推动人才培育，澳门着手按照新的社会治理体系全面革新教育系统，2006 年颁布新的非高等教育制度，随后实施 15 年免费教育，建立新的教师制度，促进教师的专业发展。

　　在课程领域，20 世纪 90 年代澳门迅速推进的课程改革，虽然在法规层面建立起一套统一的规范，但因过分强调私立学校的教学自主性，学校实际运作的课程仍然是"多轨并行"的。回归后，澳门特区政府在深入研究的基础上制定了新的课程改革规划，澳门学校课程的发展站在了新的历史起点上。

一　新时代的发展与要求

（一）回归后教育的新发展

1. 教育制度的调整

课程变革与教育制度的调整密切相关。400 多年来，澳葡政府在教育方面主要关注葡人子弟的教育，广大华人群体的教育主要由私立学校承担，而私营教育机构是完全自主生存和发展的，因而澳门的教育制度长期以来没有法定的制度，直到1987年《中葡联合声明》发表，政府才着手订定系统的教育制度法律，经反复研讨和修订，最终于1991年公布第11/91/M号法律《澳门教育制度》，第一次在澳门建立起一套比较系统的教育制度，具有里程碑式的意义。

回归后，特区政府于2002年启动澳门教育制度的检讨与修订工作，先后于2003年6月和2004年3月推出《持续进步，发展有道——澳门教育制度修改建议》和《〈澳门特别行政区教育制度〉法律草案咨询意见稿》，广泛听取市民及社会各界的意见，第9/2006号法律《非高等教育制度纲要法》最终于2006年12月26日在立法会获得通过，这是澳门回归以来基础教育制度变革取得的最重要成果。[1] 该法对澳门的基础教育进行了一系列调整。

（1）重新界定教育目标

教育目标是一切教育活动的最终归宿和根本依据，对课程、学制具有决定性影响。《非高等教育制度纲要法》回应澳门社会和时代的变迁，对教育的总目标和各教育阶段的目标均做出调整，不仅重视人的整体发展，强调对学生全面的科学素养和人文素养的培养，提出要使学生养成健康的生活方式，而且高度重视培养他们对国家和社会的认同和责任感。

该法第四条（教育总目标）明确规定：

> 相关实体致力培养及促进受教育者爱国爱澳、厚德尽善、遵纪守法的品格，使其有理想、有文化及具备适应时代需求的知识和技能，并养成其健康的生活方式和强健体魄，尤其应：
>
> （一）培养其对国家和澳门的责任感，使其能恰当地行使公民权利，积极履行公民义务；培养其良好的品德和民主素养，使其能

---

[1]　郭晓明、王敏：《澳门回归以来教育发展与经验》，广东经济出版社，2020，第3页。

尊重他人，坦诚沟通，与他人和谐相处，积极关心社会事务；

（二）使其能以中华文化为主流，认识、尊重澳门文化的特色，包括历史、地理、经济等多元文化的共存，并培养其世界观；

......

该法第七条至第十条还分别规定了幼儿教育、小学、初中和高中各教育阶段的目标：

幼儿教育的目标尤其为：

（一）培养学生基本的伦理观念和道德行为；

（二）养成学生的合群习性；

（三）培养学生的卫生习惯，促进其身心健康；

（四）培养学生的学习兴趣和创造力，发展其多方面的潜能；

（五）增进学生日常生活经验；

（六）增进学生的语言能力和其他沟通能力；

（七）培养学生的艺术兴趣；

（八）养成学生基本的环保观念。

小学教育的目标尤其为：

（一）培养学生基本的公民意识，养成其爱自己、爱他人、爱澳门、爱国家及爱大自然的情怀；

（二）陶冶学生的品德，培养其与他人和环境和谐共处的态度及服务社会的精神；

（三）培养学生提问和思考的兴趣和习惯，增进其创造力；

（四）使学生掌握自然科学、人文及社会的初步知识和多样的学习技巧；

（五）给学生提供多元的学习机会，促进其个性和潜能的发展；

（六）促进学生身体和心理的健康发展；

（七）培养学生适应不同环境的能力；

（八）使学生能善用时间，养成良好的生活和学习习惯；

（九）丰富学生的审美经验，陶冶其艺术情趣。

初中教育的目标尤其为：

（一）培养学生良好的品德和自尊感，使其乐观进取，关心他人及澳门和国家的发展，热心参与社会，关注生态环境；

（二）培养学生勤于思考、主动学习、敢于创新的精神以及终身学习的态度和能力；

（三）使学生掌握与生活各领域相关的知识，提高其运用语文、资讯科技及其他范畴知识于日常生活的能力；

（四）协助学生适应身心的发展，提升其身心素质和解决问题的能力；

（五）提供多元教育模式，促进学生的个性和自主选择能力的发展；

（六）促进学生对多元文化的理解，提高其人文和艺术素养。

高中教育的目标尤其为：

（一）增进学生的国家观念、全球视野及环境保护意识，加强其对澳门的了解和归属感，使其成为有责任感的公民；

（二）提高学生的品德修养，使其确立生涯发展观念；

（三）促进学生的心理健康和个性的持续发展，养成其勇敢果断、热爱生命及富有创意的特质；

（四）增进学生对数学、自然科学、社会科学以及技术和人文等领域的理解，培养其继续升学或就业的能力；

（五）培养学生搜集、整理及分析资料的能力，并进一步提升其运用信息科技的能力，养成其自我学习和合作学习的习惯，促进其终身发展；

（六）使学生养成健康的生活习惯，具备强健的体魄；

（七）提升学生的人文素养，尤其是艺术的素养，强化其对多元文化的理解和文化创新的追求。

（2）设立教育发展基金

教育发展基金是特区政府在原有教育经费投放机制（主要是面向被纳入免费教育系统学校的免费教育津贴以及直接发给就读于不加入免费教育系统学校学生的学费津贴）之外，新设立的一种教育投入渠道。《非高等教育制度纲要法》第 48 条规定"教育发展基金用于支持和推动在非高等教育领域内展开各类具发展性的教育计划和活动"，须经学校申请并获基金行政管理委员会批准之后才拨给学校使用，因而是特区政府给私立学校提供教育资助的一种新途径。

设立教育发展基金有助于改进特区政府教育经费的使用方式，更有效地支持基础教育的发展。特区政府原有教育经费以年度财政预算的方式管理和使用，年初的预算如有剩余年底都必须清还。但教育的发展须有长远规划，教育经费的投放在许多方面尤须保证连续性和稳定性。设立教育发展基金有助于做到这一点，让政府更好地为学校的发展提供支持。另外，教育发展基金通过给学校提供专项教育资助，也有利于增强政府对教育发展的引导能力，推动澳门教育的优先发展事项。教育行政部门有责任为学校的发展提供支持，在必要的情况下，还应制定有效的教育政策，通过恰当途径对学校教育的发展进行引导，而为学校发展计划提供经济资助，是许多国家和地区在落实教育政策的过程中普遍采用的方法。在澳门，私立学校各有特色，发放教育发展基金尊重了学校的办学自主，同时又能使学校的发展与特区政府所推动的教育政策进行有效的协调。

（3）重构教育系统

澳门原有非高等教育制度的组成十分复杂，许多概念都有交叉关系或从属关系。为使澳门基础教育体系各部分之间的关系清晰明了，《非高等教育制度纲要法》做了以下重要调整。一是将基础教育分为"正规教育"和"持续教育"两大类。正规教育指回归教育以外的学校教育，有规范的学制和课程；持续教育指正规教育以外的各种教育和培训活动，包括家庭教育、回归教育、社区教育、职业培训和其他培训活动。幼儿教育、小学教育、中学教育（包括初中教育和高中教育）、义务教育、免费教育和职业技术教育，都属于正规教育；家庭教育、回归教育、社区教育、职业培训和其他培训活动，则都属于持续教育。而回归教育亦可包含职业技术教育。

二是坚持大教育观，重视家庭教育的作用。原有的《澳门教育制度》（第 11/91/M 号法律）没有涉及家庭教育，而新的《非高等教育制度纲要法》则把家庭教育视为持续教育的重要组成部分，专列一条予以规范。家庭教育作为家庭成员之间的相互教育，特别是父母或其他年长者在家庭里对儿童和青少年进行的教育，不仅是人类受教育的起点，而且是学校教育的重要基础。澳门教育中的许多问题，特别是离校生问题、学生品德发展问题，都与家庭教育密切相关。

三是从终身学习的角度引入"持续教育"概念。澳门原有教育制度用"成人教育"的概念去涵盖所有正规教育以外的教育。持续教育概念是从终身学习的角度提出的，涵盖的范围较广，其对象可以是任何年龄之人士。持续教育包括回归教育和其他各种正规教育以外的教育或培训活动，其中，回归教育是为那些因故已超过小学、初中或高中就读年龄但仍未获得相应学历者提供的教育模式。

四是发展高中职业技术教育，为初中毕业生的发展提供多种选择。澳门历来重视初中毕业生学习需求的差异，为其发展的多样性提供了制度上的保证。在 1991 年的《澳门教育制度》里，"技术及职业教育"就备受重视，初中毕业生既可入读一般学校的高中教育课程，也可入读高中程度的职业技术课程。根据关于规范"技术及职业教育"的第 54/96/M 号法令，澳门学校除了开设一般高中教育课程外，还可以开设职业技术课程，培训具中级资格之技术员及专业人员，以更好地响应澳门现代化及发展的需要，而且该等课程之特征是不断引入新科技。由于家长及学生对职业技术课程不太了解，也由于社会对职业技术学校存在一些不恰当的认识，那时澳门初中毕业生选读职业技术课程的仍不多。《非高等教育制度纲要法》依然重视职业技术教育和职业培训，规定职业技术教育课程既可在专门实施职业技术教育的教育机构开设，也可在提供普通教育的教育机构开设；职业技术教育课程等同于高中教育程度，其毕业生既可投入劳动力市场，亦可进入高等教育机构进一步学习。由于初中学生的职业兴趣还不太确定，故《非高等教育制度纲要法》规定职业技术教育仅在高中阶段推行。

（4）调整学制

学制是教育制度的重要组成部分，澳门原有学制除两年幼儿教育外，还有一年"小学教育预备班"，中学学制则多样，高中既有两年也有三年。《非高等教育制度纲要法》对此做出以下重要调整。

其一，将"小学教育预备班"改为"幼儿教育第三年"。新的教育制度在学制上的这一调整是根据幼儿教育的有关研究成果和世界许多地区的有益经验以及澳门教育的实际状况做出的。世界大多数国家和地区不在幼儿教育和小学教育之间设过渡学段，澳门原有小学教育预备班的设置是为小学教育做准备，学习内容和运作方式都类似于小学，但学生的年龄却还处于适宜接受幼儿教育的阶段。将本属于幼儿教育阶段的教育视为小学教育预备班，容易导致幼儿教育的小学化，增加学生负担，不利于儿童的发展。所以，把小学教育预备班并入幼儿教育，作为幼儿教育第三年，符合儿童身心发展特点和规律的要求，在教育实践中也是可行的。

其二，将高中学制统一为三年。任何国家或地区都有属于自己的学制，且都是以本土的教育系统作为设定基础，从20世纪90年代中期至今，澳门升读本地及外地大专院校的高中毕业生的比例持续处于较高的水平，从衔接大专院校的角度看，两年制的高中一般只能衔接本地及外地的大学先修班或预科课程，而三年制高中毕业生，则无论升读本地的还是外地的大专院校都没有问题，即使到澳大利亚、加拿大、美国等地就读，只要能通过语言评核，也不会有问题。同时，学制的设定应考虑其所须达成的教育目标，把高中学制定为三年反映了高中学制的某种普遍性，有助于本地学生升读本地、港台地区、内地以及其他绝大部分地区或国家的大专院校，同时也是澳门教育发展的现实要求。

（5）适当加强政府对学校的管理

优质的教育需要学校的自主发展，但必要的政府管理和校政的多元参与也是发展优质教育的必要保证。为此，《非高等教育制度纲要法》力图在两者之间找到一个恰当的平衡点。一方面，该法继续规定私立教育机构享有行政资助、财政资助和教学自主，公立教育机构也享有教学自主，但同时做了以下规定。其一，所有学校必须设立校董会，为学校管理的多元参与提供制度保证。这一规定在 1991 年的《澳门教育制度》中是没有的。其二，特区政府对学校进行系统的综合评鉴，包括学校的行政、财政和教学，以协助学校改善和发展，同时让特区政府准确掌握有关情况。其三，设立由核心科目组成的标准检核机制，保证回归教育质量。回归教育主要是为一些超过了就读年龄而有志再学习以获得小学或中学学历的人士而设的，其学历与日间正规教育课程所颁发学历效力等同，但两者在课程计划、科目设置和课时要求上都存在一定差异，而开办回归教育的教育机构在确保其学生的学习成果方面也存在差异，故有需要设立一个由若干核心科目组成的标准检核机制。

2. 15 年免费教育的实施

回归后澳门经济的快速发展为教育发展创造了有利条件，特区政府持续加大教育投入，非高等教育的公共开支总额从 2002 年的 10. 07 亿澳门元，增长至 2020 年的 77. 97 亿澳门元，学生人均教育年公共开支更从 10153 澳门元增加至 92841 澳门元（见表 3 - 1）。

表 3 – 1　澳门非高等教育的公共开支和学生人均公共开支

年度	公共开支 （千澳门元）	学生人均公共开支 （澳门元）	人均公共开支增长率 （％）
2002	1007000	10153	—
2003	1083000	11022	8.6
2004	1056000	11059	0.3
2005	1207000	13083	18.3
2006	1539000	17454	33.4
2007	1912000	22819	30.7
2008	2347000	29586	29.7
2009	2763000	35794	21.0
2010	2896000	38345	7.1
2011	3293000	44835	16.9
2012	3739000	52064	16.1
2013	4841000	68137	30.9
2014	5168000	72258	6.0
2015	5887000	78967	9.3
2016	6430000	84415	6.9
2017	6910718	88555	4.9
2018	7542843	94938	7.2
2019	7900134	96661	1.8
2020	7797213	92841	– 4.0

注：公共开支资料来自澳门财政局。依照府财政统计（适用于国际间比较）的要求，会计制度采用国际货币基金组织（IMF）所订定的国家政府财政统计体系（GFS），并从 2002 年开始设有非高等教育公共开支项目。

资料来源：澳门教育暨青年局。

教育投入的持续加大推动了免费教育的发展，2006 年颁布的《非高等教育制度纲要法》将免费教育的实施年限由原来的 10 年逐步拓展为 15 年，包括幼儿教育、小学教育、初中教育和高中教育的所有年级；同时，还将免费的范围由"学费"拓展至"补充服务费和其他与报名、就读及证书方面有关的费用"①，从而使免费教育由以前的"倾向性免

———————

① 澳门原有的免费教育是一种"倾向性免费教育"，学生家长要承担"补充服务费"。

费"过渡到真正的免费。自 2007/2008 学年实施 15 年免费教育以来，一方面，免费教育覆盖率显著提高（见表 3－2），学校（校部）[以下简称校（部）]的覆盖率在 2017/2018 学年已达到 93.8%，与 2007/2008 学年相比增加了 8.2 个百分点；另一方面，提供"免费教育学校系统"学校的吸引力大为加强，报读的学生占比在刚回归的 1999/2000 学年仅 61.7%，2018/2019 学年则已提升到 90.6%，大大超过"五年规划"所确定的目标，澳门学生完成正规教育的保障大大加强。

表 3－2 免费教育学校和学生覆盖率的变化

学年	校（部）覆盖率		学生覆盖率	
	校（部）数（个）	免教校（部）比例（%）	学生人数（人）	免教学生比例（%）
1999/2000	98	84.5	61027	61.7
2000/2001	99	85.3	61627	61.9
2001/2002	100	86.2	62265	62.3
2002/2003	101	86.3	61079	61.6
2003/2004	103	84.4	59253	60.3
2004/2005	101	85.6	58475	61.2
2005/2006	99	85.3	55135	61.8
2006/2007	96	85.0	73084	85.7
2007/2008	95	85.6	68829	85.2
2008/2009	94	86.2	64810	84.8
2009/2010	94	86.2	62045	84.0
2010/2011	94	87.0	60406	83.5
2011/2012	92	86.8	58798	83.1
2012/2013	93	86.9	57432	82.8
2013/2014	94	87.0	56700	82.3
2014/2015	96	88.1	58407	84.0
2015/2016	96	88.1	61121	84.2
2016/2017	96	88.9	64300	86.5
2017/2018	105	93.8	69150	90.6
2018/2019	105	93.8	70691	90.6

注：免教校（部）比例和免教学生比例分别指提供免费教育学校系统的学校和学生在澳门所有校（部）和相应年级学生总数中所占比例。

资料来源：参见郭晓明、王敏《澳门回归以来教育发展与经验》，广东经济出版社，2020，第 34～35 页。

3. 有效推行小班制

澳门的小班制始于回归初期。澳门正规教育学生人数最多的 2001/2002 学年学生 96821 人，至 2013/2014 学年减少至 68923 人，12 年减少了 28.8% 。由于经济的好转，出生率后来有所回升，幼儿教育和小学教育的学生人数分别自 2010 年和 2013 年开始增加，但中学（尤其高中）的学生数至今仍处于下降通道中，2018/2019 学年的学生总人数只有 77999 人。学生人数的减少，为澳门推行小班制创造了条件。特区政府开始是在小学教育预备班试行每班 35 名学生即可获得与 45 名学生同样的免费教育津贴，借此鼓励学校减少班级人数，为减轻教师负担、提高教学质量创造条件。2006/2007 学年起，小班制向下推展至幼儿教育阶段，向上延伸至初中。2007/2008 学年，特区政府又决定从幼儿教育第一年开始，将获得包班津贴的每班学额下限降低为 25 人，并逐年推高一个年级，依次延伸至小学教育的其他年级，到 2018/2019 学年，澳门幼儿园、小学、初中和高中平均每班的学生人数已分别减少至 28.5 人、29.3 人、27.2 人和 25.6 人（见表 3 – 3）。这无疑为减轻教师的工作负担，让其更多地关注学生个体的差异，甚至推动整个学校课程和教学方式的改革创造了良好条件。

表 3 – 3　正规教育平均每班学生人数的变化

单位：人

学年	幼儿园	小学	初中	高中
1999/2000	37.9	45.2	45.3	39.2
2000/2001	37.0	42.6	45.0	40.1
2001/2002	35.0	41.8	45.1	40.5
2002/2003	33.2	39.5	44.9	40.8
2003/2004	32.3	37.3	44.3	41.2
2004/2005	30.8	36.6	43.6	41.1
2005/2006	29.7	35.6	42.3	40.8
2006/2007	27.0	34.2	39.8	39.5
2007/2008	25.9	32.6	37.9	37.8

续表

学年	幼儿园	小学	初中	高中
2008/2009	25.0	31.0	35.5	35.0
2009/2010	24.9	29.7	34.7	34.3
2010/2011	25.7	28.9	34.4	33.5
2011/2012	26.3	27.6	33.7	32.4
2012/2013	26.8	27.1	32.5	32.3
2013/2014	26.7	27.1	30.6	31.8
2014/2015	27.4	27.9	28.3	30.9
2015/2016	28.6	28.7	28.2	28.9
2016/2017	28.8	28.8	27.8	27.5
2017/2018	29.2	29.1	27.5	26.1
2018/2019	28.5	29.3	27.2	25.6

注：从 2007/2008 学年起至 2017/2018 学年，资料范围由包括正规教育和回归教育更改为只包括正规教育，数据的统计日期 2018/2019 学年为 10 月 26 日，其他学年为 11 月 26 日。

资料来源：参见郭晓明、王敏《澳门回归以来教育发展与经验》，广东经济出版社，2020，第 36 页。

4. 教师队伍素质的提升

长期以来，澳门私立学校的教师缺乏制度保障，其稳定性和专业素养都深受影响。特区政府成立后，把建立一支高素质的、稳定的教师队伍作为持续努力的重要政策目标。2006 年颁布的《非高等教育制度纲要法》明确规定，"专业发展是教学人员的权利和义务，教学人员应为其专业持续发展做出规划"，进而从制度上确保了教师应有的专业发展权益，同时也赋予教师以专业发展的责任，体现了权、责统一的制度理念，也为教师主动寻求专业发展奠定了制度基础。同时，该法明确规定政府要为教师的专业发展提供条件和资源，资助校本培训，设立教师专业发展津贴。特区政府于 2010 年颁布《非高等教育公立学校教师及教学助理员职程制度》，这是公立学校教师职程制度的一次重要变革，提高了各教育阶段教师的任职资格要求，在薪俸点的设计上体现了教师的专业性以及师范培训的重要性；晋升的条件除服务时间及工作表现评核外，还增加了专业发展时数的要求。

在私立学校教学人员制度方面，第 3/2012 号法律《非高等教育私立学校教学人员制度框架》于 2012 年在立法会获得通过，该法规范了非高等教育私立学校教学人员的权利和义务、任职要求、职程制度、工作时间、专业发展、薪酬待遇和退休保障等，标志着澳门私立学校教师制度的基本确立。随后，澳门成立了"教学人员专业委员会"，建立起私立学校教学人员的专业准则、职级审核的程序、专业发展津贴发放规章、"卓越表现教师"荣誉的颁授细则以及教学人员专业发展活动时数的审核准则。总之，私立学校教学人员制度从职业保障和专业发展两个方面均得以加强，对澳门教师队伍的建设具有里程碑式的意义。

在学校管理团队及教师队伍建设的具体政策及措施方面，澳门特区政府回归初期主要关注校长培训，要求教师参加政府围绕创思教学等主题组织的培训。特区政府于 2004 年开始关注骨干教师培训，2005 年实施"校本培训资助计划"，到 2007/2008 学年则进一步实施"脱产进修"和"休教进修"等新政策。[1] 2010 年和 2014 年先后优化了公、私立学校教师的职业保障，尤其推出私立学校教师的职级制度，并与教师的评核制度和专业发展时数挂钩，推出教师专业发展时数的审核准则。

这些措施有效促进了校长和教师队伍建设，基本形成相对完整、具有针对性且有效的教师培训和专业发展机制，在促进师资队伍建设和提升教师的专业素养方面发挥了重要作用。

其一，教师的学历和接受师范培训的比例明显提升。从 1999/2000 学年至 2018/2019 学年，拥有博士、硕士学位的教师所占比例由 1.9% 提升至 17.0%，拥有学士、高等专科学位的教师的占比由 51.3% 提升至 78.8%，大专毕业（包括文凭及副学士学位）的占比由 24.4% 下降到 2.8%，中学毕业或以下的教师占比则由 22.4% 降至 1.4%；具备师范

---

[1]　王敏：《澳门教师专业发展政策分析与展望》，《全球教育展望》2009 年第 6 期。

学历的幼儿教师、小学教师和中学教师占比，分别由 87.5% 和 62.7% 提升至 98.9% 和 92.8%。①

其二，私立学校教师的收入明显提升。由于历史的因素，澳门的基础教育以私立学校为主，私立学校的教师占教师总数的 90% 以上，但回归前私立学校教师的薪酬很低。回归后，特区政府加大对教育的投入，属于本地学制的、非营利性的私立学校均可加入免费教育学校系统，取得政府提供的免费教育津贴。2012 年《非高等教育私立学校教学人员制度框架》实施后，特区政府还直接为私立学校的教师发放专业发展津贴和年资奖金，这大大提升了私立学校教学人员的薪酬和职业保障，他们的年收入中位数由 2001/2002 学年的大约 15.4 万澳门元，提升到 2017/2018 学年的 44.1 万澳门元。②

其三，私立学校教师每周的授课时数明显减少。2012 年《非高等教育私立学校教学人员制度框架》的实施，大大减少了私立学校教学人员的授课时数，由 1999/2000 学年到 2018/2019 学年，幼儿教师、小学教师和中学教师的每周任教节数分别从 27.6 节、22.9 节和 20.3 节，下降到 20.9 节、16.2 节和 14.3 节（见表 3 - 4）。

表 3 - 4　教师平均每周任教节数的变化

单位：节

学年	幼儿教师	小学教师	中学教师
1999/2000	27.6	22.9	20.3
2000/2001	27.2	22.7	20.4
2001/2002	27.6	22.7	20.3
2002/2003	28.1	22.6	20.3
2003/2004	28.1	23.0	20.2
2004/2005	28.2	22.7	20.1
2005/2006	28.5	22.6	19.8
2006/2007	27.4	21.9	19.8

---

① 资料来源：澳门教育暨青年局。
② 资料来源：澳门教育暨青年局。

续表

学年	幼儿教师	小学教师	中学教师
2007/2008	26.5	20.3	19.4
2008/2009	26.0	19.6	18.5
2009/2010	24.9	19.2	18.3
2010/2011	24.4	18.6	17.4
2011/2012	23.4	17.8	16.7
2012/2013	20.9	16.6	15.0
2013/2014	20.6	16.5	14.8
2014/2015	20.5	16.3	14.6
2015/2016	20.8	16.5	14.5
2016/2017	21.1	16.2	14.4
2017/2018	20.8	16.2	14.3
2018/2019	20.9	16.2	14.3

注：任教节数指老师授课时间的节数，但不包括豁免授课时间（抛节）的节数。

资料来源：澳门教育暨青年局。

（二）课程变革的新要求

回归以来，澳门在政治、经济、文化等方面的快速改变，对学校教育及其课程提出了一系列新要求。

1. 加强国家认同教育

世界虽已进入全球化的时代，但国家、民族的兴旺关乎每一个国人的命运，澳门由于其特殊的历史，强化每一位居民对于国家和民族的高度认同显得尤其重要。在澳葡当局治理时期，由于占人口绝大多数的华人基本没有政治参与的空间，加之澳葡政府也无意培养拥有权利意识的公民，所以回归前"澳门的大众政治文化还保留着传统的'臣属型'政治文化心态"[1]，在国家观念上"长期存在着零散化、碎片化"的现象[2]，学校淡化民族情感，教科书也往往回避公民教育的内容，有的学校以健康教育、道德教育或宗教课代替公民教育。

---

[1] 余振、刘伯龙、吴德荣：《澳门华人政治文化》，（澳门）澳门基金会，1993，第144页。

[2] 李燕萍：《"一国两制"与澳门居民国家观念的培养》，《"一国两制"研究》2015年第4期。

回归以后，澳门要加强居民国家观念和公民意识，让青年从"疏远型"的政治文化中走出来，以主人翁的心态去参与和推动国家的发展；同时，在"一国两制"的政治架构下，市民要全面理解"一国两制"，更好地了解和认识内地的制度，正确处理"一国"与"两制"的关系，既维护中央的管治权威，又保障特区的高度自治。所以，学校课程应致力于增进年轻一代对国情和区情的了解，培养他们的民族归属感和国家认同感。

对于土生葡人也是如此。土生葡人回归前身份认同的先后顺序基本是"澳门人—土生葡人—葡萄牙人—中国人"。回归后，他们中的部分人对葡萄牙人这一身份的认同开始模糊化，作为澳门人的主体意识被强化，作为中国人的意识在一部分人特别是文化水平较高的年轻人中也得到一定加强。[1] 但与华人相比，在土生葡人青年群体中加强国家认同教育显然任务更为艰巨。其中，语言的学习至关重要，回归后土生族群和葡文学校的中文学习都得到了加强。特区政府 2006 年颁布的《非高等教育制度纲要法》要求包括葡文学校在内的本地学制的所有学校都必须将"爱国爱澳""培养对国家的认同感"纳入教育目标，在历史、品德与公民方面让学生达到特区政府所订定的"基本学力要求"[2]，为此，特区

---

[1] 有学者甚至认为，澳门回归后创造了"中华民族共同体构筑过程中的'澳门模式'"。周大鸣：《澳门模式：多元文化与中华民族共同体》，（澳门）《澳门理工学报》（人文社会科学版）2020 年第 2 期。

[2] "基本学力要求"是指学生在经历某一阶段（如幼儿园、小学、初中或高中）的学习之后，在某一领域所应具备的基本素养，包括基本的知识、技能、能力、情感、态度和价值观。"基本学力要求"是管理及评核课程、编写及选用教材、指导及规范教学，以及评估学校教学质量的准绳。澳门在 2006 年颁布实施的《非高等教育制度纲要法》规定，政府须制定各教育阶段的"课程框架"以及与其配套的各学习领域或科目的"基本学力要求"。前者相当于内地的"课程计划"，后者相当于"课程标准"；所不同的是，"基本学力要求"主要是从学生发展的角度订定的，专注于其所应具备的素养，突出了课程的目标和学生的发展水平，而"课程标准"则还有内容标准，甚至是课程实施的建议，延伸至教材的编写、教学过程、学习评价以及学校课程资源和教学环境的建设等方面。有关澳门"基本学力要求"的规定，请参见第 10/2015 号行政法规《本地学制正规教育基本学力要求》。

政府甚至为此出版葡文和英文版的教材。[①]

2. 促进文化变革

回归在澳门的发展过程中是一个历史性的转折点，澳门的文化领域也须顺应历史潮流，适时加以改变。有学者将澳门视为"天朝异化之角"[②]，比较形象地概括了澳门文化发展的历史和特点。明清两朝时期，澳门就像"在帝国最南端的极小岬角上出现了一块完全不同于自身文明且以西方文化为主体的异质文明的'飞地'"，即"天朝异化"的一角。此处的"异化"主要是指西洋文明的东传及其给中华文明所带来的影响。值得注意的是，澳门不仅是西洋文明东传的"桥梁"，而且也是中华文明西传的"孔洞"。在此过程中，澳门本身也成为"西洋文明的承载之地和积淀之地"。

回归不仅仅是政治上的，而且包括文化的回归，要在文化上体现中国的主权，将中国文化确立为官方文化。20 世纪 90 年代，澳门集中处理了"三化"问题，包括确立中文的官方语言地位。但是确立中华文化的主权文化地位，不仅要中文官方化，还要建立对中华文化的自信，以国家对澳门恢复行使主权和新的政治秩序的建立为立足点，从中国的角度和立场出发充实澳门本地知识，逐步建立起客观且全面反映澳门本地历史面貌和当前社会现实的话语。事实上，回归 20 多年来，以澳门本地学者为骨干的"澳门学"研究，"通过研究过程的知识产出而取得历史和社会论述的共识，形成对以中华文化为主流、多元文化共存的澳门本地文化的认同感和自信心"，最终得出澳门社会内部"华洋共处分治"的宏观历史论述结论，呈现澳门以中华文化为主流、吸收西方文化之长的社会特色，以及古今同在、中西并举、"不同而和，和而不同"的文化经验，实现了澳门学术话语的回归，建立起澳门对外的软实力和文化影响力。[③]

---

① 2021 年澳门特区政府教育及青年发展局与人民教育出版社合作，将该社此前已出版的澳门中文版中小学《品德与公民》教材和中学《历史》教材，译为英文和葡文出版。

② 汤开建：《天朝异化之角：16—19 世纪西洋文明在澳门》下卷，暨南大学出版社，2016年，前言，第 1 页。

③ 吴志良、陈震宇：《学术话语权的回归与澳门特别行政区政治共识的形成》，《港澳研究》2019 年第 4 期。

2019 年初公布的《粤港澳大湾区发展规划纲要》赋予澳门建设"一中心，一平台，一基地"（世界旅游休闲中心，中国与葡语国家商贸合作服务平台，以中华文化为主流、多元文化共存的交流合作基地）的完整定位。如果说，"一中心""一平台"所关注的主要是物质方面的话，那么，"一基地"则更多地体现了对澳门人经过长期生活所探索、形成的软实力的关注。多元文化共存以往仅仅被视为澳门的一个特点，"一基地"的提出大大提升了文化在澳门未来发展中的地位，也对澳门的文化发展提出了一系列前所未有的要求。澳门要从一个中西文化交汇的"特色小城"跃升为具备区域乃至国际影响力的文化之都，处理好区域融合发展的内外关系。① 澳门须努力总结和突出澳门自身文化的优势，深入挖掘澳门精神的深刻内涵并加以弘扬光大，这是澳门的历史责任。② 另外，澳门作为中西文化交流和古代海上丝绸之路的重要节点与枢纽，其文化具有多样性和开放性。澳门要积极投入文化的交流与合作，促进大湾区内部、大湾区与内地及世界的文化交流与合作，打造自己的文化品牌，充当多元文化间的交流桥梁。所以，如何保留澳门的文化特色，继续为中华大地的文化发展提供一个有生命力的、能与世界各种文明包容对话的实验场，同时促进文化交流与合作，是回归以后澳门文化发展的重要课题。

要实现文化的上述转变，有必要重视发挥教育的作用。要加强澳门基础教育领域的中国传统文化教育和中国历史教育，从而提升学生对中华文化的认知和认同，达到文化自觉。既要大力传播和弘扬中华优秀传统文化，大力挖掘、整理澳门的历史底蕴和文化基因，巩固和强化澳门的"中国性"元素，也要海纳百川，积极、主动地吸收其他国家和民族的文化元素，彰显澳门的"世界性"形态，发挥澳门善于对话、易于沟通的功能，在"中国性"与"世界性"之间架起一座通畅的交流

① 郝雨凡：《澳门的文化底蕴与文化建设》，载吴志良、郝雨凡主编《澳门经济社会发展报告（2011～2012）》，社会科学文献出版社，2012，第 1 页。
② 林广志：《"基地"建设任重道远》，（澳门）《澳门日报》2017 年 8 月 16 日，第 E06 版。

合作桥梁。[①] 在语言方面，澳门作为一个多语制区域，不仅要以中葡两种语言为官方语言，而且要传承葡语及拉丁文化，充分发挥澳门作为联系欧洲和拉丁语系各国的特殊桥梁的作用，还应该有更多的人掌握英语。要长期保留澳门文化的特色，不能忽视对公民的教育，且要将文化遗产保护教育纳入学校课程。

3. 增强年轻人的竞争力

回归之后随着博彩业的开放，澳门的经济快速发展，特区政府因此持续加大教育投入，[②] 自 2007/2008 学年起，在华人地区率先实施 15 年免费教育，将免费教育由原来的 10 年逐步拓展为 15 年，包括幼儿教育、小学教育、初中教育和高中教育的所有年级。至 2017/2018 学年，实施 15 年免费教育的校（部）比例已达到 93.8%。与此同时，由于出生率的下降，学生人数迅速减少，特区政府力推小班制。小班制的有效推行以及班师比和师生比的持续优化，为师生更多、更好地互动与沟通，提高教与学的效能创造了条件，从而为优质教育的发展奠定了基础。澳门非高等教育的发展已步入了一个新的阶段，由"量的扩张"过渡到"对优质教育的追求"。但是，提升教育质量的关键还在于有优质的课程与教学。长期以来，澳门非高等教育各自为政，许多学校连基本的课程设置和教学水准都无法保证，对教育质量的提升造成极大阻碍。

另外，作为一个微型经济体和高度依赖旅游博彩业的自由港，澳门在经济上日益加强与全球的联系以及参与全球性的竞争，已经成为一个不可逆转的事实。全球化既是难得的发展机遇，也带来前所未有的挑战与竞争。在澳门就业市场上外地劳工在许多企业的中、高管理层中占有相当高的比例，这表明澳门劳动人口的竞争能力亟待提高。

以上两方面，都要求特区政府研制和发展一套新的课程体系，为澳门非高等教育质量的整体提升提供制度上的保障。优质教育要关注每一

---

① 吴志良：《总结澳门历史经验，弘扬中华文化传统》，载吴志良、郝雨凡主编《澳门经济社会发展报告（2017~2018）》，社会科学文献出版社，2018，第 220~228 页。

② 郭晓明、王敏：《澳门回归以来教育发展与经验》，广东经济出版社，2020，第 24 页。

位学生，为其潜能的充分发展提供机会和条件。为此，澳门的学校课程必须关注学生以下几方面的素养：一是要培养学生开放的态度和敢于竞争的精神，惧怕竞争和排斥外来竞争者的人是不可能有竞争力的；二是要让学生掌握系统、扎实且符合个人和时代发展需要的知识和技能，这是年轻一代获得竞争力的基础；三是要培养学生的恰当的思维方式和良好的创新能力。无论对企业还是个人来说，这都是在知识型社会获得成功的根本保障。

二　改革课程领导体制

澳门特区政府自回归以来努力推进教育变革，经过近 20 年的努力，课程领域最重要的进展之一，就是成功建立起新的课程领导体制。

在澳门，课程领导体制上的一个重要问题是如何看待政府的作用。长期以来，在政府与学校的关系上，澳门的总体情况是学校拥有相当大的自主权。几百年以来，广大私立学校的课程安排各自为政，1991 年颁布实施的《澳门教育制度》仍规定："官立和私立教育机构均享有教学自主权"，且"教学自主系透过在教学组织及运作以及课程发展而行使"。可见，法律赋予学校不容置疑的课程自主权。尽管公立学校的课程自主权因其行政和财政的非自主性而受到一定影响，但私立学校在课程领域的各个方面都是完全自主的。澳葡政府在 1994 年和 1997 年曾先后推出旨在规范从幼儿教育到高中教育的学校课程的三个法令（关于幼儿教育、小学教育预备班及小学教育课程的第 38/94/M 号法令、关于初中教育课程的第 39/94/M 号法令、关于高中教育课程的第 46/97/M 号法令），随后还以此为基础开发了一整套课程大纲。但是，这三个法令均以"不影响私立教育机构在行政与教学自主范围内之本身权限"为原则，私立学校可以自主制定课程大纲，教材的选用在所有学校都不受任何限制。可见政府除对为数甚少的公立学校（其学生大约只占学生总数的 5%）的课程计划及大纲有直接影响外，对私立学校的课程及课程领域的其他方面难以起到积极的领导作用。这是一种决策权力分配极不平衡的课程领导机制，好的一面是能给学校以足够的空间创造性地开发有个性的课程，使学校办出特色，澳门教育行政当局曾于 1993/1994 学年收集全澳非高等教育阶段共 79 所（以牌照为准）学校的课程计划，结果没有一所学校的课程与其他学校完全相同，原因就在于澳门基础教育阶段的课程和教材历来由学校自主决定和选择，学校与学校之间在教材、教学内容、教学语言乃至课程设置和课程结构上都各有不同。但在这种制度的长期作用下，澳门基础教育质量缺乏基本标准，学校间的教育质量参差不齐。

回归后，特区政府积极建立一种新的课程领导体制与课程决策机制，而且以法律法规的形式使其确定下来。其中最关键的一步，是 2006 年颁布和实施《非高等教育制度纲要法》，从法律层面订定了政府和学校共同负责课程决策的新的课程领导体制。该法第 22 条规定：政府须规划"各教育阶段的课程框架"，订定学生须达到的"基本学力要求"，具体内容由专有法规订定；学校"在遵循澳门特别行政区课程框架和基本学力要求的前提下，可自主发展其校本课程"。这是对课程决策与课程领导机制的一次重要转变，改变了过去私立学校享有绝对课程自主权的状况，增强了政府在课程管理领域的影响力。另外，行政长官于 2006 年做出第 102/2006 号批示，成立"课程改革及发展委员会"①。该委员会隶属于社会文化司司长，基本职责是推动课程研究，协助制定各教育阶段课程总框架并订定落实的策略与标准，同时就课程发展与教育机构合作，工作的过程中可邀请教育界和专业人士参与。委员会的成立为澳门课程改革及发展建立了专业领导组织系统。《非高等教育制度纲要法》及上述行政长官批示，确立了新的课程领导体制及课程决策机制，其基本方向是赋予政府以制定地区课程基准的权力，

---

① 第 102/2006 号行政长官批示《设立〈课程改革及发展委员会〉》。

学校在遵遁这一基准的前提下，拥有本校课程的领导权和决策权，包括制订本校的课程计划、学力要求、课程大纲，选择或改编教材，开发校本课程等。课程决策的主体包括政府和学校，也有教育界和专业人士的参与。

另外，为持续推动课程改革，特区政府凝聚各种改革力量，建构了一个上下协调、多方互动的广泛参与及有效运作机制。特区政府于2005年底开始启动对非高等教育课程的检讨工作，并在此基础上制订了澳门课程改革的总体规划——《澳门特别行政区非高等教育课程改革与发展蓝图》。蓝图订定了非高等教育课程改革与发展的宗旨、主导原则以及应特别关注的领域，规划了非高等教育课程改革与发展工作进程，提出了相应的发展策略和关键措施，为澳门非高等教育课程的整体架构及发展确立了基本方向。由于受澳门地域及高等教育发展规模的限制，澳门在课程研究及课程开发方面的人力资源相对缺乏，未能满足课程改革及发展工作的需要。同时，为更好地学习和借鉴其他地区的课程改革经验，特区政府分别在澳门、内地、香港及台湾等地聘请了教育和课程领域以及学科领域的知名学者、专家担任课程改革顾问，为澳门非高等教育课程改革的整体规划、课程框架与基本学力要求的研制以及课程指引的编写等工作提供专业意见和建议，为有效推动课程改革提供了广泛、深厚的专业技术支持。为落实《非高等教育制度纲要法》中有关课程的规定，特区政府又组织澳门有较高教育理论修养和相关专业水平的教育专家、学者，以及有丰富的教育实践经验和一定的教育理论和专业水平的教育一线工作者共同成立了各学习领域或科目的基本学力要求研制小组，逐步开展各教育阶段相关基本学力要求的研制工作。

值得注意的是，澳门历来被称为"社团社会"，许多学校的办学实体都来自社团，各种类型、代表不同族群和来自不同领域的社团组织具有不同的功能，有着各自不同的影响，代表各自的利益，有着不同的教育要求和课程需要，因而政府在推进课程改革的过程中须重视和吸收教育界各重要社团的意见，例如澳门中华教育会、澳门天主教学校联会和澳门公职教育协会等。澳门教育社团以及与教育关系密切的青年社团组织的总体情况见表3－5。

表3－5　澳门教育社团及与教育关系密切的青年社团的分布情况

单位：个，%

	教师团体	家长会	同学会校友会	教育研究组织	教育协会	青年教育团体	其他	总计
数量	6	23	79	31	64	11	5	219
比例	2.7	10.5	36.1	14.2	29.2	5.0	2.3	100

资料来源：笔者根据澳门特别行政区政府印务局2007年6月公布的资料整理。

作为教育社团等社会各持份者参与课程事务的一种机制，非高等教育委员会发挥十分重要的作用。该委员会是根据《非高等教育制度纲要法》第52条的规定设立的，该委员会是"汇集社会各界力量，通过参与、协调、合作及检讨，为教育政策的发展寻求广泛共识的咨询机构"，主要由政府代表、社团代表、教育范畴的专家学者、学校的校长或中高层管理人员、教师及在教育领域有公认功绩的人士组成。法律规定政府所有有关教育政策之重要事项，都必须听取该委员会的意见；委员会还负责跟进和评核教育政策执行情况。委员会的成员具有比较广泛的代表性，现有成员除了特区政府的代表［社会文化司司长、教育暨青年局（现教育及青年发展局）局长和负责教育范畴的副局长］外，还有校长和教师，教育社团的代表则来自澳门中华教育会、澳门天主教学校联会、澳门管理专业协会、澳门土生教育协进会、澳门成人教育学会、澳门公职教育协会、澳门童军总会、澳门发展策略研究中心、澳门中华总商会、澳门青年研究协会和澳门中华学生联合总会等，现有成员还包括具有公认功绩的人士等。

三　颁布各教育阶段课程框架

世界各国课程改革具体的目标不尽相同，但改革的焦点之一都是课程结构的调整，因为设置什么样的课程，就是对年轻一代进行什么样的教育。过去，澳门正规教育的课程框架由第 38/94/M 号法令、第 39/94/M 号法令和第 46/97/M 号法令三个法规规范组成，特区政府于 2014 年特区政府正式颁布第 15/2014 号行政法规《本地学制正规教育课程框架》，① 对幼儿园、小学、初中和高中四个教育阶段的课程结构做出了较大的调整，包括：设立学习领域，保障学习经验的完整性；加强品德与公民教育、体育和艺术教育；重视文、理平衡，全面提升学生的科学和人文素养；加强中学课程的选择性，促进学生多样化发展；增设活动课程，加强课程整合。②

表 3 - 6　幼儿教育课程计划

单位：分钟

一至三年级			
教学活动	学习领域	每周的教育活动时间	幼儿教育阶段的教育活动总时间
	健康与体育	1200～1650	140400～193050
	语言		
	个人、社会与人文		
	数学与科学		
	艺术		
非教学活动			

注：1. 教育活动时间不包括午膳及午睡时间。

2. 学校可设计跨学习领域的综合性学习主题及单元。

3. 幼儿教育阶段每周的教学活动时间不得多于 900 分钟，而每节课最少 25 分钟，最多 40 分钟。

4. 在幼儿教育一年级不得包含写字教学。

5. 学校可根据其需要，在本附表所规定的时间外开办余暇活动。

资料来源：第 15/2014 号行政法规《本地学制正规教育课程框架》。

---

① "正规教育课程框架"是指由政府所订定的各教育阶段课程的基本架构，其内容主要包括"课程发展准则、学习领域的划分、教育活动时间的安排，小学教育、初中教育及高中教育阶段尚包括主要科目的设置"，其作用相当于内地的"课程方案"。参见第 15/2014 号行政法规《本地学制正规教育课程框架》第三条。

② 详见本书第四章。

表 3 – 7　小学教育课程计划

单位：分钟

一至六年级				
学习领域	科目	小学教育阶段各科目的教学活动时间[1]	每周的教学活动时间	小学教育阶段的教学活动总时间
教学活动	语言与文学	第一语文[2]（教学语文）	49920～83200	1080～1400	224640～291200
		第二语文[3]	41600～58240		
	数学	数学	33280～49920		
	个人、社会与人文	品德与公民	不少于 8320		
		常识	不少于 33280		
	科学与科技	信息科技	不少于 8320		
	体育与健康	体育与健康[4]	不少于 16640		
	艺术[5]	艺术	不少于 33280		
	其他科目[6]		0～66560		
余暇活动			小学教育阶段不得少于 14240 分钟		
其他教育活动			教学活动及余暇活动以外的教育活动[7]		

注：1. 教学活动时间不包括每学期末或每段末的考试时间，而每节课最少 35 分钟，最多 45 分钟。

2. 如为"中文"，须包括普通话。

3. 如为"中文"，可包括普通话。

4. "体育与健康"每周教学活动时间不得少于 70 分钟。

5. 学校可在此学习领域设置综合的"艺术"科目，亦可设置分科的"视觉艺术"及"音乐"科目，且可包括"舞蹈"及"戏剧"科目。

6. 学校可根据其教育理念及办学特色，以及社会及学生发展的需要，增设本附表所列科目以外的一个或多个科目，尤其是体现课程内容整合及科目间相互渗透的科目。该等科目可涉及本表内所列的一个或多个学习领域，但不得与已列出的科目相同。

7. 如专门的艺术活动、文化教育活动、社会实践活动、营会、运动会、校庆活动、开学礼、结业礼、毕业礼、联欢活动等。学校可自主决定及安排其各学校年度的其他教育活动时间，但应注意有关安排的合理性，兼顾教学活动及余暇活动时间安排的协调性。

资料来源：第 15/2014 号行政法规《本地学制正规教育课程框架》。

表 3 - 8　初中教育课程计划

单位：分钟

一至三年级				
学习领域	科目	初中教育阶段各科目的教学活动时间[1]	每周的教学活动时间	初中教育阶段的教学活动总时间
教学活动	语言与文学　第一语文[2]（教学语文）	20600～37080	1120～1600	115360～164800
	第二语文[3]	20600～37080		
	数学　数学	20600～28840		
	个人、社会与人文　品德与公民	不少于 8240		
	社会与人文[4]	不少于 12360		
	科学与科技　自然科学[4]	不少于 12360		
	信息科技	不少于 4120		
	体育与健康　体育与健康[5]	不少于 8240		
	艺术[6]　艺术	不少于 8240		
	其他科目[7]	0～49440		
余暇活动		初中教育阶段不得少于 7040 分钟		
其他教育活动		教学活动及余暇活动以外的教育活动[8]		

注：1. 教学活动时间不包括每学期末或每段末的考试时间，而每节课最少 35 分钟，最多 45 分钟。

2. 如为"中文"，须包括普通话。

3. 如为"中文"，可包括普通话。

4. 学校可设置综合的"社会与人文"及"自然科学"科目，亦可设置分科的"历史"、"地理"、"生物"、"物理"及"化学"等科目。

5. "体育与健康"每周教学活动时间不得少于 70 分钟。

6. 学校可在此学习领域设置综合的"艺术"科目，亦可设置分科的"视觉艺术"及"音乐"科目，且可包括"舞蹈"及"戏剧"科目。

7. 学校可根据其教育理念及办学特色，以及社会及学生发展的需要，增设本表所列科目以外的一个或多个科目，尤其是体现课程内容整合及科目间相互渗透的科目。该等科目可列为必修或选修科目，且可涉及本表内所列的一个或多个学习领域，但不得与已列出的科目相同。

8. 如专门的艺术活动、文化教育活动、社会实践活动、营会、运动会、校庆活动、开学礼、结业礼、毕业礼、联欢活动等。学校可自主决定及安排其各学校年度的其他教育活动时间，但应注意有关安排的合理性，兼顾教学活动及余暇活动时间安排的协调性。

资料来源：第 15/2014 号行政法规《本地学制正规教育课程框架》。

表 3 - 9　高中教育课程计划

单位：分钟

一至六年级					
	学习领域	科目	高中教育阶段各科目的教学活动时间[1]	每周的教学活动时间	高中教育阶段的教学活动总时间
教学活动	必修	语言与文学	第一语文[2]（教学语文）	18600 ~ 26040	1200 ~ 1720	111600 ~ 159960
			第二语文[3]	18600 ~ 26040		
		数学	数学	14880 ~ 26040		
		个人、社会与人文	品德与公民	不少于 3720		
			社会与人文	不少于 5600		
		科学与科技	自然科学[4]	不少于 5600		
			信息科技	不少于 3720		
		体育与健康	体育与健康[5]	不少于 7440		
		艺术[6]	艺术	不少于 5600		
		其他科目[7]		0 ~ 48360		
	选修[8]	语言、社会与人文及经济类科目；数学及自然科学类科目；体育及艺术类科目；技能导向教育科目		不少于 27840		
余暇活动		高中教育阶段不得少于 6240 分钟				
其他教育活动		教学活动及余暇活动以外的教育活动[9]				

注：1. 教学活动时间不包括每学期末或每段末的考试时间，而每节课最少 35 分钟，最多 45 分钟。

2. 如为"中文"，须包括普通话。

3. 如为"中文"，可包括普通话。

4. 学校可设置综合的"社会与人文"及"自然科学"课程，亦可设置相关的分科课程。

5. "体育与健康"每周教学活动时间不得少于 70 分钟。

6. 学校可在此学习领域设置综合的"艺术"科目，亦可设置分科的"视觉艺术"及"音乐"科目，且可包括"舞蹈"及"戏剧"科目。

7. 学校可根据其教育理念及办学特色，以及社会及学生发展的需要，增设本表所列科目以外的一个或多个科目，尤其是体现课程内容整合及科目间相互渗透的科目。该等科目可涉及本表内所列的一个或多个学习领域，但不得与已列出的科目相同。

8. 学校可根据学生未来升读高等教育课程或就业的需要及学生的个人兴趣，开设属于本表"选修"栏目所列类别或跨类别的科目，供学生选修。

9. 如专门的艺术活动、文化教育活动、社会实践活动、营会、运动会、校庆活动、开学礼、结业礼、毕业礼、联欢活动等。学校可自主决定及安排其各学校年度的其他教育活动时间，但应注意有关安排的合理性，兼顾到教学活动及余暇活动时间安排的协调性。

资料来源：第 15/2014 号行政法规《本地学制正规教育课程框架》。

表 3 – 10　原课程法令与现行课程框架的每周课时比较

教育阶段	原法令[1] 每周课时/节数的规定	课程框架[2] 每周课时规定	每周课时上限的下调
幼儿	幼一至幼二： 805 ~ 900 分钟/23 ~ 36 节 （每节 25 ~ 35 分钟） 幼三： 805 ~ 1190 分钟/23 ~ 34 节 （每节 30 ~ 40 分钟）	不得多于 900 分钟	下调 290 分钟/ 即约 9.7 节 （按每节 30 分钟计）
小学	小一至小四：28 ~ 38 节 小五至小六：30 ~ 40 节 （每节 35 ~ 45 分钟）	1080 ~ 1400 分钟 即 27 ~ 35 节 （按每节 40 分钟计）	下调 200 分钟/5 节 （按每节 40 分钟计）
初中	1480 ~ 1850 分钟/36 ~ 45 节 （每节 35 ~ 50 分钟）	1120 ~ 1600 分钟 即 28 ~ 40 节 （按每节 40 分钟计）	下调 250 分钟/ 约下调 6.3 节（按每节 40 分钟计）
高中	1400 ~ 1800 分钟/35 ~ 45 节 （每节 40 或 45 分钟）	1200 ~ 1720 分钟 即 30 ~ 43 节 （按每节 40 分钟计）	下调 80 分钟/ 2 节（按每节 40 分钟计）

注：1. 第 38/94/M、第 39/94/M、第 46/97/M 号的课程组织法令。
2. 第 15/2014 号行政法规《本地学制正规教育课程框架》。

四　建立本地的课程基准

　　一个地区应该有自己的基本教育标准，为本地的社会发展服务。澳门既要让所有学校办出特色，也须根据与本地区社会发展需要相配合的教育改革方向，研究并设定地区课程基准。

　　地区课程基准与前述课程框架有关，但更重要的是各领域或科目的课程标准，在澳门表现为所有学生均须达到的基本学力要求。特区政府于 2015 年颁布《本地学制正规教育基本学力要求》,[①] 按照该法的规

────────

① 第 10/2015 号行政法规《本地学制正规教育基本学力要求》。

定，"基本学力要求"是指"由政府订定的、要求学生在完成各教育阶段的学习后应具备的基本素养，包括基本的知识、技能、能力、情感、态度及价值观"（第三条）；是"管理及评核课程、编写及选用教材、指导及规范教学，以及评估学校教学质量的标准"（第四条）。"基本学力要求"类似于内地的课程标准，但在"内容标准"方面给学校和教材编写者留下了比较大的空间。

各教育阶段的基本学力要求自 2015 年起陆续颁布实施。首先是幼儿教育基本学力要求；[①] 2016 年颁布小学教育阶段基本学力要求，[②] 自 2016 年 9 月起在小学一至三年级实施，2017/2018 学年起在小学各年级实施；初中和高中教育阶段的基本学力要求于 2017 年颁布并逐步开始实施。[③] 至 2019/2020 学年，澳门正规教育的 15 个年级全部实施新的基本学力要求。

值得注意的是，地区课程基准只规定各教育阶段课程的"底线"，而不是"上限"，因而设置地区课程基准不是统一澳门的课程和教材，而是要保证澳门教育的基本水平。学校在遵守基本的地区课程框架和基本学力要求的前提下，允许自主开发校本课程，自由选择教材和教学方法。

当然，既然是地区的课程框架和基本学力要求，就必须是所有学校都必须遵守的，无论公立学校还是私立学校，教学自主权的行使都必须以遵守此课程框架和基本学力要求为前提。研制澳门地区课程基准需要解决的关键问题是如何既引领学校，又给学校留有足够弹性和自适应的空间。

---

① 第 118/2015 号社会文化司司长批示《核准幼儿教育基本学力要求》。
② 第 19/2016 号社会文化司司长批示《核准小学教育阶段基本学力要求的具体内容》。
③ 第 56/2017 号社会文化司司长批示《订定初中教育阶段的基本学力要求的具体内容》。第 55/2017 号社会文化司司长批示《订定高中教育阶段的基本学力要求的具体内容》。

五 加强教材建设

从教育实践的角度看，无论在哪个国家和地区，教材都是课程领域一个不可忽视的领域。在澳门，教科书越来越成为制约课程发展的一个重要因素。一方面，澳门的教科书制度是一种典型的"自由制"，政府对教科书没有任何限制，只要学校愿意，任何教科书都可使用，这种制度在保证教科书多样化的同时，也令教材质量良莠不齐；另一方面，澳门被认为是一个"依赖型"的教材市场，由于人口少、市场小，澳门一直以来没有一套自己的教材，而是直接使用外地的教材，故有了"依赖性"。随着课程框架和基本学力要求的先后实施，特区政府第一次系统地开展了本地教材的编写和出版工作。

其中，最重要的是《品德与公民》教材，该教材由澳门教育及青年发展局①和人民教育出版社编写、出版，包括小学、初中和高中三个阶段。教材自 2007 年开始编写，小学的试用版于 2008 年 9 月出版，修订版于 2016 年 9 月出版；初中和高中的试用版分别于 2009 年和 2010 年出版，修订版分别于 2018 年和 2019 年出版（见表 3 - 11）。该教材是澳门展开新一轮课程改革以来推出的第一套按照新的基本学力要求编写的教材，也是影响面最广、推广最成功的教材，2021/2022 学年选用和参考选用的学校已达到 100%（见表 3 - 12）。

其次，是中学《历史》教材的编写。该教材也是由澳门教育及青年发展局与人民教育出版社合作编写和出版，包括初中、高中共六个年级，完全按照澳门法定的基本学力要求编写，对加强中学历史教育尤其是中国近代史和当代史的教育具有重要意义。② 2018 年 9 月该教材的初

---

① 2021 年"澳门教育暨青年局"与"澳门高等教育局"合并为"澳门教育及青年发展局"，本节为叙述方便，不区分该局在不同时间的名称，统一用"澳门教育及青年发展局"。

② 郭晓明：《澳门中学历史课程与教材的变革》，《港澳研究》2018 年第 4 期。

一和高一部分供学校选用，2020 年秋整套教材出齐，2021 年出版葡文版和英文版。

此外，澳门教育及青年发展局还与人民教育出版社合作编写出版了《澳门地理》（初中补充教材），与澳门笔会合作出版了《书写我城》（初中文学补充教材），同时，委托广东教育出版社和澳门科学技术协进会分别编写《中国语文》（小学、初中和高中）以及小学《常识》教材（见表 3 – 11）。

表 3 – 11　澳门近年本地教材出版

教材	编写及出版者	出版情况
《品德与公民》	人民教育出版社 澳门教育及青年发展局	小学试用版于 2008 年 9 月出版,修订版于 2016 年 9 月出版;初中和高中的试用版分别于 2009 年和 2010 年出版,修订版分别于 2018 年、2019 年出版
中学《历史》	人民教育出版社 澳门教育及青年发展局	2018 年开始逐步出版,2020 年全套推出,2021 年出版葡文版和英文版
《中国语文》	广东教育出版社 澳门科学技术协进会 澳门教育及青年发展局	包括小学、初中及高中,2019 年开始陆续出版。2021 年小学全套教材出齐,并推出初一和高一教材
小学《常识》	广东教育出版社 澳门科学技术协进会 澳门教育及青年发展局	2019 年起逐步出版,2021 年全套完成推出
《书写我城》 （初中文学补充教材）	澳门笔会 澳门教育及青年发展局	2014 年出版
《澳门地理》 （初中补充教材）	人民教育出版社 澳门教育及青年发展局	2015 年出版
《安全教育》 补充教材	澳门教育及青年发展局	包括幼儿篇、小学篇及中学篇,2018 年推出纸本,2021 年推出电子版教材
《宪法》(补充教材)	澳门教育及青年发展局	2021 年 12 月推出
《基本法》(补充教材)	澳门教育及青年发展局	2021 年 12 月推出
小学葡文教材 Vamos Falar Português	澳门教育及青年发展局	2020 年推出全套教材

资料来源：澳门教育及青年发展局。

表 3 – 12　2021/2022 学年选用本地教材的学校数及所占比例

教材	小学	初中	高中
《品德与公民》	60(100%)	45(100%)	44(100%)
《历史》	—	47(100%)	44(100%)
小学《常识》	59(98.3%)	—	—
《中国语文》	60(100%)	36(76.6%)	34(75.6%)
小学葡文教材 Vamos Falar Português	21(87.5%)	—	—
《澳门地理》(初中补充教材)	—	39(83%)	—
《书写我城》(澳门文学补充教材)	—	25(53.2%)	—
《安全教育》补充教材	71(91.0%)		
《宪法》补充教材	60(100%)	47(100%)	44(100%)
《基本法》补充教材	60(100%)	47(100%)	44(100%)

资料来源：澳门教育及青年发展局。

六　特点与展望

（一）特点

1. 国际化与本土需求相结合

近 20 年来，澳门课程改革的重要特征就是在关注国际化的同时，又立足于对本地课程的深入研究。因为澳门是一个开放的和国际化程度很高的城市，所以其教育的发展也是如此。特区政府教育部门与联合国教科文组织和经合组织（OECD）在教育领域保持密切联系，尤其回归以后澳门连续参加了"学生能力国际评估计划"（Programme for International Student Assessment，简称 PISA）等国际性学生测试。更重要的是，学生的升学渠道也是多元和开放的，中学生高中毕业后大多数留在澳门或赴内地升学，但也有不少赴香港、台湾以及欧美各地升学。所以，澳门的课程改革必须有国际视野，积极关注国际的共同趋势并做出适当响应，同时又须立足于本地的发展需要，了解过去的传统与历史，从而找到本地课程的发展要求和可能性。

例如，当内地、台湾和香港都在以课程标准规范各自的课程基准时，澳门敏锐地引入"学力要求"这一概念，基于学生发展的角度，重点关注学生须达到的"素养"而非课程的具体内容，这不仅让澳门政府颁布的课程具有很高的包容度，给各校本来就很多元的课程找到发挥的空间；更重要的是在华人地区最先引入"核心素养"的思路，是国际化与本土需求结合的典范。

再如，对于香港、澳门而言，中文教育既是文化教育，又应是唤起身份自觉的过程，但其中一些问题由来已久，难有定论。如何看待粤语的地位，是否要用普通话教中文？在坚持教繁体字的同时，是否应肯定简体字的价值，将认识简体字作为课程的基本要求？如何对待港澳中文里许多特有的习惯用语，如何规范学生的书面表达？这些问题往往涉及澳门汉语发展的特殊语境，须从文化传承的角度认真梳理中文在不同时期的发展过程中所形成的传统。汉语在百余年中经历了多次重要变革，澳门又深受粤方言的影响，故澳门须打通汉语的古典传统、五四运动和新文化运动所带来的传统、新中国的传统、粤方言自身的传统，以及澳门地域文化中所具有的传统，力图建立有别于内地、台湾和香港，并符合时代发展需要的澳门自身的新传统，强调加强文言文教育，发掘澳门本地优秀文学作品的教育价值，重视粤语作为口头沟通语言的作用，加强汉语拼音和普通话的教学，并发展符合本地需要的教材。[①]

幼儿教育阶段的课程改革也是如此，世界各地幼儿教育课程都转

---

① 郭晓明：《探寻澳门中文教育自身的传统》，（澳门）《行政》杂志 2015 年第 4 期。

向以活动化的综合主题教学为主，但澳门过去大多数幼儿园课程在整体上都比较传统，分科明显，学校的课程发展能力也有限，所以澳门幼儿教育课程改革一方面将防止"小学化"的倾向作为核心目标，以五个学习领域来规范，另一方面在基本学力要求层面，对知识性的要求依然照顾了学校的现实，略高于其他地区，这是实事求是的做法。[①]所以，课程改革的关键不在于有多"新"，而在于是否能让本地的课程变得"更好"。

2. 实施"先导计划"

课程改革涉及学校设施、管理和师资专业能力的整体变革，而且从政府颁布的课程到学校可实施的课程须进行转化和再设计，对澳门的大多数学校而言，这是一个较大的挑战。为此，在推行课程改革的策略上，政府采取了循序渐进的方式，从幼儿教育到小学、初中和高中，先后于 2011/2012 学年至 2016/2017 学年逐步实施"课程发展先导计划"。

推行"课程发展先导计划"的主要目的是选择一部分学校实行新的课程框架和基本学力要求，为其他学校整体实施新课程提供具体案例及可操作的经验。政府向参与计划的公立和私立学校提供专门的财政和学术支持，包括安排内地优秀教师（内师）驻校，并按需要组织专家团队到校提供培训及指导。参与学校组建"专项小组"，成员包括一名协调员以及相关科目的主任/组长和各年级代表老师，设计及落实符合课程框架的校历表、课程计划表、学生上课及作息时间表，以及符合基本学力要求的各年级教学计划/进度，设计具体课堂教学案例，并进行教研活动，面向其他学校举行"分享会"，分享实施经验与成果。各教育阶段"课程发展先导计划"的具体情况见表 3-13。

---

① 郭晓明：《澳门幼儿教育课程变革：背景、进展与问题》，（澳门）《澳门研究》总第 76 期，2015。

表 3 – 13 "课程发展先导计划"的具体情况

内容	幼儿教育	小学教育	初中教育	高中教育
参与学校数(所)	7	8	11	4
参与班数(个)	51~60	68~160	146~157	79~80
分享会次数(次)	22	13	5	4
完成教案数(篇)	329	336	292	74

注：幼儿教育阶段 2011/2012 学年参与先导计划的学校有 7 所：郑观应公立学校、培道中学(南湾分校)、澳门坊众学校、濠江中学附属幼儿园、教业中学附属小学暨幼儿园分校、青洲小学、海星中学。2012/2013 学年和 2013/2014 学年海星中学退出。小学阶段在 2012/2013 学年和 2013/2014 学年先导计划以中文、数学两个科目为重心，参与学校有 8 所：郑观应公立学校、培道中学(南湾分校)、澳门坊众学校、濠江中学附属小学、培正中学、圣保禄学校、青洲小学、教业中学(分校)。2014/2015 学年和 2015/2016 学年以英文、常识两个科目为发展重心，培道中学(南湾分校)退出。初中阶段以中文、数学两个科目为重心，在 2014/2015 学年参与的学校有 11 所：高美士中葡学校、劳工子弟学校(中学部)、濠江中学、广大中学、培正中学、圣玫瑰学校、粤华中文中学、澳门坊众学校、培华中学、澳门工联职业技术中学、教业中学。2015/2016 学年圣玫瑰学校退出。高中教育阶段(2015/2016 学年至 2016/2017 学年)以中文、数学两个科目为发展重心，参与的学校有 4 所：濠江中学、粤华中文中学、培道中学、教业中学。

资料来源：澳门教育及青年发展局。

3. 重视教师培训

教师是影响课程改革成败和课程发展的关键因素，尤其在澳门，过去教师较多关注教学而少参与课程发展，因此政府尤其关注对学校和教师的专业支持。一方面，编写与基本学力要求相配套的"课程指引"，为学校和教师将政府颁布的课程框架和基本学力要求更好地转化为学校课程提供建议和指导；加强课程网站的建设，丰富网上的课程资源，为教师提供更有效的帮助；充分发挥教育资源中心的作用，为教师的专业发展提供更多、更有效的帮助；鼓励校本发展，确保学校教学的自主，提升学校的课程领导水平及课程开发能力，开发校本课程。在实施"先导计划"的过程中，适当减少参与课程研制教师的工作量，同时调整教师的非教学工作，为教师能有更多的时间充实自己、专注于教育教学工作而创造条件。

　　另一方面，配合课程改革，有针对性的加强教师培训，提升教师的专业素养，促进其养成良好的课程意识，培养他们的课程研发能力。澳门政府与高等教育培训机构合作，为教师提供了一系列专业培训（见表3-14），包括配合基本学力要求而举办的骨干教师培训，也有分教育阶段的课程发展研习班，内容涉及课程开发、校本课程发展、教与学、评估等方面。此外，鼓励学校建立教研组织，开展校本教研活动；引进教育、教学专家，协助学校和教师完善学校课程，为教师提供更具体、更适切的专业指导；充分发扬学校优良的教学传统，结合新的课程改革理念，鼓励教师在实践中学习；建立教师专业发展群体，推动学校教研文化建设。

表3-14　配合基本学力要求举办的教师培训

单位：人

教育阶段/科目		培训课程名称	参与人数
幼儿		幼儿教育骨干教师研习计划	32
		幼儿教育课程发展研习班(4班)	94
		幼儿教育课程发展研习班(葡文班)	15
小学	中文	小学中国语文科骨干教师研习计划	28
		小学中文科课程发展研习班(3班)	124
	葡文	评估实践:有意义的学习	21
		小学葡文基本学力要求(教学语文)研习班	20
		小学葡文基本学力要求(非教学语文)研习班(2班)	25
	英文	小学英文骨干教师研习计划	34
		小学英文科课程发展研习班(6班)	158
	数学	小学数学科骨干教师研习计划	39
	品德与公民	品德与公民科骨干教师《澳门基本法》研习计划	13
	常识	小学常识(科学)骨干教师研习计划	32
		小学常识课程发展研习班(2班)	80
	信息科技	小学信息科技课程发展研习班(5班)	155
	体育与健康	小学体育与健康课程发展研习班(5期)	193
	视觉艺术	小学视觉艺术科课程发展研习班(3班)	118
	音乐	小学音乐科课程发展研习班(4班)	65

续表

教育阶段/科目		培训课程名称	参与人数
中学	中文	中学中国语文科骨干教师研习计划	33
		中学中文科课程发展研习班(2班)	59
	葡文	初中、高中葡文课程发展讲座	14
	英文	中学英文科课程发展研习班(5班)	135
	品德与公民	品德与公民科骨干教师《澳门基本法》研习计划(2班)	42
	自然科学	中学自然科学课程发展研习班(5班)	320
	信息科技	初中、高中信息科技课程发展研习班(2班)	90
	体育与健康	初中、高中体育与健康课程发展研习班(2班)	87
	视觉艺术	中学视觉艺术课程发展研习班(2班)	65
	音乐	中学音乐课程发展研习班(3班)	57
中小学	葡文	基本学力要求:培养口语技能	10
		基本学力要求:培养写作技能	8
		葡萄牙语教与学:作为第二语言的有效策略	24
		作为第二语言的葡萄牙语教学:参考水平 A1 – A2 和 B1 – B2	16

资料来源：澳门教育及青年发展局。

（二）展望

总体上说，回归以来特区政府以非高等教育制度的变革为基础，调整了课程领导制度，推出了新的课程框架和基本学力要求，本地教材的建设也取得突破性进展，新课程覆盖了幼儿园至高中15年的教育阶段，标志着回归以来澳门的第一轮课程改革基本完成。但是，如何将"政府的课程"转化为"学校的课程"，进而落实为"教师和学生的教学"，将成为未来的一个时期里澳门课程改革的关键问题。

1. 将新课程真正落实到学校和课堂

美国学者古德莱德曾提出"五种课程"的理论，即按照课程从构建到实施的过程看，课程可以分为五种：理想的课程、正式的课程、理解的课程、实施的课程、获得的课程。如前所述，政府已推出了新的课程框架和基本学力要求，很明显，这只是政府规范的所谓"正式的课程"而已，只有被进一步转化为被学校和教师所理解并付诸实施的课程，以及最后为学生真正获得的课程，才能真正促进学生的发展。为此，有两方面的工作须加以注意。

其一，要加强学校课程领导能力的建设。从 20 世纪 90 年代的情况看，澳门的地区课程要求并未在全部学校得到真正落实，许多学校表面上都有自己的课程以及校本化课程的研发传统，但实际上学校的课程规划、领导以及研制的能力都不足以将"政府的课程"转化为"学校课程"，"校本"有余而"规划"不足，因而"政府的课程"有被虚置的危险。特区政府一方面要依法尊重学校的教学自主权，另一方面要加强对学校课程的领导。保持课程框架的弹性是必要的，但必须意识并充分注意到其中潜在的危险，在赋予学校决定课程内容、教材等的灵活性的同时，应加强对学校的评核机制和标准的影响，尤其要提升对学校课程的领导能力与进行课程开发的能力。

其二，构建从政府课程到学校课程的桥梁，这包括两个层面。一是"课程改革指引"，它与课程改革蓝图和各阶段的课程框架配套，旨在向学校和社会更全面、更深入地阐述澳门课程改革的理念、规划、政策，以及课程改革对学校、社区及其他社会组织的要求。它类似于内地的《基础教育课程改革纲要》及其解读，其主要内容应包括：澳门课程的历史与问题、澳门课程改革的核心理念、澳门课程管理体制的调整、澳门课程改革中长期规划、各教育阶段的课程框架和基本学力要求、课程改革的跟进机制、教与学的配合等。该"指引"的相关内容伴随课程改革的各个阶段渐次形成，所以开发"指引"的过程也就是清理澳门课程改革思路的过程，"指引"将给学校的课程改革提供有效指导，是宣传和指导课程改革实施的必要文献。毫无疑问，"课程改革指引"是澳门课程改革推进机制的重要组成部分。二是落实"基本学力要求"的"指引"。由于"基本学力要求"是从日本引入的概念，在澳门是一个新事物，大多数学校都没有将其转化为学校课程及课堂教学的经验，故课程改革工作的重点应转向帮助学校落实这些基本要求，按学习领域或科目编制与基本学力要求相配套的"课程指引"，为学校的课程规划、课程实施、课程评核乃至教师专业发展提供建议和指导，确保各教育阶段课程框架与基本学力要求行政法规的落实。"指引"的内容主要应包括：课程基本理念分析、课程目标解读、基本学力要求订定的依据、结构框架及设计思路、对基本学力要求具体内容的理解、主要应涉猎的课程内容或学习主题建议、课程实施建议、评核建议、教学案例等。

2. 把握好政府介入学校课程的力度

在过去的 20 多年里，内地的课程改革强调适度放权，包括教材上由国家统一编写、指定使用的"国定制"走向编审分离、适度放开编写的"审定制"。与此不同，澳门则在努力加强政府对课程领域的影响力，无论是 2006 年《非高等教育制度纲要法》对于课程领导制度的调整，还是课程框架和基本学力要求的颁布实施，"课程改革与发展委员会"的成立，以及政府主导的多项本地教材编写和出版计划的实施，都是政府加强其课程影响力的体现。

但正如有学者所指出的，"澳门一直具有教会、葡人与华人共负兴学责任的传统，而且在课程事务早已形成多元并进的特色"[①]，所以，在课程领导方面，一定要把握好政府介入学校课程的度。总体而言，澳门目前仍给学校的课程自主留出了较大的空间：其一，"非本地学制"的私立学校可以选择不跟随政府颁布的课程框架和基本学力要求；其二，基本学力要求对于课程内容的规范标准远低于内地和台湾地区的课程标准，也低于香港的课程大纲标准；其三，学校完全自主选用教材，教科书的编写和出版也不受任何限制；其四，澳门没有统一的考试制度，学校在教学上有较大的发挥空间。

但要看到，2014 年课程框架和基本学力要求在各教育阶段陆续实施以来，已给学校带来很大改变和压力。未来，教育行政部门须在两方

---

① 单文经、黄素君、宋明君：《三十年来澳门地区课程政策的理论反思》，《西南大学学报》（社会科学版）2009 年第 4 期。

面把握好发力的程度。一是在检视学校是否遵守基本学力要求的时候，目前只适宜从"书面课程"（如学校所制定的"学力要求"文件、课程大纲和学校所选用的教科书）入手，而不宜深入课堂教学和考试层面。二是在教科书制度上，编写和出版仍然要继续放开，不宜实行审定制，以确保教材的多样性。

3. 关注教材制度问题

教科书质量问题在澳门一直为人们所关注，政府至今对教科书没有任何限制，只要学校愿意，什么教科书都可在澳门使用。这种放任自流的教科书制度，令学校的教科书质量参差不齐。建立恰当的、新的教科书制度，是解决澳门教科书问题的关键所在。澳门自身的教材开发能力有限，需要外来教材的自由竞争给教科书市场提供活力，所以澳门的教科书不能控制得太严格。但澳门也不能对教材没有任何质量要求，为促进澳门课程的本地化，提升教科书质量，给各出版商的教材开发提供一定的引导也是非常必要的。总体而言，澳门的教科书制度宜采用比较自由的"认定制"。

还值得指出的是，教材实际上是一种教育资源，教材问题应与教育资源的建设问题结合起来考虑。缺乏真正合用的本地化教材，是澳门20世纪90年代本地课程框架实施受阻的重要原因。澳门近年已开发了一些本地化的教材，政府应进一步制定机制，鼓励教师把自己最优秀的教学设计贡献出来；同时，颁布选用教科书和开发校本教材的指引，定期制定、发布适合本地区使用的教材推荐目录。鼓励有关教育或研究机构、社会团体、出版机构有序开发配合基本学力要求的本地教材。另外，须继续尊重教学自主，鼓励学校充分发掘和利用各种课程资源，促进校本课程发展，为教材的本地化提供动力。

4. 思考新时期学校课程的文化使命

回归以来，澳门的发展方向逐渐明确，从发展"世界旅游休闲中心"，建成"中国与葡语国家经贸合作服务平台"，到2019年初公布的《粤港澳大湾区发展规划纲要》赋予澳门建设"一中心，一平台，一基地"的完整定位，澳门被列为粤港澳大湾区四大中心城市及区域发展的"核心引擎"之一。澳门的文化自信需要增强，因为其面临着从一个中西文化交汇的"特色小城"，跃升为具备区域乃至国际影响力的都会的新挑战。[①] 澳门须努力总结和突出澳门自身文化的优势。近代以来，秉承中原文化、广府文化和闽南文化的内地华人陆续移入澳门，成为澳门社会生活中坚持和传承中华文化的主流人群。因此，从历史角度梳理"中华文化在澳门"，以及"爱国爱澳、包容共济、务实进取"的澳门精神之源流，深入挖掘澳门精神的深刻内涵并加以弘扬光大，是澳门文化人的历史责任。[②]

此外，"一基地"建设必然要求澳门积极投入文化交流与合作，从澳门出发促进大湾区内部、大湾区与内地其他地区及世界的文化交流与合作。澳门作为中西文化交流和古代海上丝绸之路的重要节点与枢纽，其文化具有多样性和开放性，澳门须利用自身独特的地位和学术氛围，打造自己的文化品牌，吸引中国各地及世界各国政府、文化界的官员、学者参与大湾区乃至中国传统文化和人类文明进程的研究、讨论与合作。只有通过富有成效的文化交流与合作，才能将基地的价值和效能发挥出来。

另外，在对国家的认识上，回归前"澳门居民国家观念长期存在着零散化、碎片化"的现象。[③] 而回归后，在"一国两制"的政治架构下，所有市民在澳门要适应新的生活，首先要全面理解"一国两制"，正确处理"一国"与"两制"的关系，既维护中央的管治权威，又进行特区的高度自治，这都需要加强澳门居民国家观念和国民身份意识。

---

① 郝雨凡：《澳门的文化底蕴与文化建设》，载吴志良、郝雨凡主编《澳门经济社会发展报告（2011～2012）》，社会科学文献出版社，2012 年，第 1 页。

② 林广志：《"基地"建设任重道远》，（澳门）《澳门日报》2017 年 8 月 16 日，第 E06 版。

③ 李燕萍：《"一国两制"与澳门居民国家观念的培养》，《"一国两制"研究》2015 年第 4 期。

　　回归以来，澳门特区政府从教育制度、教育政策及经费投入等多方面加强了中国传统文化教育，尤其出版了《品德与公民》教材，推出了一系列教育计划和学生活动。中小学也普遍开设了中文，以及其他与中国传统文化教育有关的历史、地理、品德与公民、音乐和视觉艺术等课程。但澳门的中国传统文化教育尚未形成完善的体系，历史、地理课程的内容存在明显缺失，传统文化经典和文言文的学习也有待加强。因此，须进一步完善课程及教材体系，提升师资水平，建立校内外协调的工作机制。另外，要加强多元文化教育，让学生理解全球须共同面对的问题。正如联合国教科文组织近年提出的，教育要正视"全球共同利益"，要促进"流动世界"中的学习，思考"多元化互联世界"中的教育，尤其要培养年轻一代文化观念的开放性和包容态度，增进对世界不同类型文化和尽可能多的文化领域的了解。[①]

　　总之，课程改革是澳门过去 20 多年基础教育改革的重要组成部分，对于提高教育质量、促进学校教育与社会发展的衔接发挥了重要作用，但未来还须积极开拓。

---

① 郭晓明：《文化传承　重在教育》，（澳门）《澳门日报》2017 年 8 月 2 日，第 E06 版。

下编

澳门学校课程改革的实践与文化使命

第四章　核心素养与澳门课程结构的改革

从文化的角度看，学校课程改革必须关注文化类型的完整性。因为正如德国哲学家卡希尔所说，人是文化的动物，文化的不同面向——语言、科学、哲学、艺术、神话与宗教等，滋养着人性的不同方面。[①] 这便涉及课程的结构问题。

自回归以来，澳门努力推进课程变革，其中最关键的一步就是在2006 年颁布实施第 9/2006 号法律《非高等教育制度纲要法》，规定由政府以专有法规订定各教育阶段的课程框架和基本学力要求，学校在遵守上述法规的基础上方可自主发展其校本课程，这是对课程决策与课程领导机制的一次重要转变，改变了过去私立学校享有绝对课程自主权的状况，增强了政府在课程领域的影响力。至 2014 年，特区政府正式颁布了第 15/2014 号行政法规《本地学制正规教育课程框架》，确定了幼儿教育、小学教育、初中教育和高中教育四个阶段的课程框架；2015年颁布并实施了第 118/2015 号社会文化司司长批示《核准幼儿教育基本学力要求》；2016 年颁布了第 19/2016 号社会文化司司长批示《核准小学教育阶段基本学力要求的具体内容》，自 2016 年 9 月起在小学一至三年级实施，接下来一个学校年度在小学的各年级实施；2017 年又颁布了第 56/2017 号社会文化司司长批示《订定初中教育阶段的基本学力

---

① 〔德〕恩斯特·卡西尔：《人论》，甘阳译，上海译文出版社，1985，第 87 页。

要求的具体内容》及第 55/2017 号社会文化司司长批示《订定高中教育阶段的基本学力要求的具体内容》，初中和高中的基本学力要求也分别自 2017 年 9 月起在各年级逐年实施，而课程框架则与基本学力要求同步实施。这样，至 2019/2020 学年，澳门正规教育的 15 个年级已全部实施新的课程框架和基本学力要求。2018 年特区政府亦通过第 69/2018 号社会文化司司长批示，对初中和高中的基本学力要求法规做出修订，增加了历史和地理科目的基本学力要求。上述课程变革在两个层面展开：一是课程框架，二是基本学力要求。那到底什么是课程框架？澳门的课程改革在这个层面要解决哪些问题呢？

一 课程框架及其要解决的问题

澳门非高等教育的"课程框架"是指非高等教育范畴各教育阶段课程的基本架构，相当于内地的"课程计划"。课程框架所要解决的问题，主要是规定该教育阶段的课程宗旨、学习领域的划分、科目的设置及课时的比例分配、教学活动和余暇活动的时间安排以及每周和每学校年度教育活动时间等。

按照澳门教育的传统，课程框架将以行政法规的形式颁布，分以下教育类别和阶段订定：在正规教育范畴，订定幼儿教育、小学教育、初中教育和高中教育课程框架；在回归教育范畴将订定小学教育、初中教育和高中教育课程框架；亦将订定正规教育及回归教育范畴的职业技术教育课程框架。

研制澳门地区课程框架的关键，是如何既引领学校又给学校留有足够弹性和自适应的空间，这个问题关系到未来澳门课程框架是否能有效发挥作用，而要解决这一问题，地区课程框架和各科基本学力要求的结构、功能定位和具体内容，可能都应有别于邻近地区的同类课程文件。

自 20 世纪以来，世界各个国家和地区，尤其是一些发达国家即开始一轮又一轮的教育改革。改革的口号各异，具体的目标也不尽相同，但有一个基本的共同点，即改革的焦点之一就是对基础教育课程结构的调整。这是因为设置及组织什么样的课程，就是向年轻一代进行什么样的教育，使之成为什么样的人。这直接关系到人才的培养及整个社会的发展。正因如此，特区政府推动的教育改革也把课程结构的优化调整、课程框架的订定作为核心工作之一。

自《非高等教育制度纲要法》立法之后，澳门教育暨青年局即启动了《本地学制正规教育课程框架》的研制工作。经过多次咨询、修订及完善，《本地学制正规教育课程框架》以行政法规的形式颁布。下文拟通过对世界主要国家和地区基础教育课程结构改革方向的分析、比较，以及新时期对学生"核心素养"的普遍强调，希望为澳门课程改革提供启示和借鉴，在此基础上简要阐明《本地学制正规教育课程框架》在课程结构方面所做的重要调整及其内在的深层原因。

二 课程结构改革的世界趋势[①]

课程结构与课程内各构成要素及其相互关系有关。它是课程体系的骨架，主要解决的问题是，根据培养目标设置哪些课程，如何设置这些课程，各部分、各类型的课程如何相互配合以达到整体优化的效应。课程结构体现一定的课程理念和课程设置的价值取向。许多国家或地区都把课程结构的优化作为课程改革的核心，希望通过对课程结构的调整，实现课程改革的目标。

纵观世界各国，尤其是一些发达国家或地区 20 世纪末以来的课程改革，在课程结构方面的调整主要呈现以下趋势。

---

① 王敏：《〈课框〉与课程结构的改革》，（澳门）《教师杂志》总第 41 期，2013。

（一）重视基础学力的提升，保障共同基础课程的设置

提升学生的基础学力是许多国家或地区课程改革的首要关注点，而基础学力的培养主要通过设置共同必修的基础课程或核心课程来保障。由于基础学力被看成是为学生适应未来社会生活及终身学习和终身发展奠定基础的，各国所设置的共同必修科目的类别也体现了基础性、宽广性及均衡性的特点。

美国中小学虽没有全国统一的课程，但现行小学通常开设的基本核心科目包括：语言艺术、数学、科学、社会研究、体育、健康卫生、音乐和艺术。中学的必修科目通常包括英语、数学、科学、社会研究、体育、健康卫生、艺术和技术教育以及外国语等，其课程重在"人"的教育，培养孩子的个性、公德心和创造性。

英国的国家课程中包括12门必修科目，其中英语、数学、科学为核心科目，历史、地理、科技、现代外语、艺术和设计、音乐、体育为基础科目，2000年后，还将计算机和公民列入国家课程。英国实施国家课程的目的有两个，一是促进学生精神的、道德的、文化的、心理的、身体的发展；二是为学生预备未来成人生活的机会、责任及经验。

日本从培养学生在急剧变化的社会及生活中必备的能力，即"生存能力"的目标出发，在课程设置上为使学生获得适应社会的基本知识和技能，培养思考力、判断力和表达力，以及培养丰富的人性和健康的体魄等提供保障。为此，小学教育阶段的必修课包括日语、算数、音乐、图画、体育，除了这5科外，低年级的必修课还包括生活科，中年级的必修课包括社会和理科2科，高年级的必修课则包括社会、理科、家庭和外国语4科；初中教育阶段的必修课包括日语、社会、数学、理科、音乐、美术、保健体育、技术·家庭和外国语等9科；高中教育分为普通教育类科、职业教育类科和综合教育类科，而不论选择哪一类科都必须修习一定学分的普通教育课程。必修的普通教育课程包括国语、

数学、外国语、地理历史、理科、公民、保健体育、艺术、信息及家庭，而其中地理历史、理科、公民、艺术、信息及家庭等学科领域的内容又被细分成多个科目，学生可在每个学科领域中选择部分内容进行学习。除此之外，2008 年及 2017 年的《学习指导要领》的修订还特别重视外语学习，增加了其授课时数，并将道德教育学科化，改为一个特别的科目，把道德科、综合学习时间和特别活动作为小学至高中教育阶段都必须开设的课程。①

21 世纪初，中国内地推动了新一轮基础教育课程改革，以"为了每一个学生的发展""使每一个学生成功"为改革的基本理念和出发点，以培养社会化、素质化和个性化的人为目标，倡导全面、和谐发展的教育，对小学、初中和高中的课程结构做出优化调整。小学教育阶段，除了以往开设的语文、数学、体育等科目外，还开设了综合的艺术科目；在一、二年级新增了品德与生活，在三至六年级新增了品德与社会、科学、外语及综合实践活动等课程。上述课程均为必修。初中教育阶段，设置思想品德、语文、数学、外语、科学、历史与社会、体育与健康、艺术及综合实践活动等必修课程。高中教育阶段，分 8 个学习领域，领域之下设科目，8 个学习领域共设置了语文、数学、外语、思想品德、历史、地理、物理、化学、生物、艺术、体育与健康、技术等 12～13 个科目。其中技术和艺术是新增设的科目，除此之外，还新增设了综合实践活动课程。②

从上述情况不难看出，通过基础广博、均衡、多元的课程设置，来保障学生获得基础学力及终身学习和终身发展的能力，是世界各个国家和地区基础教育课程改革的普遍做法。

---

① 参见日本文部科学省小学、初中及高中的《学习指导要领》，https：//www. mext. go. jp/a_ menu/shotou/new－cs/1384661. htm，2020 年 3 月 26 日查阅。

② 中华人民共和国教育部：《义务教育课程设置实验方案》，2001；中华人民共和国教育部：《普通高中课程方案（实验）》，2003；另见钟启泉、崔允漷、张华主编《为了中华民族的复兴，为了每位学生的发展——〈基础教育课程改革纲要（试行）〉解读》，华东师范大学出版社，2001，第 4 页。

（二） 加强课程的选择性，促进学生多样化发展

调整必修课程和选修课程的设置及比例关系，加强课程的选择性，尤其是高中课程的选择性，是世界课程改革的共同趋势。这主要表现为以下几种形式：一是提高选修课的比例，配合学生各种发展需要，为他们开设内容广博、数量众多的选修课程供其自主选择；二是在必修课程中也增设选修模块或内容，学生可以根据自己的学科基础、学习兴趣及未来发展需要进行选择，或者学生可以自主选择及安排时间、进度等来修读必修课程；三是提供各种不同的课程组合方式供学生选择。总之，加强课程的选择性，就是要通过设置多样化的课程，使学生享有尽可能多的选择机会，为学生拓展选择空间。

以往欧美国家大都开设大量选修课程，供学生自由选择。自 20 世纪 80 年代和 90 年代开始，一些国家虽有做出调整，如美国为保障学生具备基本的学术素养，而一再加强中小学必修的核心课程，英国也开始实施国家必修课程，然而，重视选修课程仍然是它们的传统。美国选修课的内容非常广泛，一部分是为升入大学做准备的学术性课程，另一部分是与职业和日常生活相关联的非学术性课程，学生选课也极为灵活、自由。英国义务教育阶段以开设必修课程为主，而高中教育阶段则给予学生很大的选课自由。英国的高中课程分为三大类型，第一类是普通高级水平证书课程（GCE A Level）；第二类是国家通用职业资格教育课程（GNVQ），它是一种兼顾普通教育与职业教育的课程；第三类是国家职业资格课程（NVQ），属于中等职业教育课程。学生可以根据自己的情况和需要选择某一类型的课程。而每个类型的课程又有几十个门类供学生选修，学生可以从不同的学科领域中选择部分科目或模块进行修习。有些国家在高一年级主要设置公共必修课程，而在高二、高三则扩大选修范围，如德国、法国等。

芬兰普通高中课程由必修和选修两类组成。必修属于国家课程，是为了保证每一个学生达到最基本的教育要求，共设置了八类学习科

目。各类科目按内容、分量或难度又分为不同的学程。选修课程包括专业选修学程和应用性学程。学生被要求最少须修完 75～79 个学程，其中包括 45～49 个必修学程，30 个选修学程，但多选不限。由于芬兰实行个性化的选课制度和无固定班级授课制，其课程给予学生很大的选择空间。这不仅表现在其丰富、多元的专业选修学程和应用选修学程可以让每个学生制订个性化的课程学习计划，而且表现在学生不分年级、班级，可以有多次机会学习必修学程，从而也令必修学程具有了选择性。

　　日本的普通高中也设有必修课程和选修课程。但必修课程中又有选择性。例如理科必修共有五个科目，包括科学与人类生活、物理基础、化学基础、生物基础和地学基础，而五个科目中可选择两个作为必修内容，其中一科必须是科学与人类生活，或者在物理基础、化学基础、生物基础和地学基础四个科目中选择三个作为必修内容。[①]

　　我国新一轮的课程改革倡导中学教育阶段要开设选修课程。在《基础教育课程改革纲要》中明确提出在初中教育阶段"学校应努力创造条件开设选修课程"；高中教育阶段"在开设必修课的同时，设置丰富多样的选修课程"。高中主要通过两方面来实现课程的多样性和选择性。一是将三年最低总学分 144 学分划分为必修和选修两部分，必修 116 学分，选修至少 28 学分；其中选修又分为"选修学分Ⅰ"，至少 22 学分，及"选修学分Ⅱ"，至少 6 学分。学生既可按自己的意愿将这些学分分配到同一领域或同一学科，也可自由配置到多个学科。这大大提高了学生选学课程的灵活性和自由度。二是通过学科内的模块化设计来提高课程的灵活性和可选性。新课程方案中科目内设模块，每个科目由若干个模块组成。又分两种情况，一种情况是设置部分模块为必修模块，其他模块全为选修；另一种情况是学科内的所有模块都可以选修。这样的课程结构设计在保证每个学生达到共同基础的前提下，为学生提

---

① 日本文部科学省：《高等学校学习指导要领》，2019。

供了多样的、可供不同潜能学生选择的课程内容，为学生提供了更加个性化的课程。

由此可见，加强课程的选择性是世界各国基础教育课程改革的共同追求。它对于促进学生的个性化发展、满足学生的多元化学习需求、使学校的课程办出特色等，都具有重要的价值和作用。

（三） 重视综合课程和活动课程的建设，加强课程统整

合理的课程结构是高效发挥课程功能的基本保障。为此，各种不同类型的课程做好平衡就显得尤为重要。不仅要处理好必修课程与选修课程之间的关系，还应处理好分科课程与综合课程、学科课程与活动课程之间的关系。

科学发展由高度分化走向新的综合的趋势，以及人们在解决问题时需要综合运用各种知识及经验的需要，都对课程的综合化及活动性提出了要求。许多课程专家也指出，根据儿童身心发展的年龄特征，中小学尤其是小学课程的门类不宜过多，分科不可太细，课程设置应该向综合方向发展，这既有利于学生从整体上完整地理解和掌握各门知识及其相互关系，又有利于减轻学生的学习负担。由于活动课程以学生的兴趣和需要为基础来选择和组织课程内容，打破了学科界限，提高了学生的动手能力，有助于激发他们的创造力及培养其实践能力。因此，在中小学课程结构中提高综合课程和活动课程的比例，已经成为世界各国基础教育课程改革中的广泛做法。

许多国家和地区，尤其是发达国家，通常在幼儿教育阶段实施综合的、以单元为主题的活动教学，在中小学也开设了许多综合课程及活动课程。如日本在中小学开设综合学习时间、特别活动等综合课程及活动课程，在小学开设综合的生活、社会、理科等课程。中国、美国、加拿大、法国、澳大利亚等国在中小学开设综合的自然科学、社会科学及艺术等课程。英国设置五个跨学科的主题课程，即对经济与工业的理解、健康教育、职业教育和指导、环境教育、公民教育。德国小学开设的事

实教学，以学习周围环境为目的，把自然科学领域内的化学、生物、气象，社会领域内的地理、历史，以及家政、交通安全、性教育等内容都综合起来。法国在普通高中和技术高中开设了"有指导的学生个人研究活动"的活动性课程。另外，中国香港小学的常识科、高中的通识教育科，在美国、英国、澳大利亚等国盛行的 STS［Science（科学）、Technology（技术）、Society（社会）］，以及 STEM［Science（科学）、Technology（技术）、Engineering（工程）、Mathematics（数学）］和 STEAM［Science（科学）、Technology（技术）、Engineering（工程）、Arts（艺术）、Mathematics（数学）］课程等，都属于典型的综合课程。联合国教科文组织的一项调查也显示，全世界大多数国家和地区在中学教育阶段开设了综合科学。

现在跨领域或跨学科开设综合课程和活动课程已经成为国际上中小学课程结构改革的一个重要趋势。分析和研究别的国家或地区的经验，是为了使我们更好地学习和借鉴。

三　课程框架的研制过程与主要意见

（一）研制的背景

课程与教学是学校教育的中心环节，其中课程决定学生"学什么"，其质量如何，会直接影响到教育和学生的整体素质。因此，无论是教育理论专家还是教育实践工作者都明白课程改革的重要性，世界各地近年的教育改革均以课程改革为核心，积极推动当地的课程改革，如我国 2000 年以来推出的新一轮课程改革，以及日本几乎每十年即推出新一轮课程改革。回归以来，课程与教学的改进一直是澳门教育发展的关键环节之一。

澳门在 2014 年推出《本地学制正规教育课程框架》，主要是基于以下几方面的考虑：①澳门原有有关正规教育的三个课程组织法规（第 38/94/M 号法令、39/94/M 号法令和 46/97/M 号法令）是分别于 1994 年和

1997 年颁布、实施的，经过 20 多年，部分条文已不合时宜，有必要根据澳门教育的新情况和未来发展的需要进行修订。②时代的快速发展以及澳门特区经济、政治、文化和社会等方面近年来发生了巨大变化，对于澳门居民的整体素质和人才培养提出了许多新的要求。一方面，全球一体化、知识经济和信息时代的到来，要求教育必须帮助学生学会学习，养成终身学习的意愿和能力，具有独立思考、沟通、合作、批判、创新等能力，提升澳人的国际竞争力。另一方面，社会的急速转型及其复杂化，要求加大力度持续推进澳门公民社会的建设，加强广大市民特别是青少年的品德与公民教育。另外，澳门按照未来的发展规划要发展成为"世界旅游休闲中心"、"中国与葡语国家商贸合作服务平台"以及"以中华文化为主流、多元文化共存的交流合作基地"，这要求澳门社会必须保持更高的开放度，凸显文化的多样性，教育要重视"三文四语"，提升澳人与世界全方位沟通的能力。

特区政府借鉴了国外及邻近地区课程改革的经验，检视澳门现行课程发展的优势及有待改进之处，认为有必要在继续保持学校课程多元化的同时，持续提升教与学的效能，以全人发展和终身学习的教育理念统整学校课程、设置科目，科学安排教育活动时间，以保障师生的身心健康，提升学校教学效能和澳门教育质量。

为此，特区政府根据《非高等教育制度纲要法》的有关规定，对 20 世纪 90 年代颁布的课程法令做出调整，研制了《本地学制正规教育课程框架》行政法规。

（二）法规研制过程中进行的公开咨询

《非高等教育制度纲要法》规定，由特区政府订定各教育阶段的课程框架，澳门教育暨青年局分别于 2006 年底、2007 年和 2008 年启动幼儿、小学、初中和高中教育阶段课程框架的研制工作。其间，为了使《本地学制正规教育课程框架》更符合澳门教育发展的需要，澳门教育暨青年局在不同范围内展开多次咨询，包括以下几个方面。①2007 ～

2009年，澳门教育暨青年局曾就《本地学制正规教育课程框架》的方向及内容与来自内地、澳门、香港和台湾的近10位课程改革顾问进行交流，听取专家们的意见。②2008年首先就"幼儿教育本地学制正规教育课程框架与基本学力要求"面向全澳幼儿教师召开讲解交流会，征询意见，同年亦在教委会全体会议上进行咨询。③2009年还就每学校年度教育活动日数下限等问题，向全澳学校进行问卷调查，并在与"澳门中华教育会"及"澳门天主教学校联会"代表召开的会议上进行咨询。④2010年就《本地学制正规教育课程框架》构思稿向"澳门中华教育会"和"澳门天主教学校联会"代表咨询，并与之组成专门的"工作小组"，召开系列会议，就《本地学制正规教育课程框架》的构思内容进行了认真、详细的讨论。之后，根据相关意见对《本地学制正规教育课程框架》内容进行了调整。⑤2010年6月及2011年7月，分别就《本地学制正规教育课程框架》咨询稿及修订稿在教委会全体会议上进行咨询。⑥2010年7~10月及2011年7~9月，又开展了两轮公开咨询，面向全澳公众广泛征询意见。在两轮公开咨询过程中，通过讲解交流会、信函、电邮、报刊、电话、电台、互联网、教师培训等途径，收集到众多意见。澳门教育暨青年局在全面考虑及综合吸纳各方意见的基础上，对《本地学制正规教育课程框架》做出修订，并起草了法规文本。①

经过上述多阶段的广泛咨询及讨论，《本地学制正规教育课程框架》吸收了先进地区课程改革的经验，凝聚了本地教育界的共识，有助于后来的进一步实施。

（三）咨询期间主要收集到的主流意见

从咨询期间已收集的意见看，教育界总体上认同《本地学制正规教育课程框架》的内容和精神，尤其是：①认同"以学生为本"的教

---

① 郭晓明：《澳门回归二十年教育改革的法规构建》，广东经济出版社，2019，第632~634页。

育理念，认为《本地学制正规教育课程框架》对促进学生全人发展、提升教育质量有正面作用；②肯定增加每学年的学日数、减少每日教学时间对于学生掌握知识、优化教学模式及缓解教师压力有积极意义；③认为《本地学制正规教育课程框架》提出多元、一贯、统整、开放的课程政策，与国际惯常的课程制度设计贴近，是一大进步，符合社会的期望；④肯定了第一轮公开咨询后的修订稿吸收了教育界不少意见，使其更符合教育规律和学校实际，提高了可操作性。

与此同时，也有对咨询文本及有关问题提出的一些意见和建议，其中最受关注的内容如下。①学日的界定：建议一学日的定义加入时间长度的规定，提升一学日时间规定的下限。②课时的调整：建议上调各教育阶段每周教学活动时间上限；增加中文、英文、数学、理化、信息科技等科目的课时，减少体育、艺术及高中文理兼修的课时；中学每节课时间下限由 40 分钟改为 35 分钟。③科目设置及相关安排：建议在课程计划表中增加性教育、宗教、中国文化为必修科目；中学教育阶段不设综合的科学课程，而只设分科的物理、化学、生物课程；高中教育阶段，只允许学生选修某一类别科目，将艺术由必修改为选修或余暇活动。④体育运动、余暇活动及学习辅助：建议对每周至少开展 150 分钟的体育运动及余暇活动做出指引，并为缺乏资源开展体育运动、余暇活动及学习辅助的学校提供支持。⑤评核问题：建议订定各学科评核准则；明确规定幼儿教育阶段不得采取不适合幼儿年龄特点的书面考试形式；着手研究及建立大专院校联考机制，设升大统考。⑥夏令班的存废：建议继续允许学校开夏令班，同时亦应避免出现因取消夏令班而影响教师收入及学生"补底"的情况。⑦教师培训：建议加强学校领导及在职教师培训，以配合课程框架的实施，并适时与澳门大学教育学院沟通，使之在课程设置和教师培养上与《本地学制正规教育课程框架》相配合。⑧本土教材的开发：建议政府对于开发配合课程改革的本土教材，对于学校开发具有特色的校本课程，均给予各方面的支持。⑨与《非高等教育私立学校教学人员制度框架》、基本学力要求的配合，三个法律/法规订定及实施的时间、内容应相互配合，以保障课程改革的系统性和功能性。⑩《本地学制正规教育课程框架》的实施：建议《本地学制正规教育课程框架》的实施要循序渐进，分步推行，做好相关的配套工作。

四　核心素养与课程结构变革

合理的课程结构既要关注"形式结构"，即学科课程、活动课程以及各科目的组成及其相互关系，也要关注"实质结构"，即"课程内部质的规定性问题"，也就是"课程如何保证人的整体性发展问题"。① 所以，要解读澳门的课程改革，首先要了解在当今时代和澳门特有的社会背景下，澳门的学生到底应具备怎样的素养。

（一）培养核心素养：各地课程发展的新趋势

自回归以来，随着经济和社会的持续发展，澳门非高等教育发展的重点由"量的扩张"开始向"追求优质教育"过渡，课程改革的根本使命就是以"优质的课程"创造"优质的教育"。② 与其他地区相比，澳门以往的教育相对比较封闭，且强调学校课程的自主、多元，变革动力不足。如今澳门给自己期许的定位是发展"世界旅游休闲中心"和"中国与葡语国家商贸合作服务平台"，教育必须有更开放的眼光，尤其澳门的年轻一代应具备时代所要求的、作为一个公民应具备的素养。

1. "核心素养"概念的提出

自20世纪60年代美国教育心理学家布鲁姆（B. S. Bloom）提出著名的教育目标分类学和掌握学习理论以来，世界各地就一直从认知、情感和技能三大领域来审视学生的发展，包括教育和学校课程的

---

① 郭晓明：《课程结构论——一种原理性探寻》，湖南师范大学出版社，2002，第69～77页。

② 郭晓明：《澳门课程变革的背景与可能路径》，（澳门）《行政》杂志2004年第4期。

目标。即便是 2000 年以后在内地影响甚广的课程改革，也是将课程目标定位为"知识与技能"、"过程与方法"以及"情感态度与价值观"三个维度。①

但是，随着全球化时代的到来，尤其是信息科技的迅猛发展给个人及社会的生存方式带来的根本变革，未来社会不仅需要人掌握知识，而且要有"能带走的能力"；不仅要有知识和能力，而且要有全球的眼光、尊重他人、懂得自律和与人交往，并能在合作中面对困难、解决问题。所以，需要检视社会变迁及在此情势下个体生存发展的新需求。世界各地和一系列国际组织自 20 世纪 90 年代以来，陆续开始从更具综合性的"素养"层面描绘国民教育及人才培养的目标。

"素养"一词在西方的教育文献中已被普遍使用，英文通常采用"competence、competency"或复数"competencies"。有学者认为，该词源自拉丁文"cum（with）"和"petere（to aspire）"，是指伴随着某件事或某个人的知识、能力与态度。② 还有学者认为，该词源于希腊词语"arête"，是卓越、最佳的意思；该词也与拉丁字"virtus"有关，是指道德的卓越修持，是"所能做的"要更胜于"其能说的"人。③ 因此，该词有许多相近的词，如能力（ability）、性向（aptitude）、能量（capability）、效能（effectiveness）与技能（skill）等。故它一方面与人的知识、能力与态度有关，另一方面又与人的道德和责任的情意成分相

---

① 中华人民共和国教育部：《基础教育课程改革纲要（试行）》，2001，转引自钟启泉、崔允漷、张华主编《为了中华民族的复兴，为了每位学生的发展——〈基础教育课程改革纲要（试行）〉解读》，华东师范大学出版社，2001。

② Jaeger, R. M., and Tittle, C. K., *Minimum Competency Achievement Testing：Motives, Models, Measures, and Consequences*（Berkeley, CA：Mc-Cutchan, 1980）；又可参见蔡清田《课程发展与设计的关键 DNA：核心素养》，（台北）五南图书出版股份有限公司，2012，第 3 页。

③ Weinert, F. E., "Concept of Competence：A Conceptual Clarification," in Rychen, D. S. and Salganik, L. H. eds., *Defining and Selecting Key Competencies*（Seattle, WA：Hogrefe & Huber）, pp. 45 –66；又可参见陈圣谟《国民核心素养与小学课程发展》，（台北）《课程研究》2013 年第 1 期。

连。而中文的"素养",字面理解是"平素的涵养",《辞海》中的解释就是:"谓平日之修养也。"《汉书·李寻传》中说:"马不伏枥,不可以趋道;士不素养,不可以重国。"故中文里"素养"的原意着重于个体言行举止所必须蕴含的道德和价值的观念,字面的理解也比知识、能力和行为等更为宽泛、包容,适合用于翻译英文的"competency"一词。[①]

"核心素养"(Key Competencies)最早出现在经济合作与发展组织(OECD)的研究报告中,该组织于1997年启动了名为"素养的界定与遴选:理论和概念基础"(Definition and Selection of Competencies: Theoretical and Conceptual Foundations, DeSeCo)的研究项目,2003年出版最终研究报告《核心素养促进成功的生活和健全的社会》(*Key Competencies for a Successful Life and a Well-Functioning Society*),2005年又发布《核心素养的界定与遴选:行动纲要》(*The Definition and Selection of Key Competencies: Executive Summary*),以增强核心素养应用于教育实践的可操作性。[②]"key"意指关键的、必不可少的,因而"核心素养"(Key Competencies)就是"个人获得成功生活与社会健全发展"所需的"关键的"(key)、"重要的"(important)、"必要的"(necessary)素养。[③]

之所以要强调核心素养,首先是因为教育以培养人为目的,应关注人的整体素养,但更重要的是因为知识经济和信息科技革命的迅速发展。进入21世纪,经济和社会生活的全球化、信息化社会的到来,可以说是人类历史上一个新的"三千年未有之大变局"。在此情况下,一些国际组织、国家和地区纷纷强调信息素养、国际视野、沟通与交流、团队合作、社会参与、自我规划与管理以及创新与创造力等素养。内容虽不尽相同,但都是为适应21世纪的挑战。而且,一些

---

① 陈圣谟:《国民核心素养与小学课程发展》,(台北)《课程研究》2013年第1期。
② 褚宏启:《核心素养的概念与本质》,《华东师范大学学报》(教育科学版)2016年第1期。
③ 蔡清田:《课程发展与设计的关键DNA:核心素养》,(台北)五南图书出版股份有限公司,2012,第14页。

学者形象地将这些素养视为"课程发展与设计的关键 DNA"和"教育基因改造的核心"。[①]

2. 几种"核心素养"的框架

（1）联合国教科文组织的框架

21 世纪的公民到底应具备哪些核心素养呢？联合国教科文组织（UNESCO）成立的"国际 21 世纪教育委员会"于 1996 年向其提交的报告《教育：财富蕴藏其中》（*Learning：The Treasure Within*），最早关注这一问题。该报告在 1972 年的《学会生存》（*Learning to Be*）一书的基础上，从终身学习和建立学习型社会的终极目的出发，提出 21 世纪教育的四大支柱：①学会求知（learning to know），以获取理解的手段；②学会做事（learning to do），以便对自己所处的环境产生影响；③学会共处（learning to live together），以便与他人一道参加人的所有活动并在这些活动中进行合作；④学会生存（learning to be），这是前三者的主要表现。[②]

2003 年，联合国教科文组织教育研究所（UNESCO Institute for Education）提出"学会改变"（learning to change），并将其视为终身学习的"第五支柱"，这就构成了表 4 - 1 所示的素养框架及指标。

表 4 - 1　UNESCO 终身学习五大支柱及其具体指标

五大支柱	具体指标
学会求知	学会学习；注意力；记忆力；思维品质
学会做事	职业技能；社会行动；团队合作；创新进取；冒险精神
学会共处	认识自己的能力；认识他人的能力；同理心；实现共同目标的能力
学会生存	促进自我精神；丰富人格特质；多样化表达能力；责任承诺
学会改变	接受改变；适应改变；主动改变；引领改变

资料来源：参见张娜《联合国教科文组织的核心素养研究及其启示》，《教育导刊》2015 年（上半月）第 7 期。

---

① 蔡清田：《课程发展与设计的关键 DNA：核心素养》，台北：五南图书出版股份有限公司，2012，第 14 页。

② 联合国教科文组织：《教育——财富蕴藏其中：国际 21 世纪教育委员会报告》，联合国教科文组织总部中文科译，教育科学出版社，1996，第 75 页。

（2）经济合作与发展组织的框架

经济合作与发展组织开展"素养的界定与遴选：理论和概念基础"研究计划（DeSeCo），目的是要提出一个可以据以界定及选择核心素养（competence）的理论及概念架构，以便作为发展个人素养统计指标的基础。后来开展的面向 15 岁学生的"学生能力国际评估计划"（PISA），正是以此为基础而展开的。

该组织认为，"核心素养"不是特定专业或职业生涯所要求的素养，也不是特定社会场域、民族或国度所要求的素养，而是人类的未来社会生活要求个体所须具备的最为关键的素养。就个人发展而言，教育应令学生享有"成功的个人生活"（successful life）；就社会发展来说，教育有责任帮助社会成为一个"功能健全的社会"（well-functioning society）。因此，研究结果认为，21 世纪核心素养的核心是反思精神，而支撑反思精神的又有三个重要支点。最终，提出了 3 个维度共 9 项素养（见表 4 - 2）。

表 4 - 2　OECD 核心素养架构

维度	项目
能互动地使用工具	互动地使用语言、符号和文本； 互动地使用知识和信息； 互动地使用(新)技术
能在异质群体中进行互动	了解所处的外部环境，预料自己的行动后果，能在复杂的大环境中确定自己的具体行动； 形成并执行个人计划或生活规划； 知道自己的权利和义务，能保护及维护权利、利益，也知道自己的局限与不足
能自律自主地行动	与他人建立良好的关系； 团队合作； 管理与解决冲突

资料来源：参见蔡清田《课程发展与设计的关键 DNA：核心素养》，（台北）五南图书出版股份有限公司，2012，第 49 页。

（3）欧盟的核心素养框架

欧盟的核心素养框架受到经合组织研究项目的影响。欧盟的一个研究小组在 2002 年 3 月发布的研究报告《知识经济时代的核心素养》中认为"核心素养代表了一系列知识、技能和态度的集合，它们是可迁移的、多功能的，这些素养是每个人发展自我、融入社会及胜任工作所必需的"。2006 年 12 月，欧洲议会和欧盟理事会通过了关于核心素养的建议案《以核心素养促进终生学习》（Key Competences for Lifelong Learning），正式发布了欧盟版的核心素养框架（见表 4–3）。这一框架以帮助落实欧盟的终身学习战略为目的，提出了八大核心素养，同时提出贯穿于八大核心素养之中的共同能力，如批判性思维、创造力等。

表 4–3　欧盟的核心素养框架

核心素养	定义
使用母语交流（Communication in the Mother Tongue）	使用母语进行口头或书面表达和解释的能力；在各种社会文化情境中恰当和创造性地运用母语进行交流的能力
使用外语交流（Communication in Foreign Languages）	在适当范围的社会文化情境中理解、表达与解释的能力；跨文化理解、交流与协调能力
数学素养与基本的科学技术素养（Mathematical Competence and Basic Competences in Science and Technology）	发展和运用数学思维处理日常生活问题、使用数学模型和数学表征的能力和意愿；使用科学知识和方法体系解释自然界、发现问题和得出基于证据的结论的能力和意愿；应用相关知识和方法达到目的或满足需要；理解人类活动所带来的变化及个体公民的责任
数字素养（Digital Competence）	在工作、生活和交往中自信和批判地使用信息技术的能力，以基本的信息技术能力如使用计算机和互联网的能力为基础
学会学习（Learning to Learn）	求知的能力和持之以恒地学习的能力，组织个人或团队学习的能力；对学习过程、目标和机会的认识，解决学习困难的能力；在已有知能基础上获取新知能的能力；动机和自信
社会与公民素养（Social and Civic Competences）	包括个人、人际和跨文化等方面，以有效和建设性的方式处理多变的社会和职业生活的问题、解决冲突的能力；充分参与公民生活，认识和积极民主地参与社会和政治活动
主动意识与创业精神（Sense of initiative and entrepreneurship）	个体将想法付诸实现的能力，包括创造创新能力、风险承担能力、计划和管理项目的能力；觉知环境与把握机遇的能力；开展和参与社会活动或商业活动的能力；伦理价值和善治的意识

续表

核心素养	定义
文化意识与表达（Cultural awareness and expression）	欣赏以音乐、表演艺术、文学和视觉艺术等形式对思想、体验和情感的创造性表达

资料来源：参见褚宏启《核心素养的概念与本质》，《华东师范大学学报》（教育科学版）2016 年第 1 期；裴新宁、刘新阳：《为 21 世纪重建教育——欧盟"核心素养"框架的确立》，《全球教育展望》2013 年第 12 期。

（4）澳大利亚的核心素养

20 世纪 90 年代，为适应新世纪的挑战，澳大利亚政府应企业界要求进行了一项全国性的教育改革实验计划，称为"核心素养取向的教育"（Key Competency Based Education，简称 KC 教育）。改革方案建议将能力导向（competency-based approach）的观念落实到教育领域，将核心能力教育作为教改重心。KC 教育发展的精神是针对纯粹知识取向的教育提出修正，希望学校教育能帮助学生做到学以致用，使得知识与生活能力、职业能力紧密结合。实际的工作能力及生活能力是青年人在就业准备的道路上必须学习的，这些能力被称为"与职业相关的核心能力"（Employment-related Key Competencies），而所有青年人，不论在教育或训练上走的是哪一条道路，都能发展这套核心能力。

澳大利亚将核心素养确定为：①搜集、分析及组织信息；②沟通观念及信息；③计划及组织活动；④与他人合作及在团体中工作的能力；⑤运用数学观念及技术；⑥解决问题；⑦运用科技。

（5）中国内地的学生发展核心素养

中国内地自 2000 年进行新一轮课程改革以来，已有 20 多年，继 2011 年颁布实施九年义务教育阶段各科修订后的课程标准之后，2017 年又颁布经修订的高中教育阶段各科课程标准，而高中与九年义务教育的最大不同，就是用"核心素养"作为指引。2016 年 9 月 13 日，教育部发布的《中国学生发展核心素养》开宗明义指出，"学生发展核心素养"是指"学生应具备的、能够适应终身发展和社会发展需要的必备品格和关键能力",并提出以培养"全面发展的人"为核心的学生发展核心素养框架（见表4-4），包括自主发展、文化基础和社会参与3个方面，综合表现为学会学习、健康生活、人文底蕴、科学精神、责任担当、实践创新六大素养，具体细化为18个基本要点。

表4-4 中国学生发展核心素养框架

三个方面	六大素养	基本要点	主要表现描述
自主发展	学会学习	乐学善学	能正确认识和理解学习的价值，具有积极的学习态度和浓厚的学习兴趣；能养成良好的学习习惯，掌握适合自身的学习方法；能自主学习，具有终身学习的意识和能力等
		勤于反思	具有对自己的学习状态进行审视的意识和习惯，善于总结经验；能够根据不同情境和自身实际，选择或调整学习策略和方法等
		信息意识	能自觉、有效地获取、评估、鉴别、使用信息；具有数字化生存能力，主动适应"互联网+"等社会信息化发展趋势；具有网络伦理道德与信息安全意识等
	健康生活	珍爱生命	理解生命意义和人生价值；具有安全意识与自我保护能力；掌握适合自身的运动方法和技能，养成健康文明的行为习惯和生活方式等
		健全人格	具有积极的心理质量，自信自爱，坚韧乐观；有自制力，能调节和管理自己的情绪，具有抗挫折能力等
		自我管理	能正确认识与评估自我；依据自身个性和潜质选择适合的发展方向；合理分配和使用时间与精力；具有达成目标的持续行动力等
文化基础	人文底蕴	人文积淀	具有古今中外人文领域基本知识和成果的积累；能理解和掌握人文思想中所蕴含的认识方法和实践方法等
		人文情怀	具有以人为本的意识，尊重、维护人的尊严和价值；能关切人的生存、发展和幸福等
		审美情趣	具有艺术知识、技能与方法的积累；能理解和尊重文化艺术的多样性，具有发现、感知、欣赏、评价美的意识和基本能力；具有健康的审美价值取向；具有艺术表达和创意表现的兴趣和意识，能在生活中拓展和升华美等

续表

三个方面	六大素养	基本要点	主要表现描述
文化基础	科学精神	理性思维	崇尚真知,能理解和掌握基本的科学原理和方法;尊重事实和证据,有实证意识和严谨的求知态度;逻辑清晰,能运用科学的思维方式认识事物、解决问题、指导行为等
		批判质疑	具有问题意识;能独立思考、独立判断;思维缜密,能多角度、辩证地分析问题,做出选择和决定等
		勇于探究	具有好奇心和想象力;能不畏困难,有坚持不懈的探索精神;能大胆尝试,积极寻求有效的问题解决方法等
社会参与	责任担当	社会责任	自尊自律,文明礼貌,诚信友善,宽和待人;孝亲敬长,有感恩之心;热心公益和志愿服务,敬业奉献,具有团队意识和互助精神;能主动作为,履职尽责,对自我和他人负责;能明辨是非,具有规则与法治意识,积极履行公民义务,理性行使公民权利;崇尚自由平等,能维护社会公平正义;热爱并尊重自然,具有绿色生活方式和可持续发展理念及行动等
		国家认同	具有国家意识,了解国情历史,认同国民身份,能自觉捍卫国家主权、尊严和利益;具有文化自信,尊重中华民族的优秀文明成果,能传播弘扬中华优秀传统文化和社会主义先进文化;了解中国共产党的历史和光荣传统,具有热爱党、拥护党的意识和行动;理解、接受并自觉践行社会主义核心价值观,具有中国特色社会主义共同理想,有为实现中华民族伟大复兴的中国梦而不懈奋斗的信念和行动
		国际理解	具有全球意识和开放的心态,了解人类文明进程和世界发展动态;能尊重世界多元文化的多样性和差异性,积极参与跨文化交流;关注人类面临的全球性挑战,理解人类命运共同体的内涵与价值等
	实践创新	劳动意识	尊重劳动,具有积极的劳动态度和良好的劳动习惯;具有动手操作能力,掌握一定的劳动技能;在主动参加的家务劳动、生产劳动、公益活动和社会实践中,具有改进和创新劳动方式、提高劳动效率的意识;具有通过诚实合法劳动创造成功生活的意识和行动等
		问题解决	善于发现和提出问题,有解决问题的兴趣和热情;能依据特定情境和具体条件,选择制订合理的解决方案;具有在复杂环境中行动的能力等
		技术运用	理解技术与人类文明的有机联系,具有学习掌握技术的兴趣和意愿;具有工程思维,能将创意和方案转化为有形物品或对已有物品进行改进与优化等

资料来源:参见汪瑞林、杜悦《凝练学生发展核心素养　培养全面发展的人——中国学生发展核心素养研究课题组负责人答记者问》,《中国教育报》2016 年 9 月 14 日,第 9 版。

（二） 从核心素养到课程：两种不同的模式

从上述分析可见，重视培养 21 世纪学生须具备的核心素养已成为世界各地课程发展的基本思路。但是，如何从核心素养"到"学校课程呢？无论是在核心素养的研究中对世界各地影响最为深远、广泛的经济合作与发展组织的文献，还是联合国教科文组织的文献，都不是学校课程，而是对培养目标的描述，是一份美好的"愿景"。从这份"愿景"到具体的学校课程，还有很长的路要走，因而关键还在于这一个"到"字，就课程发展而言，这才是真正的技术问题。如果仔细分析，人们对于核心素养的内涵及其在课程发展中的地位的理解是不同的，因而从核心素养走向课程的方式也往往选择不同的路径，发展出不同模式。

1. 整体支配模式

所谓"整体支配模式"，其最大特点是试图由核心素养"推导"和"演化"出全套课程。因此，核心素养往往被理解为学生须具有的"全面素养"，成为教育目标的另类陈述。换言之，核心素养势必须具备"发育"为整个课程体系的能力。

中国内地发布的《中国学生发展核心素养》就属于这种理解，如前所述，它将核心素养理解为学生应具备的、能够适应终身发展和社会发展需要的"必备品格和关键能力"，最终的架构包括了 3 个方面、6 个维度共 18 个指标，试图涵盖学生须具备的完整素养体系。而这恰恰也是教育部在 2014 年颁布的《关于全面深化课程改革落实立德树人根本任务的意见》（以下简称《意见》）的明确要求，该《意见》不仅要求将核心素养置于我国深化课程改革的基础地位，而且明确提出要研制"学生发展核心素养体系和学业质量标准"，深入回答"培养什么人、怎样培养人"的问题，要"把对学生德智体美全面发展总体要求和社会主义核心价值观的有关内容具体化、细化"[1]。可见，核心素养名为

---

[1] 中华人民共和国教育部：《关于全面深化课程改革落实立德树人根本任务的意见》，2014 年 3 月 30 日。

"核心"，实为"全部"素养，是教育目标的具体化和细化。

2. 部分渗透模式

另一种从核心素养迈向学校课程的方式，可称为"部分渗透模式"。这种模式将核心素养理解为学生在未来生活中所应具备的至关重要的素养——"关键素养"，而非全部素养。该模式所关心的不是学生素养的完整性、全面性，而是时代性和针对性。

如前所述，经济合作与发展组织认为，"核心素养"不是特定专业或职业生涯所要求的素养，也不是特定社会场域、民族或国度所要求的素养，而是人类的未来社会生活要求个体所须具备的最为关键的素养，其中的核心是反思精神，而支撑反思精神的又有三个重要支点：能互动地使用工具、能在异质群体中进行互动、能自律自主地行动。这就是令学生享有"成功的个人生活"、令社会成为一个"功能健全的社会"所需的"核心素养"。

与此类似，美国于 2002 年制定了《"21 世纪素养"框架》，2007年发布了该框架的更新版本，全面、清晰地将各种素养以及它们之间的相互关系呈现出来。这一框架以核心学科为载体，确立了三项技能领域，每项技能领域下包含若干素养要求。①学习与创新技能，包括批判性思维和问题解决能力、创造性和创新能力、交流与合作能力。②信息、媒体与技术技能，包括信息素养、媒体素养、信息交流和科技素养。③生活与职业技能，包括灵活性和适应性、主动性和自我指导、社会和跨文化技能、工作效率和胜任工作的能力、领导能力和责任能力。很明显，这些素养也不是 21 世纪的全部素养，而是关键素养。

"部分渗透模式"由于将核心素养理解为学生应具备的"关键素养"，因而其所选择的课程发展路径与"整体支配模式"完全不同。它仅仅要求把核心素养作为各教育阶段、学习领域和科目均须重点关注和体现的"内核"，渗透在相关的课程目标和内容之中。因此，课程发展最重要的关注点，不在于如何由核心素养推演出下一层面的课程目标和课程内容，以及各层之间的衔接，而是将关键素养以渗透的方式融入课程。这给学科层面的课程发展预留了很大的自主空间，有助于突出不同科目的特点。

3. 比较与反思

从以上分析可见，表面上两者都强调核心素养，但两者无论是在对核心素养的理解上，还是在课程发展过程中要求选择的路径上，都有明显的差别（见表 4 - 5）。

表 4 - 5　两种模式的比较

比较项目	整体支配模式	部分渗透模式
核心素养的含义与功能	• 核心素养即"全面素养"； • 核心素养是课程的全部 DNA	• 核心素养是"关键素养"； • 核心素养只是课程发展的部分依据
课程发展路径	• 以逐级规范、转化为基本路径； • 以核心素养控制各学段、领域及各科目课程的框架，是一个"发育"的过程	• 以渗透为基本路径； • 不破坏各教育阶段、各学习领域及科目课程的框架
关键问题	• 课程发展各层级之间的衔接	• 分析各领域及各科目与核心素养是否存在关联性
优势	• 保证课程理念及思维的一致性，以及课程体系的整体性	• 有助于抓住课程的针对性和关键素养
弱点	• 核心素养很难涵盖所有科目的子目标和内容； • 课程发展过程烦琐、机械，课程标准的设计受局限	• 核心素养最终可能丢失，无法充分落实

资料来源：笔者制作。

"整体支配模式"的最大难题在于，学科层面的素养如何与上一层面的核心素养框架对接。据内地 2000 年修订的普通高中课程标准，不同科目所提出的核心素养各不相同，加起来多达 64 项（见表 4 - 6）。这就暴露出一个短板，在课程开发的程序上，内地并不是先有总的核心素养框架，再来修订课程标准。在学生核心素养的总框架至今还没有定案的情况下，课程标准的修订就只能各显神通了。

表 4－6　中国内地普通高中 15 个科目的核心素养

科目	核心素养项目	项目数
数学	数学抽象；逻辑推理；数学建模；直观想象；数学运算；数据分析	6
物理	物理观念；科学思维；科学探究；科学态度与责任	4
化学	宏观辨识与微观探析；变化观念与平衡思想；证据推理与模型认知；实验探究与创新意识；科学态度与社会责任	5
生物	生命观念；科学思维；科学探究；社会责任	4
语文	语言建构与运用；思维发展与提升；审美鉴赏与创造；文化传承与理解	4
历史	唯物史观；时空观念；史料实证；历史理解；家国情怀	5
思想政治	政治认同；科学精神；法治意识；公共参与	4
地理	人地协调观；综合思维；区域认知；地理实践力	4
艺术	艺术感知；审美情趣；创意表达；文化理解	4
音乐	审美感知；艺术表现；文化理解	3
美术	图像识读；美术表现；审美判断；创意实践；文化理解	5
体育与健康	运动能力；健康行为；体育品德	3
通用技术	技术意识；工程思维；创新设计；图样表达；物化能力	5
信息技术	信息意识；计算思维；数字化学习与创新；信息社会责任	4
英语	语言能力；文化意识；思维品质；学习能力	4
总计		64

资料来源：作者根据教育部 2020 年修订的普通高中相关科目课程标准整理。

　　不过，更重要的问题还在于：在各教育阶段不同领域及科目里，学生应养成的核心素养是否具有共通性？如果没有，那么内地的"三个面向＋六项核心素养"如何能"统领"和"推演"出那么多科目层面的课程目标和课程内容呢？内地有学者曾明确指出，"学科核心素养"根本是不存在的，核心素养不能被说成是学科核心素养，容易产生歧义。[①] 这多少可以说明，按照"教育目的—学段教育目标—学习领域目标—科目目标"这样一条由上而下的线索，用层层推导的方法，将

———————————

① 石鸥：《核心素养的课程与教学价值》，《华东师范大学学报》（教育科学版）2016 年第 1 期。

核心素养进行分解及推演，以构建整个课程体系的模式，是很难彻底，甚至可以说不太可能做到的。自从强调课程的"过程性"和"理解性"的后现代课程观产生以来，过去很长一段时间内学界普遍批评泰勒的"目标模式"，认为其过于机械、封闭，是现代课程观的集中体现。但很遗憾，"整体支配模式"恰恰强化了泰勒模式的这些缺陷，甚至令课程发展的过程变得烦琐，一层层地推导、对应，填写一张又一张的表格，与其说是精神的契合，更多时候不如说是为了满足形式上的规整。

一方面，内地有学者在"核心素养"的理解上遵循前述经济合作与发展组织的观点，将其理解为"关键素养"，而不是教育部目前公布的"全部素养"；但在另一方面，这些学者又在大力提倡"素养本位课程"。事实上，"部分渗透模式"是不可能发展出所谓的"素养本位课程"的。经济合作与发展组织自2000年开始以其核心素养框架为基础，在世界范围内进行"学生能力国际评估计划"（PISA）测试，但该组织反复强调PISA不是基于课程的。PISA可以帮助各国改进课程，但是绝没有"基于PISA的课程"。

概括而言，所谓的"素养本位课程"并不能达到其自身所追求的目标，核心素养不是纠正过去课改"重知识、轻能力和态度"的"灵丹妙药"，它作为指导课程发展的一种理念，应被理解为"关键素养"，并以渗透的方式融合于课程。核心素养本身的建构，也是与价值有关的，须体现地域性、文化性和历史性。[①]

五　澳门的学生核心素养框架

课程改革与发展必须建基于对教育的价值和宗旨的思考。美国课

---

① 郭晓明：《从核心素养到课程的模式探讨——基于整体支配与渗透模式的比较》，《中国教育学刊》2016年第11期。

程学者奥恩斯坦（A. Ornstein）和亨金斯（F. Hunkins）在其 2004 年出版的课程名著《课程发展与设计》中，专设一章讨论了课程领域的一些重要议题与未来趋势，其中首先被提出的一个命题就是要"重新发明教育"。[①] 在一个急剧变革的时代里，必须回答未来的教育到底应是怎样的，而其中的关键就在于未来社会的人到底应该是怎样的。

如前所述，面对信息技术革命对人类生活方式的深刻影响，在世界经济、政治全面趋于全球化的背景下，为了应对知识经济、全球化和信息化时代所带来的前所未有之"大变局"，一些重要的国家和国际组织所提出的 21 世纪核心素养，普遍强调学生的国际视野、信息素养、语言与沟通、创新与创造力、团队合作、社会参与以及自我规划与管理等素养。澳门的教育延续了华人地区的教育传统，过去比较重视基本知识、基本技能的学习以及学生品德的发展。在 2003 年以来经济合作与发展组织的 PISA 的历次测试中，澳门 15 岁学生的数学能力、科学素养、阅读素养，都有不俗的表现。在遵循《非高等教育制度纲要法》所订定的教育总目标前提下，课程改革与发展旨在帮助每一位学生发展其潜能，建立正面的价值观，促进其在德、智、体、美、劳等方面全面发展，使之学会学习、学会生存，成为具有责任感、批判意识、创新精神和终身学习能力的公民。

为此，学校应为学生提供终身学习所需要的经验，关注学生的不同需要，通过全方位而又灵活的课程设计，促进学生知识和能力水平的整体提升。课程的改革与发展还应关注每一位学生，为其未来的生活、就业和终身学习奠定全面而扎实的基础。在 2009 年完成的《共建优质教育促进全人发展——澳门特别行政区非高等教育课程改革与发展蓝图》中，我们运用"素养"的理念，提出所有教育阶段均须重视的六种"关键能力"和三大"核心品格"（见表 4 - 7）。

---

① 〔美〕Allan Ornstein、Francis Hunkins：《课程发展与设计》，方德隆译，（台北）高等教育出版社，2004。

表 4 – 7　澳门的核心素养框架

维度	项目	说明
关键能力	A. 阅读与语言能力； B. 运用数学思维与方法的能力； C. 运用资讯科技的能力； D. 沟通与协作能力； E. 批判思考与创新能力； F. 解决问题的能力	—
核心品格	A. 品德与公民素养	关注品德与公民教育，促进学生建立正面的价值观，培养学生良好品德及抗诱惑、抗挫折的能力，培养他们的公民意识和社会公德，促进其公民品格的提升
	B. 健康	基于澳门现实存在的问题和学生发展的需要，应特别关注学生的健康发展，包括身体健康和心理健康以及良好的社会适应能力，养成健康的生活方式
	C. 审美素养	重视艺术教育，通过艺术课程和多种形式的审美教育活动，培养学生的创意思维，持续提升学生的审美素养

　　资料来源：参见澳门教育暨青年局《共建优质教育　促进全人发展——澳门特别行政区非高等教育课程改革与发展蓝图》，2009 年 7 月。

　　很明显，我们将"核心素养"理解为"关键素养"。而在确定这些素养的时候，我们重点关注以下几方面的因素。

　　一是要增强澳门年轻一代在未来的竞争能力。经济上日益加强的全球联系以及全球性的竞争已不可逆转，这既是机遇也可能带来前所未有的挑战。澳门几百年来一直是中国与西方交往的重要窗口，作为一个微型经济体和自由港，旅游博彩业高度依赖境外游客、外来投资和外来劳动力的支撑，澳门劳动人口的竞争能力在此背景下亟待提高，学校课程须让学生掌握系统、扎实且符合个人和时代发展需要的知识和技能，要培养学生开放的态度、恰当的思维方式和良好的创新能力，尤其要使其具备良好的语言素养和沟通能力。

　　二是重视地区发展的特殊要求。虽然世界已进入全球化时代，但民族和国家仍然是重要的政治和社会元素。澳门自回归以来进入了一个新时代，"一国两制"的伟大事业要求让青年人加深了对中国国情和澳门区情的了解，学校课程应培养他们的国家观念、民族归属感以及对祖国和澳门的认同感。与此同时，澳门是一个民主和法治的社会，因此在社会的整体治理思路上，越来越要求市民具备做一个"好公民"的必备意识与素养，包括权利意识、参与意识、监督意识、责任意识、规则意识（主要表现为法律意识），还包括平等与独立的人格以及在公共生活中的自主能力和理性精神。① 另外，澳门的经济以旅游博彩业为主，近年来博彩业的开放令须轮班工作的双职工家长及投身该行业的青年人增加，中学生兼职渐趋普遍，教育工作环境日趋复杂，赌博、毒品、色情及暴力等不良因素的影响对年轻一代的价值观和生活观造成冲击，流动人口比例的上升、新来澳定居人士的增加、家庭结构的改变，令年轻一代的成长环境日趋复杂，因而学生个人的品德素养也十分重要。

三是考虑澳门的课程传统，以及学生的特点。长期以来，澳门虽然是东西方文化交汇之处，但教育相对保守，由于政府的统整和引领力度不够，学校各自为政，学校运作的专业度和课程观念都与世界潮流存在距离。例如，在高中教育阶段，许多学校至今没有艺术教育，对学生的整体素养和创新能力都产生不利影响；课程的选择性也不强，限制了学生潜能的发掘。体育课程也因场地和设施等多方面的因素而不受重视，学生的体质和健康尤其需要关注。

四是时代发展的要求。在全球联系日益加强的背景下，澳门正努力建设"世界旅游休闲中心"和"中国与葡语国家商贸合作服务平台"，服务业是澳门的主导产业，学生的语言能力至关重要，阅读素养具有基

---

① 罗尔斯（J. Rawls）把理性作为公民的美德，因为理性是形成平等合作和互惠的个人条件，"理性的社会既不是一处圣徒的社会，也不是一个以自我为中心的社会"。理性表现了"人的自我负责精神"和"自我治理能力"。参见〔美〕约翰·罗尔斯《政治自由主义》，万俊人译，译林出版社，2000，第56页。

础性作用，在异质社会和文化环境下的沟通能力也尤其值得关注。另外，知识经济和信息科技的迅猛发展不仅改变了个人的生活方式，而且对社会的政治、经济和运作机制带来全方位的影响，学生的信息素养、创新思考的意识以及运用新方法解决问题的能力亟须加强。

总之，澳门的核心素养框架既反映了澳门教育的特点和未来社会的发展需要，也考虑了知识经济和信息科技的迅猛发展，以及在全球化时代年轻一代须具有的核心竞争力。

六　在课程结构方面的调整

世界各国课程改革具体的目标不尽相同，但改革的焦点之一都是课程结构的调整，因为设置什么样的课程，就是向年轻一代进行什么教育。澳门近年来的课程改革把优化课程结构、调整课程框架作为核心工作，其中最关键之处在于将六种"关键能力"和三大"核心品格"渗透到各教育阶段学习领域的划分，以及各领域（或科目）学生须达到的基本学力要求之中，并最终落实为学校的课程。

澳门过去幼儿教育至高中教育的课程框架由三个法规规范[1]组成，特区政府于 2014 年颁布的第 15/2014 号行政法规《本地学制正规教育课程框架》与其相比，在课程结构上做了很大的调整。[2]

（一）确立课程发展的基本方向，构建全面、均衡、多元的课程系统

《本地学制正规教育课程框架》把促进学生全人发展，培养终身学习能力的教育理念贯穿于各教育阶段的课程中，为学生提供全面、均衡、多元的课程。

---

[1] 第 38/94/M 号法令、第 39/94/M 号法令和第 46/97/M 号法令。
[2] 郭晓明、王敏：《澳门回归以来教育发展与经验》，广东经济出版社，2020，第 135 ～ 141 页。

全人发展的教育即是"以人为本"的教育，是促进人的心智和谐发展、形成健全人格的教育，它关注每个人的智力、情感、身体、社会性、艺术性、创造性和潜能等全面的挖掘，使人达到精神和物质的统一，并促进人的可持续发展，帮助人们获得应对人生中各种变化和挑战的能力。全人发展的教育理念为世界许多国家所认同和重视，不仅被纳入基础教育制度中，而且被许多发达国家引入高等教育，成为许多名牌大学人才培养的指导思想和课程设计的基本原则。

作为基础教育的幼儿、小学、初中、高中教育等阶段是为人的一生发展奠定基础的阶段。学生不仅有升学的需要，还有工作的需要，更有终身发展的需要、过美好生活的需要。课程不能仅关注升学、考试，更应重视学生的完整性、可持续性发展，应致力于开发他们的各种潜能，培养其创造力、沟通与合作能力，以及解决问题的能力，使之成为身心和谐发展的人。为此，《本地学制正规教育课程框架》立足全人发展、培养终身学习能力的改革理念，适当调整课程设置，为学生提供全面、均衡而又多元的课程。

1. 设立学习领域，保障学习经验的完整性

学习领域是一个比科目范围更广的概念，一个学习领域往往由若干相关科目构成，它把知识领域中基本的和相关联的概念联系在一起。学习领域的设置反映了现代科学在分化的基础上走向新的综合的趋势，有利于保证学生学习经验的均衡性及其全人发展，并促进课程的统整。在科目之上设置"学习领域"，有利于整体规划课程内容，保障学生有机会获得多元、均衡的学习经验，促进其全人发展，提高学生的综合素养。由此，这一做法已成为发达国家和地区课程改革的主流取向。[①]

学习领域的设置应力求体现各教育阶段的连续性和一贯性，但不

---

① 王敏：《〈课框〉与课程结构的改革》，（澳门）《教师杂志》总第 41 期，2013，第 2～13 页。

同教育阶段也可以根据各自的特点和需要安排自己的学习领域。《本地学制正规教育课程框架》在借鉴其他国家和地区经验的基础上，结合澳门的实际情况，在幼儿教育阶段设立五大学习领域，包括健康与体育，语言，个人、社会与人文，数学与科学，艺术，领域之下不再设科目，倡导跨领域的、综合的单元主题教学，避免小学化倾向。在小学至高中教育阶段设立六大学习领域，包括语言与文学，数学，个人、社会与人文，科学与科技，体育与健康，艺术，并在每个学习领域之下设置一个或多个科目，加强相关科目之间的联系，促进课程统整。学校应保障学生修读的科目能够涉猎每一个学习领域，建立宽广的知识基础，并充分发掘学生的潜能，确保其未来发展有多样的和更大的选择空间。

2. 加强品德与公民教育、体育和艺术教育

澳门以往部分学校仅重视与升学考试相关的科目，挤占品德与公民、体育、艺术等科目的课时，使得公民教育缺位，体育运动时间严重不足，艺术教育得不到应有的重视，甚至大多数学校在高中教育阶段都不开设艺术课程，以致影响学生的身心健康、人格的完善、竞争力及持续发展能力的提升。

《本地学制正规教育课程框架》借鉴国际课程改革的主流取向，从整体培养核心素养出发，关注课程的均衡性，一方面继续重视语文、数学等基础性科目，确保其必要课时，夯实传统基础学力；另一方面，加强了对品德与公民、体育、艺术教育的重视程度，将它们纳入小学至高中各教育阶段的必修科目，并规定了必要的课时下限。尤其针对澳门学生体育锻炼时间不足、身体健康存在忧患的状况，明确规定学校要确保每个学生每周参加体育运动的时间至少达到 150 分钟，其中包括每周至少 2 节体育课。

上述课程设置的调整直接响应了前述核心素养的要求，有助于引导学校有计划、有系统地开展公民素质教育，增进学生健康和增强学生体质，并培养其审美能力和创造力，为学生的终身学习和发展奠定基础。

3. 重视文、理平衡，全面提升学生的科学和人文素养

长期以来，澳门大多数学校在高中教育阶段即文理分组，且文理不兼修。这种课程结构上的偏失，必然对学生的素质产生影响。有关研究已揭示了过早的专业分化对人才长远发展的限制，教育实践也表明通识教育对于提升其思维质量、解决问题的能力、创造力和融入社会的能力以及对于其后的专业学习和成长，都具有极为重要的作用。正因如此，在初等教育及中等教育阶段，重视文理兼修已成为国际课程改革的主流趋势，一些发达国家在高等教育阶段也把通识教育作为基础课或必修课。

《本地学制正规教育课程框架》规定高中教育阶段不能过早文、理分组，学生必须学习一定课时的"个人、社会与人文"和"科学与科技"两大领域的科目及课程内容。这有利于整体提升学生的科学素养和人文素养，解决以往高中阶段课程的结构性缺失。

4. 加强中学课程的选择性，促进学生多样化发展

除了重视基础的必修课程以外，强调中学教育阶段尤其是高中教育阶段课程结构的选择性是国际上基础教育课程改革的重要特征。而长期以来澳门的大多数中学以必修课为主，高中教育阶段虽然也开设选修课，但主要为必选科目；选修课程种类不多，可供学生选择的空间有限；课程设置以升学取向为主，职业准备教育及生涯规划教育不足。这在相当程度上限制了学生的个性化发展，难以满足学生的多种兴趣、爱好及多样化发展的需求。

为此，《本地学制正规教育课程框架》从既保障学生基础学力的获得，又满足其个性化的学习需求出发，尤其关注高中教育阶段须兼顾升学和就业的双重需要，重视提升其生涯规划能力，合理安排必修课和选修课的比例，在保障基础必修课基本课时的前提下，适当增加选修课课时，推动学校在中学教育阶段尽可能为学生开设多样化的选修科目，尤其在高中教育阶段增设培养学生就业能力的技能导向类科目，不仅允许学生根据其升学或就业的不同取向，选修相关的某一类别科目，而且为学生能够根据自己的兴趣、专长及未来发展需要选修不同类别的科目提供机会。

5. 增设活动课程，加强课程整合

澳门学校以往在课程设置上多偏重于学科课程和分科课程，活动课程及综合课程并未受到应有的重视。活动课程以学生的兴趣和需要为基本出发点，强调在活动中学习，强调与生活世界的联系，重视培养学生的动手能力、探索问题及综合运用知识解决问题的能力。而综合课程则打破了传统的学科间的界限，主张将若干相关联的学科整合成一门具有更广泛的共同领域的课程，它有利于培养学生对事物的整体认识能力，由于通过整合而减少了课程门类，也有利于减轻学生的学业负担。因此，在现代世界课程改革的实践中，活动课程和综合课程大都受到世界各国的重视。

澳门原有的课程法规也规定学校设置"辅助课程活动"，2006 年颁布的《非高等教育制度纲要法》将其改为"余暇活动"，使之成为各教育阶段课程框架必须予以关注的课程类型。根据这一要求，《本地学制正规教育课程框架》将余暇活动这类活动课程纳入小学、初中和高中教育阶段的课程计划，使之与学科课程相互配合，发展学生的潜能、兴趣和专长，培养学生多方面的能力，促进其个性的发展及完善。未来应进一步鼓励学校在适当减少教学活动时间的同时，开展余暇活动并增加活动时间，设定最低课时要求，以确保余暇活动的开展。鼓励学校利用下午和周六时间开展丰富的余暇活动，以开发学生的多种潜能，培养学生各种有益的兴趣，为他们获得多元化的学习经验提供更多的时间、空间和机会，促进其全人发展。政府和学校可通过实施各种教育活动计划，如中学生户外教育营计划、普及艺术教育计划、中英文网上阅读计划、国防教育营等，鼓励学生参与各种余暇活动，使学生在实践活动中得到锻炼。政府亦支持学校开展余暇活动，继续为学校增设余暇活动人员，有效指导余暇活动的开展，持续改进活动的方式方法，加强活动的目的性，提升活动效能。

另外,《本地学制正规教育课程框架》强调加强课程统整,突出领域及科际间的联系及整合学习。在幼儿教育课程方面,强调幼儿教育阶段课程内容的综合性,主张设计跨学习领域的综合性学习主题及单元;在小学教育阶段设置跨学习领域的常识;在中学教育阶段设置跨学科的社会与人文及自然科学等综合性科目,在小学至高中教育阶段设置综合的艺术课程。除此之外,更鼓励学校根据自己的办学特色和教育理念,以及学生和社会发展的需要,设置其他跨领域或跨学科的综合性科目,促进课程内容的整合及科目间的相互渗透,培养学生把握问题的全息视野及解决问题的综合能力。

(二) 增加每学年学日,减少每周课时,合理安排教育教学活动时间

学年内教育活动的时间安排,以及学校每天的教育、教学活动的安排,对课程实施、教学成效和师生的健康都深有影响。增加每学年教育活动日数,同时减少每周授课时数,是为了更科学、合理地安排教育活动,促进教学效能和教育质量的提升,缓解师生的工作和学习压力,保障其身心健康。

按照 20 世纪 90 年代澳门课程法规的规定,各教育阶段每学年学校开展教育活动的学日数下限为 180 日,这与许多国家和地区,尤其是邻近地区相比明显偏少。例如,内地每学年的教育活动时间小学和初中为 195 日、高中为 205 日,中国香港为 190 日,中国台湾为 200 日。亚太地区的韩国为 220 日,日本为 210～220 日,澳大利亚为 200 日,新西兰为 197 日,新加坡为 200 日。根据经济合作与发展组织 2009 年的统计结果,加入 OECD 的国家和地区的平均学日数也超过 180 日。

澳门学校教育活动日数虽然偏少,但部分学校的课时却明显偏多,大大超过邻近地区的课时,而许多学校每学年实际授课的日数更明显偏低,比邻近地区少 3～5 周。同时,许多学校考试繁多,每

学年仅各学期末或学段末的考试日最多的竟达 27 日，[①] 更有名目繁多的月考、平时的测试及期中考试等。考试过多必然挤占实际的授课时间，影响教学活动成效及质量。还导致每天上课时数偏多，师生压力大，不利于学生的学习及教学质量的提升，更不利于师生的身心健康。

2009 年，澳门教育暨青年局曾就每学校年度教育活动日数等问题向全澳学校进行问卷咨询，结果显示，绝大部分学校赞同将每学校年度的学日数下限增至 195 学日或以上。

为此，《本地学制正规教育课程框架》综合分析及借鉴了主要国家，尤其是邻近地区的经验，并吸纳了澳门学校的主流意见，对教育活动时间做出更科学、合理的调整及安排。适当增加了每学校年度学日数下限，由当时的 180 日调整至 195 日（但小学六年级、初中三年级和高中三年级可不受该限制）。同时适当减少了每周授课时数，幼儿教育阶段的课时上限由原来的一年级和二年级各 900 分钟、三年级 1190 分钟统一调整为 900 分钟；小学教育阶段的课时上限由一至四年级的 1710 分钟和五至六年级的 1800 分钟统一调整至 1400 分钟；初中教育阶段的课时上限由 1850 分钟减少至 1600 分钟；高中教育阶段的课时上限由 1800 分钟减少至 1720 分钟。上述课时上限的调整均没有包括余暇活动的课时。

如此调整的目的是引导学校对授课、考试、其他活动、假期等方面做出科学、合理的安排，一方面适当增加每学年的实际授课日数，减少不必要的考试，合理分配假期，保障学生必要的课堂学习时间；另一方面适当减少每天授课时数，以便让学生每天有足够时间及时消化当天所学的内容、拓展自己的学习经验、预习新的学习内容，同时有更多时间参加余暇活动，发展他们的潜能、兴趣和专长。亦让教师在平时能够有更充裕的时间及时为学生提供必要的辅导，以及进行备课、课后反思，

---

① 资料来源于对 2007/2008 学年澳门特区非高等教育范畴各校校历表及课程资料的统计分析。

参与教研活动，改进教学方法，进而缓解教师和学生的压力，保障师生的身心健康，提升教学的效能和质量。如此安排教学活动时间，也符合学生的学习规律。

（三）保障课程结构的灵活性，给予学校足够的弹性空间

由于受历史及有关法律的影响，长期以来，学校并未完全遵守政府订定的地区课程框架，其课程呈现多元化的形式。从好的方面来看，它给学校以足够的空间创造性地开发具有个性的课程，使学校办出特色；但另一方面，"多元化"的背后也隐藏着课程质量参差不齐的忧患。因此，需要在"规范"与"自由"之间寻找一个平衡，既要给予学校必要的引导和规范，建立地区的课程基准，以保障澳门教育的整体质量，又要尊重学校的教学自主，给校本课程发展留有弹性空间，使各校的课程具有自己的特色，令澳门未来的正规教育课程兼具优质和多元的双重品质。

为此，《本地学制正规教育课程框架》一方面在课程发展方向及课程结构方面做了必要的、基本的规范，订定了各教育阶段课程发展的准则、学习领域，规定了小学至高中的必修科目、各教育阶段教学活动和余暇活动的总课时、各科目在各教育阶段的总课时以及各教育阶段每周教学活动时数；另一方面也给学校留有足够的弹性空间，使澳门的学校课程保持多元化的特色。具体而言，学校在遵循课程框架相关规定的前提下，有以下自主权。

①可自主安排每个年级的课时、具体的科目设置、选修科目以及每个科目每周上课节数。

②可根据本校的办学理念、学校特色及学生发展的需要，通过其他科目，开设《本地学制正规教育课程框架》课程计划表中未列出的科目，如宗教第三语文等。

③可自主决定开设综合的社会与人文、自然科学和艺术，或者开设分科的历史、地理、生物、物理、化学、音乐和视觉艺术等

科目。

④高中教育阶段必修的社会与人文、自然科学和艺术的课时要求可在高一年级完成，亦可延至高二或高三年级；选修科目可在高一年级开设，亦可在高二年级开设，还可在初中教育阶段开设。

⑤普通话可以独立设科，也可以普通话教授中文的方式进行教学；若学校所开设的中文科目非为第一语文（即教学语文），则学校可自主决定是否包括普通话的内容。

⑥学校可根据自己的条件和学生的需要，自主决定余暇活动的种类。

⑦小六、初三和高三年级可不受 195 学日数下限的限制，在确保相关教育阶段课时要求的前提下，学校可根据升学等有关方面的需要，自主安排上述三个年级的学日数。

⑧不同的科目每节课的时长可不相同，同一个科目根据内容及学习活动的不同需要，每节课的时长也可不相同。

七 若干相关问题

与内地正在推行的课程改革有所不同，澳门将 21 世纪学生须具备的核心素养理解为"关键素养"，在从核心素养走向课程的模式上则选择以渗透的方式融合于课程。更重要的是，我们提出了以六种"关键能力"和三大"核心品格"为基本内容的核心素养框架。落实这一框架，首先要调整课程的结构和框架，因此《本地学制正规教育课程框架》至关重要。

在这方面，除了前文已分析的结构调整外，正规教育课程框架法规将每个学校每年须向学生提供教育活动的学日数，由以往的不少于 180 学日调整至不少于 195 学日，这有助于引导学校对授课、考试、其他活动、假期等方面做出科学、合理的安排，适当减少每天授课时数，让学生有更多时间参加余暇活动，发展他们的潜能、兴趣和专长，保障师生的身心健康，提升教学的效能。值得注意的相关问题如下。

（一）逐步取消"夏令班"

澳门特有的"夏令班"有其历史的成因，对部分学生的学习起到了"补底"的作用。夏令班历来就是一种具有选择性的教育活动，《本地学制正规教育课程框架》实施后，有需要和有条件的学校依旧可以举办夏令班，家长也可继续根据学生的需要决定是否参加此类教育活动，政府与过去一样不会做任何限制，但学校不能强制学生参加。当然，由于每学年的最少上课日数由 180 学日延长到 195 学日，故相信有意继续举办夏令班的学校在具体安排上有必要稍做调整。从政策的角度讲，趋势是要逐步取消夏令班。

《本地学制正规教育课程框架》实施后，对于不再开办夏令班的学校，教师的收入有可能因此而减少。配合《本地学制正规教育课程框架》的实施，政府应综合考虑各种因素（包括每学年学日数的增加）而加大教育投入，适当调升有关津贴金额，增加对学校的财政资助。当然，夏令班是一种具有选择性的教育服务，不是所有学校都开设，亦非所有教师均参与，因而这并非是教师法定享有的收入。

（二）不强制实施"周五"制度

随着成人每周正常工作时间的减少，世界各地包括中国内地、台湾以及香港的大多数学校，学生每周的上课时间基本都调整为五天。澳门的《本地学制正规教育课程框架》没有统一规定学生每周上课的日数，主要是基于以下两点考虑。

第一，长期以来，澳门不同类型的学校按照各自的特色和办学理念决定每周的上课日数。有的每周上课五天，但部分学校每周除了周一至周五上课以外，周六上午亦会安排学生上课或参加余暇活动。据了解，两种做法都有一定的现实需求，既包括学校课程编排的需要，也包括不同学生、家长及教师的实际需要。

第二，更重要的是，按照《非高等教育制度纲要法》的规定，澳门的学校历来享有教学方面的自主权，政府对此予以尊重，这有助于学校办出特色。当然，上述规定并不妨碍学校推行每周五天上课制，每周按五天半运作的学校可按照实际需要做出改变。

总之，培养学生的核心素养，首先要从课程结构入手，为学生提供完整的、均衡的课程。但是，要真正培养学生的核心素养，还须落实到各教育阶段相应科目的课程标准以及相关教材中。在澳门，这就是各教育阶段学生须达到的基本学力要求。所以，各科目都要以核心素养框架为指导，发挥各自的优势，重视培养学生的阅读素养和信息科技素养，重视学生的沟通及合作能力，加强品德与公民教育，并提升其批判思考能力。

第五章　课程视野下的中国传统文化教育

文化具有时代性，同时也有民族性。自近代西方列强入侵中国以来，中华文化就一直处在"中西之争"和"古今之争"相交织的旋涡之中。① 在高度现代化和全球化席卷世界的背景下，我们须强调中国传统文化教育，这表明了一种文化态度：在"中"与"西"的关系上，肯定中华民族文化的价值；在"古"与"今"的关系上，肯定"传统文化"的生命力。这一态度的现实意义在于：通过教育延续中华民族的文化命脉，强化国民的文化认同，从而在纷繁复杂的当今世界，为民族的振兴提供基础和动力。

一　传统文化与中华民族身份

正如张岱年、程宜山先生所言："文化是人类在处理人和世界关系中所采取的精神活动与实践活动的方式及其所创造出来的物质和精神成果的总和，是活动方式和活动成果的辩证统一。"② 文化既是一个名词，也是一个动词，在中国古代是指"文治与教化"，而"教化"就是以"人文""化成天下"。所以，"文化不仅是一种在人本身自然和身外自然的基础上不断创造的过程，而且是一种对人本身的自然和身外自然不

---

① 甘阳：《古今中西之争》，生活·读书·新知三联书店，2006，第29~66页。
② 张岱年、程宜山：《中国文化精神》，北京大学出版社，2015，导论，第2页。

断加以改造，使人不断从动物状态中提升出来的过程"①。这意味着，"中国传统文化教育"就是以中国传统的文化成果"化育"国人的过程。张岱年先生在 20 世纪 80 年代就指出：

> 作为一个中国人，就是要有民族自尊心、自信心。而培养民族自尊自信，需要了解优秀的民族文化传统。

> 一个对本民族的历史与文化知之甚少的人，在精神上便缺乏一种归属感；一个对自己的传统不懂得继承发扬的民族，便无法自立于世界民族之林。②

长期以来，港澳地区的文化以中华文化为主流，又东西交融、多元共生。特有的地理和人文环境，尤其是以华人为主的人口结构、鸦片战争前明清两朝对澳门的有效管治，以及与珠江三角洲以至岭南地区和福建地区密切的经济和社会关系，使澳门的文化一直以中国传统文化为底色。与此同时，400 多年来，澳门是中西文化交汇的重要窗口和枢纽，葡萄牙文化与中华文化长期共存。"土生葡人"社群逐步产生并持续发挥作用，天主教区的建立以及海港文化的开放性，令澳门文化呈现出东西交融、多元汇聚的特点。③

在世界不断走向全球化、澳门社会加速走向多元和开放的背景下，在实施"一国两制"的创造性实践中，澳门教育的根本任务之一就是促进年轻一代对中华文化的认同，并通过对"文化中国"的认同，养成对中华民族身份的认同，从而让中华文化的影响不断加强，让教育的文化传承功能得以充分显现。

---

① 张岱年、程宜山：《中国文化精神》，北京大学出版社，2015，第 3 页。
② 张岱年：《谈中国传统文化》，载张岱年主编《中国文史百科》，浙江人民出版社，1998，序言。
③ 吴志良、郑德华主编《中国地域文化通览·澳门卷》，中华书局，2014，第 17~26 页。

二　中国传统文化教育的定位

20 世纪以来，尤其在清末民初，人们对于"国学"或中国传统文化的地位和内容的认识，存在许多分歧；① 在其后的 100 余年里，人们提倡中国传统文化教育的背景和意图也有明显分界。因此，今天讨论澳门的中国传统文化教育的内容，也须从澳门的时代语境出发。

教育部 2014 年印发的《完善中华优秀传统文化教育指导纲要》指出，中华优秀传统文化是"中华民族语言习惯、文化传统、思想观念、情感认同的集中体现，凝聚着中华民族普遍认同和广泛接受的道德规范、思想品格和价值取向"。加强对青少年学生的中华优秀传统文化教育，要以弘扬"爱国主义精神"为核心，以"家国情怀教育"②、"社会关爱教育"③ 和"人格修养教育"④ 为重点，着力完善青少年学生的"道德质量"，培育"理想人格"，提升"政治素养"。当然，在不同的学习阶段，须依学生的年龄差异和学习规律有序推进：小学低年级"以培育学生对中华优秀传统文化的亲切感为重点"，开展启蒙教育，

① "国学"的名分是在"西学"的冲击下慢慢形成的，对于"国学"的地位及内容的认识，不仅存在"国粹派"与新文化派的对立，同时也有南北地域间的差异。参见罗志田《国家与学术——清季民初关于"国学"的思想论争》，生活·读书·新知三联书店，2003；桑兵：《晚清民国的国学研究》，上海古籍出版社，2001。

② 以"天下兴亡，匹夫有责"为重点，主要内容是"引导青少年学生深刻认识中国梦是每个人的梦，以祖国的繁荣为最大的光荣，以国家的衰落为最大的耻辱，增强国家认同，培养爱国情感，树立民族自信，形成为实现中华民族伟大复兴的中国梦而不懈努力的共同理想追求，培养青少年学生做有自信、懂自尊、能自强的中国人"。

③ 以"仁爱共济，立己达人"为重点，主要内容是"引导青少年学生正确处理个人与他人、个人与社会、个人与自然的关系，学会心存善念、理解他人、尊老爱幼、扶残济困、关心社会、尊重自然，培育集体主义精神和生态文明意识，形成乐于奉献、热心公益慈善的良好风尚，培养青少年学生做高素养、讲文明、有爱心的中国人"。

④ 以"正心笃志，崇德弘毅"为重点，主要内容是"引导青少年学生明辨是非、遵纪守法、坚韧豁达、奋发向上，自觉弘扬中华民族优秀道德思想，形成良好的道德品质和行为习惯，培养青少年学生做知荣辱、守诚信、敢创新的中国人"。

培养学生热爱中华优秀传统文化的感情;① 小学高年级"以提高学生对中华优秀传统文化的感受力为重点",开展认知教育,了解中华优秀传统文化的丰富多彩;② 初中阶段"以增强学生对中华优秀传统文化的理解力为重点",增强对中华优秀传统文化的认同感,引导学生认识我国统一多民族国家的文化传统和基本国情;③ 高中阶段"以增强学生对中华优秀传统文化的理性认识为重点",引导学生感悟中华优秀传统文化的精神内涵,增强学生对中华优秀传统文化的自信心。④

不难看出,上述规定是基于内地的社会和文化语境制定的,教育部

① 具体要求包括:认识常用汉字,学习独立识字,初步感受汉字的形体美;诵读浅近的古诗,获得初步的情感体验,感受语言的优美;了解一些爱国志士的故事,知道中华民族重要传统节日,了解家乡的生活习俗,明白自己是中华民族的一员;初步了解传统礼仪,学会待人接物的基本礼节;初步感受经典的民间艺术。引导学生孝敬父母、尊敬师长、友爱同学、礼貌待人,养成勤俭节约、吃苦耐劳、言行一致的生活习惯和行为规范,培育热爱家乡、热爱生活、亲近自然的情感。

② 具体要求包括:熟练书写正楷字,理解汉字的文化含义,体会汉字优美的结构艺术;诵读古代诗文经典篇目,理解作品大意,体会其意境和情感;了解中华民族历代仁人志士为国家富强、民族团结作出的牺牲和贡献;知道重要传统节日的文化内涵和家乡生活习俗变迁;感受各民族艺术的丰富表现形式和特点,尝试运用喜爱的艺术形式表达情感;培养学生对传统体育活动的兴趣爱好。引导学生学会理解他人,懂得感恩,逐步提高辨别是非、善恶、美丑的能力,开始树立人生理想和远大志向,热爱祖国河山、悠久历史和宝贵文化。

③ 具体要求包括:临摹名家书法,体会书法的美感与意境;诵读古代诗词,初步了解古诗词格律,阅读浅易文言文,注重积累、感悟和运用,提高欣赏品位;知道中国历史的重要史实和发展的基本线索,理解国家统一和民族团结的重要性,认识中华文明的历史价值和现实意义;欣赏传统音乐、戏剧、美术等艺术作品,感受其中表达的情感和思想;参加传统礼仪和节庆活动,了解传统习俗的文化内涵。引导学生尊重各民族传统文化习俗,珍视各民族共同创造的中华优秀传统文化成果,培养作为中华民族一员的归属感和自豪感。

④ 具体要求包括:阅读篇幅较长的传统文化经典作品,提高古典文学和传统艺术鉴赏能力;认识中华文明形成的悠久历史进程,感悟中华文明在世界历史中的重要地位;认识人民群众创造历史的决定作用和杰出人物的贡献,吸取前人经验和智慧,培养豁达乐观的人生态度和抵抗困难挫折的能力;感悟传统美德与时俱进的质量,自觉以中华传统美德律己修身;了解传统艺术的丰富表现形式和特点,感受不同时代、不同地域、不同民族特色的艺术风格,接触和体验祖国各地的风土人情、民俗风尚,了解中华民族丰富的文化遗产。引导学生深入理解中华民族最深沉的精神追求,更加全面客观地认识当代中国,看待外部世界,认识国家前途命运与个人价值实现的统一关系,自觉维护国家的尊严、安全和利益。

在印发《完善中华优秀传统文化教育指导纲要》时也指出，其是经"国家教育体制改革领导小组"审议同意，为贯彻落实"党的十八届三中全会关于完善中华优秀传统文化教育的精神"而制定的。因此，它比较关心中国传统文化教育的政治功能，将其视为深化中国特色社会主义教育和"中国梦"宣传教育的重要组成部分，以及培育和践行"社会主义核心价值观"的重要基础，其内在的时空坐标和文化语境，是改革开放以来中国经济所取得的巨大成就与"家国情怀消退、处世原则功利化、道德修养低俗化"等现象所形成的反差。[①]

在澳门，中国传统文化教育主要应着眼于传统文化的传承以及澳门文化的未来发展，同时要帮助年轻一代构建恰当的身份认同。因此，其首要的目的是达成费孝通先生所说的"文化自觉"，即对 1840 年鸦片战争以前的中国文化[②]的"自知之明"：明白"它的来历、形成过程、所具有的特色和它发展的趋向"。有了自知之明，就可在多元文化的世界里确立自己的位置，增强在文化转型中的自主能力，取得为适应新环境、新时代而进行文化选择时的自主地位。[③]

当然，文化是一个系统，在结构上通常被认为包含物质、制度和心理三个层面；而在内容上包括众多的领域，如认知的（语言、

---

① 杨丽萍：《传统文化教育的时代语境与推进路径——基于〈完善中华优秀传统文化教育指导纲要〉的解读》，《西南民族大学学报》（人文社会科学版）2015 年第 4 期。

② 中国传统文化通常是指 1840 年鸦片战争以前的中国文化，鸦片战争后，中国沦为半殖民地半封建社会，逐步被卷入世界资本主义的潮流，固有的传统文化在社会政治、经济的急剧变动中，在西方文化的碰撞、冲击下，发生了解体和蜕变，产生了与中国传统文化既有联系又有区别的带有过渡性质的中国近代文化。1919 年的五四运动，推动中国由旧民主主义革命转变为新民主主义革命，中国文化进入新民主主义的新阶段。1949 年中华人民共和国诞生，从此，中国文化逐步走向社会主义的文化。参见刘新科主编《中国传统文化与教育》，东北师范大学出版社，2002，第 3～4 页；又见张岱年、方克立主编《中国文化概论》（修订版），第十八章"中国传统文化向近代的转变"、第十九章"建设社会主义的中国新文化"，北京师范大学出版社，2004，第 327～365 页。

③ 费孝通：《文化的自觉与反省》，载费孝通编《中国文化的重建》，华东师范大学出版社，2014，第 188 页。

哲学、科学、教育）、规范的（道德、法律、信仰）、艺术的（文学、美术、音乐、舞蹈、戏剧）、社会的（制度、组织、风俗习惯）、器用的（生产工具、日用器皿以及制造它们的技术）。① 从教育的角度看，中国传统文化最重要的内容应该是独具特色的语言文字、浩如烟海的文化典籍、精彩纷呈的文学艺术、充满智慧的哲学和宗教、深刻独特的伦理道德以及惠及世界的科技与工艺。同时，还要了解其产生的基础和发展历程，并思考其精神气质和未来发展。

所以，澳门的中国传统文化教育应从三方面展开。

其一，认识中国传统文化的主要成就。包括了解中国语言文字尤其是汉语、汉字的特点和历史；学习中国古代文学；认识中国以四大发明为代表，同时包括天文、数学和医学在内的古代科学技术；了解中国古代的史学典籍以及儒、释、道的思想及教育；学习中国古代重要艺术门类的成就；认识中国传统的伦理道德，以及道教、佛教的信仰与传播；初步了解中国哲学的思想资源和重要主张。

其二，在此基础上，进一步认识中国传统文化的类型特征（伦理型文化或"德性文化"）、基本精神（刚健有为、贵"和"尚"中"、天人合一、崇"德"利"用"）② 和价值系统（人格理想、群己定位、义利及理欲之辨、天人关系等）。

---

① 关于"器用"的方面，主要是物质文化，有学者从十个方面对中国古代物质文化进行了总结，包括：农业与膳食；酒、茶、糖、烟；纺织与服装；建筑与家具；交通工具；冶金；玉器、漆器、瓷器；文具、印刷、乐器；武备；科学技术。参见孙机《中国古代物质文化》，中华书局，2014。

② 按照张岱年、程宜山先生的观点，天人合一的思想主要解决人与自然的关系；崇"德"利"用"的思想主要解决人自身的关系，即精神生活与物质生活的关系；贵"和"尚"中"的思想主要解决人与人的关系以及包括民族关系、君臣、父子、夫妇、兄弟、朋友等人伦关系；而"刚健有为"则是处理各种关系的人生总原则，包括"自强不息"和"厚德载物"两个方面。四者以"刚健有为"思想为纲，形成中国文化基本思想的体系。参见张岱年、程宜山《中国文化精神》，北京大学出版社，2015，第14～15页。

其三，为令学生"知其然"且"知其所以然"，须了解中国传统文化的孕育和发展过程，所依赖的地理环境、经济基础和社会政治结构，以及近代以来所遭遇的困境、转化和反思。

三　制度与政策的保障

近年来，澳门正规教育的学生人数有所减少，按照澳门教育暨青年局公布的统计数字，2014/2015 学年中小学生总数为 54340 人，其中小学 24252 人、初中 14077 人、高中 16011 人。[①] 但从 2015/2016 学年开始，学生人数逐步增加，2018/2019 学年中小学生总数为 58552 人，其中小学 32530 人、初中 13214 人、高中 12808 人。

同时，澳门的基础教育历来以私立学校为主，按照学校运作的执照计算，2018/2019 学年正规教育范畴的私立学校共 64 所，占正规教育学校总数的 86.5%；公立学校 10 所，仅占 13.5%。[②] 另外，澳门的中小学以中文学校为主，2019/2020 学年共有 101 个校（部），但也有葡文学校和英文学校，分别有 5 个校（部）和 15 个校（部），[③] 最为关键的是，无论是公立学校还是私立学校，澳门的中小学都依法享有"教学自主"的权利，各教育阶段均没有统一的毕业考试和升学考试，教材的来源也十分多样，学校可完全自主选择任何教材。在中小学如此多元、自主的情况下，要加强中国传统文化教育，就必须从制度和政策层面加以规范和强调。

---

① 澳门教育暨青年局：《教育数字概览（2014/2015 教育数字、2013/2014 教育概要）》，2015 年 9 月，第 2 页。

② 澳门教育暨青年局：《非高等教育统计数据概览 2019》，2019，第 17 页。

③ 资料来自澳门教育暨青年局的统计数字，详情请参见 http：//portal. dsej. gov. mo/webdsejspace/internet/category/teachorg/Inter_ main_ page. jsp？id = 8525，最后访问日期：2020 年 3 月 26 日。

（一） 法规方面

自 1999 年回归以来，澳门特区政府对澳门的教育制度及相关的法律、法规进行了系统的调整与更新。[①] 其中，2006 年颁布实施的第 9/2006 号法律《非高等教育制度纲要法》，以及 2014 年颁布的第 15/2014 号行政法规《本地学制正规教育课程框架》，为加强中国传统文化教育提供了重要的法律依据。

澳门的《非高等教育制度纲要法》可说是非高等教育领域的"基本法"，该法直接取代了澳葡政府时期的第 11/91/M 号法律《澳门教育制度》，因此，是非高等教育领域从制度层面对澳门回归祖国这一重要转变的最直接、最具有决定意义的响应。该法对教育的总目标和各教育阶段的目标都做了重新调整。其中，"总目标"强调要"致力培养及促进受教育者爱国爱澳、厚德尽善、遵纪守法的品格"，尤其要"培养其对国家和澳门的责任感"，并"使其能以中华文化为主流，认识、尊重澳门文化的特色"。在澳门多元文化共存的背景下，上述规定充分体现了对中华文化的重视，为开发中国传统文化的课程并加强相关的教学提供了依据。

2014 年颁布的《本地学制正规教育课程框架》行政法规，是澳门中小学课程设置的根本依据，所有本地学制的公立学校和私立学校均须遵守。按照该法所附"课程计划表"的规定，所有学校必须确保小学、初中和高中均在"个人、社会与人文"这一学习领域中开设品德与公民课，并达到规定的课时；而在"语言与文学"领域，中文学校必须开设中文，葡文学校和英文学校也必须为学生学习中文提供机会，而且作为教学语文的中文课程必须教授普通话。同时，在"个人、社会与人文"领域，小学可开设常识课（包括历史、地理），初中和高中可开设综合性的社会与人文课，也可设置分科的历史和地

---

① 郭晓明：《回归以来澳门教育制度的变革》，《全球教育展望》2009 年第 5 期。

理。另外，中小学均须开设艺术类课程，可设置综合的艺术课，亦可设置分科的视觉艺术、音乐，以及舞蹈、戏剧等。而2019年又通过第33/2019号行政法规对《本地学制正规教育课程框架》做出修订，将初中和高中的"个人、社会与人文"领域的科目调整为设置必修的品德与公民课及历史课和地理课；将"艺术"领域的科目调整为设置必修的视觉艺术课及音乐课。显然，这些课程都可包含中国传统文化的内容。

（二）其他形式的政策方面

在回归之后的这类政策中，最早的当属2004年澳门教育暨青年局颁布实施的《非高等教育阶段"爱国爱澳"教育实施纲要》。① 该"纲要"由澳门教育暨青年局起草完成后，曾于当年10月在"教育委员会"② 征询意见。关于"爱国爱澳"教育的内容，共列出有七个方面，其中包括"中华民族悠久历史"、"中华民族优秀传统文化"以及"汉语言文字和普通话"三个方面，而且每一个方面分别列出了具体要求。2008年，澳门教育暨青年局以此为基础，制定了《非高等教育范畴德育政策》，该政策明确指出，"中华文化在澳门有着悠久的历史"，德育工作应"进一步继承和弘扬中华民族传统的伦理美德"③。2011年开始实施的《非高等教育发展十年规划（2011—2020年）》，在发展目标方面，也要求加强学生对"对国家、澳门的认识和认同"以及"对本地历史与文化的认同"，培养良好的"爱国爱澳的情怀"，提升学生的

① 澳门教育暨青年局：《澳门特别行政区非高等教育阶段"爱国爱澳"教育实施纲要》（2004年），载郭晓明、王敏《澳门回归以来教育发展与经验》，广东经济出版社，2020，第301~307页。

② 《澳门特别行政区非高等教育制度纲要法》2006年底在立法会通过之后，该委员会重组为"非高等教育委员会"。

③ 澳门教育暨青年局：《非高等教育范畴德育政策》（2008年），载郭晓明、王敏《澳门回归以来教育发展与经验》，广东经济出版社，2020，第308~314页。

"艺术素养"。[①]

特区政府教育政策另外一个十分重要的方面，是作为年度政策的施政报告（每年由行政长官向立法会报告），以及"社会文化领域"[②] 的施政方针。回归 20 余年来，特区政府每年的施政都不同程度地关注到人文建设，包括中华传统文化和澳门本地传统文化的传承（见表5－1）。其中最明显的变化是从 2015 年开始，对中国传统文化教育的重视程度显著增强，施政方针中所采取的措施比以往历年更加全面、具体，除总的政策宣示外，深入到基本学力要求的完善、年度的重要活动及教育计划、教材的编写与出版以及青年活动等方面，2016 年还关注到"一带一路"这一最新的国家发展倡议，并将其列入年度的工作重点。

表 5－1 特区政府施政报告和施政方针的相关内容

年份	施政报告	施政方针
2000	• 澳门已经回到祖国的怀抱,爱国主义和公民意识应在整个教育领域内得到足够的重视和切实的推行。 • 政府当致力于弘扬中华文化,培养市民爱国爱澳的情怀	• 澳门作为中华人民共和国的一部分,一个中西文化相互交融的地方,其教育发展将致力于增强公民意识,激励爱国爱澳的情怀。 • 澳门文化的独特性,在于它既拥有深厚的中华民族文化特点,又能够包容其他西方的文化,呈现了多元文化的特点,因而文化政策要贯彻弘扬中华文化,培养澳门居民爱国、爱澳的情怀
2001	• 我们要进一步发展公民教育,特别是有关国家、民族观念的教育,有关权利和义务、自由和责任的教育	• 随着弘扬中华文化、发挥澳门多元文化特点等方针的确立,文化艺术活动的举办更能满足市民大众的需求

---

① 澳门特区政府：《澳门特别行政区非高等教育发展十年规划（2011—2020 年）》，载郭晓明、王敏《澳门回归以来教育发展与经验》，广东经济出版社，2020，第 321～330 页。

② 其他四个领域是：行政法务、保安、经济财政、运输工务。

续表

年份	施政报告	施政方针
2002	• 我们将促进市民参与本地历史文化的认知活动，推广文物及其保护的价值观，发展基础艺术教育	• 加强青少年的公民意识。培育一群有责任感、有使命感、有魄力、勇于承担、愿意回馈及奉献社会的良好青年
2003	• 大力促进品德教育和公民教育，让学生自主地建立起应有的是非观念、操守原则和伦理精神，使澳门人关心国家与社会、善良厚道和勤奋上进的人文传统，通过教育得以叶茂根深，代代相传	• 增进学生对不同文化的了解，增强对祖国文化及本土文化的认识，树立尊重多元文化的观念和态度，提升学生的人文素养
2004	• 善良、多元、接纳、共融，是我们优秀的人文传统……我们要延续这个传统，使之发扬光大	（无提及）
2005	• 要大力培养青少年的爱国爱澳情操，加强"一国两制"和基本法，以及中国历史文化的教育，增进他们的国家民族身份认同	• 通过首期"中学生普及艺术教育推广计划"，提升学生的艺术修养和创造力；……通过课余活动和社区教育，增强青少年的公民意识和对祖国的认识
2006	（无提及）	• 拓展中学生普及艺术教育计划，养成青少年正面的价值观
2007	• 借着文化艺术的普及和提高，增强市民审美情感，彰显道德文明的意义。 • 积极研究各大宗教，以及包括儒家和道家在内的各大思想流派，吸收、综合其中导人向善的精华	• 积极组织和开展认识国家、参与社会的活动，养成青少年爱祖国、爱澳门的情怀
2008	• 依据各种正确的价值观，推广切中要害、功效显著的方法，借此化解一个现代繁华都会不可避免的负面现象，使各种不良的心态与行为，得到可靠的预防和矫正	• 培养青年正确的生命观、价值观及爱国爱澳的情怀，增强其责任感

续表

年份	施政报告	施政方针
2009	•加强对澳门的非物质文化遗产的维护,并将其中的诚实无欺、朴素自然、知足常乐和守望相助等优良生活传统发扬光大	•出版并推广符合澳门特点和学校需求的《品德与公民》教材,加强对学生的引导,加强"爱国爱澳"教育,并推动优秀民族文化传统的教育。 •培养青年正确的人生观、生命观、价值观及爱国爱澳的情怀,增强其责任感
2010	•树立青少年爱国爱澳的核心价值观和社会责任感。 •强化澳门的文化建设,打造澳门文化品牌	•强化基本法的宣传和教育工作,培养青少年的爱国爱澳情怀。 •继续出版和推行符合不同教育阶段需求的《品德与公民》教材。 •检视"中学生普及艺术教育计划"的实施成效,优化计划的内容
2011	•重视培养青年对澳门的归属感和责任感,推动青少年学生树立正确的人生观,强化爱国爱澳意识。 •与全体居民共同构建一个融合中西文化特色的澳门。澳门人代代相传的诚实善良、勤勉好学、敬老尊贤、守望相助、族群和谐的优良传统,得以生生不息地传承	•继续推出《中华民族文化传统教育系列》多媒体资源,协助教育工作者对学生进行中华民族文化传统的教育。 •与教育界和全社会一起弘扬尊师重道的优秀传统。 •全面推行"中学生普及艺术教育计划",增强学生对艺术的认识和欣赏能力
2012	•坚持人文建设,发扬敬老尊贤、互助互爱、族群和谐的优良传统。 •强化爱国爱澳意识	•与有关机构合作为学生和市民提供学习普通话的机会,发展"中华民族文化传统教育系列"多媒体资源,继续举办国情教育
2013	•提升学生的语文能力、身心素质及品德。 •加强文化传承教育和文化设施建设。 •结合深厚的本土文化底蕴,营造良好的文化氛围	•多渠道为学生提供学习普通话的机会。 •强化学生对国家的认识和归属感,以及对中华文明传统和澳门历史与文化的了解
2014	•着力增强青年的社会责任感、使命感和担当意识,加强锻炼和培养特区建设所需的各类人才。 •加强文化传承教育和文化设施建设,推行文化普及和艺术教育的工作	•加强爱国爱澳教育,深化中国文化传统教育,增进公民身份意识,提高公民的责任感

续表

年份	施政报告	施政方针
2015	●普及和深化公民教育,大力弘扬爱国爱澳精神。倡导勤奋、自强的美德,推广敬老护幼、互谅互让的人文关怀,重视和推动文化传承	●积极完善相关科目的"基本学力要求",以保障历史教育的完整性和科学性,让学生懂得近代以来中国走过的不平凡道路。 ●通过纪念中国人民抗日战争胜利70周年系列活动,弘扬民族正气,增进民族认同感。 ●加大力度传承中华优秀传统文化,在学校的语文、历史和艺术等方面的教育中,让青年更深入地认识、欣赏和传承中华优秀传统文化。 ●以先导方式将有关普及艺术教育计划的覆盖范围从中学生拓展至小学六年级。与相关部门合作,创设条件推动学生走进博物馆近距离观赏艺术品,引导其领略中华民族的悠久历史和文化积淀
2016	●大力弘扬爱国爱澳的优良传统,提倡敬老尊贤、乐于助人、和谐包容,共同营造优质的社会人文环境	●弘扬中华优秀文化,增进青年家国情怀。持续开展中华历史文化教育和认识中国国情的多元化活动,引导青年了解历史以及国家发展所取得的成就。 ●实施学生艺术教育普及计划,推动学生欣赏中华传统表演艺术和视觉艺术,增加粤剧艺术,强化青年对中华文化的认同感。 ●推出新措施,以便通过青年社团培训和外交知识普及系列活动,让澳门青年更准确地认识"一带一路"倡议的内涵与意义。鼓励青年社团组织青年赴丝绸之路沿线重要节点体验社会及人文风貌,支持澳门青年社团与沿线青年组织缔结民间合作关系,以促进文化交流、学术往来和人才培训的合作。 ●发掘更多题材,支持和协调青年团体举办系列活动,培养青年爱国爱澳的品格,增进青年的民族认同感和家国情怀。 ●重视教材建设,委托专业团队编写本地小学常识科普教材。 ●出版经修订的小学《品德与公民》教材,并且开展相关培训
2017	●爱国爱澳是澳门的优良传统,培育了澳门居民的家国情怀,维系着全社会的和谐团结。我们要将其薪火相传,使其成为澳门居民同心同德、共建美好家园的精神纽带	●加强国情教育以及中国历史和中国传统文化教育,鼓励学生积极履行公民义务。 ●进一步加强本地教材建设,启动小学《中文》教材的编写工作,推进小学《常识》教材的建设,按计划修订初中和高中《品德与公民》教材

年份	施政报告	施政方针
2017		• 加强青年社会责任感和家国情怀,组织青年社团合办以认识"五四"爱国主义为主题的"青年论坛2017"和其他系列活动。传递尊亲敬老、参与社会和贡献社会的正向价值与能量。 • 紧握合作机遇,加深家国情怀。配合国家"一带一路"倡议,继续通过青年社团培训和外交知识普及系列活动,让青年了解"一带一路"倡议的内涵和机遇。组织中学生到"一带一路"沿线地区进行交流学习,了解当地的历史与文化。 • 继续举办国旗手训练活动,让青年对国家、国旗和国歌有更深刻的认识。 • 继续开展认识国家历史和发展成就的工作。 • 尊亲敬老、关爱弱小是中华民族的传统美德。在具有独特意义的节日推出系列安排,培育青年的感恩自省、家庭和谐、小区和睦等价值观,传递感恩颂亲的正向能量。 • 实施"学生艺术教育普及计划",包括欣赏粤剧艺术,加深青年对中华文化的认同
2018	• 官民合作加强校园爱国爱澳教育,增强学生的国家意识和民族认同感。 • 政府在"千人计划"的基础上,重点统筹推出青年国情考察计划,侧重资助青年在四个方面的工作,包括弘扬中国历史文化的项目。 • 致力文化传承教育和文化设施建设。推行文化普及和艺术教育工作。 • 着力开展历史文化的研究传播工作,加强居民,尤其是青年的历史文化教育,增强对中华民族文化的自信和自豪感,巩固对国家的认同和民族认同	• 促进青少年学生能以中华文化为主流,认识、尊重澳门多元文化共存的特色,拓宽文化视野。 • 加强中国历史教育,为初中和高中历史科研制独立的"基本学力要求";编制及出版中学《历史》教材,初中一年级和高中一年级自2018/2019学年开始使用。积极推进本地教材的建设,完成初中《品德与公民》的修订工作以及小学《常识》教材的编写工作;推进小学《中文》教材的编写以及高中《品德与公民》教材的修订,并启动中学《中文》教材的编写工作。另外,编写符合澳门实际的《普通话》教材。 • 建设"文化交流合作基地"推出系列活动,加大对外交流,并与相关部门合作,以便让青少年能以中华文化为主流,认识澳门历史城区及其重要价值,从小培养学生的文遗保护意识,尊重澳门多元文化共存的特色,并拓宽其文化视野。 • 进一步加强有关国旗、国徽和国歌的教育工作,在将其纳入正规课程的基础上,为学校开发专门的教学资源,强化教师及学校升旗手的培训,让学生认识国旗、国徽和国歌,及其作为国家象征的意义和深刻内涵,会唱国歌,以庄重的态度遵守相关礼仪,致力于培养学生爱国爱澳的情怀,提升他们对国家和民族的认同感

续表

年份	施政报告	施政方针
2018		• 为让澳门青年对国家和澳门有较全面的认识,加深家国情怀体验,将实施"齐心同行计划",内容包括法制教育、国防外交、历史文化以及国情和区情方面,通过交流、研习、培训、论坛、体验营和比赛等多种形式进行。 • 将通过有趣生动的形式,让青年体认中华民族优秀传统文化、民族复兴的奋斗历程,以及国家的发展成就,加深青年对中国历史和文化的认同。将分别举办"讲中国故事·系家国情怀"系列活动、"认识祖国·爱我中华"学习之旅、"澳门青少年国情研习班"、"结伴成长"学习交流团,以及其他形式的学习、交流活动
2019	• 增强爱国爱澳教育,致力于传承爱国爱澳的核心价值,增强家国情怀,营造良好的青年成长环境。 • 推进文化传承教育。着力开展历史文化研究和传播,加强居民尤其是青少年的历史文化教育,增强对中华文化的认识和自豪感。 • 传承爱国爱澳核心价值,提升对国家的责任感和使命感	• 弘扬优秀文化,培育家国情怀。重视历史文化的传承和发展,与国家教育部合办中华经典诵读展演交流活动,通过多种形式,结合歌舞、书法、绘画等元素,展示语言文字的魅力;推动学校组织"传承中华文化"活动;在教育电视台播放"中华经典资源库"节目。丰富教学人员对中华传统生活习俗和礼仪的认识,实施"教师弘扬中国历史文化资助计划",开展新一轮"教学设计奖励计划"的"家国情怀"奖项评选活动,以促进高质量的教学材料进课堂。通过教师有关中华传统文化和国情的考察研修、历史科组长专项培训及学校历史科的教研工作,推动历史科师资队伍建设。 • 配合中华人民共和国成立70周年、澳门特区成立20周年、五四运动100周年、《基本法》颁布26周年、中葡建交40周年,举办一系列庆祝和纪念活动,把中国历史文化和国情教育摆在青少年教育的突出位置。 • 全力建设"家国情怀馆",让青年学生从不同角度认识中华文化和国家的发展历程,培养家国情怀。 • 让青年了解国家历史文化和最新发展,使其懂得珍惜感恩,提升抗逆能力

　　资料来源:澳门特别行政区政府2000～2019年各财政年度的施政报告以及社会文化范畴的施政方针。

　　上述转变与2014年底国家主席习近平在"澳门回归祖国15周年大会暨行政区第四届政府就职典礼"上的讲话有关,他当时对澳门提出了四点期望，其中最后一个方面就是"继续面向未来，加强青少年的教育培养"，而且尤其强调，"要把我国历史文化和国情教育摆在青少年教育的突出位置"①。

四　学校层面的实施

中国传统文化教育最终须落实到学校，在正规的课堂教学和相关的教育活动中展开，方能在实践中对学生的精神成长发挥作用。

（一）开设相关课程

"废科举，兴学堂"以前，中国学校教育的全部课程及其内容都可称为中国传统文化，但自从以西方的学制和教育理念为基础的现代教育体系建立以来，学校的课程体系发生了根本变革，按照西方文化和学术体系划分的历史、地理、数学、物理、化学、生物、体育、音乐、美术等课程，取代了《三字经》《论语》《孟子》等，② 这使得中国传统文化虽然仍是学校教育的重要内容之一，但并不是一门独立的"学科"，而是分散在语文、品德与公民、历史、地理以及艺术等法定的科目之中。③

语言和文字是民族文化身份的符号，也是其文化的载体和基本内容，因而中文课程对于中国传统文化教育来说无疑是最为重要的。如前所述，澳门的中小学以中文学校为主，**2018/2019** 学年以中文作为教学

---

① 习近平：《贯彻一国两制　明天更美好——在澳门回归 15 周年大会暨特区第四届政府就职礼上的讲话》，（澳门）《澳门日报》2014 年 12 月 20 日（特刊），第 2 版。

② 这实际上是中国知识的谱系的根本改变：用一种分化的方式重建知识的谱系。当时有强烈的反对声音，如张君劢就试图用"人生观"问题批判科学的知识谱系，却事实上为新的知识分科提供了理论前提，而且其"通过'人生观'问题重建知识谱系的努力与'五四'以后教育改革、特别是 20 世纪 20 年代初期的学制改革具有内在的呼应关系"。参见汪晖《现代中国思想的兴起》下卷，生活·读书·新知三联书店，2004，第 1330～1331 页。

③ 对于这一转变的因由，特别是当时江南部分学校所面临的文化处境，可参见周勇《江南名校的中国文化教育》，教育科学出版社，2008，第 10 页。

语言的校（部）共有 101 个，全部开设中文课；其他 20 个校（部）虽然是葡文或英文学校，但也全都设有中文课。

与中国传统文化教育有关的另一个主要科目是"品德与公民"。须注意的是，澳门许多学校是教会学校，设有圣经或宗教课，有的教会学校将品德与公民教育的内容融入其中，也有的另开品德与公民课。这些课都含有部分中国传统文化的内容。随着《本地学制正规教育课程框架》行政法规的实施，澳门本地学制正规教育的中小学校已全部开设品德与公民教育课程。

在中学阶段，历史和地理是进行中国传统文化教育的重要途径。《本地学制正规教育课程框架》于 2014 年颁布，其中规定在初中和高中教育阶段均须开设包含历史和地理内容在内的综合性的社会与人文科目，或者分科的历史和地理科目，而相关规定则要求在 2017/2018 学年开始在初中和高中教育阶段实施。但至该法规颁布的学年，澳门已有大部分学校开设历史和地理课程。从表 5-2 可见，2014/2015 学年澳门在中学阶段独立开设"有"（可能只在一个年级开设）历史和地理课程的学校比例还是比较高的，尤其是历史，在高中开设的比例达到 100%，初中达到 97.8%。

表 5-2　2014/2015 学年中学开设历史、地理课的情况

单位：个，%

科目	教育阶段	开设的校（部）数	占比
历史	初中	45	97.8
	高中	44	100.0
地理	初中	40	86.9
	高中	40	90.9

资料来源：澳门教育暨青年局。

但是，各校开设的情况并不一样。从表 5-3 可见，初中一年级和初中二年级开设历史课的学校分别只占 84.4% 和 86.9%，有 1 所学校在整个初中教育阶段均不开分科的历史课；高中阶段的每个年级也都有学校

不开历史课。地理课的情况更严重些，初中一年级和初中三年级开设地理课的学校只占77.8%和67.4%，初中二年级也只占80.4%，更有6所学校在整个初中教育阶段均不开分科的地理课，高中完全不开的学校也有3所。

表 5 - 3　2014/2015 学年中学各年级开设历史、地理课的情况

单位：个，%

年级	历史		地理	
	开设校(部)数	占比	开设校(部)数	占比
初中一	38	84.4	35	77.8
初中二	40	86.9	37	80.4
初中三	44	95.7	31	67.4
高中一	42	95.5	39	88.6
高中二	42	95.5	40	90.9
高中三	42	95.5	40	90.9
初中三个年级均不开	1	2.2	6	13.0
高中三个年级均不开	0	0	3	6.8

注：2014/2015 学年初中一年级 45 个校（部），初中二年级和初中三年级均为 46 个校（部），高中各年级均为 44 个校（部），不包括特殊教育和回归教育，统计日期为 2014 年 11 月 26 日。

资料来源：澳门教育暨青年局。

视觉艺术和音乐课对中国传统文化教育也有重要作用，《本地学制正规教育课程框架》规定在小学至高中教育阶段亦须开设综合的"艺术"或分科的"视觉艺术"及"音乐"。而在法规尚未正式实施的2014/2015 学年，澳门已有较高比例的小学和初中学校开设这两个科目，相关情况详见表 5 - 4。

表 5 - 4　2014/2015 学年小学、中学开设视觉艺术课、音乐课的情况

单位：个，%

科目	教育阶段	开设的校(部)数	所占的百分比
视觉艺术	小学	56	93.3
	初中	38	82.6
	高中	40	93.0

续表

科目	教育阶段	开设的校（部）数	所占的百分比
音乐	小学	54	90.0
	初中	35	76.1
	高中	21	48.8

资料来源：澳门教育暨青年局。

（二）出版及推广《品德与公民》教材

为加强品德与公民教育，特区政府于2006年推出小学、初中及高中品德与公民科学生须达到的"基本学力要求"（初稿）。其后委托北京的人民教育出版社按照基本学力要求的规定，为澳门编写了配套的小学、初中和高中《品德与公民》教材。[①] 该教材于2008年起陆续出版，并受到学校的欢迎，至2014/2015学年，三个教育阶段选用的学校均已过半。2014年，澳门教育暨青年局启动该套教材的修订工作，邀请相关机构及澳门的一线教师共同对教材进行修订。小学的新教材已于2016年出版及使用，初中和高中的新教材也分别于2018年及2019年出版和使用。2021/2022学年小学、初中及高中使用该套教材的学校占比均为100%，该套教材已成为澳门最有影响力的品德与公民教材（具体情况见表5-5）。

表5-5　2021/2022学年《品德与公民》教材使用情况

单位：个，%

教育阶段	使用校（部）数	占该阶段学校总数的百分比
小学	60	100
初中	45	100
高中	44	100

资料来源：澳门教育及青年发展局。

[①] 人民教育出版社、课程教材研究所编著《品德与公民》（澳门教材·小学、初中、高中），人民教育出版社，2016、2018、2019。

这套教材从构建"中国人"和"澳门人"的角度，比较多地关注中国和澳门本地的历史、地理和文化。[①] 小学至高中共安排了 35 个单元，从自然环境、社会环境、政治、文化、教育、历史、民族、宗教、文化习俗以及日常生活等角度，通过历史的眼光，结合实际，让学生在相互联系中认识中国与澳门的关系，为学校进行中国传统文化教育和国民身份教育提供了比较系统的支撑（见表 5 – 6）。

表 5 – 6　修订版《品德与公民》教材涉及中国及澳门本地文化的内容

教育阶段	年级/册次	教材单元	相关课题
小学	二年级上册	第四单元 美丽的澳门	• 我家在澳门 • 带你游澳门 • 我是中国人
	三年级上册	第三单元 我们的国家	• 魅力大都市 • 走遍大好河山 • 我们的传统节日 • 生活在农村的孩子
	三年级下册	第三单元 我们生活的世界	• 美丽的地球村 • 多样的生活 • 多彩的风情 • 和而不同的朋友
	四年级上册	第四单元 我们的社区生活	• 为大众服务的人 • 积极参加社区活动 • 社会公德人人遵守
	四年级下册	第四单元 生活在澳门	• 澳门是个大家庭 • 我们的特区政府
	五年级上册	第三单元 东西方文化交融	• 文化交融的脚印 • 多元的节日文化
		第四单元 宗教信仰与习俗	• 我们的信仰 • 不同的文化习俗
	五年级下册	第四单元 我们的大中国	• 好大一个家 • 畅游中国 • 我们都是一家人

---

① 郭晓明：《教材中的身份认同——以澳门小学〈品德与公民〉教材为例》，石鸥主编《教科书评论 2014》，首都师范大学出版社，2015，第 134～153 页。

续表

教育阶段	年级/册次	教材单元	相关课题
小学	六年级上册	第三单元 走向富强	• 日新月异的澳门 • 腾飞的中国
	六年级下册	第四单元 法制与自由	• 权利义务伴我行 • 我爱自由
初中	一年级	第三单元 法律的精神与澳门法律体系	• 认识法律 • 法律与生活 • 澳门的法律体系
		第四单元 人权与义务	• 人权衍生 • 澳门居民的权利和义务 • 身份认同
		第七单元 我们的家园	• 生活在澳门 • 美丽的世界文化遗产与保护 • 多样化的非物质文化遗产
		第八单元 认识中国	• 我们的国家 • 可爱河山与灿烂文化 • 多民族的国家
		第九单元 文化与交流	• 文化的起源 • 中西文化交流 • 大发现下的澳门
	二年级	第二单元 群体交往	• 我们这一班 • 校园零欺凌 • 友善的校园生活
		第三单元 法律与个人权利	• 《澳门基本法》中的居民权利 • 民事权利面面观 • 亲恩有责
		第四单元 公民权与社会参与	• 公共舆论与新闻传媒 • 公民结社与公共参与 • 公民运动与澳门发展
		第七单元 多元的社会	• 多元族群和而不同 • 多元宗教与社会建设 • 多样化社团与社会建设
		第八单元 我国的发展	• 中国的政治体制 • 初探中国经济 • 改革开放的意义
		第九单元 文明与冲突	• 国际组织与澳门

续表

教育阶段	年级/册次	教材单元	相关课题
初中	三年级	第四单元 社会与制度	• 国家的组成与多元共生 • 澳门的制度建设 • 社会公平
		第七单元 澳门事件簿	• 澳门历史上的重大事件 • 回归前夕的社会冲突与调适 • 主权回归与"一国两制"方针
		第八单元 传统与挑战	• 初探中国发展 • 传统文化与价值 • 优良传统的复兴与输出
高中	一年级	第一单元 生活的选择	• 生活方式与幸福感 • 压力知多少
		第四单元 民主政治的发展	• 全球的民主政治发展 • 我国的民主政治发展
		第七单元 日新月异的澳门	• 澳门社会发展的成就 • 澳门社会面临的挑战
		第八单元 世界因你而美丽	• 中华文化对世界的影响 • 海外华侨华人对世界的影响
		第九单元 全球化的再认识	• 多角度认识全球化 • 全球化下的文化发展
	二年级	第二单元 生活素质	• 社区与我 • 消费与健康生活
		第三单元 宪法精神与诉讼制度	• 宪法与《澳门基本法》 • 一般诉讼与司法援助
		第四单元 政治组织与民主	• 澳门特区民主与廉政建设 • 政治组织与政治参与
		第八单元 我国社会的发展	• 古代哲人看问题 • 成就与梦想
		第二单元 社会与价值	• 道德与诚信 • 个人与社会
	三年级	第七单元 澳门的对外交流与合作	• 昔日澳门 • 今日澳门

资料来源：参见人民教育出版社、课程教材研究所编著《品德与公民》（澳门教材，小学一至六年级），人民教育出版社，2016；《品德与公民》（澳门教材，初中一至三年级），人民教育出版社，2018；《品德与公民》（澳门教材，高中一至三年级），人民教育出版社，2019。

（三）　实施学生"学生艺术教育普及计划"

为加强艺术教育，让学生每年都有机会走入正规剧院或艺术博物馆，了解不同种类的中国传统艺术，接触不同类型的艺术作品，欣赏艺术表演，并学习基本的观赏礼仪和剧场礼仪，澳门教育暨青年局于2004/2005学年推出"中学生普及艺术教育计划"，首年对象为初一学生，此后逐年增加项目并推广至其他年级。至2009/2010学年，该计划推广至高三学生，覆盖了整个中学教育阶段。2014/2015学年中学各年级的艺术主题，以及学校和学生的参与情况见表5-7。

表5-7　2014/2015学年"中学生普及艺术教育计划"实施情况

单位：个，人

年级	主题	参与校（部）数	参与学生数
初一	木偶剧	32	3473
初二	戏剧	34	3920
初三	中乐	24	3033
高一	西乐	32	4306
高二	舞蹈	31	4393
高三	中国戏曲	31	4120
参与学生总人数			23245

资料来源：澳门教育暨青年局。

2014/2015学年，澳门教育暨青年局以先导计划的方式，将该计划下延至小学高年级阶段，并增加"视觉艺术"。2015/2016学年，正式将该计划易名为"学生艺术教育普及计划"，增加的内容亦配合2015年的施政方针，引导学生学习领略中华民族的悠久历史和文化积淀，重点认识中国传统建筑、书画和雕塑等。从2004/2005学年至2018年底，该计划累计演出超过700场，有约30万人次学生参与，平均每学年有超过2万名学生参加。2018/2019学年"学生艺术教育普及计划"各年级的活动内容见表5-8。

表 5-8　2018/2019 学年"学生艺术教育普及计划"各年级的活动内容

年级	活动名称	活动内容	演出团体
小六	走进艺博•涵泳艺文	与澳门艺术博物馆合作,将小学六年级的学生带进博物馆,近距离观赏视觉艺术作品,以生动的导赏方式,让学生了解欣赏展览时应遵守的礼仪,培养对视觉艺术作品的赏析能力,从而提升学生的审美能力。 活动内容除了通过轻松活泼的影片向学生介绍参观博物馆的规则及礼仪外,导赏员还会扮演鲜明有趣的角色,以生动的方式引导学生参观"徐冰的文字"及"大阅风仪——故宫珍藏皇家武备精品展"两个展览。通过有趣的讲解,让学生了解国际著名当代艺术家徐冰的"英文方块字"、"天书"及"地书"等代表作所蕴含的中国传统文化元素,又通过欣赏描绘清代皇帝狩猎活动的宫廷绘画,认识中国书画特征、宫廷绘画特色,并感受清代皇室的尚武精神。同时,学生亦获派赠相关小册子、工作纸及绘画簿,在互动环节中完成相关的学习任务,进一步加深他们对中国文化艺术的认识	澳门艺术博物馆
初一	亲近艺苑•木偶传情	广东省木偶艺术剧院的国家级木偶大师通过不同的种类木偶(如:杖头木偶、提线木偶、布袋偶等)演绎神话剧、哑剧、舞蹈、粤剧等不同剧目,当中包括家喻户晓的《孙悟空三打白骨精》《帝女花》等,并在演出当中介绍木偶艺术的历史和特色	广东省木偶艺术剧院
初二	体验戏剧•多元感受	通过专业演员的介绍,让学生了解戏剧的来源、综合元素、种类及特色,并用悲剧、喜剧及音乐剧的形式来表演不同戏剧选段,让学生体验不同剧种的魅力。 其间亦介绍剧场欣赏表演艺术的礼仪,借此提升学生对戏剧艺术的欣赏和鉴赏能力	香港话剧团及澳门"戏剧农庄"
初三	品味传统•共赏中乐	演绎多首中外经典名曲,并为学生介绍有关中乐艺术的特色	香港中乐团
高一	融入西乐•放眼世界	通过专业交响乐团的演奏和乐器介绍,让学生了解西方音乐艺术的种类及特色,内容以放眼世界为题,并借世界各地名曲的演奏,提高学生对西乐的欣赏能力。活动还让学生学习相关的剧场礼仪	广州交响乐团
高二	赏识舞蹈•唯美领会	通过演绎不同风格的舞蹈、示范演出及导赏,让本澳学生认识舞蹈艺术的特色和种类,借着中外古今的舞蹈演出,提高学生对舞蹈的欣赏能力	香港舞蹈团
高三	鉴赏国粹•细味戏曲	为学生进行戏曲演出及介绍,让学生认识粤剧、京剧及昆剧的知识基础。活动将演绎昆剧《牡丹亭——游园》、京剧《三岔口》及粤剧《白蛇传——游湖》等经典剧目选段,并为学生介绍有关中国戏曲艺术的特色	上海市戏曲学校 少年京昆剧团及 广东舞蹈戏剧职业学院

资料来源:澳门教育暨青年局。

（四）教育发展基金资助学校开展相关活动

1. "传承中华文化"专项资助

澳门在 2007 年成立教育发展基金（以下称"教发基金"），其主要职责是以无偿资助及优惠信贷的方式，在非高等教育领域支持和推动各类具发展性的教育计划及活动。[①] 为弘扬中国传统文化，推动中国文化的传承，该基金自2013/2014 学年起设立"传承中华文化"专项资助，鼓励学校按其办学特色开展与传承中华文化有关的活动，最终使学生认识及欣赏中华传统艺术和文化，了解中国深厚的文化底蕴，培养爱国情怀。该专项资助近几年实施的情况见表 5-9。

表 5-9　"传承中华文化"专项资助实施情况

单位：个，人

学年	获资助项目数	获资助校（部）数	参与学生人数
2013/2014	117	28	8966
2014/2015	118	26	8643
2015/2016	145	34	13683
2016/2017	135	58	58205
2017/2018	134	62	59606
2018/2019	147	67	56738

资料来源：澳门教育暨青年局。

2. "认识祖国、爱我中华"学习之旅

为了加深学生对国家的认识，教发基金自 2011/2012 学年起在学校发展计划资助申请中设立"认识祖国、爱我中华"学习之旅的专项资助，鼓励学校按自身需要，举办"认识祖国、爱我中华"学习之旅的交流或研习活动，让学生通过实地考察及亲身体验，加深对国家发展情况的了解，培养家国情怀，具体实施情况见表 5-10。

---

① 　第 16/2007 号行政法规《订定〈教育发展基金制度〉》。

表 5-10　"认识祖国、爱我中华"学习之旅实施情况

单位：个，人

学年	参与校（部）数	参与学生数
2011/2012	64	3199
2012/2013	74	3906
2013/2014	76	4056
2014/2015	76	3957
2015/2016	73	4052
2016/2017	77	4741
2017/2018	82	5301
2018/2019	74	4622

资料来源：澳门教育暨青年局。

（五）澳门大学中国历史文化中心举办的活动

澳门大学于 2017 年成立"中国历史文化中心"，以加强中国历史文化研究，推动中国历史文化向葡语系国家传播，提高澳门居民对中国历史文化的认识。该中心自 2017 年 6 月起，与澳门非高等教育机构合作，举办"名师名校专题系列讲座"。此外，该中心 2018 年联同澳门大学孔子学院、中葡双语教学暨培训中心和澳门研究中心，成立"澳门中小学生人文社科教育基地"，邀请澳门基金会、澳门教育暨青年局、澳门中华教育会和澳门天主教学校联会参与，开展系统培训。该基地 2018 年下半年举办多项面向中小学教师及学生的培训活动（见表 5-11）。

表 5-11　澳门大学中国历史文化中心 2018 年举办的培训活动

活动名称	合办机构	地点	对象
中学教师岭南文化研习营	—	广东省广州市、中山市	教学人员
"广府文化"学习体验班	暨南大学港澳历史文化研究中心、广州粤剧院、红线女艺术中心	广东省广州市	中学生

续表

活动名称	合办机构	地点	对象
2018 年暑期中小学生宁苏杭诗词文化考察团	培正中学	江苏省南京市、苏州市；浙江省杭州市	中小学生
西安文化考察团	—	陕西省西安市	教学人员
中国历史文化导师培训班	澳门教育暨青年局、清华大学	北京市	教学人员
江西红色文化考察团	—	江西省南昌市、九江市、景德镇市、吉安市	中国历史文化推广基地师生

资料来源：参见陈振宇《2018 年澳门历史文化推广的现状与展望》，载吴志良主编《澳门经济社会发展报告（2018～2019）》，社会科学文献出版社，2019，第 446～447 页。

（六）学校的特别措施

如前所述，澳门的公立学校和私立学校都享有教学自主权，因此，许多学校在加强中国传统文化教育方面会根据自己的理念和条件，采取具有自身特点的措施。

1. 澳门培正中学的"历史文化"选修课程[①]

澳门培正中学向来重视传统文化的传承，早在 20 世纪 80 年代中期，就成立了"历史室"和"地理室"，并组织师生创立"史地学会"，每年出版学生自行撰写、编辑的研究性刊物——《红蓝史地》，迄今已出版 20 多期，在澳门有一定的影响。2013 年，该校进一步开设"中华文化馆"，通过门类齐全的实物展示，使学生对博大精深的传统文化有更为具体、直接而亲切的认识，并就学生的文化程度和兴趣的不同，开设一些实验性的国学类课程。例如，在 2013 年底至 2014 年组织教师读书会，每周约一小时，用一年左右的时间，从历史文化的角度通

[①] 此部分资料由澳门培正中学的钟春晖博士提供，特致谢忱。另可参见钟春晖《从培正中学"历史文化"课的设置看古代汉语教育与中华文化传承》，《澳门研究》第 80 期，2016。

读《论语》，让学生对传统经典有兴趣。另外，在学生的联课活动中，2014 年起在小学四至六年级开设《史记》和《资治通鉴》读书会，中学则开设"国学经典导读"（阅读《尚书》《诗经》等经典的一些篇章），学生自由报名，每周一小时，采用精读的方法，多数学生在读了大约两个月后，就能基本掌握文言的语句结构，喜欢上简洁有力、意境无穷的文言文。

2015 年 9 月，该校又开设"历史文化"班，即在高一、高二两个年级的四个文科班中开设"历史文化"选修课，采用小班制（每班 6～12 人），每周三节课，这在澳门具有开创的意味。设立该班是因为现今学校课程学科分立，加上应试教学取向的影响，传统文化经典被肢解和割裂，变得枯燥乏味、生机顿失，开设"历史文化"班，其初衷是以"经典阅读"为其核心，将古代汉语与中国的历史和文化传承相融合，传递传统文化的精神，提升学生的兴趣，训练他们的思考能力。选读的经典涉及《礼记》《易经》《论语》《孟子》《庄子》《老子》《诗经》《尚书》等。有学生对中医感兴趣，因而也选读《黄帝内经》的一些篇章。

2. 濠江中学的书法普及教育①

澳门濠江中学长期坚持和重视开展中华传统文化教育，从课程设置、人员培训到余暇活动的安排，都体现学校"弘扬国粹，传承中华文化"的教育理念。学校努力营造浓厚的校园文化氛围，引导师生继承及弘扬中华传统文化，从而增强文化认同感和民族自豪感。

该校尤其重视中文书法在弘扬中华传统文化中的作用。全校从小学三年级至初中二年级，每周均设一节书法课，安排专业教师开展书法普及教育。除正规课程外，课外活动中参与书法活动的人数也不少，中学近 100 人，小学 30 多人，附属的英才学校 40 多人。

濠江中学想方设法通过各种方式、平台，为师生提供更多的学习、交流、展示书法的机会，从而推动书法艺术教育的发展。2011 年，中

---

① 此部分的资料由澳门濠江中学的陈步倩副校长提供，特致谢忱。

国书法家协会在该校成立"兰亭学校",两次邀请中国著名书法家韩宁宁莅校指导,重点对语文教师、兰亭学校的学生共100多人进行系统培训;也曾多次邀请广东书法家王沛恩到校讲课。2012年,该校成立兰亭书法协会,吸收100多名教师加入成为会员。协会规定会员教师要参与有关的书法活动,并要求每周完成一次作业,以提高教师的书法技艺。

该校的中学部设兰亭书法室,可容纳八九十名学生,学生每天早上可提早半小时回校习字,中午和下午放学后亦欢迎有兴趣的学生到该室练习,有教师辅导;每月最后一个星期的星期五下午,放学后会安排一次兰亭班学生的集雅活动。其他的两个校(部)(小学部和英才学校),同样会组织学生利用早上或中午和下午开展辅导培训活动,以提高学生的书法水平。

另外,学校还开展校内比赛,同时积极组织参加校外各类比赛,以促进学生提高能力。该校每个季度进行一次兰亭师生书法比赛,在校内评奖并做记录,年底会庆时颁发各类奖项,以激发师生参与的热情和兴趣。同时,鼓励学生参加外界的各类比赛,每年参加澳门的比赛约有六到七次,有时也参加内地举办的书法比赛,如全国兰亭学校学生书法比赛。该校中学部曾有学生获全国一等奖(前10名),并代表中国赴日本参展;小学部亦有学生获"丹青少年中国书画大赛"一等奖。学校还举办书法展览,为教学培训搭建平台。兰亭书法室每个季度会举办展览,学校还曾分别参加顺德、中山、佛山、香港等地的联合展览,也在澳门举办过两次公开的书法展览。

五　主要问题

从以上情况可见,澳门回归以来特区政府对中国传统文化教育在政策和制度上比较重视,在近年的施政中还有明显加强的意图和趋势,但在教育实践层面还缺乏系统性保障,存在不可忽视的问题。

（一） 缺乏专门规划

在澳门，任何中小学教育政策和教育改革要取得实效，都必须面对以下特有的现实：学校由办学实体说了算，而且以私立学校为主；所有学校依法享有教学自主权；政府没有也不可能推行统一的考试和教材。在此情况下，"小政府"要有所作为，就必须重视教育规划：既在规划的讨论和研拟过程中凝聚共识，又通过规划的实施为学校提供专业的指导，弥补学校专业能力参差不齐所带来的不足，最重要的是，规划可以"柔性地"起到引领和规范学校办学行为的作用。

澳门第三届特区政府在教育政策上的一个特点就是加强教育规划，最重要的举措之一就是在 2011 年颁布《非高等教育发展十年规划（2011—2020 年）》。① 这是澳门教育史上第一个"十年规划"，虽然是一个整体性的规划，但未能充分照顾中华传统文化教育的方方面面。

因此，有必要制定专门的规划，总结经验，分析问题，对澳门中华传统文化教育的宗旨、原则、内容重点、途径，以及重要的措施做出系统规划。在这方面，澳门教育暨青年局 2004 年制定《非高等教育阶段"爱国爱澳"教育实施纲要》的经验可供参考，教育部为内地制定的《完善中华优秀传统文化教育指导纲要》也具有比较直接的借鉴意义。

（二） 课程体系及课程内容有待完善

对于学校的中国传统文化教育而言，课程是至关重要的因素，既要有完整的课程体系，又须有全面及符合学生年龄发展特征的课程内容。如前所述，澳门的大多数中小学都开设了相关的课程，但体系和内容均有待加强。

---

① 郭晓明：《传承与创新——澳门第三届特区政府教育政策的总结与展望》，（澳门）《行政》杂志 2015 年第 1 期，第 5～25 页。

1. 中文教育有待改进，宜进一步加强文言文

语言、文字是民族文化的底色和基本内容，而古典文学和其他文化典籍是我们的精神家园。澳门的中小学普遍重视中文教育，有的课时甚至比内地和港台地区还多。但有大学中文系的负责人表示：即使是考入澳门一流大学中文系的澳门学生，也存在"阅读面不是很广、文史知识不够全面，中文写作能力亦不太理想，中文教育和训练与内地相比，显得较薄弱"① 的问题。这就提出两个问题，一是阅读面不够宽，二是写作能力不强。另外，文言文是汉语中精致化的书面语，是青年人打开古典中华文明宝库的必备钥匙。澳门中文教育的另一个问题，就是须进一步加强文言文。②

2. 历史、地理课开设不全，内容欠完整

历史和地理之所以重要，是因为"对中国文化的自觉"须以深邃和宽广的时空感为基础，既要了解中国传统文化的来历、形成过程以及近代以来它所面临的困境、转化和未来趋势，又要明白它所依赖的地理环境，以及其在全球化竞争中所处的文化环境。

世界各地的小学课程更重视综合性，因而不开设分科的历史、地理，澳门通常把相关的内容融合在小学的常识科。但在中学阶段，澳门不少学校的历史和地理课也开设不全，如前所述，按照 2014/2015 学年的统计，有的学校虽然"有"开设，但可能只开一年，初一和初二开设历史课的学校分别只占 84.4% 和 86.9%，更有 1 所学校在整个初中教育阶段均不开；初一和初三开设地理课的学校分别只占 77.8% 和 67.4%，初二也只有 80.4%，更有 6 所学校在整个初中教育阶段均不开分科的地理课，高中完全不开的学校也有 3 所（见表 5 - 3）。这可能直接导致学生知识的结构性缺失，香港近年来弱化中国历史科的教训需

---

① 《学者：澳生中文水平待提高》，（澳门）《澳门日报》2015 年 10 月 27 日，第B10 版。
② 详见本书第六章。

要吸取。[①]

除课程开设不全外，课程内容不完整也是重要问题之一。以中国历史为例，许多学校存在重中国古代史、轻近代以及现当代史的现象，鸦片战争以后的历史一笔带过，一些学校在授课中的中国历史讲到辛亥革命就没有了下文，导致学生既不了解中华民族在近代所遭受的苦难，也不清楚中国人民在抗战期间救亡图存的英勇无畏，更不理解20世纪以来中国社会整体变迁的历程，以及所选择的道路。对于1949年以后中国内地的历史，一些学生的记忆只停留在有关"文化大革命"等几个孤立负面词语的道听途说，缺乏准确、全面的了解，因而无论对于过去还是现在，都难有公允的评价；对于澳门的前途，很容易从狭隘的视角去理解。正因如此，习近平主席才强调，要让青少年"更多感悟近代以来中华民族救亡图存、发奋图强的光辉历程"，"更多认识新中国走过的不平凡道路和取得的巨大成就"，"更多理解'一国两制'与……实现中华民族伟大复兴与中国梦的内在联系"。[②]

地理也是如此，一些学校在授课中将中国地理仅仅视为世界地理的一部分来对待，导致学生对中国地理的认识很不系统，更缺乏深度；有的学校自编的地理课程依然停留于"以自然地理打天下"的旧观念，不重视经济地理和人文地理，也不关注环境、气候、区域规划与发展等人类共同面临的新问题。澳门的未来一代必须具有广阔的视野和全球化时代的理解能力，地理课程必须与时俱进。

---

① 香港在进入2000年后的高中课程改革中推行"通识教育"科，内容包括个人成长与人际关系、今日香港、现代中国、全球化、公共卫生以及能源科技与环境六个单元，对培养学生的独立判断和批判意识有帮助，亦能加强学校教育与生活的联系，但原有的"中国历史"由必修课被弱化为选修课，结果修读中国历史科的高中学生数量连续下降，在2014年参加全港高中文凭公开试的70000多名高中生中，报考该科的只有6320人，即"十个中学生中只有一个修读"，参见曹启乐《风起云涌的通识教育科检讨》、何汉权《国民教育的重要载体》，载教育评议会编《教育心宴》，（香港）灼见名家传媒有限公司，2015，第28~29、108~109页。

② 习近平：《贯彻一国两制 明天更美好——在澳门回归15周年大会暨特区第四届政府就职礼上的讲话》，（澳门）《澳门日报》2014年12月20日（特刊），第2版。

3. 中国传统艺术教育须系统化

中国传统艺术是中国传统文化中十分重要且极具特色的一部分。在孔子以礼、乐、射、御、书、数"六艺"教人的时候，"乐"其实是各门艺术的总称，除声乐、器乐外，还包括诗歌、舞蹈、传说故事和早期的戏剧。但在现代教育系统中，当艺术被规范为音乐和视觉艺术后，传统艺术教育的完整性反而被削弱了。当然，这也可能与各门中国传统艺术发展的程度及其在文化系统中的地位差异有关。

如果将文学也归为艺术的话，过去中国和今天澳门的教育，最重视的是古典的诗文，其次就是书法和绘画；再次就是戏曲、传统乐器、雕塑和建筑。部分学校现在比较重视陶器的制作，这是值得鼓励的。但总的来看，传统戏曲、器乐演奏、建筑艺术、传统舞蹈等，有必要加强。为此，综合性的艺术教育就值得提倡，艺术课程不能过分受分科的限制。

4. 强调统一要求，课程的差异性不够

中国传统文化领域众多，要求中小学生全面深入学习是不可能的。因而在课程上，既应有对所有学生的基本要求，也要对选修的方式作个别化处理，为真正有兴趣和天赋的学生提供深入学习的机会和指导，尤其到初中和高中阶段。如前所述，澳门部分学校开设有中国传统文化方面的选修课，如培正中学的历史文化课、濠江中学的书法课等，但到目前为止，这并非学校的普遍做法。

（三）重传统文化"知识"，较忽视传统文化的精神

如前所述，中国传统文化教育应将认识中国传统文化的主要成就与理解中国传统文化的基本精神和价值系统相结合。从总体上看，澳门现在比较重视对知识层面的学习，而对于"刚健有为"等文化精神和价值系统的强调显得不够。

就二者的关系而言，"知识"层面的把握是基础，因此学习中国的语言文字、古代文学、科技和艺术成就是必要的。但这终究只是文化之

"表"，作为"一定文化创造出来，并成为该文化思想基础"的文化精神，① 才是传统文化之"里"和"内核"，它影响我们的价值观和思维方式，必须予以重视。当然，并非所有年龄段的学生都有能力由"表"及"里"，但至少，高中阶段的中国传统文化教育应有向此目标迈进的安排。

（四） 缺乏符合本地需要的教材

缺乏符合本地需要的教材是澳门中小学各学科领域亟待解决的问题。有观点认为，澳门中小学课程是"依赖型"的，就是因为澳门教科书主要依赖外地，尤其是香港的教科书。以 2014/2015 学年的中文教材为例，澳门的小学和初中选用香港教科书的学校分别约占 98.5% 和 83.3%，高中一年级和二年级分别约占 81.0%，高中三年级因升学的关系占比略低，约占 68.8%。② 近年来，香港的一些出版机构开始发行澳门版的教材，③ 但外地的教科书是以外地的课程标准（或类似的课程政策文件）为依据编写的，即便是香港编制出版的"澳门版"教材，一般也是以"香港版"为基础稍加"改编"而成的。因此，澳门应该集中力量，研发本地的教材。

近年来，由澳门教育及青年发展局委托人民教育出版社为澳门编写的小学、初中和高中的《品德与公民》教材，受到学校欢迎。2015 年，澳门教育及青年发展局又委托上述机构编写和出版了《澳门地理》（初中地理补充教材），2018 年至 2019 年亦编写了初中和高中《历史》教材；另外，亦委托澳门笔会编写了《书写我城》（澳门文学补充教材）。但这仍然不够，目前亟须发展中国语文、中国地理、小学常识等科的本地教材。

---

① 张岱年、程宜山：《中国文化精神》，北京大学出版社，2015，第 14 页。
② 资料来源：澳门教育暨青年局。
③ 例如小学中文教材，香港教育出版社出版的《我爱学语文》（澳门版），香港现代出版社出版的《澳门现代中国语文》和《21 世纪现代中国语文》（澳门版），2014/2015 学年选用的学校占比分别达到 56.7% 和 26.7%。

（五）师资的相关素养有待加强

好的教育必须有好的师资，从事中国传统文化教育的教师，自己首先须有好的传统文化修养。而这恰恰是澳门教育界需要加强的。

民国时期，苏州中学与南开中学一南一北齐名，其中苏州中学是当时中国南方传统文化教育的重镇。有学者在描述其师资的情况时说："当年的苏州中学不仅有大力培育国学研究与教学的校长，而且拥有一群国学造诣深厚的国学教师，有的甚至可以让胡适、顾颉刚等国内顶级名牌大学的国学教授欣赏不已乃至自叹不如。"[1] 可见，苏州中学当时在中国文化教育领域的强劲实力。虽然这不是现在一所普通中小学所能达到的高度，但无疑是澳门的学校应该努力的方向。

六　挑战及展望

无论如何，在如今这个时代，我们重新凝视中国传统文化，内心充满希望：澳门处在华人文化圈，中华文化的底色不会轻易改变；我们拥有一个理性、平和、崇尚对话的环境，不容易受极端化思维的影响。但是，对于中国传统文化在澳门的传承来说，有两个方面的挑战必须认真面对。

一方面是全球化发展给民族文化所带来的挑战。全球化不是一个与价值无涉的自然进化过程，处于强势的某些西方国家往往借助现代科技和网络主导和拓展自己的影响力。对于弱势者而言，全球化的冲击可能意味着民族文化的危机，民族独特文化有被解构的危险。[2] 因此，如果我们还要继续做好作为一个民族或个体的中国人，而非"被殖民化"及"自殖民化"，就必须对全球化做出文化的、价值的拷问，提升文化自觉，既走出自身原有文化的局限，又坚持民族的自我意识和主体性。

---

① 周勇：《江南名校的中国文化教育》，教育科学出版社，2008，第84页。
② 鲁洁：《应对全球化：提升文化自觉》，《北京大学教育评论》2003年第1期。

所以，在加强中国传统文化教育的过程中，一方面，我们必须对全球化所带来的文化侵蚀保持警惕；另一方面，面对全球化的加速发展，传统文化教育工作须保持应有的紧迫感。

另一方面的挑战是邻近地区"去中国化"的可能影响。澳门与香港同处粤语文化区，且同属中国的特别行政区，同时台湾地区对港澳的影响也历时已久。总体来说，在港澳台这三个地区中国文化一直占据主流。不容忽视的是，近年来种种"本土论述"以所谓的"文化自主"为旗号，对中华文化认同乃至"中华民族的身份认同"构成一定冲击。可见，传承中国传统文化是一项时代的使命。

展望未来，澳门在中国传统文化教育方面最需要予以重视的一项工作，是要高度重视未来的课程改革，尤其是关注相关科目"基本学力要求"（相当于"课程标准"）法规的切实落实及定期的修订、完善。

按照 2015 年政府颁布的第 10/2015 号行政法规《本地学制正规教育基本学力要求》的规定，小学各科的基本学力要求在 2016 年颁布，并从 2016/2017 学年开始在小学一至三年级实施，2017/2018 学年延伸至小学四至六年级；初中和高中各科的基本学力要求在 2017 年颁布，并从 2017/2018 学年开始在初中一年级和高中一年级实施，并逐年向上延伸一个年级。

值得注意的是，小学教育阶段的基本学力要求按以下科目订定：第一语文、第二语文、数学、品德与公民、常识、信息科技、体育与健康、艺术；初中及高中教育阶段的基本学力要求按以下科目订定：第一语文、第二语文、数学、品德与公民、社会与人文、自然科学、信息科技、体育与健康、艺术。这带来以下两个问题。

首先，无论是初中还是高中，历史和地理都不是独立的科目，历史的基本学力要求包含在社会与人文科中，地理则分散在社会与人文科（人文地理部分）和自然科学科（自然地理部分）中，而且基本学力要求由不同的团队研制，那如何保证历史和地理课程内容的完整性呢？

其次，从总体上看，中文、品德与公民以及艺术等科目也包含中国传统文化教育的要求，那如何全面保证中国传统文化教育内容的完整性呢？解决的办法，就是要从中国传统文化教育的角度，对所有教育阶段和科目的基本学力要求进行整体审视。

另外，中国传统文化教育要建立校内外协调、课堂教学与课外体验相互补充的工作机制，因此要充分利用邻近地区和内地的教育资源，继续组织课外活动，重视赴内地的参访、交流，让学生在实践和真实体验中感悟中国传统文化。

第六章　中文教育的文化关切

文化总是处在一个不断流变和发展的过程之中，教育如要"尽其推进文化、改造社会之功"，就必须从文化传承的角度加以审视。长期以来，香港、澳门文化形成了自己特有的精神气质，既以中华文化为主流，又东西交融、多元共生。

民族的语言和文字是民族文化身份的底色，也是其文化的载体和基本内容。对于港、澳而言，语文教育既是文化教育，又是身份自觉的过程。澳门在全面推进课程改革的背景下，目前正努力推动中小学中文教育的发展。其中，一些由来已久的问题难有定论。例如，如何看待粤语的地位，是否要用普通话教中文？在坚持教繁体字的同时，是否应肯定简体字的价值，将认识简体字作为课程的基本要求？如何对待港澳中文里许多特有的习惯用语，如何规范学生的书面表达？这些问题往往涉及澳门汉语发展的特殊语境，须从文化传承的角度认真梳理中文在不同发展时期所形成的传统，吸收内地、澳门、香港和台湾中文教育的经验，并挖掘澳门特有文化资源的教育价值。

一　中文教育传统的嬗变

何谓传统？英文中的"tradition"指世代相传的习惯、风俗、技能、制度等人类行为及其范型，也包括思想、信仰等精神活动及其成果。现代汉语通常将"传统"作为名词，指世代相传的东西。但事实上，"传统"可作为动宾词组来理解。"统"按其本意为"众丝之首"，其功用乃"总束其众"。孟子说"君子创业垂统"，故儒有"道统"，释有"法统"，皆经代代相传而成典范。① 可见，传统是有时间性的。从过去、现在、未来这三个时间维度看，传统并不只是"过去已经存在的东西"，一个过去就已经凝结成型的实体（文化心理结构），而是"流动于过去、现在、未来这整个时间性中的一种'过程'"。因此，"继承和发扬传统"就绝不仅仅是复制"过去已经存在的东西"，而是要面向未来，创造出"过去从未有过的东西"。就中国文化而言，就是要创造出"过去的中国人不曾有过的新的现代的'民族文化心理结构'"②。

对待传统，关键在一个"通"字。有学者认为，文化传承所要实现的是"创造性转化"。③ 事实上，转化的过程就是打通过去与现在，并为未来开启新希望的过程。正如中国古典思想中有所谓"通三统"之说。孔子以降，中国历来有"春秋大一统"的理念。按照清儒陈立在其《公羊义疏》中的解释，"春秋大一统"的含义是指人民享有共同的文化传统和习俗礼法，所谓"六合同风，九州共贯"；同时，"大一统"也是一个统一的政治共同体，如《礼记·坊记》所说：

天无二日，士无二王，国无二君，家无二尊，以一治也。④

---

① 黄继持：《中国文学传统——现代文学行程中之审思》，载刘述先、梁元生编《文化传统的延续与转化》，（香港）中文大学出版社，1999，第53～54页。

② 林毓光：《中国传统的创造性转化》（增订本），生活·读书·新知三联书店，2011，第328页。

③ 甘阳：《古今中西之争》，生活·读书·新知三联书店，2006，第47～55页。

④ 转引自甘阳《通三统》，生活·读书·新知三联书店，2007，自序，第2页。

另外，按照清儒陈立的观点，"大一统"也是"通三统为一统"而得来的：

> 大一统者，通三统为一统，周监夏商而建天统，教以文，制以文。春秋监商周而建人统，教以忠，制尚贤也。①

孔子也说："周监于二代，郁郁乎文哉！"周代的这种"通三统"精神因得到孔子的高度赞扬（"吾从周"），而成为中国历史文明的基本传统，每一个后起的新时代都能够自觉地承继、融会前代的文化传统。② 所以，文化传承就是一个融会贯通的不断发展的过程，要有接纳和保存，也须有选择、有扬弃，方能实现创造性转化。文化传承之所以必要，就因历史的进程总是不断地将原本的文化及其传统带到一个又一个新的语境和历史关口处，令其不得不在新的"参照系"里得到新的解释。而解释的过程，就是从新的参照系里不断吸取养分，而令传统有能力越出原有的狭隘，不断得以更新和开放的过程。"传统之所以能成为传统并继续成为传统，就因为传统有从新的参照系中吸取营养、壮大自身，亦即对传统自身作新的解释的功能。"③

汉语经历了数千年的演变，有总体性的传统，也有地域性的脉络。澳门处于粤方言区，中文教育须处理好以方言为代表的地域文化与汉语作为中华文化载体的整体身份之间的关系。港澳的中文教育要真正完成中华文化传承的历史使命，整体提升本地市民的中文素养，就须认真梳理中文演变过程中出现的各种传统。

一是自先秦至明清以来的文化传统，即中国文化的古典传统，

---

① 转引自甘阳《通三统》，生活·读书·新知三联书店，2007，自序，第 2 页。

② 内地学者甘阳借此提出新"通三统"说，认为"孔子的传统"、"毛泽东的传统"和"邓小平的传统"在中国文明史上是一个连续"统"。参见甘阳《通三统》，生活·读书·新知三联书店，2007，自序，第 1～6 页。

③ 这是一种强调时间的连续性的历史观。参见张世英《进入澄明之境——哲学的新方向》，商务印书馆，1999，第 165 页。

是中华民族文化的底色和核心密码。如果仅从语言文字角度分析，繁体字、文言文、中国书法，这三者是那一时期留给我们的最为珍贵的文化成果。汉文化具有"字本位性"，"汉字既是汉文化的基本条件，又是它自我重建的机制和历史目的"。① 汉语词汇的基本单位是一个一个的字，而繁体字是汉语的"基质"。直至今天，繁体字仍然有着独特的作用，不仅通行于港澳台，内地大学的《古代汉语》教材和许多历史文献也用繁体字印刷。所以，认识汉字，了解汉字的构造，学会书写汉字，是学习中国文化的基本功夫。古典传统的另一个重要成分是文言文，以及以文言文形式留存下来的重要文化成果，包括古代的文学作品和文史作品，这是中华文化的核心成分，渗透着整个民族的思想、观念、历史记忆和文化情感。在古代，文史哲是不分家的，人们可以从文字及古代经典中，探寻我们各种思想和制度及其起源。在这漫长历史里，绝大多数中华文化经典是用文言文记载的，要学习中华文化经典，必须有文言文基础。另外，中国书法是汉字在长期的衍变中形成的，也是与汉语古典传统相关的重要文化内容，值得继承和重视。

二是五四运动与新文化运动的传统。众所周知，胡适和陈独秀等五四运动及新文化运动的代表者，将思想启蒙与"文学革命"相结合，一方面主张"文言一致"，推动文体和语体的革新，提倡白话文，并要求推行国语；另一方面，大力提倡新文学，直接促成了现代文学（或称"民国文学"）的发展。另外，新文化运动在汉语发展上还有一个重要成果，就是胡适等人率先尝试和垂范的"新式标点符号"的定型和推广。白话文运动和"文学革命"是现代中国文化发展历程中的一件大事，其影响既深且广，因为正如殷海光先生所说，"文学"在中国古代并不只是一种语言的表达工具，它还是中国文化里"一种重要的制度"，那时的文学是"'包罗万象'的文化财富"，几乎涵盖了一切学问。白话文运动和"文学革命"的直接后果，不仅把文学的独占局面

---

① 孟华：《文字论》，山东教育出版社，2008，第 307 页。

打破了，而且"革了士大夫的命"，文人的骄子地位随之没落。① 五四运动及新文化运动之后，汉语教育发生了很大的变化。1920 年，民国政府教育部通令全国："自本年秋季起，凡国民学校一二年级，先改国文为语体文，以期收文言一致之效。"随后，面向全国举办国语讲习所，又规定初级中学"国文"科一律改名为"国语"科。于是，"五四前后涌现出来的大批白话文学作品和白话翻译作品，连同一些古代优秀的白话小说之类，被编进了语文教科书"②。

三是新中国的传统。1949 年新中国成立后，国家根据社会发展的需要，总结并吸收前人的经验，尽量考虑汉语言及文字的文化传承功能与书写的简便性和实用功能的统一，进行了一系列被称作"文字改革"的工作。影响最为深远的，一是推行规范汉字，尤其是 1956 年公布"汉字简化方案"，包括 515 个简体字和 54 个简化偏旁；1964 年类推成为《简化字总表》（2236 字）。二是推广共同语，1955 年将"国语"改称"普通话"，1958 年由全国人民代表大会公布《汉语拼音方案》，同年秋季在全国小学纳入课堂教学（学生入学，先学汉语拼音字母，然后用拼音字母帮助识字）。基本的政策是以拼音辅助汉字，而非代替汉字。1982 年新颁布的《中华人民共和国宪法》规定，推广全国通用的普通话。③

四是粤语的传统。方言是汉语的重要组成部分，历经千百年，有其自身的传统，是不可忽视的宝贵财富。粤方言是岭南文化的重要载体和内容之一，粤语有独特的语音、语调系统，且多存古音，有利于学习和创作古体诗词；同时，粤语还有一系列方言字和习惯用语，而且港澳的粤语中外来词特别多（如"两替""士多""发型屋""贴士""过班"

---

① 殷海光：《中国文化的展望》（上），（台北）桂冠图书股份有限公司，1990，第 366 ~ 370 页。

② 顾黄初：《我国现代语文教育发展的历史轨迹》，载顾黄初《现代语文教育史札记》，南京出版社，1991。

③ 周有光：《文字改革》、《汉语拼音方案》，载中国大百科全书出版社编辑部编《中国大百科全书》语言文字卷，中国大百科全书出版社，1988，第 403 ~ 406、157 ~ 159 页。

等），是港澳本地的独特文化。①

五是澳门地域文化中的语言文学传统。澳门是一个有文化的地方，澳门文学是澳门地域文化中十分重要的组成部分。尤其在古典诗词方面，从明代澳门开埠至 20 世纪的民国初年，迁客骚人多会与此，汤显祖、魏源、丘逢甲、郑观应、印光任、汪兆镛等众多的诗人，留下了 1000 余首吟咏澳门的优秀作品。② 葡萄牙诗人贾梅士（Luis de Camões，1524 ~ 1580）的不朽史诗《葡国魂》（又名《卢济塔尼亚人之歌》）相传也作于澳门。③ 到 20 世纪 50 年代以后，本土化文学和土生土长的华人作家开始成长。1950 年创刊的《新园地》、1958 年后作为《澳门日报》副刊的《新园地》、1963 ~ 1964 年的文学杂志《红豆》、《华侨报》的副刊《华座》、《澳门日报》于 1983 年创刊的副刊《镜海》，培育了一大批文学爱好者和极具澳门特色的文学作品。尤其是 20 世纪 80 年代开始，澳门的文坛空前活跃，至今已取得巨大发展，无论作品的数量还是影响，均有很好的成绩。例如，1985 年东亚大学中文学会出版的《澳门文学创作丛书》，第 1 辑共有 5 部作品。④ 20 世纪 80 年代至 90 年代初，出版的小说有 10 种、文学性的散文集 9 部、现代诗集 16 部。⑤ 1999 年澳门基

---

① 詹伯慧：《方言·共同语·语文教学》，（澳门）澳门日报出版社，1995，第 21 ~ 29、84 页；刘羡冰：《澳门的三语流通与中文的健康发展——兼评 Chinglish》，载《双语精英与文化交流》，（澳门）澳门基金会，1994，第 97 ~ 111 页。

② 关于澳门地域文化中独具魅力的文学，可参见吴志良、郑德华主编《中国地域文化通览·澳门卷》，中华书局，2014，第 220 ~ 241 页。其中的古典诗词部分，可参见章文钦笺注《澳门诗词笺注》明清卷、晚清卷、民国上卷及下卷，（澳门）澳门特别行政区政府文化局、珠海出版社，2003。

③ 在澳门的白鸽巢公园有贾梅士石洞，传说贾梅士曾在此读书写诗，葡人为纪念他，特在此地为其立碑铸像。

④ 分别是：《大漠集》（云力）、《伶仃洋》（韩牧）、《心雾》（再斯、叶贵宝、苇鸣、林丽萍、刘业安）、《双叶子》（苇鸣、刘业安、林丽萍）、《三弦》（叶贵宝、苇鸣、黎绮华），有诗、散文和小说多种体裁。参见李鹏翥《澳门文学的过去、现在及未来——在澳门学座谈会上的专题发言》，载李观鼎主编《澳门人文社会科学研究文选·文学卷》，社会科学文献出版社，2009，第 19 ~ 30 页。

⑤ 陶里：《澳门文学概貌》，载李观鼎主编《澳门人文社会科学研究文选》文学卷，社会科学文献出版社，2009，第 31 ~ 40 页。

金会与中国文联出版社合作出版首套"澳门文学丛书",作品共有 20 种。2014 年由澳门基金会联合作家出版社、中华文学基金会出版的"澳门文学丛书",目前已出版澳门老、中、青三代作者的作品共 43 种,包括小说、诗歌、散文和评论 4 种体裁,展现出澳门作家日益广阔的文学视野和多元化的创作功力。澳门的中文教育,没有理由不重视本地的这些重要文化资源。

二 探寻澳门中文教育的传统

从汉语衍变的角度看,上述五个方面的传统是历史形成的,有很清晰的时间线索,尤其体现了近百余年的巨大变化。但对于今天澳门中文教育的实践而言,它们又是"共时性"的,须同时面对,并从中做出选择,以确定恰当的课程目标,决定具体的教学内容。但是,五个传统既然有兴替,当然就并非完全一致、没有矛盾。单从文化取向分析,有的更倾向于文化的"保存",如古典的传统和粤语传统;有的则更指向变革,如五四运动与新文化运动时期的传统、1949 年后新中国的传统以及澳门本土的语言文学传统。如何取舍、选择?基本的原则应是"通"。"周监夏商而建天统","春秋监商周而建人统",可见,"通三统"的关键还在一个"建"字。就澳门的中文教育而言,面对过去多元的传统,关键是要"通"各"统"而建新统,建立澳门自己的、符合新时代发展需要的新传统。

所以,澳门要有建立符合自己需要的中文教育传统的勇气。环顾内地、澳门、香港和台湾,内地的语文教育在 1949 年后已抛开民国时期的体系,形成自己的传统。台湾在 1949 年后的相当长时间里比较多地保留了民国时期大陆的"国文教育传统",包括保留繁体字,长期使用"注音符号";但也有新的发展,如 1986 年正式公布以罗马字为基础的"注音符号第二式",教材的选文、用语也更多贴近当地的文化。香港近百年来的中文教育并不与内地或台湾保持一致,无论在课程或是教材上都走着自己的路。唯独澳门,缺乏自己的传统。这既与长期以来各校的中文教育各自为政的教育环境有关，也与澳门人口少、教材市场小，以致外地的中文教材一直"统治"着澳门有关。所以，中文教育要发扬"通三统"的精神，首先就要打通内地、香港、台湾三地的传统，以寻求澳门自身的传统。

其次，"通三统"也意味着要对前述五方面的传统进行深入分析，在"保存"和"发展"之间寻找恰当的平衡点，该继承的继承，该发展的发展，根本目的是提升澳门学生的整体中文水平，促进中文的健康传承。在这里，有两方面的问题涉及对待文化变迁的态度，有待众人深作思量。

一是保存与发展的关系。只谈保存、无视发展的文化，是或者最终会是"死的文化"。教育要尽其文化传承之功，就须既"承旧"又"传新"。就文字而言，中文始终须为中文，故不可同意清末至民国时期一些学者主张的"废除汉字"、以拼音取而代之的激进观点。汉字不管如何简化，都必须保留其基本的结构、构字规则和含义系统，这就是汉语的古典传统、繁体字和文言文的文化价值。但是，汉字的"古文性"（即表意性，具有凝固和保存古代语言和示源、通古的作用）和"今文性"（表音性，因应汉语变化和需要而淡化历史记忆的功能，服务于简便、经济的书写目的），是其内在的两种倾向。"古文性强调繁体性，今文性更强调简体性。"故简化是汉字内在的倾向，简化字与白话文和实用文一样，作为新的传统受到中文教育的重视，是必须予以肯定的。

二是方言与国家通用语言文字的关系。粤语是比较"顽强的"方言，[①]港澳对粤语使用的坚持要远比粤桂两地强，绝大多数市民的日常用语都是粤语。因此，使用粤语的传统与作为国家通用语言的普通话的学习和使用之间的关系，是港澳的中文教育无法回避的课题。尤须指出的是，港澳存在一种新的"言文不一"，即口头说的粤语与书面写的国家通用语言文字相脱节，这对学生的书面表达和港澳中文教育的整体水平造成

---

① 有语言学者感叹："过去以为吴方言比较顽强，想不到来了广东和澳门，想不到粤方言比它还要顽强。"参见李鹏翥《议论纵横　理据俱全——序詹伯慧先生的〈方言·共同语·语文教学〉》，载詹伯慧《方言·共同语·语文教学》，（澳门）澳门日报出版社，1995，序言，第Ⅲ页。

直接而深刻的影响。粤语在港澳不仅是口头的交流工具，在一定程度上还进入了书面语，例如经常可见报刊的某些内容直接以粤语写就，有人甚至主张"以我语写我城"，学生的习作也经常夹杂着粤语的字、词甚至句子。因此在"文"的方面，也有粤语如何使用的问题。这是澳门与粤、桂两地的重要区别，也是其他方言区所没有的现象。虽然粤语的作用须充分发挥，但国家通用语言文字（包括口头语和书面语）亦须学习和推广，在教育领域，粤语的作用主要应限于口语（可以作为口头的教学语言），书面语必须要求学生掌握规范的标准汉语。

三　变革的关键点

遵循"通三统"的精神，为了建立自己的中文教育传统，澳门的中文课程变革应注意以下几点。

（一）加强文言文教学

文言文是精致化的书面语，自有长处和美感。文言文的修养，与学生的中文素养有很大关系，也是下一代打开古典中华文明宝库的必备条件。在我国的教育体系里，中文随 1904 年《奏定学堂章程》的颁布首次独立设科。但早期的新式学堂依旧使用文言文，只是在"五四"前后经历了"提倡白话文，废止文言文"的冲击后，白话文在中文教育中才逐步占据上风。[①]

中小学生学习文言文应以何种程度为标准呢？文言文在教材中占多大比例才合适呢？历来观点是有分歧的。钱穆先生在 1942 年的一篇题为《从整个国家教育之革新来谈中等教育》的文章中曾提出的一个标准，即须让中学毕业生具备"自己阅读本国古书之能力"。理由是：若无此能力，"彼心神之所接触者，仅限于眼前数十年间之思想事物而

---

① 　倪文锦、欧阳汝颖主编《语文教育展望》，华东师范大学出版社，2002，第 115～116 页。

止"，"不啻生在一个无文化传统之国家"；此等教育，"大率为目前计，不为文化之传统计"①。显然，这是一个比较高的标准，"本国古书"既广且深，要让所有中学生都具备读这么多古书的能力，于文化传承有益，但实难达到。语文教育名家叶圣陶先生在 20 世纪 20 年代完全反对小学教材有文言。② 至于中学阶段，1943 年他主张"读些古书"，如《经典常谈》中的 13 篇；1948 年则主张高中毕业生"能读如教本里所选的欧阳修、苏轼、归有光等人所作散文那样的文言"，"能适应需要，自己查看如《论语》《孟子》《史记》《通鉴》一类的书"，至于"阅读不急需的古书如《尚书》《老子》《庄子》""写作不切用的体裁如骈文古文旧体诗"，就不必要了。③ 这是比较切合实际的说法。但小学未必全不可接触文言，中学生也未必就完全不能读《庄子》。

　　在内地、澳门、香港和台湾，从文言文在教材课文中所占的比例上看，台湾相对来讲比较重视文言文。20 世纪 90 年代有统计表明，台湾初中的文言文篇数约占课文总数的 45%，高中约达 72%；内地初中和高中文言文分别约占 29% 和 44%；香港 1991 年实施的新课程，中一至中五文言文约占 40%。④

　　近年来，各地的情况均有些变化。台湾 2003 年颁布的中小学九年一贯课程纲要在语文学习领域"编选教材范文"方面规定：小学六年级"渐次融入文言文"，第七学年文言文所占的比率为 10% ~ 20%，第八学年为 20% ~ 30%，第九学年为 25% ~ 35%。2014 年部分修正颁

---

① 钱穆：《从整个国家教育之革新来谈中等教育》，载钱穆著《文化与教育》，生活·读书·新知三联书店，2009，第 80 ~ 81 页。

② 他说："经子之部，乃专家所研究，非小学生所宜涉猎。史书文艺，或有益于小学生，而浩繁者多；宜重加编次，或为之翻译——果能做这两件事，也不妨应用语体。于是更不能寻出小学生需用文言的地方了。"参见叶圣陶《小学国文教授的诸问题》，《教育杂志》第 14 卷第 1 号，1922 年 1 月 20 日；又见朱永新编《叶圣陶教育名篇选》，人民教育出版社，2014，第 231 页。

③ 叶圣陶：《给中学生介绍古书——读〈经典常谈〉》《中学国文学习法》，载朱永新编《叶圣陶教育名篇选》，人民教育出版社，2014，第 264 ~ 265、361 ~ 364 页。

④ 倪文锦、欧阳汝颖主编《语文教育展望》，华东师范大学出版社，2002，第 144 ~ 146 页。

布的普通高级中学必修科目国文课程纲要规定，"文言范文所占比率为45% ~65%"，并列出了酌选的文言30篇，每册安排"古典诗歌"1 ~2课。

内地2011年颁布的《义务教育语文课程标准》（修订稿），对古诗文方面的要求明显增强。课程"总目标与内容"要求学生"能借助工具书阅读浅易文言文"①。其中，7~9年级的"学段目标与内容"的要求是："诵读古代诗词，阅读浅易文言文，能借助注释和工具书理解基本内容。注重积累、感悟和运用，提高自己的欣赏品味。"课程标准还列出了要求学生"背诵"的优秀"古诗文"136篇（段），比2000年颁布的相应课程标准的"实验稿"增加了16篇（段），在所有要求学生背诵的240篇（段）古今"优秀诗文"中所占的比率由50%上升到56.7%。其中1~6年级75篇（段），7~9年级61篇（段），分别比"实验稿"增加了5篇（段）和11篇（段）。②

普通高中阶段，按照2003年颁布的《普通高中语文课程标准》（实验）规定，必修部分的总要求是："阅读浅易文言文，能借助注释和工具书，理解词句含义，读懂文章内容。了解并梳理常见的文言实词、文言虚词、文言句式的意义或用法，注重在阅读实践中举一反三。

---

① 能阅读"浅易文言文"是近百年来我国语文课程标准对学生文言文学习的比较一致的要求，有学者研究发现，1912 ~1949年，教育部颁发的7个初级中学课程标准均提出了"阅读浅易文言文"的教学要求；1950~2011年，教育部颁布了15个涉及中学语文的课程标准（或教学大纲），11个涉及初中语文，其中有9个对初中学生的要求是"阅读浅易文言文"。但到底何谓"浅易文言文"，近百年来一直没有清晰、一致的定义，究竟要读什么样的文言文，读到什么程度，读多少篇，才能达到吸取有生命力的古代语料，学习其中写作技巧的目标，学者多有不同的意见。虽然有少数的课程标准，如1936年的《初级中学国文课程标准》，提出了"浅易文言文"的选文原则，但更多的时候，包括1940年后的语文课程标准，往往以列举文言文阅读基本（书）篇目的方式，划定"浅易文言文"的范围。内地2001年和2011年的《义务教育语文课程标准》，以及2003年的高中语文课程标准，也是如此。参见张秋玲《百年语文课程标准中的"浅易文言文"》，《课程·教材·教法》2013年第6期。

② 中华人民共和国教育部制定《义务教育语文课程标准》（2011年版），北京师范大学出版社，2011；中华人民共和国教育部制定《义务教育语文课程标准（实验稿）》，北京师范大学出版社，2000。

诵读古代诗词和文言文，背诵一定数量的名篇。"《课程标准》的"附录"列出建议诵读的文言诗文共 14 篇，建议的课外读物中包括"文化经典著作"，如《论语》《孟子》《庄子》等。而在文言文阅读的评价上，要求重点考察"阅读不太艰深的文言文的能力"，还要注意考查学生"能否了解文化背景，感受中华文化精神，用历史眼光和现代观念审视作品的内容和思想倾向"①。

香港于 2001 年颁布的《学会学习——课程发展路向》将"中国语文教育"列为中小学课程框架中的八大学习领域之一，但并未就文言文的学习提出具体要求。2007 年和 2008 年，香港课程发展议会分别颁布修订后的《中学中国语文建议学习重点（试用）》和《小学中国语文建议学习重点（试用）》，均依相应的"课程指引"，将文学、中华文化列为独立的学习范畴，但也没有对文言文的学习提出具体要求。② 2015 年 6 月，香港教育局课程发展处的"中国语文教育组"颁布了《高中中国语文指定文言经典学习材料篇目》（2015/2016 学年中四开始实施），共指定了 16 篇文言经典作品，要求学生熟记。

澳门的中文课程正处于变革之中。1999 年的课程大纲在小学对文言文基本没有提出要求；初中要求学生"学习并掌握基本的文言句式"，"能读懂浅易的文言文；能借工具书和注释，读懂一定数量的课外浅显的文言文"③，三年须学习的文言诗文达到 45 篇。高中要求学生"理解文言虚词"，"能借助工具书和注释，读懂一定数量的课外文言文和欣赏古典诗词"，三年要求学生学习的古诗文共20 篇。④

---

① 中华人民共和国教育部制定《普通高中语文课程标准（实验）》，人民教育出版社，2003，第 23 页。
② 参见香港课程发展议会《中学中国语文建议学习重点（试用）》，2007；香港课程发展议会：《小学中国语文建议学习重点（试用）》，2008。
③ 澳门教育暨青年司课程改革工作组：《初中中文大纲》，1999，第 4 页。
④ 澳门教育暨青年司课程改革工作组：《高中中文大纲》，1999，第 4 页。

2016 年、2017 年，澳门先后公布了小学、初中和高中各科的基本学力要求。在文言文的学习方面，小学一至三年级要求能背诵优秀诗文 60 篇，其中"包括古诗文 30 篇"；四至六年级能背诵优秀诗文 140 篇，其中"包括古诗文 70 篇"。同时，能了解语体文和文言文的分别；"阅读文言文能大概理解文章内容"。初中要求"阅读浅易文言文，能借助注释和工具书理解基本内容"；阅读古典诗词，能理解形象和情感，体会诗词的艺术魅力；积累常见的文言实词、文言虚词，了解常见的文言句式，提升语感；"至少能背诵优秀古诗词 20 首，优秀文言文 10 篇"。高中要求"阅读浅易文言文，能借助注释和工具书读懂文章内容"；阅读古典诗词，能理解诗词中的形象、情感和思想内容，感受诗词的艺术魅力；了解古典诗词的基本体式与格律，感受其形式美；积累文言实词、文言虚词，了解常见的文言句式；能结合历史文化背景加深对所学文言文和古典诗词的理解；"至少能背诵优秀古诗词 16 首，优秀文言文 10 篇"。[①]

由此可见，在文本性的课程政策层面，澳门对于文言文的重视程度要高于香港，并与内地和台湾的最新要求看齐。但值得重视的是，由于澳门许多学校采用香港教材，受香港的影响很大，文言文的落实情况要比课程政策的要求差。所以，澳门在未来的中文教育实践中要进一步重视文言文。

（二）重视澳门本土文学

文学是中文课程内容的重要组成部分，既与"读"有关，又对学生"写"的能力有重要影响，更重要的是，以文学作品为中心的美育是学校美育的重要途径。文学就是生活，文学教育的更新，即是文化传

---

① 参见第 19/2016 号社会文化司司长批示《核准小学教育阶段基本学力要求的具体内容》；第 56/2017 号社会文化司司长批示《订定初中教育阶段的基本学力要求的具体内容》；第 55/2017 号社会文化司司长批示《订定高中教育阶段的基本学力要求的具体内容》。

统以至生活形态的更新，正如白话文学在 1922 年随"壬戌学制"大举进入学校中文课本之后，直接"再造"了一个新的文化的传统和一代人的生活样式一样。①

　　本土文学是本土历史、本土文化、本土生活及其相关记忆的体现，澳门若要加强本土历史和在地文化的教育，唤起文化的自觉，提升文化认同，就必须充分发掘本土文学的教育价值。一方面，要重视明清以来不同历史时期的作品，体现历史的线索，关注重要的历史人物；另一方面，要兼顾诗词、散文、小说、戏剧等不同文学门类，体现澳门文学成就的特点，在题材、难度上，体现小学、初中和高中不同年龄学生的兴趣和需要。另外，可以专题的形式安排有关澳门文学发展史的内容，以提升澳门学校教育的文化价值。

（三）加强汉字书法教育

　　汉字以象形为基础，是艺术化了的文字。汉字书法艺术源远流长，不同字体、各种书风的书法家争奇斗艳。所以，中国书法是中华民族的文化创造，应从文化自觉的高度来审视书法教育的文化价值，② 提高学生欣赏汉字书法以及书写汉字的能力。

　　澳门不少学校十分重视毛笔书法，从小学直至高中毕业，都要求学生习字；部分学校还有丰富的书法社团活动，个别学生的书法达到相当高的水平。但总体上看，未能从文化传承的角度确立书法教育的价值，各教育阶段缺乏清晰和完整的课程目标，没有充分融入书法审美和书法文化教育，也未能形成上下衔接的书法课程系统。教育部在2011 年发布《关于中小学开展书法教育的意见》，并在 2013 年印发

---

① 陈岸峰：《"传统的再发明"与白话文学史的建构》，（香港）《二十一世纪》总第113期，2009。
② 刘守安：《从"艺术的自觉"到"文化的自觉"》，载中华人民共和国教育部《中小学书法教育指导纲要》研制组编《中小学书法教育指导纲要解读》，北京师范大学出版社，2013，第 13 ~ 14 页。

《中小学书法教育指导纲要》,① 随后还审定通过了一批书法教材,值得澳门参考。

(四) 坚持写"繁"识"简"

尽管港澳地区部分人士对简体字至今还存在一定程度的抵触情绪,但简化是汉字的必然趋势已被不断证明,事实上由中央政府统一颁布简化字方案,也不是 1949 年以后才开始的。港澳地区的中文教育对学生学习简化字提出具体要求是必要的,至少应让学生"认识规范的简化字"。为此,应将国家颁布的"汉字简化方案"纳入课程内容,尤其是让中小学生认识其中的 515 个简体字和 54 个简化偏旁。

至于繁体字,应充分认识其作为中华文化宝贵财富的价值,须从文化传承的角度继续予以重视。汉字既具有汉文化的记忆功能,② 又具有汉文化的编码功能。从汉字与汉语的关系看,汉字负载了流动的汉语所不具备的早期文化信息,其形体结构具有"考古文字学"价值,汉字成了后人"通古识古"的基本条件,人们主要通过汉字来完成对古代文化的认知。人们将汉字的这种文化记忆功能视为汉字的"古文性",即示源、通古的能力,凝固和保存古代语言的能力。与此相对,汉字也具有"今文性",即适应汉语变化和需要而淡化历史记忆的功能,服从于简便、经济的书写目的。二者的区别在于,前者更强调文字的表意性,后者则更强调其表音性;"古文性强调繁体性,今文性更强调简体性"。例如,意为"斗争"的"斗",繁体字还保留了两手格斗的象形(即"鬥"),而简化后写为"斗",其文化记忆的功能就弱化了。总体上说,在汉字的演变过程中,在"隶变"之前的古文字和简化前的繁

---

① 中华人民共和国教育部《中小学书法教育指导纲要》研制组编《中小学书法教育指导纲要解读》,北京师范大学出版社,2013,第 285 ~ 293 页。

② 阿斯曼认为,所谓文化传承,就是"文化记忆",而记忆的手段主要有文字记忆(如档案馆的材料)、仪式记忆(如民间的节日、礼俗等)和实物记忆(如历史文物)。参见〔德〕扬·阿斯曼、王霄兵《有文字的和无文字的社会——对记忆的记录及其发展》,《中国海洋大学学报》(社会科学版)2004 年第 6 期。

体字阶段，汉字的"古文性"更占优势，繁体字更有利于对传统文化的继承。

因此，繁体字的读写须继续作为中文课程的基本要求。澳门教育暨青年局在 2008 年订定的《非高等教育范畴语文教育政策》，要求中文学校的中学毕业生"书写正确的繁体字"，并"认识规范汉字"，且通过小学至高中的中文基本学力要求立法予以保障。这一政策是恰当的。

（五）重视并规范粤语，加强汉语拼音和普通话的学习

如前所述，粤语是岭南文化的载体和澳门市民通用的口头语言，无论从文化传承的角度还是从语言实际运用的情况看，都须予以重视。推广普通话的目的不是要取消粤语，相反，澳门的中文教育还要挖掘粤语的文化价值，系统安排粤方言字的学习，规范习惯用语，让学生理解古音的来源和价值，并与相关诗词和国学常识的学习相结合。但是在港澳的教育界，长期以来只是约定俗成地将粤语作为教学语言（包括中文科），要求学生能说流利的粤语，会用粤语朗读，课程标准中对学生学习粤语的要求并不清晰和全面。

例如，在读音方面，港澳地区中小学老师常为同一个字的粤语读音存在分歧而感到困惑，有学者甚至认为香港的粤语已形成一个"新语音系统"。① 可是，中文课程对学生的粤语读音并无任何规定。事实上，粤港澳一批粤语研究者历经十余年的努力，对粤语常用字（词）典中同一个字（词）的不同注音进行了认真审订，并于 2002 年出版了《广州话正音字典》，可供查阅。在粤方言用字的规范化方面，据研究，粤方言字达 1095 个，② 还有众多的方言词。现实中，相同的意思，用字、

---

① 张洪年：《21 世纪的香港粤语：一个新语音系统的形成》，《暨南学报》（哲学社会科学版）2002 年第 2 期。

② 香港理工大学的张群显教授和包睿舜（Robert Bauer）经多年研究，出版了名为《以汉字写粤语》的专著，其中列出的粤语用字达 1095 个。参见詹伯慧《粤语研究的当前课题》，《暨南学报》（人文科学与社会科学版）2004 年第 3 期。

用词往往不同，如有"而家"（现在），也有"宜家"和"依家"，须进行规范。当然，这些问题涉及整个地区的语言政策和语言规划，但中文教育同样须予以重视。

汉语拼音和普通话的学习，则必须建立科学的教学体系，提升教学效率。除普通话课外，中文课并无必要强制采用普通话教学。香港前些年要求所有老师用普通话教中文的做法，不仅不成功，从文化保护和文化传承的角度看，也是不必要的。

上述五个方面，是中文教育革新的重要方向。澳门教育暨青年局2008年推出的《澳门特别行政区非高等教育范畴语文教育政策》，在中文教育方面规定："以中文为教学语文的学生，中学毕业时能说比较流利的普通话，书写正确的繁体字和通顺的中文，并认识规范汉字。"① 这体现了"写繁识简"和推广普通话的主张，但对于完整的语文教育政策而言，规范粤语和加强中文教育的文化功能，是有待进一步重视的。

四 澳门中文教材的革新

教材是澳门中文教育中亟待解决的问题。如前所述，澳门的课程具有"依赖型"的特点，无论是小学还是中学，都主要依赖外地的教科书，尤其是香港的教科书。以2014/2015学年为例（见表6-1、表6-2），小学和初中选用香港教科书的学校分别约占98.5%和83.3%，高中一年级和二年级约占81.0%，高中三年级因升学的关系所占比例略低，约为68.8%。近年来，香港的一些出版机构开始发行澳门版的中文教材，例如在小学阶段，有香港教育出版社出版的《我爱学语文》

① 澳门教育暨青年局：《澳门特别行政区非高等教育范畴语文教育政策》，2008，http：//portal. dsej. gov. mo/webdsejspace/internet/Inter_ main_ page. jsp#Inter_ main_ page. jsp？ id＝21248。

（澳门版）①，香港现代教育研究出版社的《澳门现代中国语文》② 和
《21 世纪现代中国语文》（澳门版），这两套教科书在 2014/2015 学年分
别有 32～34 所学校和 14～16 所学校选用，最多的年级分别约占该教育
阶段学校总数的 59.6% 和 27.1%。

表 6-1　2014/2015 学年澳门小学中文教材选用情况

单位：所

教材名称	出版者	出版地	选用学校数					
			小一	小二	小三	小四	小五	小六
《小学中国语文》（澳门 2005 版）	燕京出版社	香港	2	5	4	4	4	4
《我爱学语文》（澳门版）	香港教育出版社	香港	34	34	33	32	32	33
《澳门现代中国语文》	香港现代教育研究出版社	香港	6	6	6	7	8	9
《21 世纪现代中国语文》（澳门版）	香港现代教育研究出版社	香港	8	8	8	8	8	7
《澳门小学语文》	培生香港	香港	2	2	2	2	2	2
《新编启思中国语文》（普通话版）	启思出版社	香港	1	1	1	1	1	1
《学好中国语文》（汉语拼音版）	朗文出版社	香港	1	2	2	2	1	1
《轻松学中文》 Easy Steps to Chinese	北京语言大学出版社	内地	1	1	1	1	1	1
Chinese Made Easy for Kids Textbook（Traditional Characters Version）1,2	三联书店（香港）	香港	1	1	1	1	1	1
《语文课本》（校本教材）	圣心女子中学	澳门	1	1	1	1	1	1

资料来源：澳门教育暨青年局。

---

① 该教材的初版时间为 2013 年，在编写上希望方便使用者以普通话教中文。

② 《澳门现代中国语文》和《21 世纪现代中国语文》（澳门版）的初版时间分别为 2004 年和 2014 年，2015/2016 学年选用现代出版社的《现代语文》教科书的学校已全部改用最新版的《21 世纪现代中国语文》（澳门版）。

表 6 - 2　2014/2015 学年澳门中学中文教材选用情况

单位：所

教材名称	出版公司	出版地	选用学校数					
			初一	初二	初三	高一	高二	高三
《新课标中国语文》	人民教育出版社	内地	6	5	5	—	—	—
《启思中国语文》	启思出版社	香港	24	24	26	—	—	—
《新视野初中中国语文》	香港教育出版社	香港	3	3	2	—	—	—
《中国语文新编》	香港教育出版社	香港	3	3	3	—	—	—
《初中中国语文》	香港现代教育研究出版社	香港	4	4	4	—	—	—
《初中中国语文》	商务印书馆（香港）	香港	2	4	3	—	—	—
《基础综合中国语文》	朗文出版社	香港	1	—	—	—	—	—
《中国语文》（第 2 版）	朗文出版社	香港	—	2	4	—	—	—
《初中互动中国语文》	培生香港	香港	1	—	—	—	—	—
My First Chinese Readers Vol 1 - Text book	Better Chinese Ltd	内地	1	1	1	1	1	1
Chinese Made Easy Textbook (Traditional Characters Version) 3	三联书店（香港）	香港	2	2	2	1	1	—
《轻松学中文》 *Easy Steps to Chinese*	北京语言大学出版社	内地	1	1	1	1	1	1
《语文课本》	（校本教材）	澳门	5	5	5	2	3	5
《课标高中语文》（必修）	人民教育出版社	内地	—	—	—	5	5	2
《中国语文/新高中中国语文》	启思出版社	香港	—	—	—	24	23	1
《预科中文》	昭明出版社	香港	—	—	—	—	8	32
《大学预科国文》	集成出版社	台湾	—	—	—	—	—	13
《暨大语文》	暨南大学出版社	内地	—	—	—	1	1	17
《中国语文新编》（2003 版）	商务印书馆（香港）	香港	—	—	—	9	9	—
《中国语文》	人人出版社	香港	—	—	—	2	3	—
《会考中国语文》（2002 版）	香港现代教育研究出版社	香港	—	—	—	2	2	—
《中国语文单元教学版/中国语文新编》	香港教育出版社	香港	—	—	—	2	—	—

资料来源：澳门教育暨青年局。

外地的教科书长期以来在澳门的中文教育中起着支撑的作用，功不可没。但这些教科书是以外地的课程标准（或类似的课程政策文件）为依据编写的，即便是香港出的"澳门版"教材，一般也是以"香港版"为基础稍加"改编"而成的。前述《我爱学语文》（澳门版）、《澳门现代中国语文》和《21世纪现代中国语文》（澳门版）等香港出版的教材，都声称是根据澳门近年推出的《小学中国语文基本学力要求》或1999年颁布的《小学中文课程大纲》编写的，《我爱学语文》（澳门版）的教师用书还在每一课的"主要内容"部分注明与其相对应的基本学力要求的编号，但事实上，很难说它们完整地体现了澳门相关课程文件的要求。因此，澳门应该集中力量，研发本地的教材。2015年，澳门教育暨青年局委托本地的文学团体编写一本有关澳门文学的初中补充教材《书写我城》（初中文学补充教材），相信能对本地的文化传承有所帮助。但这仍旧是不够的，澳门应发展从小学到中学的全套中文教材。

发展澳门本地的中文教材有许多的问题需要研究，关键之处是教材体系和选文。为此，有必要仔细研究现有澳门小学、初中和高中三个教育阶段选用率最高的教材，认真听取不同学校和教师的意见，同时要顾及不同类型学校的办学传统，高中阶段还须考虑学生升学的多元取向。

（一）在小学低年级完成普通话和汉语拼音教学

如前所述，内地自1958年公布《汉语拼音方案》以来，小学语文的识字教学就形成了一个行之有效的传统，小学一年级学生入学，先学汉语拼音字母，然后用拼音帮助识字。这既能帮助学生识字，在尽可能短的时间内扩大学生的阅读量，又能保证学生在不到一个学期的时间里，学好汉语拼音，为普通话的学习打下牢固基础。例如，2011年颁布的《九年义务教育语文课程标准》的总体要求是"学会汉语拼音。能说普通话"。其中，汉语拼音的学习主要在小学低年级，尤其是一至二年级，具体要求是："学会汉语拼音。能读准声母、韵母、声调和整体认读音节。能准确地拼读音节，正确书写声母、韵母和音节。认识大写字母，熟记《汉语拼音字母表》"；"能借助汉语拼音认读汉字，学会用音序检字法和部首检字法查字典"。三至四年级的课程标准，已没有汉语拼音的内容。普通话的学习也有类似要求，一至二年级"学习用普通话正确、流利、有感情地朗读课文"，三至四年级"用普通话正确、流利、有感情地朗读课文"，五至六年级能"用普通话正确、流利、有感情地朗读课文"。[①] 可见，重点是在一至二年级。与此相适应，内地各个版本的小学语文教材均将汉语拼音的教学放在小学一年一期的前半部分，并与识字教学相结合。[②]

港澳地区的中文教育过去长期以来是以粤语进行的，虽然自20世纪90年代开始重视普通话的学习，但在中文课程与教材层面，尤其是汉语拼音和普通话在教材的内容及教学系统中的位置和处理上，长期没有得到解决。在澳门，大多数学校自20世纪澳门回归之前的"后过渡期"开始将普通话纳入中小学课程，但一般独立设科，当时的教育行政当局（澳门教育暨青年司）还于1999年颁布了《小学普通话大纲》（小三至小六）和《初中普通话大纲》，与相应阶段的中文课程大纲并行。所以，中文的教科书一般没有汉语拼音的内容，也不强调普通话教学，如前述澳门目前使用学校最多的教材《我爱学语文》（澳门版）和《21世纪现代中国语文》（澳门版），也只是将学生用书的每一个汉字都注上汉语拼音。其实，这并不能保证汉语拼音的系统学习。所以，未来澳门中文教材的体系必须认真处理汉语拼音和普通话的教学顺序，尤其是与识字教学和阅读教学的关系。

总的原则有以下几点。

第一，只要条件许可，普通话不独立设科，而是尽可能作为中文科

---

① 中华人民共和国教育部制定《九年义务教育语文课程标准》（2011年版），北京师范大学出版社，2011。

② 例如，江苏凤凰教育发展有限公司出版的《小学语文》教材，第1册（供一年级上学期使用）在"培养良好的学习习惯"后，首先设置16课学习汉语拼音，然后安排"课文"13篇、"识字"6课。可见，汉语拼音的教学被置于整个小学语文教学的最前端。

的一部分，与识字、阅读和口语交际相结合。这是因为，语音的学习必须与字、词的学习结合在一起，才是最有效的。实践证明，独立设科不仅浪费时间，而且效果不彰。目前，澳门新颁布的《本地学制正规教育课程框架》在小学、初中和高中三个阶段的课程计划表中，均注明"第一语文"如为中文，就须"包括普通话"。① 其取向很清楚，就是将普通话的学习包含于中文教学之中。

第二，应尽可能在小学低年级完成普通话和汉语拼音教学。按照澳门于 1999 年颁布的《小学普通话大纲》的规定，普通话从小学三年级才开始学习，原因是澳门儿童从幼儿园开始学习英文，"过早学习普通话，会使学童在学习语言方面百上加斤"。汉语拼音使用英文字母，但读音与英文不同，因此，若同时让学生学习，的确可能混淆。但两者在时间上稍有错开就可以了，例如分别安排在一年级上、下学期。推迟到三年级才开始学习汉语拼音，明显太迟。

第三，汉语拼音的学习不能拖时间太长，最好在一个学期之内集中学完，包括认读所有声母、韵母，准确拼读音节和声调。澳门以前的普通话大纲，将小学三至六年级分成三段：三年级为第一阶段，主要"模仿老师的发音"，不学习汉语拼音；四年级为第二阶段，学习部分声母和韵母；五至六年级为第三阶段，重点学习剩余声母、韵母，并练习声韵拼合。到了初中，仍然从基本的声母和韵母学起。此种教学进程的安排，实在令人匪夷所思。事实上，只要开口说普通话，所有的声母、韵母和音节都会用到，仅单个声母和韵母的学习就花去两年，如何让学生开口？内地从 20 世纪 50 年代以来的经验已经证明，即便是在以方言为日常用语的地区（包括粤、桂），小学生在三个月左右的时间内集中学习和掌握汉语拼音，也是完全可行的。考虑到澳门中文师资的普通话能力和教学经验，时间可以适当延长，例如在小学一年级安排一个学期，与识字结合进行，应该是可以的。澳

---

① 　第 15/2014 号行政法规《本地学制正规教育课程框架》。

门新订定的中文基本学力要求规定，小学一至三年级学生"能正确读出汉语拼音的声母、韵母及声调，并能正确拼读音节"，且"能用粤语和普通话与他人作简短交谈"；小学四至六年级"能就生活和学习的话题，用粤语和普通话与人交流"[①]。可见，汉语拼音的学习主要应安排在低年级，在教材编写中，建议集中安排在小学一年级。

与上述安排相适应，在有条件的学校，小学一年级和二年级应尽可能以普通话教中文，这样有利于为学生学习普通话创造必要的语言环境，提高学习效率，让学生在语言实践中增强普通话的听说能力。

（二）澳门文学：贯穿小学至中学

将澳门文学纳入本地中小学课程，有多种途径可供选择。一是编写专题性的补充教材。例如，澳门教育暨青年局委托澳门笔会编写，并于2015年出版的《书写我城》（初中文学补充教材），分"人"、"情"、"思"和"物"四个主题，选入澳门当代作家们的 30 篇散文，可让学生部分了解澳门的人文风情、社会场景、人物记忆和历史经验。作者和题材均来自澳门本地，亲切可感，倍增本土人文气息。但很明显，所选作品在文学形式上限于散文，写作时间只考虑了当代，而且仅考虑初中学生的需要，其作用是有限的。

比较理想的方式，是从小学、初中到高中的中文教材中，区分不同教育阶段的特点，做整体考虑。其中，最重要的是要考虑不同教育阶段学生的兴趣、需要和能力。例如，总体来讲，我们有必要兼顾诗词、散文、小说、戏剧等不同文学体裁，但小学阶段可能以比较浅白的现代诗

[①] 澳门教育暨青年局：《小学中文基本学力要求》（第一语文），2015 年 10 月。初中的要求是"能运用普通话与人交流，能比较准确地运用普通话朗读现代白话诗文"；高中的总体要求是"能够说比较流利的普通话"，具体包括："能听懂普通话；能欣赏普通话朗诵、讲故事、话剧等表演艺术"，"借助汉语拼音，能用普通话正确朗诵课文"，"能用普通话作简短的叙述性、描述性和说理性发言"，"能用普通话作比较流利的自由交谈"。参见澳门教育暨青年局《初中中文基本学力要求》（第一语文），2015 年 10 月；《高中中文基本学力要求》（第一语文），2015 年 8 月。

歌和散文为宜，古典诗词尽可能安排在中学，小说和戏剧对学生的阅读和理解能力要求更高一些，也比较适合置于中学。

教材编写的另一重要原则，是要充分挖掘澳门文学作品的历史和文化教育价值，加强学生对澳门的理解和认同感。为此，作品的选材要体现时间的线索，例如在诗词方面，要重视明清以来不同历史时期的作品，关注重要的历史人物。章文钦笺注的《澳门诗词笺注》载录了历史上几百位诗人在澳门居停或过往时写就的诗词，黄天骥教授在给该书作的"序言"中说，该书"是在不同的时期中澳门人文精神面貌的写照"，让人"仿佛看到了四百年来澳门历史、文化发展的图景"①。教材如选用此类作品，应将作品后面隐含的历史、文化信息挖掘出来。

例如，以清末遗老自居的学人汪兆镛写有大量有关澳门的诗作，咏景者遍及关闸、白鸽巢、十字门、妈阁、西湾、青州等，其中《关闸》② 一篇，不仅有诗，而且其后有近 500 字的详注，试图阐明葡人入据澳门之由来。就史实而言，虽不尽准确，却彰显其爱国情怀。教材如选此诗为课文，并引申至澳门关闸的历史由来，让学生体会诗人对于澳门和国家的感怀，定将达致文学教育与品格培养的结合。

（三）落实"写繁识简"

如前所述，"写繁识简"应作为中文课程的基本要求。落实这一要求关键在于在教材和教学中建立自己的识字和写字系统。其中，关于写繁体字，过去的教材已基本解决，最关键的是如何让学生"识简"。

教材的编写须体现学生心理、生理发展的规律，尤其是不同年龄阶段的特点，总体而言，识字教学的重点应在小学一年级至三年级。目前，

---

① 章文钦笺注《澳门诗词笺注》明清卷，（澳门）澳门特别行政区政府文化局、珠海出版社，2003，序言，第 1 页。

② 本诗内容详见章文钦笺注《澳门诗词笺注》民国卷上，（澳门）澳门特别行政区政府文化局、珠海出版社，2003，序言，第 5 ~ 11 页。

港澳地区主要的小学中文教材对识字教学的安排都比较缺乏系统性，尤其是没有充分体现汉字构成的特有规律，按照"由比较简单的偏旁和独体字到比较复杂的字"这一逻辑来组织教材，而是比较多地从生活的需要和课文的内容出发，因而往往一开始就出现笔画较多的字。

今后的识字教材，在解决上述问题的同时，还要处理好"识繁"与"识简"的关系。基本原则可以是，一方面在认识和学写某一汉字的繁体时，顺便认识其简体，换言之，"识繁"与"识简"可同时展开。另一方面，国家颁布的"汉字简化方案"有其自身的逻辑，教材首先应重视其中的 54 个简化偏旁，然后让中小学生认识其中的 515 个简体字。澳门小学中文教材的识字教学体系，须同时考虑以上两点。

（四）高三教材应体现弹性，给学生以多元选择

高中教材之所以要体现弹性，原因就在于学生需要有多元化的选择。多元化的需求，首先来自学生学习兴趣的分化，例如，有的学生可能钟情于文学作品的欣赏和研究，有的学生希望更多了解中国传统文化经典，还有学生则希望提升自己对新闻界的了解以及新闻写作的能力。所以，中文课程应对此予以回应，例如，内地的高中语文课程标准和教材，都采用"必修"加"选修"的模式，在高二和高三让学生"学不一样的中文"；香港"启思版"的《新高中中国语文》也以专题的形式，让学生选修不同的内容，如设立"文化专题"，探讨人与自然的相处之道。

但是，高中教材的弹性化安排仅仅考虑学生中文学习兴趣的差异是不够的。从前文表 6－2 可见，澳门高中中文教材的选用，呈现一个十分重要的特点，即高一、高二学校选用的教材相对比较分散，选择学校最多的是香港"启思版"的《新高中中国语文》，但高三迅速形成三足鼎立的局面，香港"昭明版"的《预科中文》、台湾"集成版"的《大学预科国文》和内地"暨大版"的《暨大语文》三分天下，尤其是《暨大语文》异军突起，选用的学校突然达到 17 所，这显然是受升

学需要的影响。澳门的教材完全由学校自由选择，学生的升学又具有开放多元的特点，以澳门、内地和台湾为主，也有升读中国香港、欧美和澳大利亚高校的。所以，高三的中文教材必须考虑不同学生升学的需要，尤其是分析和衔接澳门、内地以及台湾高校的入学要求。香港"启思版"《新高中中国语文》之所以在高三突然被众多学校弃用，原因就在于其不能满足澳门学生的此一需求。

　　语言和文字是民族文化身份的底色，也是其文化的载体和基本内容。对于港澳而言，语文教育既是文化教育，又是身份自觉的过程。长期以来，香港、澳门文化形成了自己特有的精神气质，既以中华文化为主流，又东西交融、多元共生。近年来，"一国两制"的实践让中华文化的影响不断加强，但种种所谓的"本土论述"也对中华民族身份的认同构成或大或小的冲击。在此情形下，中文教育必须从文化传承的角度加以审视。澳门的中文教育应以"通三统"的精神，认真梳理汉语在长期的历史演变中所形成的多元传统，包括汉语的古典传统、五四运动与新文化运动所带来的传统、新中国的传统、粤方言的传统，以及澳门地域文化中所具有的传统，吸收内地、澳门、香港和台湾中文教育的经验，并挖掘澳门特有文化资源的教育价值，从而建立有别于内地、台湾和香港，并符合时代发展需要的澳门自身的新传统。

第七章 历史课程的文化使命

历史教育是人文教育的重要组成部分，对于学生深入了解人类社会的发展历程，恰当理解自己的国家和当今世界，学会从历史的角度思考人生、观察社会，都具有不可替代的作用，也是传承优秀文明传统、弘扬民族精神、加强爱国主义教育的有效途径。正如梁启超在其1902年发表的《新史学》中所指出的，历史教育应发挥其作为"国民之明镜""爱国心之源泉"的作用。① 澳门的历史教育与内地相比有很多特别之处，值得深入探讨。

一 历史教育的特殊意义

在港澳地区，历史教育更具有非同一般的意义。因为历史教育不仅会影响学生人文精神的熏陶、创新思维的培养，而且涉及公民意识的养成，在港澳地区还会影响学生的身份认同和家国情怀，以及"一国两制"的全面落实。所以习近平主席2014年12月在澳门回归祖国15周年大会暨澳门特别行政区第四届政府就职典礼上的讲话中指出："中华民族在几千年历史中创造和延续的中华优秀传统文化，是中华民族的根和魂。要把我国历史文化和国情教育摆在青少年教育的突出位置，让青少年更

---

① 余伟民主编《历史教育展望》，华东师范大学出版社，2002，第40页。

多领略中华文明的博大精深，更多感悟近代以来中华民族救亡图存、发奋图强的光辉历程，更多认识新中国走过的不平凡道路和取得的巨大成就，更多理解'一国两制'与坚持和发展中国特色社会主义、实现中华民族伟大复兴与中国梦的内在联系，从而牢牢把握澳门同祖国紧密相连的命运前程，加深民族自豪感与爱国爱澳情怀，增强投身'一国两制'事业的责任感与使命感。"①

但是，澳门有一段被迫与祖国"分割"的被殖民管治的历史，无论在文化心理和社情民风方面，还是在社会的政治结构和居民的利益关切上，都与内地有很大不同。在此情况下，历史教育又与现实的一些社会纷争相关联。近年来，澳门社会普遍要求加强本地的历史和文化的教育，但如何理解尤其是在课程和教材中如何处理本地的历史和文化与作为整体的中国历史和文化的关系，是一个必须慎重处理的问题。

澳门回归以来，特区政府努力推进非高等教育课程变革，最为关键的一步是在 2014 年颁布和开始逐步实施第 15/2014 号行政法规《本地学制正规教育课程框架》，该法规在初中和高中阶段都将历史列为必修课；2017 年特区政府分别颁布了初中和高中学生各科须达到的基本学力要求，并自 2017/2018 学年起从初中一年级开始实施。在此情况下，我们有必要从文化和政治身份认同的角度分析澳门历史课程所面临的转变，探讨相关的基本学力要求及历史课程体系的建构，尤其是如何处理好"澳门史"与"中国史"的关系，并就历史文化教育的发展提出新的认识。

二　20 世纪 90 年代的历史课程

在中国教育发展史上，澳门应该是最早摆脱经学时代的历史教育的地区。早在清政府"废科举"之前，著名教育家陈子褒就于澳门创办

---

① 习近平：《贯彻一国两制　明天更美好——在澳门回归 15 周年大会暨特区第四届政府就职礼上的讲话》，（澳门）《澳门日报》2014 年 12 月 20 日（特刊），第 2 版。

蒙学书塾（1899 年创办，后改名为灌根书塾），并自编《小学中国历史歌》《妇孺中国历史问题》等历史教材。[①] 至 20 世纪初，澳门就有学校将历史独立设科。[②] 但是，由官方订定的中学历史课程，直到 20 世纪 90 年代才出现。

1991 年，澳葡政府颁布了澳门有史以来第一个成文的教育制度。[③] 以此为基础，政府在 1994 年和 1997 年先后颁布了三个规范从幼儿教育到高中教育课程框架的法规，即第 38/94/M 号法令、第 39/94/M 号法令和第 46/97/M 号法令。

依据上述法令，小学阶段的历史课被包含在常识科之中，与社会、自然科学、健康卫生和地理一起，每周 4～7 节（见表 7－1）。

表 7－1　第 38/94/M 号法令的附表三"小学教育课程计划"（节录及整理）

单位：节

组别	培训内容（科目）	每周课节（最少及最多课节）	
		一年级至四年级	五年级至六年级
常识	社会、自然科学、健康卫生、历史、地理	4～6	5～7

注：每节课最少为 35 分钟，最多为 45 分钟。
资料来源：第 38/94/M 号法令《规定幼儿教育、小学教育预备班及小学教育之教育程度课程组织之指导性框架》。

初中阶段则须开设"人文及社会科学"，与"物理及自然科学"一起，每周课时为 7～14 节。但未如小学般明确指出"人文及社会科学"中须包括历史内容（见表 7－2）。

---

① 《陈子褒先生教育遗议》，陈德芸、冼玉清、区朗若编校，广西师范大学出版社，2012，第 256 页。另见郑润培《澳门历史教育回顾》，（澳门）《澳门研究》总第 32 期，2006。

② 如同盟会会员潘才华、容泮池、谢英伯等于 1908 年在澳门办培基两等小学，在清政府立案，正式采用 1904 年《奏定学堂章程》，将历史列为必修科。参见刘羡冰《澳门历史独立成科的"天时地利"》，载李向玉主编《天人古今：华人社会历史教育的使命与挑战》，（澳门）澳门理工学院，2014，第 316～320 页。

③ 第 11/91/M 号法律《澳门教育制度》。

表 7 – 2　第 39/94/M 号法令的附表一"初中教育课程计划"（节录及整理）

单位：节

培训范围	培训内容	每周课节（最少及最多课节）
		中一至中三
一般基础培训	4.1 物理及自然科学 4.2 人文及社会科学	7 ~ 14

注：每节课最少为 35 分钟，最多为 50 分钟。

资料来源：第 39/94/M 号法令《规定初中教育课程组织之指导性框架》。

在高中阶段，历史则成为选修科目，而且仅在修读"人文及社会经济学科"组别的学生中才选修，另外两个科目组（"科学及技术学科"和"艺术"）中则完全没有历史课（见表 7 – 3）。

表 7 – 3　第 46/97/M 号法令的附表"高中教育课程计划"（节录及整理）

培训内容			科目
选修培训	核心科目 （应在三个核心科目其中一个中选择至少两个科目）	人文及社会经济学科	外语（第三语言）、文学、中国文学、历史、中国历史、社会、经济、地理
		科学及技术学科	物理、化学、生物、绘图及立体几何学、科技
		艺术	音乐、造型艺术、艺术史、设计

资料来源：第 46/97/M 号法令《订定高中教育课程编排之指导性框架》。

从上述法令可见，除了在小学必须开设历史外，中学阶段学校有较大的自由度，尤其在高中阶段历史是选修课。

随后，澳葡政府组织教育界人士研究和起草初中和高中历史的"大纲"及相应的"教学/学习组织计划"[①]，并最终分别于 1996 年 9 月和 4 月予以颁布，但仅限于在公立学校试行。在具体内容上，《初中历

---

① 详情见澳门教育及青年发展局网站，https：//www. dsedj. gov. mo/crdc/course/Junior/ JHis. htm。

史大纲》规定："以中国历史为主线，在学习世界各主要国家历史、经济文化联系的同时，更突出澳门作为中西文化交汇点的作用，着重培养学生了解历史、尊重历史的态度。"这样，初中一、二年级主要学习中国历史，分甲、乙两部分：前者介绍历代兴衰因果之概略；后者以"专题"形式探讨文化历史。三年级主要教授世界历史和澳门历史，前者由古代到近代、现代，为编年史，后者则包括早期澳门历史、澳门文化的特色、澳门经济及社会发展、澳门回归中国。重视澳门史是该大纲的一个特点。

高中历史分为中国历史和世界历史两份大纲。《高中中国历史大纲》包括"历代治乱兴衰、制度沿革、经济发展、中外交通、文化交流、学术思想、宗教传播"等方面的史实。高一、高二主要为编年史，从商代一直到当代中国；高三为专题史，具体内容包括重要制度、经济发展、中外交通，以及学术思想与宗教传播。《高中世界历史大纲》"以世界近代现代史为主线，详近略远叙述过去三百多年欧洲、美洲及东亚各个主要国家在政治、经济、社会、文化、科技等方面的发展"，三个年级共安排了八个专题：近代民主政治的诞生、工业革命与社会经济文化的变迁、近代民主政治的发展、近代民族主义的勃兴、第一次世界大战、两次大战间主要国家的发展、第二次世界大战、当代世界——国际纷争与合作。

三　回归后历史教育的变革

（一）历史课的开设

近年来，特区政府全力推动课程改革，2014 年正式公布了《本地学制正规教育课程框架》，对各教育阶段的课程设置做了较大调整，历史在小学、初中和高中均成为必修的课程内容（见表 7－4）。

表7－4　小学、初中和高中与历史有关的科目

学段	学习领域	科目	总课时
小学	个人、社会与人文，科学与科技	常识（含历史）	六年不少于33280分钟
初中	个人、社会与人文	历史	三年不少于6920分钟
高中	个人、社会与人文	历史	三年不少于2800分钟

资料来源：根据经第33/2019号行政法规修改的第15/2014号行政法规《本地学制正规教育课程框架》整理。

上述课程框架是分步实施的，小学、初中和高中先后从2015年、2016年和2017年所在的新学年开始实施，到2019/2020学年才覆盖所有年级。然而很明显，到目前为止，初中和高中的课程都已按照前述新的课程框架开设。据统计，早在2015/2016学年，小学一至四年级所有学校就已开设常识，五年级和六年级亦有4~5所学校开分科的历史；初中和高中独立开设历史的学校2016/2017学年达到100%（见表7－5）。当然，有的学校并非在所有年级都开设历史。

表7－5　2016/2017学年中学开分科历史的情况

单位：个，%

教育阶段	开设的校（部）数	所占的百分比
初中	47	100
初一	44	100
初二	45	95.7
初三	44	95.7
高中	44	100
高一	42	95.5
高二	42	95.5
高三	42	95.5

注：设有初一、初二和初三的分别有44个、47个、46个校（部）。
资料来源：澳门教育暨青年局。

（二）基本学力要求

2014 年颁布《本地学制正规教育课程框架》后，澳门教育行政部门聘请专家和教育界人士先后制定了小学常识科以及初中和高中社会与人文科学生须达到的基本学力要求（相当于其他地区的课程标准），并分别于 2016 年和 2017 年颁布。

小学常识科包括"健康生活""人文社会与生活""自然环境与生活""科学与生活"四部分，其中，"人文社会与生活"与历史有关。该部分的目的是"传承历史传统与社会文化"，让学生"了解本地社会的传统与现状，认识中国及世界当前的社会议题，培养他们的人文思维和人文关怀精神。通过认识影响澳门社会发展的中外历史与文化，培养学生尊重和传承历史与文化的意识，以及对澳门与国家的责任感和归属感"。在具体要求上，重视培养学生的兴趣，让学生"乐于阅读历史故事，对历史文化感兴趣；能搜集、整理及分析资料，与同学交流讨论澳门历史城区主题"。了解中国历史，"能举例说明中国历史文化源远流长；能指出中国古代四大发明及其对人类文明发展的贡献；能探讨不同时期重要的历史人物和历史事件对中国的影响"。从生活入手，学习澳门历史，包括"能列举寓居澳门的历史名人，欣赏他们对澳门、中国和世界的贡献；能说明澳门是东西文化荟萃的城市，并尊重不同的文化；能说出澳门是早期东西文化交流的中介地，对东西文化交流与发展有重大贡献；能指出葡萄牙人入居澳门的经过；能透过阅读多样的历史数据，探讨葡萄牙逐步占领澳门的过程及其影响；能描述澳门主权回归的过程及意义"。在世界史方面，要求学生"能指出世界四大文明古国对人类文明发展的贡献；能指出世界民族文化丰富多样，并尊重不同的风俗习惯；能列举世界的主要宗教，并尊重不同宗教信仰"。[①]

---

① 第 19/2016 号社会文化司司长批示《核准小学教育阶段基本学力要求的具体内容》附件九《小学教育阶段常识基本学力要求》。

初中对学生历史学习的要求是从"人与时间"和"文化渊源与社会发展"两个维度展开的。前者包括"历史演变"、"制度更迭"、"人物评析"和"重要史事"四个方面；后者则涉及"文明起源"、"民族与宗教"、"思想与文艺"和"科学与技术"。而且，每个维度都包括中国史、世界史和澳门史。①

高中则直接从"时代变迁"、"文化传承与革新"、"区域联系"和"本土探究"四个方面展开，也涵盖中国史、世界史和澳门史三大领域。与初中相比，更具有综合性，比较重视宗教和文化以及历史演变的长时段线索。②

上述基本学力要求与回归前相关课程大纲的最大区别，就是既没有区分各年级的要求，也没有规定每一个年级的具体内容。这为学校课程内容的安排以及编写历史教材提供了很大的空间，同时也对这两方面的工作提出了更高的要求。

（三）　历史教材的选用

如前所述，澳门学校可以按照自己的办学特色需要选用适合的教材。如前所述，澳门小学的历史教育主要融于常识科。常识教材主要来自香港，其中，香港教育出版社的《澳门今日常识》和朗文教育出版社的《澳门朗文常识》，2015/2016 学年共有 52 所学校选用，是主流教材。这两种教材均以其香港常识教材为基础，增修部分澳门的相关内容和插图，涵盖自然科学、历史和地理方面的内容。朗文教育出版社的教材由 24 个主题组成，其中涉及历史教育的主题有 4 个，内容以中国历史和澳门历史为主，不能充分体现澳门新的基本学力要求。

---

① 第 56/2017 号社会文化司司长批示《订定初中教育阶段的基本学力要求的具体内容》附件九《初中教育阶段社会与人文基本学力要求》。
② 第 55/2017 号社会文化司司长批示《订定高中教育阶段的基本学力要求的具体内容》附件九《高中教育阶段社会与人文基本学力要求》。

中学阶段，《中国历史》教材也以香港教材为主，从表 7 - 6 可见，66% 的学校使用了香港教材，完全使用内地教材的仅占 15.9%，同时使用内地和香港教材的占 27.3%；但是，高中阶段内地教材的影响力明显增强，这可能与学生升学取向有关（见表 7 - 7）。值得注意的是，上述所有教材都不是以澳门的课程标准、课程大纲或基本学力要求为依据编写的，不能满足澳门的需要。《世界历史》教材的情况基本类似（见表 7 - 8）。

表 7 - 6　2016/2017 学年中学《中国历史》教材选用情况

单位：个，%

选用情况	仅使用内地教材	仅使用香港教材	内地和香港教材并用	香港和台湾教材并用	仅用其他地区教材①	总计
校（部）数	7	16	12	1	8	44
百分比	15.9	36.4	27.3	2.3	18.2	100

注：包括来自葡萄牙、加拿大、美国、英国或新加坡的教材。中学在该学年使用中国历史教材的共有 44 个校（部）。

资料来源：澳门教育暨青年局。

表 7 - 7　2016/2017 学年中学《中国历史》主要教材

单位：个

教育阶段	教材名称	选用校（部）数	出版地	出版公司
初中	中国史游踪	18	香港	香港雅集出版社
	探索中国史	8	香港	龄记出版有限公司
	义教课标实验历史中国历史	8	内地	人民教育出版社
	探究中国历史全方位中国历史	7	香港	文达出版（香港）有限公司
	现代初中中国历史中国历史	4	香港	香港现代教育研究出版社
	中国历史	3	内地	岳麓书社
高中	历史	14	内地	暨南大学出版社
	高中历史高中近代现代史	8	内地	人民教育出版社
	探究中国历史高中中国历史新视点	11	香港	文达出版（香港）有限公司

续表

教育阶段	教材名称	选用校（部）数	出版地	出版公司
高中	新探索中国史 新简明中国历史	6	香港	龄记出版有限公司
	大学预科历史	5	香港	香港集成图书有限公司
	高中中国历史	5	香港	香港现代教育研究出版社
	高中历史	1	内地	岳麓书社

资料来源：澳门教育暨青年局。

表 7 - 8　2016/2017 学年中学《世界历史》主要教材

单位：个

教育阶段	教材名称	选用校（部）数	出版地	出版公司
初中	世界史游踪/Fundamentals of World History	3	香港	香港雅集出版社/Aristo
	Living Through History	1	英国	Heinemann
	初中世界历史	1	内地	人民教育出版社
	World History-Ancient Civilizations	1	美国	Holt, Rinehart and Winston
高中	新编世界史/ 漫游世界史专系列	7	香港	龄记出版有限公司
	世界历史新编	6	香港	人人出版有限公司
	世界近代史	4	内地	人民教育出版社
	HKDSE History Inquiry	2	香港	Aristo
	GCSE Modern World History	1	香港	MacMillan
	Cambridge as Level International History	1	英国	Cambridge
	20th Century History for Cambridge IGCSE	1	英国	Oxford

注：由于学校提交的资料缺失及资料库尚未完整，故有部分数据是以上学年为基础进行估计。
中学在该学年使用中国历史教材的共有 44 个校（部）。

资料来源：澳门教育暨青年局。

四　澳门历史教材的开发

澳门没有自己的历史教材，小学常识科也主要使用香港教材，这对历史教育的落实造成很大限制。因此，开发符合澳门需要的本地教材，成为澳门历史文化教育的迫切需要。

（一） 曾经的努力

为响应教育界的需要，20 世纪 90 年代和回归后澳门曾编写和出版过《澳门历史实验教材》第 1 册和《澳门历史》（初中补充教材）。前者由澳门大学实验教材编写组（霍启昌、苏庆彬、郑德华）编写，于 1998 年由当时的澳门教育暨青年司资助出版；后者由刘月莲、张廷茂、黄晓峰负责编写，于 2006 年由澳门教育暨青年局出版。

从表 7 - 9 所列的主要内容看，这两种教材都存在结构性缺陷，尤其是《澳门历史实验教材》第 1 册过分侧重澳门的早期历史和政治史，很难引起学生的兴趣，也不能保证对澳门历史认识的完整性。二者均直陈史实，缺乏学习辅助系统，对学生的学习过程关注其少。《澳门历史》（初中补充教材）甚至被发现有史实和观点的明显错误，还有著作权的争议。因而，两种教材均未在学校得到有效使用。

表 7 - 9   两种澳门历史教材的主要内容

《澳门历史》（初中补充教材）	《澳门历史实验教材》第 1 册
第一章　葡萄牙人租居澳门 第二章　澳门港与海上丝绸之路 第三章　明清政府对澳门的管辖 第四章　20 世纪澳门社会的进步 第五章　澳门历史文化名人 第六章　澳门回归祖国	第一章　史前的澳门 第二章　葡萄牙人来华前的澳门 第三章　抵华前的葡萄牙人 第四章　葡萄牙人抵澳前的中国航海事业 第五章　明代的对外贸易政策 第六章　葡萄牙人来华 第七章　倭寇之患与葡萄牙人问题 第八章　选择濠镜的原因 第九章　澳门模式——特殊的外贸政策

（二） 须重视的问题

澳门教育暨青年局近年来开始投入资源，开发具有本地特色、因应学生发展需要的本地教材或教学资源，以便为学校的课程实施和教师教学提供支持。2016 年，澳门教育暨青年局已委托澳门科学技术协进会编写澳门小学《常识》教材。该教材以澳门小学常识科的基本学力要求为依据，其中包括澳门及中国的相关历史内容。教材全套包括学生用书 12 册、教师用书 12 册、教师上课用 PPT、习题库、实验包等，教材于 2019/2020 学年起陆续供学校选用。另外，澳门教育暨青年局于 2017 年与人民教育出版社合作，共同编写及出版澳门初中和高中的历史教材，初中一年级和高中一年级的教材自 2018/2019 学年起供学校选用。

中学历史教材是未来发展的重点，以下几方面的问题值得重视。

1. 澳门史的地位、内容及处理方式

如前所述，在港澳地区的历史课程中，如何对待地方史是一个十分引人注目的问题。回顾过去 20 余年的历程，教育界的认识并不完全一致。大家普遍认为须重视澳门史，但从何处重视，中学课程应吸收其哪些内容，在课程和教材体系上如何处理其与中国史及世界史的关系，这些问题都有待讨论。

第一，应肯定澳门史在澳门历史文化教育中的价值和地位。"爱国爱澳"是澳门社会普遍认同的价值观，2006 年颁布实施的《非高等教育制度纲要法》，在教育总目标中明确规定要培养学生"爱国爱澳"的品格以及"对国家和澳门的责任感"，使其能"以中华文化为主流"，认识包括澳门在内的中国的历史、地理和文化。在此情形下，重视澳门本地历史的教育不仅有利于加深学生对本地的认识，而且能培养他们对澳门的归属感和热爱澳门的情感。

正因如此，澳门回归以来，加强本地历史与文化教育的呼声日高。2003 年有学者向 79 所中、英文学校及公立中葡学校（包括中小学）发出问卷，结果显示几乎所有学校都认为应加强澳门地方史的教学。① 霍

---

① 刘羡冰：《澳门地方史的教与学》，载梁成安主编《教与学的改革和创新教育研讨会论文集》，（澳门）澳门大学教育学院、澳门特区政府教育暨青年局，2003，第 11 页。

启昌在此之前就指出，过去由于殖民管治下社会环境的诸多限制，发展澳门史教学和研究的工作在澳门未能及早展开。而现在，已到了改变这种状况的时候。10 多年后，他再次指出，"澳门中学生若能明了澳门过往在经济、社会及文化的真实发展情况，是会促使其珍惜这些成就的"，"从学习澳门历史所得来的技巧和技能，亦可以帮助澳门中学生去履行他们在未来的澳门社会所应担当的公民责任"。① 正是在此情形下，澳门历史的教学逐步受到重视。

第二，应妥善处理澳门史的内容。如前所述，澳门的小学常识科包含粗浅的澳门历史内容。在此情况下，初中和高中的澳门历史教育应包括哪些内容呢？1999 年的《初中历史大纲》在三年级所设的"澳门历史"中，具体内容包括：早期澳门历史、澳门文化的特色、澳门经济及社会发展、澳门回归中国。重视澳门史是该大纲的一个特点。刘羡冰认为其应大致包括：澳门的历史分期，政治（包括中外关系）、经济、文教和社会的变革和重要的历史事件，划时代的历史文献，主要历史人物的主要思想、业绩和历史影响，最具价值的历史遗产和澳门的地方特色，具有教育意义和感染力的故事素材。② 魏美昌主张其应包括：《澳门基本法》、澳门的人文特征（包括历史、地理、法律及政治制度、文化及宗教等），以及这些特征在澳门未来角色定位中的重要性。③

中学阶段澳门史的内容选择与编排应考虑以下原则：首先，要与小学的相关课程相衔接，尤其是要考虑常识和品德与公民两科的基本学力

① 霍启昌：《澳门史教研的重要价值》，载苏庆彬主编《"跨世纪学科教育——中国语文、历史与地理"教学研讨会论文集》，（澳门）澳门大学教育学院等，2000，第121 页；霍启昌：《试谈迫切发展正确澳门史教研的重要性》，（澳门）《市民日报》2016 年 2 月 15 日。

② 刘羡冰：《澳门地方史的教与学》，载梁成安主编《教与学的改革和创新教育研讨会论文集》，（澳门）澳门大学教育学院、澳门特区政府教育暨青年局，2003，第 14 页。

③ 转引自林发钦《中学"澳门乡土历史"课程设计刍议》，载梁成安主编《教与学的改革和创新教育研讨会论文集》，（澳门）澳门大学教育学院、澳门特区政府教育暨青年局，2003，第 30 页。

要求。^①其次，必须让学生对澳门历史有比较全面和深入的了解。作为历史课程，要让学生对澳门自明代以来400余年的发展建立起清晰的历史线索。同时在内容上，既要重视政治发展史，也应关注文化史、经济史和社会史，如人口的演化、城市与环境的变迁、交通和产业的发展、语言和文教的变革、社团与社会的运作等。最后，初中和高中既要衔接，又要有所区别，体现层次性。目前，澳门初中和高中历史的基本学力要求体现了这一点（见表7-10）。另外在形式上，初中可以编年史为主，高中则应重视专题史。

表7-10　澳门初中和高中历史科基本学力要求中与澳门史有关的内容

初中	高中
• 指出澳门历史发展的简单历程，增强对澳门的归属感； • 通过阅读史料了解澳门回归的历程，增强爱国爱澳的情怀； • 能简述天主教在澳门的发展概况，了解天主教在澳门所扮演的角色； • 通过阅读材料，说出澳门世界文化遗产的特色，提出保护澳门历史城区的建议，负起保护历史文物的公民责任	• 能运用各种旅游信息，设计文化旅游路线，并懂得从不同的文化观点欣赏各种文化艺术； • 能从多角度分析外来文化对澳门的影响，以及理解文化共融对社会持续发展的重要性； • 就澳门过去的发展或现状提出问题，并撰写研习大纲； • 搜集关于澳门历史、文化或地貌变迁等资料，以适当方式处理后将信息有条理地呈现出来； • 体会澳门自然和人文环境的多样性，以全球角度关心澳门发展的问题，拥有欣赏、包容、保育和服务澳门社会的态度，并就澳门发展的问题提出规划或建议

资料来源：第69/2018号社会文化司司长批示《修改第56/2017号社会文化司司长批示及第55/2017号社会文化司司长批示第一款》之附件二《初中教育阶段历史基本学力要求》、附件四《高中教育阶段历史基本学力要求》。

第三，应加强澳门史与作为整体的中国史的联系。历史教育与身份认同密切相关。澳门历史既涉及国家与澳门、"爱国"与"爱澳"的关系，又牵涉本土的文化、历史和地方认同与民族的文化、历史和

① 其中，与历史有关的内容包括世界的文明古国、中国古代四大发明、中国重要的历史朝代、澳门历史城区、澳门回归等。

国家认同的关系。如何处理好这些关系，是中学历史课程不可回避的问题。在全球化趋势不断加强、世界变得越来越单一的情况下，保护文化的多样性，重视弱势地区、民族和社群在文化、经济乃至政治方面的合理要求，都是必要的。但任何本土化的主张，都不能漠视母体文化的存在，更不能粗暴割裂千百年来形成的、地方与民族和国家密不可分的内在联系。因此，必须在"一国"的框架下理解澳门，在作为整体的中国史的视野中来诠释澳门史，并强调二者之间的固有联系。

为保证历史课程的恰当性，澳门教育行政当局于 2015 年委托教育部基础教育课程教材发展中心对澳门中小学与历史有关的基本学力要求进行了专门研究。研究报告指出，上述基本学力要求将地方史融入中国史，以宏观的中国史为背景，点出澳门在该历史大环境下的情况和一些相关的重要历史事件，"体现了地方历史从属于中国历史的价值取向"，既符合历史事实，也体现了历史课程的公民教育立场。在情感、态度、价值观方面，上述基本学力要求十分鲜明地以归属感为中心，提倡本土与国家认同，其中"爱国、爱澳的情感乃至信念和行为，都基于对祖国历史传统、中华文化和国民身份的认同"。[①] 所以，不能再像 20 世纪 90 年代的澳门初中历史大纲那样将澳门史从中国史和世界史中独立出来，而应在中国历史和世界历史的整体演变中诠释澳门史。

2. 加强中国近现代史和文化史教学

澳门和香港中学历史教学的一个普遍情况是过分重视古代史，相对轻视近现代史。尤其在中国历史方面，许多学校在实际的教学中几乎不涉及辛亥革命以后的历史，对鸦片战争以后的近代史也重视不够。另外，教材内容普遍以朝代更替和政权变更为主，对文化和社会其他领域的历史关注不够。所以，正如 2014 年习近平主席在澳门回归祖国 15 周

---

① 教育部基础教育课程教材发展中心：《澳门与内地、香港、台湾四地中国历史教育课程的比较研究》，2016，第 113 ~ 114、118 ~ 119 页。

年大会上所指出的那样，要把我国历史文化和国情教育摆在青少年教育的突出位置，"让青少年……更多感悟近代以来中华民族救亡图存、发奋图强的光辉历程，更多认识新中国走过的不平凡道路和取得的巨大成就，更多理解'一国两制'与坚持和发展中国特色社会主义、实现中华民族伟大复兴与中国梦的内在联系，从而牢牢把握澳门同祖国紧密相连的命运前程，加深民族自豪感与爱国爱澳情怀"①。这无疑是必要而正确的。

要做到这一点，必须对教材的结构进行调整。内地的初中历史教材一般将中国古代史安排在初一，初二学习近现代史，初三学习世界史，而香港的教材则将更多篇幅用于阐述中国古代史。今后，澳门初中教材要适当精简中国古代史的内容，尤其是朝代更替的部分。当然，过渡可逐步进行，初中二年级仍可安排一部分古代史的内容。

3. 处理好初中与高中教材的关系

中学历史课程在初中与高中如何衔接，这是历史课程编制中的一个非常重要的问题。② 如前所述，澳门20世纪90年代的历史课程大纲采用的是双循环结构，即初中和高中都既有中国历史，又有世界历史。过去几十年来，我国中学的历史课程大多采用双循环结构。但是，1953年我国曾受苏联专家的影响，采用单循环结构：初中先学世界古代史和中国古代史，高中再学世界近现代史和中国的近现代史。不过到1956年，又重新恢复初、高中的双循环结构。③ 这主要是因为在高中尚未普及的情况下，必须保证初中历史教育的完整性。

由澳门的基本学力要求看，未来澳门初中和高中的历史课程和教材仍宜采用双循环结构。澳门史在初中和高中应有不同层次的要求，而且

① 习近平：《贯彻一国两制　明天更美好——在澳门回归十五周年大会暨特区第四届政府就职礼上的讲话》，（澳门）《澳门日报》2014年12月20日（特刊），第2版。

② 齐世荣主编《义务教育历史课程标准（2011年版）解读》，北京师范大学出版社，2012，第16页。

③ 余伟民主编《历史教育展望》，华东师范大学出版社，2002，第53页。

澳门史须与中国史联系起来学习，所以不能将澳门史局限在某一个年级或学期，独立编写教材，而是要将澳门史与中国史联系起来。

双循环结构的另一个要求是要避免初中和高中课程内容的简单重复。初中要尽可能考虑基础性、普及性，高中则要进一步提升，强调综合运用。另外，高中必须考虑学生需求的差异性。高中一年级应安排所有学生均须学习的内容，澳门高中部分的基本学力要求基本处于这一层面；高二和高三则主要考虑对历史有兴趣的学生，正如内地新修订的《高中历史课程标准》一样，为学生安排具有更高要求的选择性内容。

教材结构的另一个问题是中国史、世界史及澳门史之间的关系。首先是内容的比例。一般来说，由于中国历史延绵几千年，中国史在初中的部分应是世界史所占篇幅的两倍（如 20 世纪 90 年代澳门的历史课程大纲），并以编年史的方式出现。澳门史应融入中国史的系统中，世界史则以编年史的方式独立存在。高中则应打破中国史与世界史的界限，无论是必修部分还是选修的内容，都可以设计成专题史，以提升学生的思考能力和历史素养。

五　须注意的其他问题

总体而言，澳门的历史文化教育在回归以来呈现逐步加强的趋势，课程设置得到强化，本地的课程标准（基本学力要求）已经颁布，尤其是与此配套的教材也将在未来的三年里全部推出，这势必大大促进学校历史文化教育的发展。但是，以下问题仍须进一步重视。

（一）　确保在中学阶段历史独立设科

如前所述，按照 2014 年颁布的《本地学制正规教育课程框架》附表三和附表四所附"说明"的规定，无论在初中还是和高中，与历史有关的科目都是必修科目，但学校既可以设置社会与人文科（包含历史的内容），亦可独立设置分科的历史。由此可见，《本地学制正规教育课程框架》已保证在初中和高中历史均为必修，但从法规上看，学校不一定独立设置历史科。

虽然并非所有国家和地区都在中学阶段设置单独的历史课程，尤其在初中阶段，有部分国家可能会开设综合的社会科。但对于港澳地区而言，让学生完整地了解历史，尤其是中国历史，是十分必要的。[①] 因此，虽然在实践中澳门的中学目前均开设了分科的历史，但是仍有必要从制度上确保历史在中学阶段独立设科。为此，特区政府已分两步采取措施。

第一步，颁布分科的历史、地理的基本学力要求。如前所述，特区政府配合《本地学制正规教育课程框架》的实施已于 2017 年颁布了初中教育阶段的基本学力要求和高中教育阶段的基本学力要求。其中，初中和高中均订定了社会与人文科的基本学力要求，历史的内容包含于其中。考虑到课程改革的严谨性，《本地学制正规教育课程框架》作为特区政府颁布的行政法规须在至少实施一轮之后，再根据实施的经验进行修订。由于《本地学制正规教育课程框架》和上述基本学力要求均要到 2019 年 9 月 1 日才在初中和高中的所有年级实施，故不宜在此前修订《本地学制正规教育课程框架》。不过，由于《本地学制正规教育课程框架》规定学校也可以开设分科的历史，故教育行政当局可以先启动初中和高中历史科的基本学力要求的研制工作。事实上，澳门特区政府正是在 2018 年 5 月通过第 69/2018 号社会文化司长批示，颁布了初中和高中分科的历史的基本学力要求。

第二步，修订《本地学制正规教育课程框架》的相关规定。由于到 2019 年 9 月 1 日本轮课程改革已覆盖了初中和高中的所有年级，故具备条件在总结经验的基础上对《本地学制正规教育课程框架》进行适当修订。2019 年 11 月，澳门特区政府颁布第 33/2019 号行政法规，修改了 2014 年《本地学制正规教育课程框架》中的课程设置，规定初中和高中历史都必须以必修的方式独立设科（见表 7 – 11）。

———————

① 《中史独立成科是必然方向》，（香港）《星岛日报》社评，2016 年 10 月 31 日，第 A04 版。

表 7 - 11　　《本地学制正规教育课程框架》相关内容的修订

初中			高中		
学习领域	科目	三年总课时	学习领域	科目	三年总课时
个人、社会与人文	历史	不少于6920分钟	个人、社会与人文	历史	不少于2800分钟

资料来源：第 33/2019 号行政法规。

（二）督促学校按照《本地学制正规教育课程框架》的规定开设与历史有关的课程

《本地学制正规教育课程框架》订定了各教育阶段与历史有关的课程及其课时要求，小学必须开设平均每周不少于 4 节的常识课，初中和高中教育阶段分别须开设历史科。以上规定小学至 2020/2021 学年已全面实施，但有关初中、高中历史科的规定却要到 2023/2024 学年才可全面实施。

教育行政当局应采取措施，审核所有学校开设课程的情况，督促学校按照上述规定开全、开足与历史有关的课程。

（三）加强师资培训

落实历史文化教育，教师的专业素养至关重要。按照《非高等教育私立学校教学人员制度框架》的规定，澳门中学教师每周最低的授课时数为 16 节。中学教师须"专科专教"，仅当本科目的授课时数不够时，方可兼教其他相关科目，但本科目的授课时数不得低于每周总时数的六成。因此，历史课每周达到 10 节，即被视为专任历史教师。据澳门教育暨青年局的统计，2015/2016 学年，澳门任教历史科的中学教师共有 251 人，其中专任教师仅 115 人，非专业的兼任教师则有 146人。可见，澳门中学历史科由非历史专业教师兼任的情况比较严重，必须从制度上加以改变。

另外，必须加强对历史教师的培训和支持。为协助教师在日常教学中有效地推行课程改革，将基本学力要求转化为具体的课堂教学，澳门教育暨青年局近年来持续为教师开办多类型的培训活动，如以社会与人文科或历史科骨干教师、科组长为对象的研习课程，该课程由多个单元组成，重点培养骨干教师或科组长的课程规划、管理及实践能力，以一般社会与人文科或历史科教师为对象的专题讲座、结合理论与实践的工作坊、教学示范等方式，都有助于进一步让历史科教师掌握落实基本学力要求的要点和方法，以及如何选用或剪裁教材、活用教学方法。

除此以外，澳门教育暨青年局还将配合基本学力要求的实施，陆续推出相应的"课程指引"，通过"指引"这一道"桥梁"，让学校和教师把基本学力要求与日常的教学工作相结合。小学常识科、初中和高中社会与人文科的"课程指引"，内容包括该科目的"课程发展方向""基本学力要求"的解说、具体课程内容的建议（如：教学单元、进度）、课程实施的建议（如：教学方法的选取、运用，课程资源的开发）、课程评核的建议以及具体课堂教学的参考案例、工具表格等，对学校、教师在设计及开展历史教学活动方面，具有参考价值。

总之，回归以来澳门的历史文化教育在课程改革的推动下，正朝着不断加强和完善的方向发展，但要进一步落实，尚待政府和教育界持续重视和推进，尤其要密切关注小学《常识》和中学《历史》教材的编写、出版与选用，既要保证编写出一套符合澳门实际情况和基本学力要求的教材，又要切实解决学校在使用教材过程中的各种困难。长远来说，还需要完善教科书的选用制度。

第八章　身份认同和品德与公民课程

　　身份认同教育是品德与公民教育的重要使命，在澳门更具有特别重要的意义。澳门不同历史时期中小学的相关教材因环境的变化而各有特点，近年由澳门特区政府主导编写和出版的《品德与公民》教材，在对"中国人"、"澳门人"和"世界公民"等身份认同议题的理解和处理手法上，有明显的进步，未来还须克服一些可能出现的局限。

一　作为一种使命的身份认同教育

　　批判教育理论和新教育社会学提请人们注意教育及其课程与政治的密切联系。其实，教育与政治的密切关联长期以来就是一个有其内在的合理性的简单事实。在学校教育中，品德与公民教育大概是离政治最近的领域，而其中的身份认同问题涉及学生在精神层面对自身身份及其归属的理解、认同与坚持，包括国家、民族、区域及家乡等多个层次，亦涉及语言、宗教信仰、文化认同乃至国家体制等不同面向。品德与公民教育必须关注身份认同问题。

　　与内地相比，澳门学生的身份认同问题尤其显得重要，而且更加复杂。这不仅因为澳门经历过长期的殖民管治，存在"新认同"与"旧认同"的博弈，以及在此过程中各种政治力量和文化影响源的此消彼长；而且"一国两制"这一独特的、世所未有的制度安排，令澳门社会必须处理好"一国"与"两制"的关系。加上澳门历来就具有多元文化的传统和族裔构成，因此无论是成长中的学生还是市民，政治和文化的身份认同都须不断重塑。在此过程中，学校课程须肩负应有的使命。

（一）主权回归要求"人心的回归"

有学者指出，"身份认同问题总是在身份或位置发生变化或者面对挑战时受到关注"[①]。这往往包括多种情况：其中一种情况是移民，当个人或族群从一地移居到另一地甚至另一个国家的时候，身份认同的问题就会出现；另一种情况是当一个地方的政治结构特别是社会的管治关系和机制发生重要改变的时候，尤其是受到外族入侵以致发生政权更替，或者实现民族、国家或地区的独立而进入后殖民时代的时候，原有的身份认同可能受到冲击而须重构新的身份意识；还有就是外来文化的冲击，包括全球化影响的扩散与深入，都可能导致身份认同问题，包括个人的身份认同和作为群体的身份认同。

在澳门 400 多年的历史中，华人对于自己作为中国人的身份认同一直比较好，但 1999 年澳门主权的回归，令身份认同的需求变得更为迫切。因为回归祖国的重要一刻意味着澳门新的宪制秩序的确立，对澳门社会政治、经济和文化等方面产生深刻影响，尤其在政治层面和社会治理层面，澳门须以"一国两制"为基本原则，重新与内地建立起同为一个民族国家的特定的管治模式。但是，主权的回归并不代表"人心的全面回归"。人们注意到的事实是，一方面，随着澳门政治地位的改变，澳门人在法律和制度上已经建立了中国公民的政治身份；但另一方面，回归之前澳门长期处于葡萄牙管治之下，华人在怀有对中国的国家认同和文化认同的同时，也对葡萄牙以及西方文化怀

---

① 黎熙元：《澳门的社团网络与国族认同》，2006，未刊稿。

有不同程度的认可。在回归之前长达 12 年的"过渡期"中，也曾有不少澳门人选择葡萄牙国籍。所以，虽然主权的回归在澳门早已实现，但是站在"一国"的角度看，"人心的回归"还需要持续努力，以便让澳门居民的国家和民族意识不断得以加强，为此，必须增强澳门同胞的国家意识和爱国精神，发展壮大爱国爱澳力量，尤其是加强青年人才的培养。

回归 20 多年来，特区政府、教育界和全社会持续推行系列措施，发挥了重要作用，不少调研的结果表明澳门学生的爱国爱澳意识和国民身份认同总体呈现明显加强的趋势。澳门大学中国历史文化中心 2017 年的调查表明，澳门中小学生对国家历史文化的认知比较正面，认知指数的平均值为 74.8 分，小学生、初中生分别为 78.0 分和 71.0 分；对本地历史文化的认知相对国家历史文化的认知较低，认知指数的平均值为 67.3 分，小学生、初中生分别为 70.9 分和 63.0 分。总体而言，对国家历史文化的认知好于对澳门本地历史文化的认知；小学生在两个方面的表现都明显比初中学生正面。[1]

与邻近地区相比，在对国家和民族的认同方面，澳门学生的情况要好很多。2014 年的一项调查表明，澳门青少年国家认同综合得分总体处于中等偏上水平，平均值为 62.77 分。[2] 在 2008 年的一项研究中，面对问题："在考虑你的身份时，你认为你自己是澳门人（香港人/台湾人）多些，或是中国人多些呢？"从澳门、香港、台湾三地受访者的回答来看，澳门受访者对"中国人"身份认同比例最高（41.1%）。[3]

当然，在回归后的 20 年里，学生身份认同的情况出现过反复，前 10 年提升得很快。澳门中华教育会的一项研究就澳门高中学生从 1999

① 澳门大学中国历史文化中心：《澳门中小学生国家历史文化认知指数 2017 年度调查报告》，（澳门）澳门大学，2018。

② 涂敏霞、王建佶、萧婉玲、谢美玲：《港澳青少年国家认同研究》，《青年探索》2014 年第 2 期。

③ 参见郑宏泰、黄绍伦《身份认同：台、港、澳的比较》，《当代中国研究》2008 年第 2 期。

年到 2008 年身份认同的变化进行调查，在两次调查中，第一组学生的样本来自同样四所学校，第二次则增加了第二组（样本来自另外四所学校）。从表 8-1 可见，回归以来，澳门高中生对于作为"中国人"和作为"澳门人"的自豪感均有大幅提升，达到 75% 左右。

表 8-1　澳门高中学生的身份认同比较

单位：%，人

	1999 年调查	2008 年调查	
	第一组调查结果所占比例	第二组调查结果所占比例	（第一组＋第二组）调查结果所占比例
问题一：您会不会以身为中国人感到自豪？			
会	59.2	72.6	74.6
不会	15.4	27.4	25.3
说不清（没意见）	25.4	—	—
样本数	1045	844	1646
问题二：您会不会以身为澳门人感到自豪？			
会	30.6	76.5	74.1
不会	30.2	23.5	25.9
说不清（没意见）	39.2	—	—
样本数	1042	852	1661

　　资料来源：参见澳门中华教育会教育科学研究组《回归后澳门中学生政治次文化的延续与变化》，载《澳门人文社会科学研究文选（2008~2011）》编委会编《澳门人文社会科学研究文选（2008~2011）》，社会科学文献出版社，2013，第 50~74 页。

　　另一项研究①表明，2011 年澳门学生对"我是澳门人"的身份认同程度较往年有所下降，尤其表示"十分同意"的比例从 2009 年的 66.8% 下降到 56%。值得关注的是，对"我是中国人"这一表述，2014 年的调查数据出现大幅下滑：选择"十分同意"和"同意"的百分比例，由 2007 年和 2009 年的 90% 以下减少到 2011 年的 81.6%，2014 年迅速降至 55.1%。这可能与邻近地区在此期间发生的社会事件

———————

　① 参见澳门中华学生联合总会、澳门青年研究协会《2014 年澳门中学生国民身份认同调查研究报告》，2014；《澳门中学生国民身份认同调查研究报告 2017》，2017。

有关。当然，到 2017 年，选择"同意"和"十分同意""我是中国人"的比例已回升至 72.4%，选择"不同意"和"十分不同意"的比例则下降到了 5.4%。这说明澳门的国民身份认同教育仍然是有效的。

可见，要在思想上和心理上彻底实现政治和文化身份的转变，可能还需要经历一段时间。正如有学者所指出的，"客观地讲，今天澳门人的国家认同问题还没有从文化意义上得到根本解决。仍然有近 30% 的学生和相当比例的社会各阶层人士没有完全构建起对中国的国家认同，甚至在这个过程中还存在着地方认同和国家认同之间的矛盾。尤其是近年来不断移居澳门的不同国家移民和原居住在澳门的西方人士对中国的国家认同和中华文化的认同存在着新的整合过程"[1]。

（二）公民教育与身份认同

对于学校教育来说，身份认同的实现首先建基于品德与公民教育的加强和完善，尤其是其中的公民教育。那么，如何理解身份认同教育与公民教育的关系，尤其是身份认同及其教育的内涵呢？

在理解公民教育的众多视角中，有一种是从目的和内容的角度出发，将公民教育理解为通过特定的课程和学习经验，培养及形塑学生公民资质的教育活动。[2] 在思想倾向上，当代有关公民资质的理论主要四种[3]：一是公民共和主义（Civic Republicanism），具有悠久的历史，重视社会"共同的善"的达成，强调国家的认同观念及培育参与公共事务的意愿和能力，以及公民忠勇的德行；二是自由主义，以普遍性代替排他性资格，主张人人平等，重视个人自由和权利，尊重多元价值，以保障个人权利

---

① 郑晓云：《澳门回归后的文化认同变化与整合》，《中南民族大学学报》（人文社会科学版）2010 年第 2 期。

② 单文经：《澳门公民教育简史》，"两岸四地公民教育"研讨会发表的论文，2006，http：//www. cpce. gov. hk/civic – education. hk/sc/pdf/7a. pdf。

③ 谢均才：《好公民观：中国内地和台湾小学社会课程和课文的比较分析》，载黄素君等编《2006 年"华人社会的教育发展"学术研讨会论文集》（系列一），（澳门）澳门大学教育学院，2006，第 217 页。

优先于"社会善"的达成；三是社群主义，承继公民共和主义的共善精神，修正了自由主义"权利至上"的观念，强调国家之外自发性的社群组织与社会情感，强调通过社群的认同凝聚社群意识，主张通过社群意识的凝聚，强化社群认同感，培育社群的情操，鼓励人民参与公共事务；四是文化多元主义，基于族群的立场发声，呼吁正视异质性社会的事实，并以差异公民资质的观点，强调保障弱势群体的权益。另外，在公民教育的具体内容和范围方面，按照希特（Heater）的观点，公民教育就像一个三维的立方体，包括元素（身份、忠诚、德行、合法地位或公民地位，以及政治权利和社会权利）、地域（本地、民族国家、地区或世界），以及教育结果（知识、态度和技能）。① 在非殖民地化的过程中，公民教育往往被新兴的民族国家用来培育对国家和民族的认同感和忠诚。

由此可见，身份的鉴别与确认应是公民资质的重要组成部分，一个合格的公民必须具有清晰的、稳定的身份认同；而身份认同教育则应成为公民教育的核心内容之一。

"认同"在现代汉语中，一是指认为跟自己有共同之处而感到亲切，二是承认、认可。身份认同与自我有关，其核心便是在与他人及社会的交往过程中，将自我类化为一种角色的占有过程，也是将自我融入与此角色相关的意义和期望的过程，即身份鉴别的过程。此处所论述的"身份"特指"公民身份"，所以这里的"身份认同"也就是学生在教育过程中作为一个公民而进行的自我鉴别过程，包括自我认识、自我确认和自我归属的过程。这一过程是在与周围环境的交互作用中完成的。

长期以来，澳门华人普遍使用"澳门人"及"中国人"两个词来指谓自己，这是他们感到最有意义的两种身份。在民族、国家尚存的时代，公民教育的传统意义——培养对国家和民族的认同，仍然是十分重要的。而在"一国两制"的制度框架里，形成对澳门的归属感和作为澳门人的

---

① 转引自谢均才《公民教育和政治教育》，载贝磊、古鼎仪主编《香港与澳门的教育与社会——从比较角度看延续与变化》第 2 版，单文经校阅，（台北）师大书苑，2005，第 166 页。

认同，也别具意义。同时在全球化的时代，公民要对世界和平及全球环境负责任，所以澳门公民的身份认同不仅要重视"澳门人""中国人"的身份意义，而且要有世界的眼光。上述身份共同构成公民身份认同的第一个维度，它们缺一不可。身份认同的另一个维度，是认同的内容，主要包括文化认同和政治认同——前者是后者的基础，但并不能代替后者。总之，我们所指的"身份认同"，就是澳门华人从文化和政治两个方面对他们与澳门、中国和世界的关系的理解，以及以此为基础而形成对自我身份的定位。澳门回归祖国以后，公民教育的首要目的就是要强调"爱国爱澳"，加强《澳门基本法》教育，倡导"一国两制"原则，同时也培育"世界公民"。

二　教材对身份的建构

在学校教育的背景下，培育公民身份，实现政治教化的真实期望、态度和基本的手法，往往体现于相应的课程标准、教材等正规课程之中。2017 年的一项调查表明，中学生"同意"和"十分同意""我是中国人"的比例从 2014 年的 55.1% 回升至 72.4%；与此同时，认识祖国的首要途径亦有改变，其中"课堂/书本"由 2014 年的 32.4% 提高至 60.6%，超过"互联网"（59.7%）跃居第一。[①] 可见课堂教学的重要性。

（一）两个时期，两套教材

正如有学者所指出的那样，在殖民管治时期，管制者所需要的是"服从"的"子民"或"居民"，而非民族国家的"公民"，所以公民教育（citizenship education）在澳门长期被排斥，处于边缘化的状态，即便零散安排一些相关的内容，也往往表现出"非政治化"的特点。[②]

---

① 澳门中学生联合总会、澳门青年研究协会：《澳门中学生国民身份认同调查研究报告 2017》，2017。
② 谢均才：《公民教育和政治教育》，载贝磊、古鼎仪主编《香港与澳门的教育与社会——从比较角度看延续与变化》第 2 版，单文经校阅，（台北）师大书苑，2005，第 165 页。

所以，澳门品德与公民教育领域的资源管理和支持机制长期不足，在20世纪90年代之前，几乎没有一套完整的正规教材。① 缺乏系统的本地教材是妨碍澳门推行品德与公民教育的一个重要因素。

1991年，澳葡政府颁布重要的教育法规《澳门教育制度》，首度为澳门的各级学校教育做出整体的规划。其中，该法律的第三条反映了澳葡政府对公民教育描绘的蓝图，指明澳门的各级学校培养居民成为良好公民的一些原则：其一，通过对自身特性的加强和巩固所不可缺少的澳门本身文化的传递，促进公民意识的发展；其二，促进民主与多元论、尊重别人及其意见、坦诚对话、自由交换意见的精神发展，以便培养关心社会事务及有批判精神的市民；其三，协助个人性格和谐及全面发展，以便培养自由、负责任、自主及合群的市民；其四，加强与世界各地人民之间的友好联系与团结等。另外，第11/91/M号法律亦为澳门的道德及公民教育做了原则性的规范及制定了教学目标；而法规中第八条f款、第十条b款，则明确提出促进小学道德及公民教育的发展，以及加强中学道德及公民教育。这些法规的制定与颁布，使澳门的公民教育，迈进一个新的发展阶段。后来，澳门教育暨青年司又依据《澳门教育制度》的规定，分别于1994年及1997年，为小学、初中、高中教育课程制定了一套完整的框架；其中，小学可开设品德教育、公民教育或宗教教育；初中设品德教育，高中在"一般培训"中设德育。为落实上述安排，澳门教育暨青年局的辖下的"课程改革小组"于1995年编制了小学、初中和高中的《道德及公民教育大纲》，以供澳门各学校遵行，并于2000年做了修改，易名为《品德教育大纲》。

以上述大纲为基础，澳门教育界开始陆续编写品德与公民教育方面

---

① 黄素君：《回归后澳门公民教育发展路向的检视》，（香港）《基础教育学报》2008年第2期；单文经：《澳门公民教育简史》，"两岸四地公民教育"研讨会发表的论文，香港特别行政区政府民政事务局、香港特别行政区公民教育委员会、郑州大学公民教育研究中心合办，2008年5月28日，http://www.cpce.gov.hk/civic - education.hk/sc/pdf/7a.pdf。

的教材。1999 年回归之前，小学方面主要有本地的培正中学于 1994 年编写出版的《品德教育》（一至六年级）①，中学有澳门天主教学校联会于 1990 年编写出版的《澳门中学公民教育》②，以及澳门鲍思高青年服务网络编写的《道德与公民教育》③。一些学者在分析了这些教材之后，也对澳门的道德与公民教育内容提出建议。④

---

① 该教材成书于 1993 年，几经修订，为很多小学欢迎，1997 年经当时的澳门教育暨青年司修订后向各校推介，为许多小学采用，主要包括以下内容。一至二年级：准时、会做自己的事、关心别人、诚实、不吃零食、助人、有公德心、孝顺、礼貌及爱惜光阴、家居安全、整洁、爱护公物。三至四年级：讲道理、爱惜时间、尊敬老师、互助、持之以恒、不依赖别人、小心饮食、善用零花钱、防火、锻炼。五至六年级：小公民责任、互相尊重、节俭、爱劳动、关心伤残人士、自我约制、关心他人、关心社会。参见冯增俊主编《澳门教育概论》，广东教育出版社，1999，第 336 页。

② 该教材分学生用书和教师用书，主要包括以下内容。初一：思考方法、学校组织、学生组织、环境保护、潮流文化。初二：澳门、澳门人、澳门社会福利、澳门大众传媒、澳门公共事业。初三：一般公民权、立法会选举、市议会选举、社团类型、澳门社团、港澳行政架构、内地和台政制简介。高一：澳门中葡文化、西方文化与中葡文化、港澳经济简介、中国内地经济、台湾经济简介。高二：政治信念、社会主义、资本主义、三民主义、民主初探。高三：基本人权宣言、民族发展、国际人权公约、圣经对人权宣言的立场、澳门基本法。参见冯增俊主编《澳门教育概论》，广东教育出版社，1999，第339 页。

③ 该教材吸收了欧洲同类教材的某些做法，内容包括六个部分：个人、群体、公民、伦理、传播、心声（体会）。例如，初一的"个人篇"设四个单元：自由选择、我要高飞、自尊感、情绪处理。"群体篇"设四个单元：第五类接触、知己易术、合群天性、潮流事件。"公民篇"设两个单元：澳门多面体、和平满天地。"伦理篇"设两个单元：真善美的追寻、思考的方法。"传播篇"设三个单元：广告套餐、流行曲大赏、电影大检阅。"心声篇"设四个单元：家长心语、老师心语、学生心语、编者的心声。参见冯增俊主编《澳门教育概论》，广东教育出版社，1999，第339 页。

④ 建议的内容包括以下六个领域。①生活伦理与道德规范：孝顺、友爱、礼节、合作、公德、爱国、守法、正义、廉洁、环境保护、勤谨、职业道德、乡土认识。②澳门社会与中西文化：文化、澳门史地、民族精神、中国文化、葡萄牙文化、东西方文化、澳门社团、宗教、社会福利、社会结构、议会。③基本法、澳门政府架构、政制。现行政府架构，澳门组织章程，特区旗、区徽，澳门基本法，各国政制介绍（总统制、内阁制、君主制、君主立宪制）。④法律概念、政治经济基础认识：法学概论、澳门民法刑法、贸易法、土地法、政治学、政治教育、港澳经济、市场、选举、罢免、澳门工商业简况、中国及亚洲经济特质、西方经济。⑤世界著名政经主义基本认识：社会主义、资本主义、三民主义、马克思主义、马尔萨斯人口论、孟德斯鸠三权分立、甘地不合作运动、卢梭、林肯。⑥国际组织、国际公约：联合国（历史及其现存各组织）、国际法庭、国际贸易法、北大西洋公约组织、海事法、国际人权组织。参见冯增俊主编《澳门教育概论》，广东教育出版社，1999，第359 页。

但真正有比较广泛影响的小学品德与公民教材，是 2000 年起由香港教育出版社有限公司陆续推出的《做个好公民》。该教材涵盖小学一至六年级，共 12 册学生用书，由出版机构邀请澳门的老师参加编写，针对澳门的实际情况，严格遵循政府订定的小学《道德及公民教育大纲》的要求。教材出版后得到许多学校的欢迎，在 2008 年之前一直是小学阶段的主流教材。故该教材反映了 1999～2008 年澳门小学品德与公民教育的整体情况。

回归之后，澳门特别行政区开始根据新的需要对前述《澳门教育制度》进行修订，2006 年颁布实施了《非高等教育制度纲要法》。新的教育制度法律按照"一国两制"和《澳门基本法》的规定，对品德与公民教育提出了新的要求。其中，第四条在教育"总目标"方面明确要求"致力培养及促进受教育者爱国爱澳、厚德尽善、遵纪守法的品格，使其有理想、有文化及具备适应时代需求的知识和技能，并养成其健康的生活方式和强健体魄"，尤其强调：①培养受教育者"对国家和澳门的责任感，使其能恰当地行使公民权利，积极履行公民义务"；培养其"良好的品德和民主素养，使其能尊重他人，坦诚沟通，与他人和谐相处，积极关心社会事务"。②使受教育者能"以中华文化为主流，认识、尊重澳门文化的特色，包括历史、地理、经济等多元文化的共存，并培养其世界观"。③全面提升受教育者科学和人文素养，使其具有创新精神、批判意识、可持续发展观念及实践能力，培养其终身学习的态度和能力。④促进受教育者个性的发展，建立正确的价值观。⑤培养"与大自然和谐相处的素养"。

具体到小学教育的目标（第八条），规定：①"培养学生基本的公民意识，养成其爱自己、爱他人、爱澳门、爱国家及爱大自然的情怀"。②"陶冶学生的品德，培养其与他人和环境和谐共处的态度及服务社会的精神"。③培养学生提问和思考的兴趣和习惯，增进其创造力。④促进学生个性和潜能的发展。⑤培养学生适应不同环境的能力。

以此为基础，特区政府在 2014 年颁布了《本地学制正规教育课程框架》，规定小学、初中及高中三个教育阶段均须以必修课的方式开设品德与公民课。该科的基本学力要求（征询意见稿）在 2006 年即已完成，其后委托人民教育出版社按照基本学力要求的规定，为澳门编写了配套的《品德与公民》教材，三个教育阶段的教材自 2008 年起陆续出版。截至 2014/2015 学年，小学教材选用的学校达到学校总数的 63%（38 所）、初中达到了 56%（24 所），高中达到了 51%（21 所），受到学校的欢迎。2014 年，澳门教育及青年发展局开始启动该套教材的修订工作，邀请相关机构及澳门的一线教师共同对教材进行修订。小学的新教材已于 2016 年出版及使用。2016 年及 2017 年分别开始初中和高中教材的修订工作，初中及高中的新教材也分别于 2018 年及 2019 年出版和使用。至 2018/2019 学年，小学至高中直接使用该套教材的学校分别达到学校总数的 68%（40 所）、65%（28 所）及 52%（22 所），而其他学校也均将此教材作为教学的参考，可见，该套教材已成为澳门最有影响的品德与公民教材（见表 8 - 2）。

表 8 - 2　人教社澳门版教材《品德与公民》选用的学校数及其比例

单位：所，%

学年	小学		初中		高中	
	学校数	比例	学校数	比例	学校数	比例
2012/2013	35	56	21	49	16	39
2013/2014	37	62	23	53	18	44
2014/2015	38	63	24	56	21	51
2015/2016	38	63	24	56	21	51
2016/2017	42	70	23	52	19	46
2017/2018	43	73	28	65	21	51
2018/2019[①]	40	68	28	65	22	52

注：①除完全使用教材外，还有一部分学校参考《品德与公民》教材，选用其中的部分内容，两类学校加在一起，2018/2019 学年小学、初中和高中阶段选用该教材的学校占比分别为 88%、91% 和 94%，2019/2020 学年起各教育阶段均达到 100%。

资料来源：澳门教育及青年发展局。

（二）何种身份：身份的构成与理解

1. 中国人

如前所述，澳门公民身份认同的首要之义，就是"中国人"。有人评论说："20 世纪 80 年代下半期澳门人讨论推行的公民教育实际上全是以作为'澳门居民'为核心，而不是以作为'中国公民'为核心的。到 20 世纪 90 年代后期，澳门教育局颁布的道德及公民教育课程大纲，才加入有关中国的课程内容，但显然不足以培育一位对国家有认同感的中国公民。"[①] 还有意见认为，澳门 1999 年颁布的《初中道德及公民教育大纲》由于"缺乏清晰的公民资格来把个别主题联系起来"，课程显得"比较割裂"[②]。

这个判断是中肯的，事实上，类似的情况在小学也存在。在澳门于 1999 年颁布的小学"品德教育大纲"和"公民教育大纲"中与国家和澳门有关的内容中，[③] 我们并未看到清晰的、完整的作为"中国人"身

---

① 陆平辉：《试论澳门特区的国家认同和民族认同建设——纪念澳门回归祖国十周年》，《学习与探索》2009 年第 6 期。

② 谢均才：《公民教育和政治教育》，载贝磊、古鼎仪主编《香港与澳门的教育与社会——从比较角度看延续与变化》第 2 版，单文经校阅，（台北）师大书苑，2005，第165～188 页。

③ 小学的"品德教育"分以下两部分。①总目标：在知识方面认识和继承我国传统的良好道德观念，认识个人与家庭、学校、社会、澳门及国家之间的相互关系。在技能方面具有适应社会环境的能力。在态度方面培养学生养成良好的品格，具有爱世界、爱国家、爱民族、爱澳门的感情，具有为国家、社会、民族做出贡献的精神。②主题内容：小学品德教学内容主要有下列五个方面，个性的发展如是非观、正义感、服从性、遵纪守法的精神等；群性的发展如爱澳门、爱民族、爱国家的感情及家庭、同学、朋友、师生、两代、两性之间的关系等；传统道德观念的培养如孝顺、诚实、谦虚、廉洁、节俭等；良好习惯的养成如守时、有礼、整洁、生活有序、饮食卫生等；认识个人与不同环境间的关系如与家庭、学校、社会、澳门、国家以至世界的不同关系。小学"公民教育"分以下两部分。①总目标：在知识方面认识家庭、学校及小区环境、安全设施；认识国家文化；认识政府的制度、职能及工作等。技能方面能正确地运用公民的权利及履行公民的义务。态度方面养成爱护家庭、学校、国家、社会的公民意识。②主题内容：个人认识及责任、责任与规条、国家文化、澳门政府、公民意识。

份认同所必需的各项素养。这直接导致了以上述大纲为基础编写的香港版澳门教材对于中国以及"中国人"论述的不足,整个小学六年仅在四年级上学期安排了一个单元("我的中国心"),用两节课的时间接触一下"中国文化""热爱祖国"(见表8-3)。

表8-3　香港版澳门小学教材《做个好公民》对"中国人"的建构

年级/册次	教学单元	相关课题
小学四年级上册	第三单元　我的中国心	中国文化、热爱祖国

资料来源:参见《做个好公民》,(香港)香港教育出版社有限公司,2000。

相比之下,人民教育出版社(以下简称"人教社")编写的澳门版教材《品德与公民》(修订版)的相关内容就完整多了,该教材在小学二年级、三年级、五年级和六年级各安排了一个大的单元,从自然、文化、历史、民族、节日以及城市与农村的生活等角度,在与澳门的联系中,加深学生对国家的了解与认同(见表8-4)。即便与人民教育出版社出版、教育部组织编写的内地小学《道德与法治》教材相比,相关内容也是完整且丰满的(见表8-5)。所不同的是,澳门教材更强调"我是中国人""我们都是一家人"这种身份的确认,而内地教材则更突出中华百年的复兴梦,同时强调共产党领导的作用与地位。

表8-4　人教社澳门版小学教材《品德与公民》对"中国人"的建构

年级/册次	教学单元	相关课题
小学二年级上册	第四单元 美丽的澳门	我家在澳门 带你游澳门 我是中国人
小学三年级上册	第三单元 我们的国家	魅力大都市 走遍大好河山 我们的传统节日 生活在农村的孩子

续表

年级/册次	教学单元	相关课题
小学五年级下册	第四单元 我们的大中国	好大一个家 畅游中国 我们都是一家人
小学六年级上册	第三单元 走向富强	日新月异的澳门 腾飞的中国

资料来源：参见人民教育出版社、课程教材研究所编著《品德与公民》（澳门教材，小学一至六年级），人民教育出版社，2016。

表 8 – 5　人教社部编版内地小学《道德与法治》教材对"中国人"的建构

年级/册次	教学单元	相关课题
小学二年级上册	第一单元 我们的节假日	欢欢喜喜庆国庆
小学五年级上册	第三单元 我们的国土，我们的家园	我们神圣的国土 中华民族一家亲
	第四单元 骄人祖先，灿烂文化	美丽文字，民族瑰宝 古代科技，耀我中华 传统美德，源远流长
小学五年级下册	第三单元 百年追梦，复兴中华	不甘屈辱，奋勇抗争 推翻帝制，民族觉醒 中国有了共产党，夺取抗日战争 和人民解放战争的胜利 屹立在世界的东方，富起来到强起来

资料来源：参见鲁洁总主编《道德与法治》（小学一至六年级），人民教育出版社，2016。

2. 澳门人

学生对于作为"澳门人"的身份认同，需要建基于生活，同时在与其他身份的比较中一步步得以清晰，并最终确立。与对"中国人"的身份认同的处理相比，香港版澳门教材《做个好公民》在这个方面明显成功得多，其独特之处是重视了中葡关系，并试图发掘澳门居民奉公守法、抱朴乐善的特质（见表 8 – 6）。

表 8 - 6　香港版澳门小学教材《做个好公民》对"澳门人"的建构

年级/册次	教学单元	相关课题
小学四年级上册	第二单元 认识澳门	葡萄牙文化 我爱澳门 我们的政府
小学四年级下册	第三单元 权利与义务	奉公守法 生命诚可贵 善用自由权利
小学五年级上册	第三单元 我是澳门人	澳门居民 为善最乐
	第四单元 居民的权利	珍惜教育权利 我爱民主
小学五年级下册	第一单元 好市民	关心政事 守法先锋
	第二单元 中葡关系	中葡友好 思想交流
小学六年级上册	第三单元 良好公民	公民的权利与义务 自由无价 公众利益 明辨是非
小学六年级下册	第三单元 建设澳门	澳门经济 法治社会 支持政府

资料来源：参见《做个好公民》，（香港）香港教育出版社有限公司，2000。

人教社的澳门版小学《品德与公民》教材对于作为"澳门人"的身份认同的建构，应该说更为完整和深入（见表 8 - 7）。在内容上，它加强了有关澳门的认识，无论是对自然环境、社区、教育、宗教、文化习俗，还是对政府的构成、公民及学生的权利以及葡萄牙与澳门的关系等，都有关注。更重要的是，它引入了"一国"与"两制"的制度框架，让学生在与祖国的关系中认识澳门，这就不会导致"本土意识"对国家观念的冲击，也可避免"澳门人"和"中国人"两种身份之间的紧张。另外，它还渗透了历史和发展的眼光，如"日新月异的澳门"、"文化交融的脚印"和"我是中国人"等，均体现了这一点。这样的安排不仅让学生的学习过程更贴近时代的变化，同时也有利于增加身份认同的厚度，在不经意间培养他们的历史意识。另外在学习活动方式的设计上，教材努力凸显了学生的主动性，如"社区因我而美丽"、"带你游澳门"、"积极参加社区活动"和"我会保护自己"等设计，可帮助学生在体验中增进对"澳门人"的认识与认同。

表 8 – 7　人教社澳门版小学教材《品德与公民》对"澳门人"的建构

年级/册次	教学单元	相关课题
小学二年级上册	第三单元 我生活的地方	无声的朋友 谢谢你们 社区因我而美丽
	第四单元 美丽的澳门	我家在澳门 带你游澳门 我是中国人
小学四年级上册	第四单元 我们的社区生活	为大众服务的人 积极参加社区活动 社会公德人人遵守
小学四年级下册	第三单元 儿童的权利	平等受教育 我会保护自己
	第四单元 生活在澳门	澳门是个大家庭 我们的特区政府
小学五年级上册	第三单元 东西方文化交融	文化交融的脚印 多元的澳门文化
	第四单元 宗教信仰与习俗	我们的信仰 不同的文化习俗
小学五年级下册	第一单元 健康生活我做主	珍爱生命 健康的休闲生活
	第三单元 保护我们的环境	我们生存的环境 绿色生活每一天
小学六年级上册	第三单元 走向富强	日新月异的澳门 腾飞的中国
小学六年级下册	第四单元 法制与自由	权利与义务伴我行 我爱自由

资料来源：参见人民教育出版社、课程教材研究所编著《品德与公民》（澳门教材，小学一至六年级），人民教育出版社，2016。

人民教育出版社出版、教育部组织编写的内地小学《道德与法治》教材，为学生安排的有关社区和家乡方面的内容（见表 8－8），涉及学生的乡土身份认同，与澳门教材有关"澳门人"的内容十分接近。但从教材设计来看，内地版教材相对来说比较空泛，缺乏对具体的"家乡"或"社区"的研究，因此教材提供的内容缺乏针对性。从中可见澳门这类地方性教材的优势。通用性教材在学生乡土身份的建构上，只能在课程标准的提示下，建构一个半虚拟的空间及学习情境，使用者还须进行大量的再设计，以弥补不足。从另一个角度看，地方性教材在学生乡土身份认同方面，有必要力求细致，充分发掘本土资源的作用。

表 8－8　人教社部编版内地小学教材《道德与法治》有关家乡的内容

年级/册次	教学单元	相关课题
小学二年级上册	第四单元 我们生活的地方	我爱家乡山和水 家乡的物产养育我 可亲可爱的家乡人 家乡新变化
小学三年级下册	第二单元 我在这里长大	请到我的家乡来
小学四年级下册	第四单元 感受家乡文化，关心家乡发展	我们当地的风俗 多姿多彩的民间艺术 家乡的喜与忧

资料来源：参见鲁洁总主编《道德与法治》（小学一至六年级），人民教育出版社，2016。

3. 世界公民

在全球化的背景下，我们身处的世界愈发相互依存。公民教育有必要由国家公民教育向世界公民教育升级，引发青年人思考个人对于世界的角色与责任。世界公民教育在情感与价值观上，要让学生懂得尊重不同的文化与价值，设身处地的感受贫穷与不公的情况，反思个人与世界的关系，思索个人对世界的责任。在知识与能力方面，要教导学生明白全球的相互依存的关系，认识全球发展与本土的关系，了解贫穷与不公平的成因，并且认识可持续发展的重要性，具备有效讨论、批判思考、欣赏差异、调解分歧及纷争以及选取合适方案的能力。在行动方面，要让学生为个人行为对世界的影响负责，愿意在社区乃至世界的层面做出行动，为建设更公平且可持续发展的世界而努力。在具体议题上，世界公民教育尤其关注全球环境治理、多元文化的尊重与保护、粮食与饥饿、艾滋病、国际公平秩序、战争与世界和平等。

与上述要求相较，2000 年香港版澳门小学教材《做个好公民》对于"世界公民"的建构（见表 8 - 9）无疑是过于狭窄和单薄了，基本未能体现"世界公民"的概念，更不可能真的让学生懂得关心我们生活于其中的世界。

表 8 - 9　香港版澳门小学教材《做个好公民》对"世界公民"的建构

年级/册次	教学单元	相关课题
小学六年级下册	第四单元 关心世界	天下一家 书报中的黄金屋

资料来源：参见《做个好公民》，（香港）香港教育出版社有限公司，2000。

而人教社的澳门版小学《品德与公民》教材对"世界公民"的建构则丰富了很多（见表 8 - 10）。涉及 7 个单元共 20 个课题，6 个年级中有 5 个年级都有安排。内容首重全球联系和环境保护，让学生明白个人行为（如节约资源）和人类活动（如科技）对环境的影响，同时也关注文化的多元性，以及世界和平的重要性。在编排上，从小学一至六年级，由浅入深，符合学生的心理发展特征和学习需要。

与人民教育出版社出版、教育部组织编写的内地小学《道德与法治》教材相比（见表 8 - 11），澳门版《品德与公民》教材对"世界公民"的建构也显得更为充分，这也体现了澳门作为国际开放性城市的特点。

表 8 – 10　人教社澳门版小学教材《品德与公民》对"世界公民"的建构

年级/册次	教学单元	相关课题
小学一年级下册	第四单元 我爱大自然	亲近大自然 我爱花草树木 和动物交朋友 保护环境很重要
小学二年级下册	第三单元 节约资源齐来做	小书包笑了 不挑食　不浪费 节约水和电
小学三年级下册	第三单元 我们生活的世界	美丽的地球村 多样的生活 多彩的风情 和而不同的朋友
小学五年级下册	第三单元 保护我们的环境	我们生存的环境 绿色生活每一天
小学六年级上册	第四单元 走近世界	世界万花筒 我们手牵手
小学六年级下册	第二单元 科技与发展	科技改变生活 合理利用 永续发展
	第三单元 现代少年	生活在网络时代 做个好公民

资料来源：参见人民教育出版社、课程教材研究所编著《品德与公民》（澳门教材，小学一至六年级），人民教育出版社，2016。

表 8 – 11　人教社部编版内地小学教材《道德与法治》有关"世界公民"的构建

年级/册次	教学单元	相关课题
小学一年级下册	第二单元 我和大自然	风儿轻轻吹 花儿草儿真美丽 可爱的动物 大自然,谢谢你
小学二年级下册	第三单元 绿色小卫士	小水滴的诉说 空气清新是个宝 我是一张纸 我的环保小搭档

续表

年级/册次	教学单元	相关课题
小学六年级下册	第二单元 爱护地球 共同责任	地球——我们的家园 应对自然灾害
	第四单元 让世界更美好	科技发展造福人类 日益重要的国际组织 我们爱和平

资料来源：参见鲁洁总主编《道德与法治》（小学一至六年级），人民教育出版社，2016。

三 走向更有效的身份建构

从上述观察可见，无论是哪一套教材，在公民身份认同的建构上均须取长补短，走向更有效、更充分的身份建构。

（一）"文化认同"与"政治认同"的统一

关于华人民族认同的分析通常都把"中国人认同"进一步细分为两个不同的层面——文化认同和政治认同。[①] 对"文化"的认同相对容易，但实现二者的统一无疑是必须努力达成的目标。

一般而言，在澳门及其他华人聚居地，中国人在民族及文化上都是华人，所以可以找到许多普通的"华人性"元素。从民族与文化上的意义来说，华人对中华民族具有强烈的认同感，共同拥有很多典型的华人价值观，中国传统的道德观念（例如忠孝仁义）仍然受到尊重，绝大多数的澳门市民都尊重那些孝顺父母的人。但由于历史的因素，澳门居民在政治上对中国的疏离感同样是存在的。回归以后，随着中国国家形象和经济实力的提升以及居民对内地了解的增加，情况有所改变。但

---

① Gordon Mathews, *HeungGongYahn*: *On the Past*, *Present*, *and Future of Hong Kong Identity*，潘毅、余丽文编《书写城市：香港的文化与身份》，（香港）牛津大学（中国）出版社版，2003，第51~73页。

是，直到 2014 年的一项研究还表明，澳门青少年对国家的历史文化的认同要高于对国家当前的发展和国家形象的认同，两者得分的平均值分别为 66.89 分和 64.97 分。[①] 所以，在身份认同问题上，教育界务必细心观察和处理好文化认同与政治认同的关系。

总体而言，回归以前澳门的品德与公民教育无论是在课程大纲的要求上，还是在教材的具体内容方面，都比较多从文化和经济的角度关注中国，并明显回避政治视野中的中国。例如，1995 年"课程改革小组"编制小学、初中和高中《道德及公民教育大纲》（2000 年修改后改名为《品德教育大纲》）表现出这样的倾向；在教材方面，澳门天主教学校联会于 1990 年编写出版的《澳门中学公民教育》教材、培正中学于 1994 年编写出版的小学《品德教育》教材（一至六年级）、澳门鲍思高青年服务网络编写的中学教材《道德与公民教育》，以及 2000 年起由香港教育出版社有限公司推出的小学教材《做个好公民》，也表现出相同的特点。

回归后情况有所改变，一方面，2006 年颁布实施的《非高等教育制度纲要法》在各级教育目标上强调尤其应培养学生对国家的责任感，使其能积极履行公民义务；另一方面，随后颁布的品德与公民教育的基本学力要求也增加了有关对中国政治的认识。例如，小学要求学生"认识中华人民共和国国旗、国徽，理解其基本含义"，高中要求学生能"了解我国最高权力机构、政党和政治协商会议的职能"，"关注国家的民主政治建设，并了解参与国家管理事务的途径"，"了解国家发展存在的重要问题以及发展的前景"。

但从实际运行的情况看，"重文化、轻政治"的倾向依然存在。[②]澳门大学教育学院的一项研究表明，澳门中小学校所教授的品德与公民

---

① 涂敏霞、王建佶、萧婉玲、谢美玲：《港澳青少年国家认同研究》，《青年探索》2014 年第 2 期。

② 郭晓明：《回归二十年澳门青少年爱国爱澳教育实践与经验》，（澳门）《行政》杂志 2020 年第 3 期。

教育内容以道德价值类的内容较多，其次为中外文化类的内容，而以政治法律类及经济社会类的内容较少。① 这项研究是在 2009 年完成的，当时特区政府还没有正式颁布各教育阶段新的《品德与公民基本学力要求》，但 2017 年的一项调研也证明了类似的情况：澳门中学生对内地的了解程度，表示"了解"和"十分了解"的比例最低的分别是法律（11.％）、军事（16.4％）、政治（17.1％）和经济（22.7％）。② 甚至人教版澳门小学《品德与公民》教材，在对中国的建构上，首先重视的依然是中国的自然风光、文化和日常生活方面，对国家的政治制度和治理成就的重视程度不足。尽管一个方面的原因可能是出于对学生的年龄特征的考虑，认为小学生的知识储备和思维能力还较难从政治上去理解国家，但作为一个教育阶段的教材，过分忽视政治部分亦是一个值得注意的问题。毕竟，对文化的认同不能直接转化为对政治的认同。对于澳门来说，后者更须予以认真研究。

因此，在今后的身份认同教育中，有必要兼顾文化认同与政治认同，所建立的身份认同不应仅仅是血缘及文化的认同，而且要包含对当前的国家、宪制制度所确立的执政党地位以及中央政府管治的认同。若要达此目的，首先要在品德与公民基本学力要求层面予以加强，并在相关教材的修订中予以重视。而在学校层面，教师的教学和课时安排也要体现这一原则。正如有学者所言，在国情教育中要针对澳门青少年的思想特点，除让他们了解中国历史和文化、中华人民共和国的建设成就之外，还要关注"中华人民共和国的制度和国家的治理能力"，增加对国家实行的制度以及国家治理的能力和现代化管理水平的了解和认识，树立制度自信。③

---

① 澳门大学教育学院：《澳门中小学品德与公民教育专项评鉴报告》（澳门教育暨青年局委托），2009，未刊稿。

② 澳门中学生联合总会、澳门青年研究协会：《澳门中学生对内地情况的认知调查报告2017》，2017，未刊稿。

③ 骆伟建：《对爱国爱澳人才培养的一点思考》，（澳门）《澳门日报》2018 年 5 月 30日，第 E05 版。

（二）直面全球化和本土化的冲击

澳门人的文化认同和政治身份认同，必然涉及本土意识、国家意识和全球意识这三个方面。[①] 在一定条件下，这三者是存在冲突的，不恰当的本土意识和全球意识都有可能对国家意识的构建造成冲击。

在民族和文化多元的国家，国民教育的着力点是发展国民的核心价值，共同的"国家建设"乃最终的归宿。澳门回归后，培养国家和国民意识应是身份认同教育的重要目标之一。在现实的教育环境中，教育者往往要面对来自两方面的不利影响。一是全球化趋势中的"去国民化"倾向，[②] 澳门是一个开放的城市，全球化的影响很大，而全球化要求培养世界公民，着眼全球利益，关注全球事务，因而对国家意识的培养客观上有弱化的可能。身居澳门的中国公民，一方面要加强国民身份认同，另一方面要回应全球化趋势的诉求。很明显，澳门人不能成为"无根的地球人"，教育在处理全球化议题时不能否认民族国家，相反要在民族国家的基础上展开。换言之，世界公民是对国家公民的延伸和补充。学校课程不仅要避免狭隘的民族主义，开放胸襟，建立全球关怀意识和责任意识，同时也须培养学生"由中国看世界"的眼光，在强调"美美与共，天下大同"的同时，防止"去国民化"倾向对学生国民身份的消减。

二是极端本土化的冲击。在澳门的生活及教育实践中，对"澳门人"身份的强调与对"中国人"身份的认同有时也出现冲突。因为无论在语言、宗教、文化习俗以及对历史的理解方面，还是在经济发展程度、社会治理模式和政治结构方面，澳门与内地都有很大区别。历史和其他地区的经验表明，极端的本土化意识，即把澳门与中国割裂开来理解的意识和诉求，是不符合历史与现实的，可能对国家认同造成极大的

---

① 黎熙元：《难以表述的身份——澳门人的文化认同》，（香港）《二十一世纪》总第 92 期，2005。

② 黄素君：《回归后澳门公民教育发展路向的检视》，（香港）《基础教育学报》2008 年第 2 期。

冲击乃至危害。曾有学者指出，澳门的文化认同存在"两极化现象"，其表现之一就是地方认同不断被强化，引发了与国家认同的博弈；不仅西方各种文化势力的影响会给澳门的国家认同带来冲击，澳门不同族群内部认同的强化，也会给国民身份的认同带来影响。① 所以，在这种情势下，澳门的文化认同更加多极化，并且受到西方文化的强烈挑战。应对极端本土化的根本方法，是从历史和现实两个层面强调澳门与国家的密切联系，在国家和民族的整体框架下来理解澳门。

（三）在相互联系中认识更完整的中国

国民对于国家和民族的认同，不是简单的、单向的同化，而是多面向、多角度相互渗透的，须完整地呈现国家的历史和现实。

在民族国家的建构过程中，国家对身份认同教育的核心取向往往是"求同"，尤其是树立伟大、光荣的形象。② 表现在学校课程和现实的教育活动里，我们会不自觉地倾向于述说历史的悠久、民族的伟大和国家的强盛。但苦难也是历史的一部分，困难和缺失也是未来所必须面对的。因此，在国家和民族认同教育过程中，既要谈成就，也不可回避困难和有过的缺失，要持平中肯、实事求是。唯其如此，才能让学生全面掌握事理，懂得思考；既有宽广的视野，又有卓越的见识。有研究表明，削弱澳门青少年对国家好感的因素，前四项依次是所谓的腐败、民主、治安和食品安全。③ 其中的原因很复杂，但一定与其接触到的信息不完整，大多靠道听途说，真假难辨有关。所以，学校课程不能回避问题，而要积极提供完整、客观的正确信息，让学生看到一个完整的、多面向的中国。只要实事求是、开诚布公，身份认同就会更深刻、更持

---

① 郑晓云：《澳门回归后的文化认同变化与整合》，《中南民族大学学报》（人文社会科学版）2010 年第 2 期。

② 郑宏泰、黄绍伦：《身份认同：台、港、澳的比较》，《当代中国研究》2008 年第 2 期。

③ 涂敏霞、王建佶、萧婉玲、谢美玲：《港澳青少年国家认同研究》，《青年探索》2014 年第 2 期。

久，而且更闪耀出道德的光辉。

此外，在塑造澳门青少年的国家认同感和民族身份过程中，不可错失澳门的宝贵资源、澳门人理解历史和国家的视角。如前所述，"从中国看世界""从中国看澳门"的视角是重要的；但对于澳门的学生而言，"从澳门看中国"也是必要的。[①] 从澳门的角度理解国家和民族，能为身份认同过程提供支撑作用。澳门有许多与中国社会发展息息相关的人、事、物，如孙中山、郑观应、叶挺、冼星海、天主教的传播和《镜海丛报》等。这些资源不仅可从历史的诠释上显示出澳门的特殊性，使澳门人对澳门过去的事情产生情感上的认同，塑造出澳门人的身份，而且可强化他们对澳门与国家固有联系的认识和对民族的归属感。

总之，身份认同是文化传承的重要方面。如果说中文和历史课程首先要关注的是知识的传承，那么品德与公民教育的首要责任是塑造民族文化心理和信仰。回归以来，澳门已积累了宝贵经验，我们相信未来更可期。

---

① 陈子浩：《澳门公民教育》，2003，未刊稿。

第九章 教科书制度的革新

教科书制度是课程制度的重要方面，封闭的教科书供应制度必将导致文化和教育的封闭，自由且有序的教科书制度既有利于社会实现自由的文化交流，保留文化的多样性，同时又能促进共同价值观的形成，形塑城市的文化个性。

澳门教育界长期以来奉行"自由"的教科书制度，政府与市场的关系严重失衡，独立于政府之外的教科书市场统治着教科书的生产和消售。政府应适当介入教科书市场，订定准入标准，提供优质服务和有针对性的扶持，维护公平竞争环境，促进教科书市场的健康成长。①

一 教科书制度与澳门课程

无论人们如何理解课程，也不管教科书的设计因新技术的运用和新观念的影响而发生了多大变化，教科书作为课程的重要载体和不可缺少的课程资源，其作用总是不容忽视的，因而在任何地区的课程发展和课程变革的探讨中，教科书都是不能回避的重要议题。

在澳门，教科书问题一直为人们所关注，20 世纪 80 年代以来，实践界的呼吁和理论界的探讨都从未间断。但是教科书似乎越来越成为制

---

① 郭晓明：《论政府对澳门教科书事务的有限介入》，《全球教育展望》2005 年第 7 期。

约澳门教育发展的重要因素：教科书多样化的背后隐藏的是教科书质量的参差不齐，"依赖型教材"① 使澳门课程本地化的进程遭遇实质性障碍。

回归以来，随着 2014 年各教育阶段的课程框架和相应的基本学力要求的实施，特区政府第一次有系统地开展了本地教材的编写和出版。其中最重要的是《品德与公民》，该教材由澳门教育暨青年局（现澳门教育及青年发展局）和人民教育出版社共同编写、出版，包括小学、初中和高中三个阶段。教材自 2007 年开始编写，小学的试用版于 2008 年 9 月出版，修订版于 2016 年 9 月出版，学校的选用率已接近 70%；初中和高中的试用版分别于 2009 年和 2010 年出版，选用率接近 60%，修订版分别于 2018 年和 2019 年出版，选用的学校持续增加。该教材是澳门展开新一轮课程改革以来推出的第一套按照新的基本学力要求编写的教材，也是影响面最广、最成功的教材。其次，是中学《历史》，也是由澳门教育暨青年局与人民教育出版社合作编写并出版的，包括初中、高中共六个年级，完全按照澳门法定的基本学力要求编写，对加强中学历史教育尤其是中国近代史和当代史的教育具有重要意义。② 2018 年 9 月该教材的初一和高一部分供学校选用，2019 年秋整套教材可全部出齐。此外，澳门教育暨青年局还与人民教育出版社合作编写出版了《澳门地理》（初中补充教材），与澳门笔会合作出版了《书写我城》（初中文学补充教材）。与此同时，该局还在委托广东教育出版社和澳门科学技术协进会分别编写《中国语文》（小学、初中和高中）以及小学《常识》教材。

尽管如此，澳门教科书的编写、出版和选用依旧是完全自由的，一方面，即便是政府依据法定的基本学力要求编写及出版的教科书，

---

① 方炳隆、Luís Gottschalk：《澳门学校课程改革与学校优质教育》，载澳门大学教育学院、澳门教育暨青年司编《"优质教育：传统与创新"国际教育研讨会论文集》，（澳门）澳门大学教育研究中心，1999。

② 郭晓明：《澳门中学历史课程与教材的变革》，《港澳研究》2018 年第 4 期。

其选用的决定权仍然在学校；另一方面，市场上流通的教科书是否符合学校必须让学生达到的基本学力要求，也没有机制加以鉴别。上述状况和对澳门教育现实的整体把握，使人深深感到，澳门的教科书问题必须从制度层面入手方可得到根本解决，因为制度意味着一种机制，只有建立一种恰当而有效的机制，澳门教科书的生产、供应、认可和选用才可能有整体改观。因而建立恰当的教科书制度是解决澳门教科书问题的关键所在。如前所述，澳门回归以来教育制度的整体变革取得积极进展，① 但教科书制度作为其中的重要部分至今未取得实质性改进，新的教科书制度必须与澳门新的教育制度和课程体制相协调。

　　"制度"（institution）一词歧义丛生，在众多的文献里，它既指某种"组织系统"或"机构系统"，也指某种"规则"或"规范体系"，而且这两方面的含义往往是交织在一起的。教科书制度就是在教科书的生产、供应、认可和选用中必须予以遵守的、正式的、定型化了的行为规范体系。从运作过程上看，教科书制度涉及教科书的生产、供应、认可和选用等众多环节，而就参与运作的主体而言，教科书制度则要合理配置政府、市场、学校和民间社会在上述各环节中的权利和责任。可见对澳门教科书制度的分析不能只局限于教科书的选用，也不能只从学校的角度去分析。《澳门基本法》为澳门设计了一种"行政主导"的政治体制，而在澳门的教科书传统中，政府的作用一直很有限，甚至趋于式微，如何确定政府在教科书制度中的地位和作用就成为澳门教科书制度变革中的关键点。值得注意的是，"政府"有广义和狭义之分：广义的政府包括立法、行政、司法等各种机关；狭义的政府则专指行政机关。② 此处的"政府"主要指行政机关（即狭义的政府），特别是教育行政机关。

---

① 这种变革以对第 11/91/M 号法律《澳门教育制度》的修改为标志，新订定的法律第
　　9/2006 号法律《非高等教育制度纲要法》已于 2006 年颁布实施。

② 彭澎：《政府角色论》，中国社会科学出版社，2002，序论，第 5 页。

二 澳门教科书制度的传统与问题

有论者在研究澳门的教科书选用制度后指出，"澳门地区并不存在统一的教科书选用制度"①。我们相信，这一判断不是指澳门没有教科书制度，而是说澳门的教科书是多元的、自由采用的。在澳门，政府对教科书没有任何限制，只要学校愿意，任何教科书都可在澳门使用，这是一种典型的"自由制"的教科书制度。

当然，这种制度不是经政府明确订定的，而是自发形成的。这与澳门教育发展的历史密切相关。400多年的开放造就了澳门的文化和整个社会的多样性，教育一直沿着多元化的方向发展。办学主体的多样性（个人、教会、社团和其他社会组织与政府一样，都可以自由办学）使学校分出不同的类型，背负着不同的文化传统，依不同的学制运行。占学校总数90%以上的私立学校长期以来自主发展，各校的课程设置不同，教学语言不同，教科书也就各取所需，来源、种类和样式都各不相同。有学者曾收集、比较澳门一些中文学校、英文学校和葡文学校20世纪不同时期的教科书，真是五花八门。

澳门的教科书制度是一种"潜制度"。"潜制度"的特点是没有正式的制度设计和明确的文本规范。澳门在1991年通过《澳门教育制度》后，逐步建立了一套比较系统的教育制度，其中许多规定对教科书有影响，例如第11/91/M号法律《澳门教育制度》规定：

> 在接受教育与实施教育方面，确保尊重教与学的自由，尤其遵守以下的原则：a）行政当局不得以任何哲学、美学、政治、意识形态或宗教的方针计划教育内容；b）确保私立机构设立及存在的

① 方炳隆：《澳门地区教科书选用制度》，载台北师范学院编《迈上课程新纪元（三）：教科书制度研讨会论文集》，（台北）台北师范学院，2000，第42~59页。

权利，在遵守本法所订的原则下可自由制订有关的教育计划。（第二条第三款）

受关注的其他物质资源尚有：a）课本……课本制作按课程改革的进度进行。（第三三条第一款、第二款）

教育机构之权利人为私人机构/人士者，均为私立教育机构，按本法律规定享有行政及财政自主。（第三四条第四款）

官立和私立教育机构均享有教学自主。……教学自主系透过在教学组织及运作以及课程发展而行使。（第三五条第一款、第二款）

教育机构的管理应按下列方式组成：a）确保明确划分行政领导机构及教学领导机构；b）容许涉及教育范围的所有人士，尤其教师、家长及学生有不同方式的参与。（第四九条第一款）

有关订定教育暨青年司组织架构的第 81/92/M 号法令规定：

（教育研究暨教育改革辅助处）设立条件，以便生产教科书及取得其他教育工具和资源。（第七条 e 项）

（教育资源中心）协调教科书和其他教育资源的生产。（第十条第二款 c 项）

（语言推广中心）与教育资源中心合作，筹备适合语言教育及推广的教学——教育器材。（第十六条 d 项）

1998 年 9 月，以内部批示形式，在重组"课程改革工作小组"时，课改小组被赋予教育研究暨教育改革辅助处同等的职能，也就是"设立条件，以便生产教科书及取得其他教育工具和资源"①。

---

① 转引自方炳隆《澳门地区教科书选用制度》，载台北师范学院编《迈上课程新纪元（三）：教科书制度研讨会论文集》，（台北）台北师范学院，2000，第 42~59 页。

上述规定虽直接或间接地影响着教科书，但并未订定明确的教科书制度，"自由式"教科书制度在澳门只以潜隐的方式发挥着作用。一方面，我们找不到完整的教科书制度文本，制度似乎只是行动的一些惯例；另一方面，一些对澳门教科书领域具有迫切性的安排又未能进入教育管理者的视野。

这就提出了两个问题。首先，澳门是否需要一套显性的教科书制度？这个问题涉及传统与制度的关系。传统可能是一套生活的原则、惯例和习俗。澳门的现实是：教科书领域有完全市场化、自由化的历史传统，却没有显性的教科书制度。继续发挥传统的力量是必要的，因为制度需要传统的支持。看来，将澳门潜在的教科书制度显现化是必要的。

其次，应建立一套怎样的教科书制度？这就要评估现有"自由制"教科书制度的有效性与合理性。对于"自由式"教科书制度给澳门带来的问题，已有学者提出种种分析。例如，有学者认为它使澳门学校依赖进口书本，而这不是明智之举，因为，其他国家和地区的出版商，尤其是工业先进国家的跨国公司，根本不可能满足澳门当地的需求，关键是本地化和自主化。澳门大量使用香港教材，"结果是部分学生对香港某些特色的了解多于对澳门的了解，而且为香港流行的意识形态所影响"[1]。还有学者认为依赖教科书进口的最大弊端是教学内容与本地实际相脱节，不利于形成本土意识，也不利于提高教学效率；同时教科书包含的隐蔽信息，在意识形态、道德观念和社会文化方面，可能导致学生认识上的混乱和行为偏差。[2] 更有学者分析认为，为了确保学校教育的素质，澳门教育暨青年局应考虑在教科书事务上做一系列的介入，例如向出版商或教科书编写人员发出教科书编制指引、设立教科书送审制度或向学校公布各学科教科书准用书单，由澳门教育暨青年局拟定一套

---

① 贝磊、古鼎仪主编《香港与澳门的教育与社会——从比较的角度看延续与社会》第2版，单文经校阅，（台北）师大书苑有限公司，2005，第162页。

② 冯增俊主编《澳门教育概论》，广东教育出版社，1999，第297页。

学校教科书选用准则，供学校校长及教师参考使用。①

　　政府在基础教育课程领域中影响力的加强，与澳门现有"自由式"教科书制度是有矛盾的。表 9 – 1 反映了不同主体在现有教科书制度中的角色与作用，从中我们不难发现，出版商以及学校和教师在教科书领域起着非同寻常的作用，出版商是教科书最主要的编写者、出版者和发行者，学校和教师则掌握着教科书的选用权，教科书的提供和消费主要是在他们之间完成的，他们之间的关系构成教科书市场。正是这个市场左右了澳门的教科书事务，在这个市场之外，社团和家长起一点辅助性的补充作用，前者编写一些辅助性教科书，后者在学校之外为学生选购教材。至于政府，几乎游离于教科书市场之外。从教科书的选用上看，政府对私立学校完全没有影响，因为法律规定学校教学自主；而在为数甚少的公立学校中，政府只在每年开学时以"通告"的形式就"学校课本"的准备给学校提供一点指引，该通告只告诉学校选择教科书的通则、基本程序和审核教科书应考虑的主要指标，对学校具体选用何种教科书没太大约束。② 政府在教科书的编写、出版、发行方面对出版商和其他主体也无任何影响，自己则只配合教育政策编写和出版为数甚少的教材或教材套赠送给学校。

　　上述情况表明，在澳门现有的教科书制度里，政府与市场的关系出现了失衡：一个独立于政府之外的教科书市场统治了教科书的生产和消费，政府制订的课程计划和课程大纲（如 1995 ～ 1999 年政府制订的从幼儿教育到高中教育的课程大纲），与政府一起被隔绝于教科书系统之外。地区的教育标准难以找到现实的依托，这对澳门基础教育的发展未必是一个福音。

----

① 方炳隆：《澳门地区教科书选用制度》，载台北师范学院《迈上课程新纪元（三）：教科书制度研讨会论文集》，（台北）台北师范学院，2000，第 42 ~ 59 页。
② 澳门教育暨青年局：《2019/2020 学年学校运作指南》，（澳门）澳门教育暨青年局，2019，第 362 ~ 366 页。

表 9 - 1　不同主体在澳门现有教科书制度中的角色

	编写	出版	发行	审查/认可	选用
政府	√	√			√
出版商	√	√	√		
社团	√				
学校	√	√			√
教师	√				√
家长					√

资料来源：作者制作。

　　由此可见，政府与市场的关系是澳门教科书制度中的关键问题。从政府职能的角度探讨澳门教科书制度的意义就在于：通过对政府职能的重新定位，为教科书制度的改进提供一个立足的基点。

三　政府应有限度地介入教科书领域

　　"政府角色"与"政府职能"是两个紧密相连的问题。[①]　政府角色涉及政府在国家与社会中的性质、地位，所谓"统治者"与"治理者"、"守夜人"与"领航人"的区别，即是政府角色的区别。政府职能则是政府在国家和社会事务中的职责和功能，如政治职能、经济职能、文化职能和教育职能等。政府角色决定政府职能，政府的角色是在与其他社会主体的功能和作用的比较中界定的，因而政府职能也需要在与它们的比较中确定。

　　政府在教育和教科书领域的角色和职能，与其在整个政治体制中的职能是密不可分的。澳门特别行政区的政治体制是由《澳门基本法》规定的，其特点是"行政主导"。"行政主导"的原则在《澳门基本

[①]　彭澎：《政府角色论》，中国社会科学出版社，2002，序论，第2、7页。

法》有关行政长官的地位、权力，行政长官与立法、司法机关的关系的规定中得到了充分体现，其要旨是：为了保持特区的稳定和行政效率，作为特区政府首长的行政长官应有实权，但同时也要受到一定的制约。行政长官与立法会分别由选举产生，没有从属性，但是，行政长官可以解散立法会，立法会不能因行政长官的政策要行政长官下台；政府需要对立法会负责，但负责范围有一定限制，立法会不能对政府投不信任票，政府受行政长官领导，对其负行政责任。在"一国两制"下，行政长官对中央负责，他的独立性和权力要足以能够负起此责。行政主导有利于保证特区对中央的负责和实行高度自治；有利于保持澳门政治体制的稳定性，有利于特区社会的稳定和发展。[①]

然而，在澳门的教科书领域，行政主导的原则并未得到落实。目前，特区政府在教育领域的行政机关是教育及青年发展局。[②] 按照特区政府第40/2020号行政法规《教育及青年发展局的组织及运作》的规定，该局是一个"具行政自治权的公共部门，负责构思、统筹、协调、执行及评估澳门特别行政区的教育政策及青年政策"。但事实上，法规没有赋予该局及其所辖的"课程发展及评核处"任何发展和管理教科书的职能。相反，同年颁布实施的第15/2020号法律《非高等教育私立学校通则》规定，学校"享有教学、行政及财政自主权"。2006年颁布的《非高等教育制度纲要法》，规定公立学校也享有"教学自主"。这就意味着，澳门的"自由制"教科书制度没有任何改变，教科书的编写、出版和选用都完全交给学校和市场主导。政府所颁布的各教育阶段学生须达到的基本学力要求，表面上所有本地的学校都必须遵守，但在既没有统一的考试又没有主流的教科书保障的情况下，特区政府并没有制约学校的有效手段。特别在历史、品德与公民、地理以及小学常识等

---

① 骆伟健：《论特别行政区的行政主导》，（澳门）《行政》2003年第2期。

② 回归前澳门管理基础教育和高等教育的机构分别是"澳门教育暨青年司"和"澳门高等教育辅助办公室"，回归后前者改为"澳门教育暨青年局"，后者于2019年改为"澳门高等教育局"；2021年，两局合并为"澳门教育及青年发展局"。

科目，政府甚至无法确保学校选用的教材符合《澳门基本法》的规定，在意识形态上没有问题。

因此，澳门必须重新考虑特区政府在教科书领域的职能配置。澳门不可能实施"国定制"，甚至也不可能推行"审定制"，但政府应有限度地介入教科书领域。

根据上述与政府职能有关的法律，结合澳门的教育实况以及前文对澳门现有教科书制度的分析，政府在澳门教科书领域的职能配置应有以下考虑。

其一，"行政主导"的政治体制允许并要求以政府为主导来订定和执行澳门的教科书制度。教科书制度作为澳门非高等教育政策的重要组成部分，理应由特区政府主导来制定和执行，以保证行政的有效性。

其二，法律赋予政府内部不同层次行为主体在订定各项政策中的权力是不同的，行政长官"决定政府政策，发布行政命令"，特区政府"制定并执行政策"，而教育行政当局则主要是"构思"和执行政策，所以教科书制度主要应由教育行政当局及其对应上级机关构思和拟订，最后由行政长官决策。

其三，"行政主导"主要体现在教科书制度的订定和执行上，而不是教科书领域有关参与主体之间的权力分配上。"行政主导"不是要制造一个全能的"大政府"，澳门教科书市场现在存在的问题，并不能成为否定教科书市场的理由，澳门自身的教科书开发能力还比较有限，应鼓励和主动吸引更多的出版商投入澳门的教科书开发。特区政府应有限度地介入教科书事务。这不仅因为市场需要政府为其提供一个制度平台，特别是法律上的保证；更重要的是，非高等教育不是一种一般的商品，而是一种重要的公共物品，为保护公众利益，政府有责任制定基本的教育标准，并努力维护这一标准。将政府完全排除在教科书市场之外的教科书制度，虽然赋予教科书市场以"自由"，使其不受约束，但同样也将其置于自生自灭的环境，得不到必要的扶持。而澳门的教科书市场现在尤其需要这种扶持，否则，以追求经济利益为规则的市场，很难全面而充分地满足非高等教育对教科书的需求。

总之，特区政府在澳门教科书领域的职能定位应与《澳门基本法》订定的"行政主导"原则相符，与澳门教育制度改革的方向相一致。具体来说，特区政府要主导教科书制度的订定，有限度地介入教科书市场，包括订定准入标准、提供优质服务和有针对性的扶持、维护公平的竞争环境，最终目的是促进教科书市场的健康发育和成长，为优质教育营造基础环境。

四　走向有限度的认定制

（一）认定制的提出

欧用生教授认为，从编辑和认可来看，教科书制度可分成国定制、审定制、选定制和自由制四种。国定制是教科书由中央教育行政机关统一编印，民间不得印行；审定制是教科书须经由中央教育行政机关审定合格后才准予印行；选定制则是教育行政机关选择合格的教科书，公布教科书名册，由学校选择使用；自由制是教科书委由民间发行，政府不予干预。[1]

典型的教科书制度主要是以上四种，另有一种非典型的教科书制度可称其为认定制，它类似于选定制，但政府的作用更小些，介于选定制和自由制之间。

在不同的教科书制度中，政府的职能是不同的（见表 9 – 2）。根据前文对政府的职能定位的分析，澳门的教科书制度有必要由现在的自由制发展为一种"有限度的认定制"。

---

① 欧用生：《各国教科书制度的比较及其启示》，载《教科书之旅》，（台北）教材研究发展学会，2003，第 171 页。

表9-2 政府在不同教科书制度中的职能

	编写	出版	审查/认可	发行	选用	推广
国定制	√	√	√	√	√	√
审定制			√			√
选定制			√			√
认定制			√			√
自由制	√	√				

资料来源：作者制作。

（二）"有限度的认定制"的制度设计

澳门需要设立的认定制既然是一种有限度的认定制，就应既与自由制不同，也与一般的认定制不同。表9-3表明了它的以下特点。

①与自由制不同，它设立教科书认可基准及机制，教育行政当局有限度地介入教科书的认可，将获认可的教科书列入书单，推荐给学校。当然，认可的标准应比认定制宽松，主要避免有明显质量缺陷的教科书进入学校。

②与一般的认定制不同，特区政府不独揽教科书的认定权，特区政府设立机制，鼓励并支持出版商、发行商成立行业协会，推举代表参与教科书的认定，从而实现政府与教科书出版者、使用者在教科书认定中的良性互动，保证教科书认定的公开、公正。这既有利于政府实现对教科书市场的引导，又可保护教材出版者和使用者的利益，使教科书市场向积极的方向发展，同时发挥政府与市场的双重作用。

③特区政府凸显服务职能，主动为教科书的编写、出版、发行、选用及推广提供信息和技术等方面的支持。在这方面，特区政府可结合各教育阶段地区课程框架和基本学力要求的研制，为教科书的编写提供指引，包括本地区课程设置发展的可能方向、教科书的编写如何配合本地区的课程框架和基本学力要求的技术等；特区政府应跟踪本地区教科书的出版、发行及选用情况，定期发表相关研究报告，为教科书的出版、

发行和选用提供服务；特区政府还可有计划地可通过研讨会、购买服务等方式，组织专家、有关学校和出版商对一些有影响的教科书进行研究，协助其进一步获得改进。

④实行选定制和认定制的国家和地区，政府一般不参与教科书的编写、出版和推广。而在澳门，出于对教科书市场扶持的考虑，特区政府应有限度地参与教科书的编写、出版和推广。特区政府主要编写和出版市场因无利或只有微利而不愿出版的教科书，以及在政治或政策上有特殊需要的教科书。而在教科书的推广方面，特区政府应设立机制，对优秀的教科书给予奖励，对一些须优先发展的教科书提供资助。

⑤新的教科书制度在处理好政府与市场的关系的同时，应充分发挥学校、教师以及社团和家长的作用。教材的选用权仍应彻底交给学校和教师，特区政府不应越俎代庖，但可引导学校吸收家长的意见，作为校政民主化的必要组成部分。而在教科书的编写方面，应充分调动学校和教师的积极性，把他们视为教科书本地化的依靠力量，特别要设立机制，资助他们开发本校校本课程的教科书，给他们以更有效的专门培训和技术支持。澳门有一些优秀的社团，特别是教育社团，应在制度上鼓励他们参与教科书的开发。

"有限度的认定制"在制度上的上述设计，使澳门在教科书领域实现了特区政府的有限参与，设立了政府与民间相结合的教科书认定机制，保留了学校和教师的教科书选用权，凸显了特区政府的服务职能，为各方的沟通与合作创造了可能，有利于教科书市场保持活力并获得积极发展。

表 9-3　不同主体在新教科书制度中的角色与作用

	编写	出版	发行	认可	选用	推广
政府	√	√		√		√
行业协会			√	√		√
出版商	√	√	√			√
社团	√	√				

续表

	编写	出版	发行	认可	选用	推广
学校	√	√			√	
教师	√	√			√	
家长					√	√

资料来源：作者制作。

（三）政府职能转变与教科书治理工具的更新

政府职能是政府在国家和社会管理中承担的职责和功能，政府的治理工具则是政府实现其政府职能的手段，通过政府治理工具，政府职能得以实现，公共问题得以解决。因而，一定的课程管理职能须有相应的课程管理工具或手段相配套，否则新的政府职能无法得以实现。[①]

随着特区政府职能的转变，澳门的教科书治理工具需要有怎样的更新呢？在"自由制"教科书制度下，由于特区政府在教科书领域几乎是完全"缺位"的，因而除一点行政指引外，特区政府没有任何别的教科书治理工具。新的教科书制度和政府教科书职能的丰富，呼唤更丰富的教科书治理工具。

澳门新教科书制度下政府可选择的主要治理工具，事实上在前文有关制度设计的分析中已基本提出，这里从强制程度和绩效标准两方面将它们列表加以比较（见表9-4）。从中我们可以看出各种治理工具的特点，这也就为我们提供了选择的依据。

表9-4　各种教科书治理工具强制程度和绩效性比较

工具种类	强制程度	绩效标准					
		有效性	效率	公平性	适应性	可管理性	政治可行性
教科书认可基准	高	高	高	一般	较低	强	一般
教科书单	高	高	高	较低	较低	强	较低

---

① 郭晓明：《从"控制"走向"服务"——论我国课程管理职能的转变》，《高等师范教育研究》2002年第4期；郭晓明：《试论我国课程管理手段的改革——走向多样化和现代化》，《课程·教材·教法》2002年第3期。

续表

工具种类	强制程度	绩效标准					
		有效性	效率	公平性	适应性	可管理性	政治可行性
行业协会	低	高	低	高	高	低	高
政府编写出版教科书	高	高	高	一般	高	高	高
民间参与教科书认定	低	高	低	高	高	低	高
教科书市场	低	高	高	高	高	低	高
提供教科书编写指引	低	低	低	高	高	高	高
教科书研究报告	低	低	低	高	高	高	高
社团参与教科书开发	低	低	低	高	高	低	高
奖励与经济资助	低	高	高	一般	高	高	高
学校和教师选用教科书	低	高	高	高	高	低	高
学校和教师参与教科书编写	低	高	低	高	高	低	高
家长参与教科书选用	一般	一般	高	高	高	低	低

资料来源：作者制作。

　　总之，有限的认定制是澳门未来教科书制度发展最理想的方向，它既有利于提升教科书的质量，为基本学力的落实提供支持，又能防止教科书市场因监管过度而失去活力。然而，该构想自 2004 年提出以来，[①]至今未能在实践中取得进展，该思路是否具有可行性呢？

　　关键是政府要有教科书治理的意识，并推动教育界一起设立相应的机制，即成立"教材认定委员会"。该委员会可由特区政府主导设立，隶属于社会文化司，由其下辖的澳门教育及青年发展局局长担任主席，并由该局提供行政及财政支持，委员会委员由学校和政府代表、教育社团代表、教材研究学者和相关社会人士组成。委员会可按学科下设多个专责委员会，视需要邀请澳门及其他地区专业人士参与，负责教材认定的技术工作，每年提交教材认定目录及相应分析报告，最后由教材认定委员会审议并颁布教材认定目录。

---

① 郭晓明：《政府职能与澳门教科书制度的变革》，第七届"两岸三地课程理论研讨会"，（香港）香港中文大学，2004。

特区政府曾于2006年设立"课程改革及发展委员会",[①] 从制度上看该委员会本来可以发展出教科书认定的职能。但遗憾的是,特区政府在2020年将原教育暨青年局和高等教育局合并为"教育及青年发展局"[②] 的时候,非但没有理顺"课程改革及发展委员会"的运作,反而直接废止了该委员会;同时,也没有赋予教育及青年发展局(包括其下设的"课程发展及评核处")任何教材管理职能。[③]

教科书治理需要远见卓识和负责任的勇气,澳门教材认定机制的建立需要社会和教育界共同努力,但在行政主导的体制下,特区政府无疑负有最重要的责任。

[①] 第102/2006号行政长官批示《设立〈课程改革及发展委员会〉》。

[②] 第40/2020号行政法规《教育及青年发展局的组织及运作》。

[③] "课程发展及评核处"的职权包括:跟进高等教育及非高等教育课程的实施及完善,以及提供科学的意见及建议;跟进非高等教育学生评核制度及学能测试的实施;协调组织本地及内地的高等院校在澳门特别行政区举行的入学试;协调非高等教育学校参与国际性评估。参见第40/2020号行政法规《教育及青年发展局的组织及运作》第七条。

参考文献

一　著作

（一）中文

蔡珮玲采录《澳门历史的见证：陈大白大半个世纪的回忆》，（澳门）澳门特区政府文化局、澳门档案馆，2015。

蔡清田：《课程发展与设计的关键 DNA：核心素养》，（台北）五南图书出版股份有限公司，2012。

陈大白：《天明斋文集》，（澳门）澳门历史学会，1995。

陈方正：《在自由与平等之外》，北京大学出版社，2005。

陈树荣等编著《澳门百年印务》，（澳门）澳门印刷业商会，2012。

陈志峰主编《双源惠泽，香远益清——澳门教育史料展图集》，（澳门）澳门中华教育会，2010。

《陈子褒先生教育遗议》，区朗若、冼玉清、陈德芸编校，广西师范大学出版社，2012。

戴定澄：《二十世纪澳门天主教音乐——独特历史背景下的作曲者与作品》，（澳门）澳门特别行政区政府文化局，2013。

缪鹏飞主审：《澳门高等视觉艺术教育学科展望》，广东高等教育出版社，2009。

董少新：《葡萄牙耶稣会士何大化在中国》，社会科学文献出版社，2017。

董月凯、黄国豪、蒋美贤主编《语坛探新录——邓景滨教授笔耕五十秋纪念文集》，中国社会科学出版社，2015。

费孝通：《中国文化的重建》，华东师范大学出版社，2014。

甘阳：《古今中西之争》，生活·读书·新知三联书店，2006。

郭晓明：《课程结构论——一种原理性探寻》，湖南师范大学出版社，2002。

郭晓明：《澳门回归二十年教育改革的法规构建》，广东经济出版社，2019。

郭晓明编《澳门回归以来教育法重要文献汇编》，（澳门）澳门濠江法律学社，2017。

郭晓明、王敏：《澳门回归以来教育发展与经验》，广东经济出版社，2020。

古鼎仪、马庆堂编《澳门教育——抉择与自由》，（澳门）澳门基金会，1994。

顾黄初：《现代语文教育史札记》，南京出版社，1991。

方骏、麦肖玲、熊贤君编著《香港早期报纸教育资料选萃》，湖南人民出版社，2006。

冯汉树：《澳门华侨教育》，（台北）海外出版社，1960。

冯瑞芬：《澳门圣佳兰（家辣）隐修院》，（香港）三联书店（香港）有限公司，2023。

冯增俊主编《澳门教育概论》，广东教育出版社，1999。

何翼云、黎子云编《澳门游览指南》（1939），（澳门）澳门文新印务公司，1939。

胡全章：《清末民初白话报刊研究》，中国社会科学出版社，2011。

黄汉强、吴志良主编《澳门总览》第2版，（澳门）澳门基金会，1996。

黄汉强编《澳门教育改革》，（澳门）东亚大学澳门研究中心，1991。

黄洁琳编著《六十春秋苦耕耘——澳门濠江中学杜岚校长专集》，（澳门）濠江中学，1995。

黄启臣：《澳门通史》，广东教育出版社，1999。

黄正谦：《西学东渐之序章——明末清初耶稣会史新论》，（香港）中华书局，2010。

季伟娅采录《从教逾半世纪的"地理王"——黄就顺访谈录》，（澳门）澳门特区政府文化局、澳门档案馆，2017。

劳凯声主编《变革社会中的教育权与受教育权：教育法学基本问题研究》，教育科学出版社，2003。

李观鼎主编《澳门人文社会科学研究文选》文学卷，社会科学文献出版社，2009。

李向玉：《汉学家的摇篮：澳门圣保禄学院研究》，中华书局，2006。

李向玉主编《天人古今：华人社会历史教育的使命与挑战》，（澳门）澳门理工学院，2014。

李志刚：《基督教与近代中国人物》，广西师范大学出版社，2012。

缪鹏飞主审《澳门高等视觉艺术教育学科展望》，广东高等教育出版社，2009。

梁成安主编《教与学的改革和创新教育研讨会论文集》，（澳门）澳门大学教育学院、澳门特区政府教育暨青年局，2003。

廖子馨：《奥戈的幻觉世界》，（澳门）东方葡萄牙学会，2010。

林广志：《澳门之魂：晚清澳门华商与华人社会研究》，广东人民出版社，2017。

林家骏：《澳门教区历史掌故文摘》，（澳门）澳门主教公署"澳门天主教教务行政处"，1982。

林家骏：《晨曦圣歌选集》，（澳门）澳门主教公署，1978。

林毓光：《中国传统的创造性转化》（增订本），生活·读书·新知三联书店，2011。

刘复兴：《教育政策的价值分析》，教育科学出版社，2003。

刘述先、梁元生编《文化传统的延续与转化》，（香港）中文大学出版社，1999。

刘羡冰：《双语精英与文化交流》，（澳门）澳门基金会，1994。

刘羡冰：《澳门教育史》，人民教育出版社，1999。

刘羡冰编著《世纪留痕——二十世纪澳门教育大事志》，出版单位不详，2002。

刘新科主编《中国传统文化与教育》，东北师范大学出版社，2002。

刘月莲、张廷茂、黄晓峰编《澳门历史》（初中补充教材），（澳门）教育暨青年局，2006。

娄胜华：《转型时期澳门社团研究：多元社会中法团主义体制解析》，广东人民出版社，2004。

鲁阳、卓大宏、南草、梁芝瑗：《柯麟传》（海外版），（澳门）国际名家出版社，1993。

〔葡〕罗理路：《澳门寻根》，（澳门）澳门海事博物馆，1997。

罗志田：《国家与学术——清季民初思想界的"国学"论证》，生活·读书·新知三联书店，2003。

吕达：《课程史论》，人民教育出版社，1999。

吕志鹏、陈丽莲编《圣若瑟修院藏珍馆》，（澳门）澳门特区政府文化局，2016。

孟华：《文字论》，山东教育出版社，2008。

莫小也：《澳门美术史》，中国美术学院出版社，2013。

倪文锦、欧阳汝颖主编《语文教育展望》，华东师范大学出版社，2002。

潘耀昌编著《中国近现代美术教育史》，中国美术学院出版社，2003。

潘毅、余丽文编《书写城市：香港的文化与身份》，（香港）牛津大学（中国）出版社，2003。

钱穆：《文化与教育》，生活·读书·新知三联书店，2009。

桑兵：《晚清民国的国学研究》，上海古籍出版社，2001。

单文经、林发钦主编《澳门人文社会科学研究文选·教育卷》，社会科学文献出版社，2009。

苏精：《铸以代刻：十九世纪中文印刷变局》，中华书局，2018。

苏庆彬主编《"跨世纪学科教育——中国语文、历史与地理"教学研讨会论文集》，（澳门）澳门大学教育学院等，2000。

孙机：《中国古代物质文化》，中华书局，2014。

汤开建：《被遗忘的"工业起飞"——澳门工业发展史稿：1557—1941》，（澳门）澳门特区政府文化局，2014。

汤开建：《天朝异化之角：16—19世纪西洋文明在澳门》上、下卷，暨南大学出版社，2016。

汤开建、陈文源、叶农主编《鸦片战争后澳门社会生活记实——近代报刊澳门资料选粹》，花城出版社，2001。

汤开建、吴志良主编《〈澳门宪报〉中文资料辑录（1850—1911)》，（澳门）澳门基金会，2002。

王立新：《美国传教士与晚清中国现代化——近代基督新教传教士在华社会文化和教育活动研究》，天津人民出版社，1997。

王齐乐：《香港中文教育发展史》，（香港）波文书局，1983。

王文达：《澳门掌故》，（澳门）澳门教育出版社，1999。

王禹：《清末以来中国宪法汇编》，濠江法律学社，2011。

温学权、杨珮欣主编《会史留声：澳门中华教育会口述历史》，澳门理工学院，2015。

吴义雄：《在宗教与世俗之间——基督教新教传教士在华南沿海的早期活动研究》，广东教育出版社，2000。

吴志良：《东西交汇看澳门》，澳门基金会，1996。

吴志良、娄胜华、何伟杰：《中华民国专题史》第18卷《革命、战争与澳门》，南京大学出版社，2015。

吴志良、汤开建、金国平主编《澳门编年史》第 1~6 卷，广东人民出版社，2009。

吴志良、郑德华主编《中国地域文化通览·澳门卷》，中华书局，2014。

夏泉：《明清基督教教会教育与粤港澳社会》，广东人民出版社，2007。

杨珮欣主编《光影回眸 95 载——澳门中华教育会》，（澳门）澳门中华教育会，2015。

叶农：《两次鸦片战争期间（1839—1861）的澳门》，（澳门）澳门国际研究所，2013。

叶农：《渡海重生：19 世纪澳门葡萄牙人移居香港研究》，社会科学文献出版社，2014。

殷海光：《中国文化的展望》（上），（台北）桂冠图书股份有限公司，1990。

尤端阳主编《濠江中学教师教育文选》，（澳门）濠江中学，2005。

余伟民主编《历史教育展望》，华东师范大学出版社，2002。

詹伯慧：《方言·共同语·语文教学》，（澳门）澳门日报出版社，1995。

张岱年、程宜山：《中国文化精神》，北京大学出版社，2015。

张岱年、方克立主编《中国文化概论》（修订版），北京师范大学出版社，2004。

张坤：《岁月留痕——东方基金会会址与基督教坟场》，（澳门）澳门特区政府文化局，2018。

张世英：《进入澄明之境——哲学的新方向》，商务印书馆，1999。

张伟保：《中国第一所新式学堂——马礼逊学堂》，中国社会科学出版社，2012。

章文钦笺注《澳门诗词笺注》明清卷、晚清卷、民国上卷及下卷，（澳门）澳门特别行政区政府文化局、珠海出版社，2003。

郑炜明、黄启臣：《澳门宗教》，（澳门）澳门基金会，1994。

郑振伟：《1940 年代的澳门教育》，中国社会科学出版社，2016。

周勇：《江南名校的中国文化教育》，教育科学出版社，2008。

朱有瓛、高时良主编《中国近代学制史料》第 4 辑，华东师范大学出版社，1993。

朱永新编《叶圣陶教育名篇选》，人民教育出版社，2014。

左松涛：《近代中国的私塾与学堂之争》，生活·读书·新知三联书店，2017。

Allan Ornstein、Francis Hunkins：《课程发展与设计》，方德隆译，（台北）高等教育出版社，2004。

〔法〕埃德加·莫兰（E. Morin）：《复杂性理论与教育问题》，陈一壮译，北京大学出版社，2004。

〔美〕柏理安：《东方之旅：1579—1724 耶稣会传教团在中国》，毛瑞方译，江苏人民出版社，2017。

〔澳〕多明戈斯·马乌里西澳·戈麦斯·多斯·桑托斯（Domingos Maurício Gomes dos Santos）：《澳门：远东第一所西方大学》，孙成敖译，（澳门）澳门基金会、澳门大学，1994。

〔德〕恩斯特·卡西尔：《人论》，甘阳译，上海译文出版社，1985。

〔葡〕格得士（João Guedes）：《崔德祺——传记中的历史》，谭鹊鸣译，（澳门）婆仔屋文创空间、艺竹有限公司，2017。

〔英〕哈耶克：《自由秩序原理》（上、下），邓正来译，生活·读书·新知三联书店，1997。

〔英〕杰夫·惠迪、萨莉·鲍尔、大卫·哈尔平：《教育中的放权与择校：学校、政府和市场》，马忠虎译，教育科学出版社，2003。

〔英〕卡尔·波普尔：《开放社会及其敌人》第 1、2 卷，陆衡等译，中国社会科学出版社，1999。

〔美〕马士：《东印度公司对华贸易编年史》第 1、2 卷，区宗华译，中山大学出版社，1991。

〔英〕麦高温：《中国人生活的明与暗》，朱涛、倪静译，中华书局，2006。

〔葡〕潘日明：《殊途同归——澳门的文化交融》，苏勤译，（澳门）澳门文化司署，1992。

〔葡〕施白蒂：《澳门编年史（十九世纪）》，姚京明译，（澳门）澳门基金会，1998。

〔葡〕施白蒂：《澳门编年史（二十世纪1900～1949）》，金国平译，（澳门）澳门基金会，1999。

〔英〕M. 苏立文：《东西方美术的交流》，陈瑞林译，江苏美术出版社，1998。

〔美〕约翰·罗尔斯：《政治自由主义》，万俊人译，译林出版社，2000。

〔美〕威廉·A. 盖尔斯敦：《自由多元主义：政治理论与实践中的价值多元主义》，佟德志、庞金友译，江苏人民出版社，2005。

澳门鲍思高青年服务网络：《道德与公民教育》，（澳门）澳门文化广场，1997。

澳门笔会：《书写我城》（初中文学补充教材），（澳门）澳门教育暨青年局、澳门笔会，2015。

澳门大学教育学院、澳门教育暨青年司编《"优质教育：传统与创新"国际教育研讨会论文集》，（澳门）澳门大学教育研究中心，1999。

澳门大学教育学院：《澳门非高等教育课程的检视与改革路向》，未刊稿，2006。

澳门大学实验教材编写组（霍启昌、苏庆彬、郑德华）：《澳门历史实验教材》第1册，（澳门）澳门教育暨青年司资助，1998。

澳门教育出版社会庆工作委员会编印《澳门中华教育会成立七十五周年会庆特刊（1920—1995）》，（澳门）澳门中华教育会，1995。

澳门教育暨青年局：《2003—2004学年澳门中小幼学校教科书调查

报告》，2004。

澳门教育暨青年局、人民教育出版社编著《品德与公民》（澳门小学、初中、高中教材），2016～2019。

澳门教育暨青年司：《澳门学校的特征》（1992/1993），（澳门）澳门教育暨青年司，1994。

澳门教育暨青年司：《澳门学校特征·课程（1993—1994）》，1994。

澳门劳工子弟学校：《澳门劳工子弟学校钻禧校庆系列——校史简述》，澳门劳工子弟学校，2011。

澳门圣若瑟教区中学校史编辑委员会编《七十五载雅歌声——校史述析》，（澳门）澳门圣若瑟教区中学，2006。

澳门特区政府邮电局编《澳门历史的小片段》相片集，（澳门）澳门特区政府邮电局，2017。

澳门天主教学校联会：《澳门中学公民教育》，油印本，1990。

澳门中华学生联合总会编辑委员会编《澳门中华学生联合总会成立六十五周年特刊》，2015。

联合国教科文组织：《教育——财富蕴藏其中：国际21世纪教育委员会报告》，联合国教科文组织总部中文科译，教育科学出版社，1996。

人民教育出版社课程教材研究所：《澳门地理》（初中地理补充教材），（澳门）澳门教育暨青年局、人民教育出版社，2015。

台北师范学院：《迈上课程新纪元（三）：教科书制度研讨会数据集》，（台北）台北师范学院，2000。

中共广东省委党史研究室、中共珠海市委党史研究室、中共中山市委党史研究室编著《澳门归程》，广东人民出版社，1999。

中华人民共和国教育部办公厅编《教育文献法律汇编（1949—1952)》，人民教育出版社，1958。

中华人民共和国教育部《中小学书法教育指导纲要》研制组编《中小学书法教育指导纲要解读》，北京师范大学出版社，2013。

（二）外文

António Aresta, Aureliano Barata, and Albina Santos Silva, *Liceu de Macau: Genealogia de Uma Escola*（Macau: Direcção dos Serviços de Educação e Juventude, 1996）.

Aureliano Barata, *O Ensino em Macau: 1572 – 1979, Contributos Para a Sua História*（Macau: Direcção dos Serviços de Educação e Juventude, 1999）.

Documentos Para A História da Educação em Macau, 1.° Volume（Macau: Direcção dos Serviços de Educação e Cultura, 1996）.

João Paulo Oliveira e Costa, *Cartas Ânuas do Colégio de Macau（1594 – 1627）*（Macau: Fundação Macau, 1999）.

Manuel Teixeira, *A Educação em Macau*（Macau: Direcção dos Serviços de Educação e Cultura, 1982）.

Manuel Teixeira, *Macau e a Sua Diocese, Vol. VIII, Padres de Diocese de Macau*（Macau: Tipografia da Missão do Padroado, 1972）.

Manuel da Silva Mendes, *A Instrução Pública em Macau*（Macau: Direcção dos Serviços de Educação e Juventude, 1996）.

二　论文

蔡清田：《台湾十二年国民基本教育课程改革的核心素养》，《上海教育科研》2015 年第 4 期。

蔡清田：《台湾十二年国民基本教育课程改革核心素养的回顾与前瞻》，《教育学术月刊》2015 年第 10 期。

陈岸峰：《"传统的再发明"与白话文学史的建构》，（香港）《二十一世纪》总第 113 期，2009 年 6 月号。

陈道根：《澳门新教育创刊词》，（澳门）《澳门新教育》创刊号，

1950 年 6 月 6 日。

陈圣谟：《国民核心素养与小学课程发展》，（台北）《课程研究》2013 年第 1 期。

陈子昌：《1950 年代的澳门爱国报刊〈新园地〉及其社长陈满》，（澳门）《澳门日报》2018 年 8 月 15 日，第 B05 版。

褚宏启：《核心素养的概念与本质》，《华东师范大学学报》（教育科学版）2016 年第 1 期。

狄霞晨：《新教传教士事业与近代白话语言运动》，（澳门）《文化杂志》（中文版）总第 98 期，2016。

丁伟：《马礼逊教育会学校英语教学历史研究》，（澳门）《澳门理工学院学报》2008 年第 3 期。

郭晓明：《澳门课程变革的背景与可能路径》，（澳门）《行政》杂志 2004 年第 4 期。

郭晓明：《论政府对澳门教科书事务的有限介入》，《全球教育展望》2005 年第 7 期。

郭晓明：《市民社会与课程——澳门课程变革机制的反思》，《全球教育展望》2009 年第 6 期。

郭晓明：《探寻澳门中文教育自身的传统》，（澳门）《行政》杂志 2015 年第 4 期。

郭晓明：《行政吸纳政治——回归祖国以来澳门本地教材开发中的政治冲突与出路》，《湖南师大教育科学学报》2018 年第 2 期。

郭晓明：《回归二十年澳门的课程改革》，（澳门）《行政》杂志 2019 年第 4 期。

郭晓明：《明清时期澳门三轨并行课程传统的形成及其文化影响》，（澳门）《文化杂志》（中文版）总第 109 期，2020。

郭晓明等：《澳门回归以来加强教育治理的经验》，《港澳研究》2020 年第 3 期。

黄启臣：《澳门第一所大学：圣保禄学院》，（澳门）《文化杂志》

（中文版）总第 30 期，1994。

黄素君：《回归后澳门公民教育发展路向的检视》，（香港）《基础教育学报》2008 年第 2 期。

霍启昌：《试谈迫切发展正确澳门史教研的重要性》，（澳门）《市民日报》2016 年 2 月 15 日。

黎熙元：《难以表述的身份——澳门人的文化认同》，（香港）《二十一世纪》总第 92 期，2005。

刘羡冰：《那边顺利，这边艰辛》，（澳门）《澳门日报》2018 年 4 月 13 日，第 E02 版。

刘兆佳：《"香港人"或"中国人"：香港华人的身份认同 1985～1995》，（香港）《二十一世纪》（网络版）总第 7 期，2002。

鲁洁：《应对全球化：提升文化自觉》，《北京大学教育评论》2003 年第 1 期。

陆平辉：《试论澳门特区的国家认同和民族认同建设——纪念澳门回归祖国十周年》，《学习与探索》2009 年第 6 期。

裴新宁、刘新阳：《为 21 世纪重建教育——欧盟"核心素养"框架的确立》，《全球教育展望》2013 年第 12 期。

单文经、黄素君、宋明娟：《三十年来澳门地区课程政策的理论反思》，《西南大学学报》（社会科学版）2009 年第 4 期。

石鸥：《核心素养的课程与教学价值》，《华东师范大学学报》（教育科学版）2016 年第 1 期。

石鸥、李水平：《民国时期的一次高强度教科书控制》，《湖南师范大学教育科学学报》2014 年第 2 期。

石鸥、廖巍：《"通俗是贵"——陈子褒课本之研究》，《湖南师范大学教育科学学报》2013 年第 5 期。

石鸥、周美云：《第七课"教材编写第一人"陈子褒的教科书》，《课程教学研究》2016 年第 7 期。

苏朝晖、梁励、王敏：《澳门课程改革的背景、取向与展望》，《全球教育展望》2009 年第 5 期。

涂敏霞、王建佶、萧婉玲、谢美玲：《港澳青少年国家认同研究》，《青年探索》2014 年第 2 期。

王国强：《1949 年以前澳门教科书的出版概况》，（澳门）《澳门研究》第 89 期，2018。

王建平、王建军：《清末民初澳门华人教育的兴起》，《华南师范大学学报》（社会科学版）2011 年第 1 期。

王敏：《〈课框〉与课程结构的改革》，（澳门）《教师杂志》总第 41 期，2013。

颜广文、张海珊：《早期澳门的教会教育》，（澳门）《文化杂志》（中文版）总第 71 期，2009。

〔德〕扬·阿斯曼、王霄兵：《有文字的和无文字的社会——对记忆的记录及其发展》，《中国海洋大学学报》（社会科学版）2004 年第 6 期。

杨丽萍：《传统文化教育的时代语境与推进路径——基于〈完善中华优秀传统文化教育指导纲要〉的解读》，《西南民族大学学报》（人文社会科学版）2015 年第 4 期。

叶农：《澳门教育发展史新辉煌——澳门圣若瑟修院始末初探》，（澳门）《文化杂志》（中文版）2009 年第 1 期。

詹伯慧：《粤语研究的当前课题》，《暨南学报》（人文科学与社会科学版）2004 年第 3 期。

詹伯慧：《粤语是绝对不会沦陷的——对出现"废粤推普"风波的一些思考》，《学术研究》2011 年第 3 期。

张洪年：《21 世纪的香港粤语：一个新语音系统的形成》，《暨南学报》2002 年第 2 期。

张秋玲：《百年语文课程标准中的"浅易文言文"》，《课程·教材·教法》2013 年第 6 期。

张文、石鸥：《基于南阳公学〈蒙学课本〉不同版本的新认识》，

《湖南师范大学教育科学学报》2016 年第 5 期。

郑宏泰、黄绍伦：《身份认同：台、港、澳的比较》，《当代中国研究》2008 年第 2 期。

郑润培：《澳门历史教育回顾》，（澳门）《澳门研究》第 32 期，2006。

郑润培：《回归前澳门非高等教育的发展进程》，（澳门）《澳门研究》第 83 期，2016。

郑晓云：《澳门回归后的文化认同变化与整合》，《中南民族大学学报》（人文社会科学版）2010 年第 2 期。

António Aresta：《澳门的政权及葡语状况（1770～1968）》，（澳门）《行政》杂志 1995 年第 1 期（总第 27 期）。

António Aresta：《曼努埃尔·特谢拉神父与澳门教育史》，（澳门）《行政》杂志 1998 年第 2 期（总第 40 期）。

〔葡〕若埃尔·加良：《徐日昇：17 世纪在中国皇宫的葡萄牙乐师》，斐斯译，（澳门）《文化杂志》（中文版）总第 4 期，1988。

〔葡〕文德泉：《澳门的日本人》，小雨译，（澳门）《文化杂志》（中文版）总第 21 期，1994。

致　谢

呈现给诸位的此册新著，是澳门特区政府文化局学术研究奖学金课题——"19世纪以来澳门中小学课程变革与文化传承研究"的结项成果。该项目于2016年10月立项，2019年10月终稿通过评审。2020年，文化局又很快将书稿列入"澳门文化丛书"出版计划，予以支持出版。在拙作付梓之际，要特别感谢文化局的研究资助，感谢项目立项过程中各位专家的无私支持，尤其是书稿初评及终审期间专家们所给予的宝贵意见。

李观鼎教授和骆伟建教授无论年龄还是学识，均为我们的前辈，近年有幸结为莫逆之交，在精神的养分和关爱方面，得益甚多。此次李教授又欣然赐序，更感荣幸！犹记得在2016年、2017年近两年的时间里，有幸与李教授和骆教授一起，深入澳门各类中小学与教师交流，骆教授讲《澳门基本法》与国家认同教育，精彩纷呈；李教授从汉字的结构入手铺陈中华文化传承的精妙之处，无不令人激赏。这些分享与本书的内在精神甚为契合，启发良多。

林广志教授是澳门历史研究的重要学者，而且积极推动和扶持澳门各领域的研究。有幸与他相识于澳门，十多年来他所给予的学术帮助和友谊，让我们铭记于心。尤其在本书的构思阶段，他提示要留意澳门课程研究的历史视野和文化经纬，并分享充分利用葡文文献的心得。在此深表谢忱。

感谢澳门特区政府前教育暨青年局局长苏朝晖先生,自 2003 年以来,是他给予机会和信任,让我们深度参与澳门回归以来的中小学课程改革和教材建设,并在理论研究方面提供持续的支持。还要特别感谢澳门理工大学代百生教授,他是澳门音乐教育方面的专家,对本书也给予了有力的支持。

社会科学文献出版社的诸位审稿人,尤其是责任编辑王晓卿女士,对书稿进行了反复认真的审读,提出了许多精准的修改意见,给本书的质量带来重要助益,甚为感谢。

本书的部分内容,曾刊载于澳门的《文化杂志》、《澳门研究》和《行政》杂志,以及内地的《港澳研究》、《全球教育展望》、《课程·教材·教法》和《澳门蓝皮书》,经修订后纳入此书,特致谢忱。

郭晓明　王　敏

2020 年 10 月 1 日初稿

2022 年 3 月 8 日定稿

于澳门风顺堂

图书在版编目（CIP）数据

澳门学校课程与教育变革：19 世纪以来文化传承的
视角／郭晓明，王敏著 . -- 北京：社会科学文献出版
社，2024.5
　　（澳门文化丛书）
　　ISBN 978 - 7 - 5228 - 3288 - 3

Ⅰ.①澳…　　Ⅱ.①郭…②王…　　Ⅲ.①中小学 - 课程
- 研究 - 澳门②中小学教育 - 研究 - 澳门　　Ⅳ.①G639.2

中国国家版本馆 CIP 数据核字（2024）第 080005 号

·澳门文化丛书·
澳门学校课程与教育变革
——19 世纪以来文化传承的视角

著　　者／郭晓明　王　敏

出 版 人／冀祥德
责任编辑／王晓卿
文稿编辑／王亚楠
责任印制／王京美

出　　版／社会科学文献出版社·文化传媒分社（010）59367004
　　　　　地址：北京市北三环中路甲 29 号院华龙大厦　邮编：100029
　　　　　网址：www.ssap.com.cn
发　　行／社会科学文献出版社（010）59367028
印　　装／三河市龙林印务有限公司

规　　格／开　本：787mm × 1092mm　1/16
　　　　　印　张：23.5　字　数：335 千字
版　　次／2024 年 5 月第 1 版　2024 年 5 月第 1 次印刷
书　　号／ISBN 978 - 7 - 5228 - 3288 - 3
定　　价／118.00 元

读者服务电话：4008918866